R.M. SCHINDLER
BAUTEN UND PROJEKTE

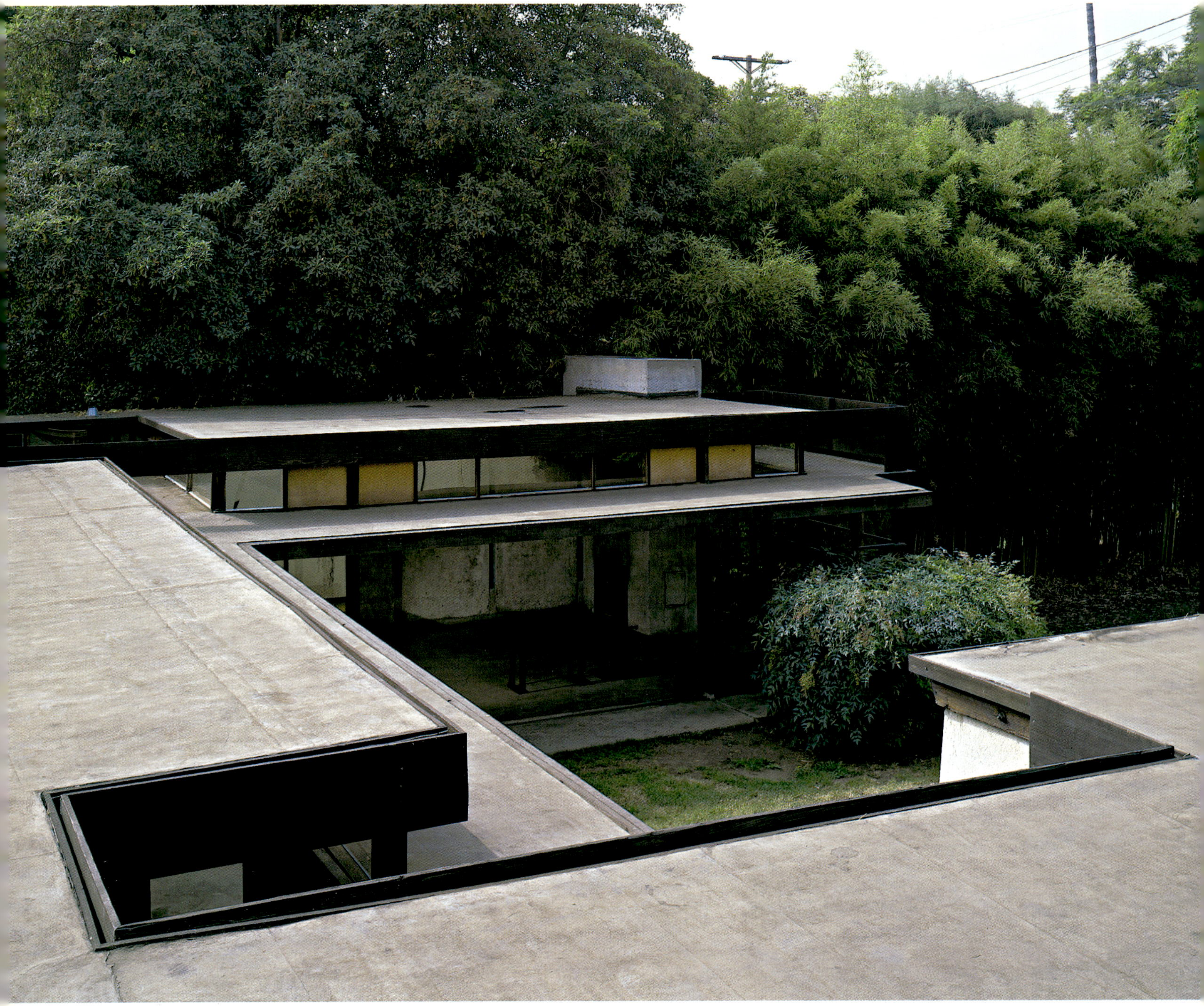

R.M. SCHINDLER
BAUTEN UND PROJEKTE

HERAUSGEGEBEN VON ELIZABETH A. T. SMITH UND MICHAEL DARLING
The Museum of Contemporary Art, Los Angeles

Essays von
MICHAEL DARLING
KURT G. F. HELFRICH
ELIZABETH A. T. SMITH
ROBERT SWEENEY
RICHARD GUY WILSON

HATJE CANTZ VERLAG

Umschlagvorderseite: HENRY BRAXTON UND
VIOLA BROTHERS SHORE RESIDENCE (ENTWURF MIT AGIC),
Venice, Kalifornien, 1928

Frontispiz: KINGS ROAD HOUSE, West Hollywood,
Kalifornien, 1921/22, Blick auf Schindlers Studio
Fotografie: Grant Mudford

Diese Seite: Schindler (vordere Reihe, zweiter von links)
an Bord der Kaiserin Auguste Viktoria auf dem Weg in die
USA, März 1914

Umschlagrückseite: Schindler bei einem Ausflug des
Palette and Chisel Club, Chicago, 1915

INHALT

7 Vorwort
JEREMY STRICK

9 Dank

12 R. M. Schindler: Eine Architektur der Fantasie und Intuition
ELIZABETH A. T. SMITH

86 Realität in der Kings Road, 1920–1940
ROBERT SWEENEY

116 Die Metaphysik von Rudolph Schindler:
Raum, Maschine und Moderne
RICHARD GUY WILSON

144 »Raumarchitektur« im Kontext:
Was das Schindler-Archiv offenbart
KURT G. F. HELFRICH

174 Die »empfängliche« Architektur des R. M. Schindler
MICHAEL DARLING

214 Katalog

226 Bauten und Projekte

277 Auswahlbibliografie

282 Register

WILLIAM E. OLIVER RESIDENCE,
Los Angeles, Kalifornien, 1933/34, perspektivische Ansicht

VORWORT

Es ist wunderbar zu erleben, wie der Ruf eines Künstlers aus seinem Schattendasein befreit und in das wohlverdiente Licht gerückt wird. Im Fall von R. M. Schindler, einem außerordentlich begabten, einfühlsamen Architekten, der nichtsdestoweniger nach seinem Tod im Jahre 1953 kurzfristig in Vergessenheit geriet, ist dieser Prozess zu beobachten. Im Laufe der letzten Jahrzehnte wurde sein Ansehen allmählich wiederhergestellt, und in der jüngster Vergangenheit erreichte die Wertschätzung seiner eigenwilligen Spielart der Moderne ein zu seinen Lebzeiten nie gekanntes Ausmaß. Wir sind sehr stolz, zu dieser kritischen Neubewertung beitragen zu können, indem wir die bislang umfassendste Retrospektive von Schindlers Werk vorstellen. Bei *R. M. Schindler. Bauten und Projekte* handelt es sich um die längst überfällige Auseinandersetzung mit dem Œuvre dieses wegweisenden Architekten, die zweifellos einem großen Publikum die bedeutenden Verdienste von Schindler nahe bringen wird.

Dieses Projekt wurde im Laufe vieler Jahre von Elizabeth Smith betreut, einer früher am Museum of Contemporary Art, Los Angeles (MOCA), tätigen Kuratorin, die heute James W. Aldorf Chief Curator am Museum of Contemporary Art in Chicago ist. Elizabeth wurde kompetent unterstützt von Michael Darling, dem am MOCA für diese Ausstellung zuständigen Mitarbeiter; gemeinsam gelang ihnen ein kluges, eindringliches Porträt dieses bahnbrechenden Architekten. Das Projekt fand von Anfang an die volle Unterstützung meines Amtsvorgängers Richard Koshalek, und ich bin sehr glücklich, dass es jetzt unter meiner Ägide zum Abschluss gebracht wird. Auch das Kuratorium des MOCA war maßgeblich daran beteiligt, dass diese wichtige Ausstellung in der Planung des Museums immer an zentraler Stelle stand; insbesondere die Kuratoriumsvorsitzende, Audrey M. Irmas, und der Präsident des Kuratorium, Gilbert B. Friesen, ließen sich in ihrem Engagement nicht beirren.

Ein so ehrgeiziges Unterfangen wäre nicht möglich, ohne die finanzielle Unterstützung großzügiger Firmen und Einzelpersonen, auf die das MOCA seit seiner Entstehung bauen kann. Es wurde unterstützt vom Ron Burkle Endowment for Architecture and Design Programs; Gensler; Cynthia A. Miscikowski und Douglas Ring; Kelly Lynch und Mitch Glazer und dem österreichischen Kulturinstitut. Auch die Homasote Company trug in ähnlicher Weise zum Gelingen des Projekts bei. Darüber hinaus kam uns die Hilfe bedeutender Leihgeber zugute, an erster Stelle des University Art Museum an der University of California in Santa Barbara, aus dessen Architektur- und Design-Sammlung der größte Teil des gezeigten Materials stammt. *R. M. Schindler. Bauten und Projekte* ist Beleg dafür, dass die Zusammenarbeit engagierter Museen und Einzelpersonen nicht nur möglich ist, sondern auch Fähigkeiten freisetzt, die eine Atmosphäre entstehen lassen, in der ganze Gemeinwesen dazu gebracht werden, über ihr kulturelles Erbe nachzudenken und den Blick auf die gemeinsame Zukunft zu richten.

JEREMY STRICK
Direktor des
Museum of Contemporary Art, Los Angeles

R. M. und Mark Schindler im Kings Road House, Sommer 1923

DANK

R. M. Schindler ist ein Projekt mit einer extrem langen Vorlaufzeit: insgesamt dauerte die Vorbereitung zehn Jahren von der ursprünglichen Idee bis zur Realisierung. Im Verlauf dieses Jahrzehnts haben zahlreiche Einzelpersonen unser Vorhaben unterstützt, uns ermutigt und mit ihrem Fachwissen weiter geholfen. Richard Koshalek, damals Direktor des MOCA, war der Erste in seiner Institution, der das Projekt unterstützte. Mit seinem leidenschaftlichen Interesse und Engagement für bahnbrechende moderne Architektur realisierte er während seiner leitenden Tätigkeit im MOCA eine beachtliche Anzahl von Ausstellungen und Gebäuden. Seine Begeisterung für das Ausstellungsvorhaben übertrug sich auf seinen Amtsnachfolger Jeremy Strick, und es ist das erste, das unter Stricks Leitung im Museum stattfindet – zweifellos in Zukunft gefolgt von zahlreichen weiteren. Auch Chefkustos Paul Schimmel hat die Ausstellungsplanung unermüdlich begleitet und unterstützt, da er um Schindlers nachhaltigen Einfluss auf das Kulturschaffen in Los Angeles weiß.

Die Vorbereitung einer Ausstellung dieser Größenordnung wäre ohne das Schindler-Archiv im University Art Museum der University of California, Santa Barbara, nicht möglich gewesen, das der (inzwischen verstorbene) Architekturhistoriker und Professor David Gebhard aufgebaut hat. Nicht nur, dass Gebhard Schindlers Nachlass in einem Gebäude unterbrachte und es Generationen von Studenten und Historikern ermöglichte, das Werk dieses Wegbereiters der modernen Architektur zu studieren, er würdigte Schindlers Schaffen auch selber publizistisch in kenntnisreicher und einfühlsamer Weise. Seit Gebhards Tod wird das Archiv von Kustos Kurt Helfrich mit großer Kompetenz weiter geführt, der es noch übersichtlicher geordnet hat, sodass die verschiedenen Bestandteile leichter auffindbar sind. Mit seiner Professionalität, seinem Engagement, Einsatz für diese Ausstellung und seinem geduldigen Auftreten hat Kurt Helfrich dafür gesorgt, dass dieses höchst komplexe Unterfangen von unnötigem Ballast befreit wurde. Die Direktorin des University Art Museum Marla Berns und die ehemalige Chefkustodin Elizabeth Brown haben uns Hunderte von Exponaten als Leihgaben zur Verfügung gestellt und damit ebenfalls wesentlich zum Zustandekommen der Ausstellung beigetragen, wir möchten ihnen daher besonders für die großzügige Unterstützung und gute Zusammenarbeit danken. Unter Mitwirkung von Sandra Rushing (Archivarin) und Erik Lutz, der die Recherche leistete, ist das University Art Museum ein idealer Partner für uns gewesen. Erik Lutz ist vor allem verantwortlich für den aktualisierten Katalog im Anhang dieses Buches.

Die Ausstellung profitiert von zahlreichen Leihgaben aus öffentlichen Sammlungen und Privatbesitz. Zu den großzügigen Leihgebern gehören Ann Caiger und Octavio Olvera vom Department of Special Collections der Bibliothek der University of California, Los Angeles; Dion Neutra; Dr. Bobby Lovell; Robert Sweeney vom Verein The Friends of the Schindler House; Richard Guy Wilson; Judith Sheine; Dietmar Steiner und Monika Platzer vom Architektur-Zentrum Wien; Dr. Venera Karnapp vom Architekturmuseum der Technischen Universität München; Robert Nicolais; Gabrielle und Michael Boyd; Grant Mudford; Julius Shulman und Judy McKee; Marvin Rand; Frank und Jay Novak von Modernica sowie Judith Throm von den Archives of American Art, Smithsonian Institution, Washington, D. C. Studenten des California Polytechnic University in Pomona und des Art Center College of Design bauten unter der Anleitung von Judith Sheine, Kris Miller-Fischer, John Chase, Chava Danielson, Rick Corsini und Mark Dillon neue Modelle einiger Schindler-Gebäude. Zahlreiche Zeichnungen wurden von Mark Watters und Bob Aitchison konservatorisch behandelt; ihr Beitrag zur Erhaltung von Schindlers Nachlass ist daher von unschätzbarem Wert.

Die Ausstellungsgestaltung besorgten mit typischem Einfallsreichtum und Innovationsfreude Annie Chu und Rick Gooding von Chu + Gooding Architects unter Mitwirkung ihres kreativen Teams, bestehend aus Claudia Reisenberger, Sanjeev Patel, Michael Matteucci, Yu-Ping chang, Kay Kollar, Michael Sy, Joseph Perazelli, Sky Kogachi und Clay Holden. Die Klarheit ihrer Präsentation und die Fülle der von Chu + Gooding vorteilhaft gehängten und arrangierten Zeichnungen, Fotos, Modellen und Möbeln erschließen dem Publikum des MOCA das Werk Schindlers auf vorbildliche Weise.

Der ausgezeichnete Ausstellungskatalog verdankt sein Entstehen der stets einfühlsam mitdenkenden grafischen Gestaltung von Lorraine Wild und Amanda Washburn; die Redaktion und Produktion des englischen Katalogs besorgten mit Akribie und Präzision Stephanie Emerson (Cheflektorin), Jane Hyun (Lektorin) und Elizabeth Hamilton (Lektoratsassistentin) vom MOCA. Russell Ferguson las Korrektur. Kurt Helfrich, Bob Sweeney und Richard Guy Wilson verfassten Textbeiträge für diese Publikation, trugen aber auch sonst dazu bei, das Ausstellungsvorhaben zu verwirklichen und mit ihrem Wissen der Schindler-Forschung neue Perspektiven zu eröffnen.

Der Inhalt von Ausstellung und Begleitbuch baut auf den Werken zahlreicher engagierter Forscher und Architekten auf, die sich im Laufe der Zeit mit Schindler befasst haben. Von ihren Erkenntnissen haben wir alle profitiert. Esther McCoy, David Gebhard und Reyner Banham zählen zu den ersten Architekturkritikern, die Schindlers Bauten umfassend würdigten, gefolgt von Judith Sheine, Lionel March und Kathryn Smith. Wir danken Thomas S. Hines und Marco De Michelis für wertvolle Ratschläge und Hilfe bei der inhaltlichen Gestaltung von Ausstellung und Katalog. Weitere Informationen, Interpretationen und Hilfestellungen kamen von Mark Schindler, Dr. Mary Schindler, Stephanos Polyzoides, Peter Noever, Daniela Zyman, David LeClerc, Tim Samuelson, Randell Mackinson, Thomas A. Heinz, Bascha Batorska, Mark Robbins, Pavel Štecha, Ivan Wirth, Herbert Lachmayer, Brigitte Felderer, Mary Lee, Masachi Uchino, Bill Boehm, Manfred Kovatsch, Matthias Boeckl, August Sarnitz, Tom Buresh, Danelle Guthrie, Russ Leland, Adolph Tischler, Werner Brandstetter, Harald Gunther, Neil Denari, Joseph Giovannini, Erica Stoller von Esto Photographics, der Graphischen Sammlung Albertina in Wien, Dennis Sharp, Hugh Oliver, Peter Loughrey, Mitch Glazer, Kelly Lynch sowie Frank Escher von der John Lautner Foundation. Die Beteiligung des National Building Museum (NBM) in Washington, D. C., als Ausstellungsort ist auf das Engagement von drei Personen zurückzuführen: Joseph Rosa, ehemaliger Chefkustos, G. Martin Moeller Jr., geschäftsführender Vizepräsident, und Kathy Frankel, Projektmanager für Ausstellungen des NBM. Die Tatsache, dass die Ausstellung auch in Schindlers Geburtsstadt Wien im Museum für angewandte Kunst (MAK) gezeigt wird, ist ebenfalls bedeutungsvoll und geht auf das anhaltende Interesse Peter Noevers (Direktor) und Daniela Zymans (Kustodin) für Schindlers Werk zurück.

Weitere Personen, ohne deren Mitwirkung dieses facettenreiche Projekt nicht zustande gekommen wäre, sind: Jane McNamara von der Los Angeles Conservancy (Denkmalpflegeamt), die unter Mitwirkung von Daniel Lynch Milner, Amanda Seward, Jim und Erika Marrin, Cindy Olnick, Mary Barsony, Marlyn Musicant und anderen Freiwilligen eine ganze Reihe von Schindler-Bauten aufgenommen und eine sinnvolle und aufschlussreiche Besichtigungstour für das MOCA ausgearbeitet hat. Kim Kanatani, Leiter des Museumspädagogischen Dienstes des MOCA, und Caroline Blackburn, Koordinatorin für Erwachsenenbildung, haben ein ausstellungsbegleitendes Kurs- und Veranstaltungsprogramm ausgearbeitet, das einem breiten Publikum Verständnis für Schindlers Leistungen vermitteln wird. Ein derart ehrgeiziges Ausstellungsprojekt mit seiner komplexen organisatorischen Logistik kann nur gelingen, wenn der Veranstalter so engagierte Mitarbeiter beschäftigt wie das MOCA, allen voran die Ausstellungskoordinatorin Stacia Payne, gefolgt vom Chefarchivar Rob Hollister, Archivarin Rosanna Hemerick, Ausstellungstechnik-Chefmanager Jang Park, Ausstellungsaufbau-Koordinator Zazu Faure, Technischer Leiter für Computerkunst David Bradshaw, Assistentin der Ausstellungskoordinatorin Beth Rosenblum sowie den Ausstellungstechnikern Barry Grady, Jason Storrs, Joe Howard, Shinichi Kitahara und Valerie West. Auch die Finanzierung ist integraler Bestandteil der Ausstellungsvorbereitungen, und die ehemalige Entwicklungsdirektorin des MOCA, Erica Clark, ihr enthusiastischer Nachfolger Paul Johnson und ihrer beider talentiertes Team, bestehend aus Jillian Spaak, Ed Patuto, Jackie Kersh und Michael Urban, haben dafür gesorgt, dass die Finanzierung der Ausstellung gesichert wurde. Die unzähligen Programme und Veranstaltungen des MOCA kommen in der Tat nur durch die gemeinsamen Anstrengungen der gesamten Belegschaft zustande, und deshalb schulden wir jedem einzelnen Mitarbeiter und jeder Mitarbeiterin des Museums Dank für seinen/ihren Einsatz und Fleiß.

Der Einsatz und Fleiß der Entwicklungsabteilung wurde schließlich durch substanzielle Förderungsbeträge von Ron Burkle Endowment for Architecture and Design Programs; Gensler; Cynthia A. Miscikowski und Douglas Ring; Kelly Lynch und Mitch Glazer und dem österreichischen Kulturinstitut belohnt, deren großzügige Spenden diese Ausstellung erst Wirklichkeit werden ließen.

Das letzte Dankeswort schließlich richtet sich an Rudolph Michael Schindler selbst, dessen durchwegs originelles, einfallsreiches Werk uns auch heute noch inspiriert.

ELIZABETH A. T. SMITH
MICHAEL DARLING

1 PHILIP LOVELL BEACH HOUSE,
Newport Beach, Kalifornien, 1922–1926

ELIZABETH A. T. SMITH

R.M.SCHINDLER:
EINE ARCHITEKTUR DER FANTASIE UND INTUITION

Raumarchitektur. Um sie zu definieren, müsste man vielleicht im gleichen Verhältnis zu seinen [Schindlers] Arbeitsmethoden stehen, wie der Betrachter zur Höhe eines Gebäudes in einer perspektivischen Darstellung. Um den Raum einzuengen und zu präzisieren, begann man mit der Höhenlinienkarte und der Bauverordnung; entwickelte ihn weiter anhand der Beschaffenheit des Geländes und der Lebensform des Auftraggebers. Raumformen hatten dort ihre Wurzeln und standen diesen Faktoren nicht willkürlich oder fremd gegenüber.

Esther McCoy, 1945[1]

Der vom Ende des ersten Jahrzehnts bis in die frühen fünfziger Jahre des 20. Jahrhunderts Jahre tätige R. M. Schindler nimmt als Neuerer in der Geschichte der Architektur dieses Jahrhunderts einen höchst bedeutenden Platz ein. Obwohl er überwiegend mit dem Bau von Wohnhäusern befasst war und sich der Hauptteil seiner Arbeiten auf das südliche Kalifornien beschränkte, übte er gleichwohl bestimmenden Einfluss auf die Gestaltung der nachfolgenden Architektur in Los Angeles aus, ein Einfluss, der auch Architekten im Ausland erfasste. Schindlers Philip Lovell Beach House (1922–1926) (Abb. 1) hielt man wegen seiner Gemeinsamkeiten mit den Entwürfen europäischer Zeitgenossen wie Le Corbusier und der Architekten des holländischen De Stijl lange Zeit für ein herausragendes Beispiel der frühen Moderne des 20. Jahrhunderts. Nach seinem Tod 1953 und insbesondere seit den siebziger Jahren, begannen sich Historiker und Architekten mit zunehmendem Interesse und steigender Aufmerksamkeit seinem gesamten Œuvre und insbesondere dem 1921/22 entstandenen Haus in der Kings Road zu widmen; im Lauf des letzten Jahrzehnts nahm dieses Interesse noch zu.

Schindler, den man zu seinen Lebzeiten und noch einige Jahrzehnte danach für eine Figur von regionaler Bedeutung hielt, kann jetzt im Hinblick auf seine Beiträge und Erweiterungen zur Moderne bewertet werden, die nichts mit einem dogmatischen Internationalen Stil, aber viel mit dem Verständis für Experimentierfreude und Mischformen zu tun hatten. Dieses Verständnis klingt im Werk zahlreicher jüngerer Architekten an, deren Auffassung vom Bauen eine Nähe zu der Schindlers erkennen lässt. Es ist dieser Geist reinster Experimentierfreude, der Schindler bewog, die Traditionen der Moderne zugunsten eines Entwurfs- und Bauverfahrens zu missachten, bei dem sich Intuition und Pragmatismus vereinen. Das Ergebnis war ein Œuvre, das als Folge einfallsreicher Lösungen verstanden werden kann, die, weit entfernt davon rein rational oder prototypisch zu sein, als Abfolge einzigartiger Antworten auf die Bedürfnisse eines jeden Bauherren und Geländes entstanden.

In der Nachfolge der bahnbrechenden Arbeiten Esther McCoys, jener vorbildlichen Chronistin kalifornischer Architektur, der es gelang, die Grundlage dafür zu schaffen, dass Schindlers Werk zu seinen Lebzeiten und kurz nach seinem Tod gewürdigt wurde, war Schindlers Laufbahn in jüngster Zeit Gegenstand laufender Neubewertung. Die sich anschließenden Forschungen und Analysen von Historikern, Kritikern und Architekten, zu denen, neben vielen anderen, David Gebhard, Reyner Banham und Barbara Giella ebenso wie August Sarnitz, Stefanos Polyzoides, Judith Sheine und Margaret Crawford zählen, widersprechen im Hinblick auf Wesen und Ausrichtung von Schindlers Werk den abwertenden Auffassungen ihrer Vorgänger in den dreißiger und vierziger Jahren, insbesondere Philip Johnson und Henry-Russell Hitchcock. Inmitten der sich durch Revisionismus und

Neuinterpretation ständig verändernden Wissenslandschaft, machten diese und andere Autoren mehrfach Meinungen geltend, denen zufolge Schindlers Werk die Postmoderne und den Protoexpressionismus eines Frank O. Gehry und seiner Anhänger ebenso vorwegnahm, wie die Entwürfe einer ganzen Generation jüngerer Architekten, die heute am Anfang oder im Zenit ihrer Laufbahn stehen.[2] Unumstritten scheint die Tatsache, dass Schindlers rastlose Experimentierfreude das Ergebnis seiner einfallsreichen Synthese zahlreicher Einflüsse im einzigartigen Rahmen einer Architektursprache war, die in vieler Hinsicht als charakteristisch und bahnbrechend zu bezeichnen ist. Wie Peter Blundell Jones schreibt, »Je mehr man heute die Moderne unter die Lupe nimmt, desto mehr scheinen die Ausnahmen die Regeln zu erdrücken, desto weniger gültig erscheint die in den Büchern und Zeitschriften der dreißiger Jahre so unverkennbare, einheitliche Sichtweise. Bereits ein Kratzen an der Oberfläche lässt die Illusion von Widerspruchsfreiheit verschwinden.«[3] Obwohl sie aus Sicht der Kritiker in der ersten Hälfte des letzten Jahrhunderts nicht ohne weiteres verstanden wurde, lässt sich die Rolle von Erfindung und Intuition in Schindlers Werk heute leichter würdigen, und zwar nicht nur angesichts der herrschenden Offenheit für Pluralismus in der Architektur, sondern auch im Lichte von Entwicklungen in der Architekturgeschichte, die das Verständnis für die Parameter des Modernismus erweitert haben, insbesondere im Hinblick auf die Architektur in regionalen Zentren, die sich stärker durch expressionistische oder hybride Merkmale auszeichnen.

Obgleich die expressive und häufig idiosynkratische Ausrichtung von Schindlers Arbeit ihn von vielen seiner Zeitgenossen unterschied und dazu führte, dass man ihn von solch' entscheidenden Ereignissen wie der 1932 im Museum of Modern Art gezeigten Ausstellung zur Architektur des Internationalen Stils und dem 1945 in Los Angeles begonnenen Case Study House Program ausschloss, war er dennoch keine isolierte Figur. Höchst interessiert an den internationalen Entwicklungen der Architektur, verschaffte Schindler seinen eigenen Theorien und Antworten umfassend und durchdacht Gehör. Diese Ausstellung und der dazugehörige Katalog untersuchen die theoretischen und pragmatischen Grundlagen von Schindlers Tätigkeit und betrachten Gemeinsamkeiten und Unterschiede im Verhältnis zu Figuren wie Frank Lloyd Wright und Richard Neutra, mit denen Schindler anhaltende persönliche und berufliche Verbindungen unterhielt, wie auch zu anderen Architekten seiner eigenen und nachfolgenden Generationen in Los Angeles. Dieses Buch, das auf der heute vorhandenen umfangreichen Literatur zu Schindler aufbaut und sie erweitert, ist bestrebt, ihn in einen größeren nationalen und internationalen Kontext zu stellen und zugleich neues Licht auf das außerordentliche soziale und kulturelle Umfeld zu werfen, das zu Anfang des 20. Jahrhunderts in Los Angeles existierte und ihm als Nährboden diente.

In Schindlers Schaffen lassen sich drei große Abschnitte erkennen: seine Studienjahre und frühe berufliche Ausbildung in Wien und später in Chicago, seine Zeit bei Frank Lloyd Wright in Taliesin, Chicago und Los Angeles und seine formenden und gereiften Jahre unabhängiger Tätigkeit, nachdem er in seinem Haus an der Kings Road in Los Angeles ein eigenes Büro eröffnet hatte. Dieser letztgenannte Abschnitt von Schindlers Schaffen umfasst nahezu fünfunddreißig Jahre und kann wiederum in drei unterschiedliche Phasen eingeteilt betrachtet werden, die in etwa den zwanziger, dreißiger und vierziger Jahren bis zu Schindlers Tod im Jahre 1953 entsprechen.

Im Laufe der zwanziger Jahre, einer Zeit, in der er eine eigenständige architektonische Identität begründete und mit Baumaterialien und Verfahren wie dem »tilt-up«-Beton (Aufkippbeton) experimentierte,

2 JOHN J. BUCK RESIDENCE, Los Angeles, 1934
Fotografie: Julius Shulman

schuf Schindler einige seiner bekanntesten Bauten, darunter sein eigenes Wohnhaus/Studio und das Lovell Beach House. In dieser Zeit gestaltete er eine große Bandbreite gebauter und ungebauter Projekte, vom Einfamilienhaus bis hin zu Wohnanlagen, und widmete sich, gemeinsam mit dem ebenfalls aus Österreich eingewanderten Richard Neutra, Entwürfen wie einem Wettbewerbsprojekt für den Völkerbund. Allgemein gesprochen kam er in den dreißiger Jahren von unorthodoxen Bauverfahren ab und wandte sich verstärkt experimentellen Vorgehen, um Raum als formgebendes Medium zu nutzen, zu, und er interessierte sich für die Idee von Prototypen bei Bau- und Möbelentwürfen. Während dieser Jahre schuf er zahlreiche wichtige Wohnhäuser, angefangen bei der den Internationalen Stil abwandelnden John J. Buck Residence (1934) *(Abb. 2)* bis hin zur weitläufigen und formal komplexen Guy C. Wilson Residence (1935–1938); darüber hinaus gestaltete Schindler eine Reihe kommerzieller Projekte, darunter Entwürfe für Ladengeschäfte und Restaurants, Motels und Tankstellen. Während der vierziger und frühen fünfziger Jahre vollzieht sich in Schindlers Werk eine Entwicklung hin zu zunehmend expressiven, charakteristischen Formen, die sich in Entwürfen wie der Maurice Kallis Residence (1946–1948) *(Abb. 3)*, der Adolph Tischler Residence (1949/50) und der Bethlehem Baptist Church (1944/45) niederschlägt. In diesen letzten Jahren seiner Laufbahn prägte Schindler eine höchst individuelle Sprache, dank derer sich seine Arbeiten noch stärker von denen seiner Zeitgenossen unterscheiden und nachfolgende Entwicklungen vorwegzunehmen scheinen.

Der 1887 in Wien geborene Schindler erhielt an der Technischen Hochschule und der Akademie der bildenden Künste eine Ausbildung in Kunst und Ingenieurwesen. Am letztgenannten Institut studierte er von 1910 bis 1913 bei Otto Wagner, zu dem er eine enge Beziehung entwickelte und der auf ihn weitreichenden Einfluss ausübte. Wagners fortschrittliches Denken in Bezug auf Technik, Form und fortlaufendes Experimentieren als Grundlage künstlerischer Lösungen, sollte maßgeblich die Weichen stellen für Schindlers Auffassung seiner eigenen Arbeit.[4] Ferner wurde der junge Schindler durch seine Kontakte zu Adolf Loos entscheidend geprägt, dessen Theorie vom Raumplan, der zufolge Raum abhängig von seiner Funktion volumetrisch dargestellt wird, ihre Entsprechung in Aspekten von Schind-

3 MAURICE KALLIS RESIDENCE UND STUDIO, Studio City, Kalifornien, 1946–1948
Fotografie: Robert C. Cleveland

lers späterem Werk finden sollte. Vielleicht noch bedeutender war der starke persönliche Einfluss, den Loos ausübte; wie Schindlers Schwester später bemerkte, »Loos war sein größtes Idol, für das er grenzenlose Bewunderung hegte, und Loos hatte eine sehr hohe Meinung von Rudolf und sagte ihm eine große Zukunft voraus; auch wurde in den letzten Tagen bestätigt, dass er überwiegend auf Loos' Rat hin nach Amerika ging.«[5] Zudem war er, wie viele junge deutschsprachige Architekten der Zeit, von den 1910 von Wasmuth veröffentlichten Portfolios Frank Lloyd Wrights beeindruckt, die ihn in seinem Wunsch, nach Amerika zu reisen, wo er später bei Wright arbeiten sollte, möglicherweise bestärkten.

Schindlers früheste Projekte – sein 1912 entstandener Entwurf für ein Jagdhütte und ein Hotel *(Abb. 4)* sowie sein Diplomprojekt für ein Krematorium mit Kapelle *(Abb. 5)* – waren akademisch und in ihrer symmetrischen Anordnung und geometrischen Stilisierung größtenteils belanglos. Sie sind vorwiegend deshalb von Interesse, weil sie die Einstellungen der Wagner-Schule offenbaren, einer Ausbildungsstätte, deren Theorien und Praktiken zu den fortschrittlichsten der Zeit gehörten. Schon in diesem frühen Stadium seiner Laufbahn war Schindlers Interesse an Architekturtheorie offenkundig. 1913 verfasste er unter dem Titel »Moderne Architektur: ein Programm« ein Manifest, in dem er eine Reihe von Leitlinien zur Architektur niederschrieb, die in vielerlei Hinsicht zur Grundlage seiner späteren Arbeit werden sollten. Als wichtigster dieser Leitsätze und als derjenige, der die Wirkung der Loosschen Denkweise am vollkommensten offenbart, gilt Schindlers Erklärung, dass »der Architekt schließlich und endlich das Medium seiner Kunst entdeckt hat: den R A U M .« Eine weitere prophetische Grundsatzerklärung findet sich in seiner Aussage, dass »die moderne Behausung nicht die zeitweise Marotte eines Bauherren oder Architekten zu dauerhaften, ermüdenden Eigentümlichkeiten erstarren lässt. Sie wird der ruhige, anpassungsfähige Hintergrund für ein harmonisches Leben sein.«[6]

Um praktische Erfahrung zu sammeln, schloss sich Schindler noch als Student dem Wiener Büro von Mayr und Mayer als Zeichner an. Das beachtenswerteste Gebäude, an dem er mitarbeitete und für das Zeichnungen von seiner Hand erhalten sind, war der Stahlbetonbau des Clubhauses für Schauspieler in Wien von 1912 *(Abb. 6)*. Nach Abschluss seiner Ausbildung und auf den Rat von Loos hin, kehrte Schindler Österreich im Jahre 1914 den Rücken und schloss sich in Chicago der Firma von Ottenheimer, Stern und Reichert an, einem gemäßigt progressiven Büro mittlerer Größe. Während seiner dreijährigen Tätigkeit dort arbeitete Schindler an einer Reihe in stilistischer Hinsicht eklektischer Gebäude, darunter der Stahlbetonbau des Chicago Hebrew Institute (1914/15) und der Elks Club (1916/17), von dessen Innenraum ein Aquarell existiert, das wohl auf Schindlers Mitwirkung beim Entwurf schließen lässt.[7] Darüber hinaus war Schindler in Chicago an einem unrealisierten Entwurf für ein elfgeschossiges Hotel beteiligt, das sich durch eine ungegliederte Fassade auszeichnet, aus der geometrisch stilisierte Fenster *(Abb. 7)* hervortreten, an der Inneneinrichtung einer Bar *(Abb. 8)* sowie an einem ebenfalls nicht ausgeführten Entwurf für einen Women's Club, der den Einfluss Frank Lloyd Wrights verrät.

4 HOTEL RONG (ENTWURF), Wien, 1912, Präsentationszeichnung

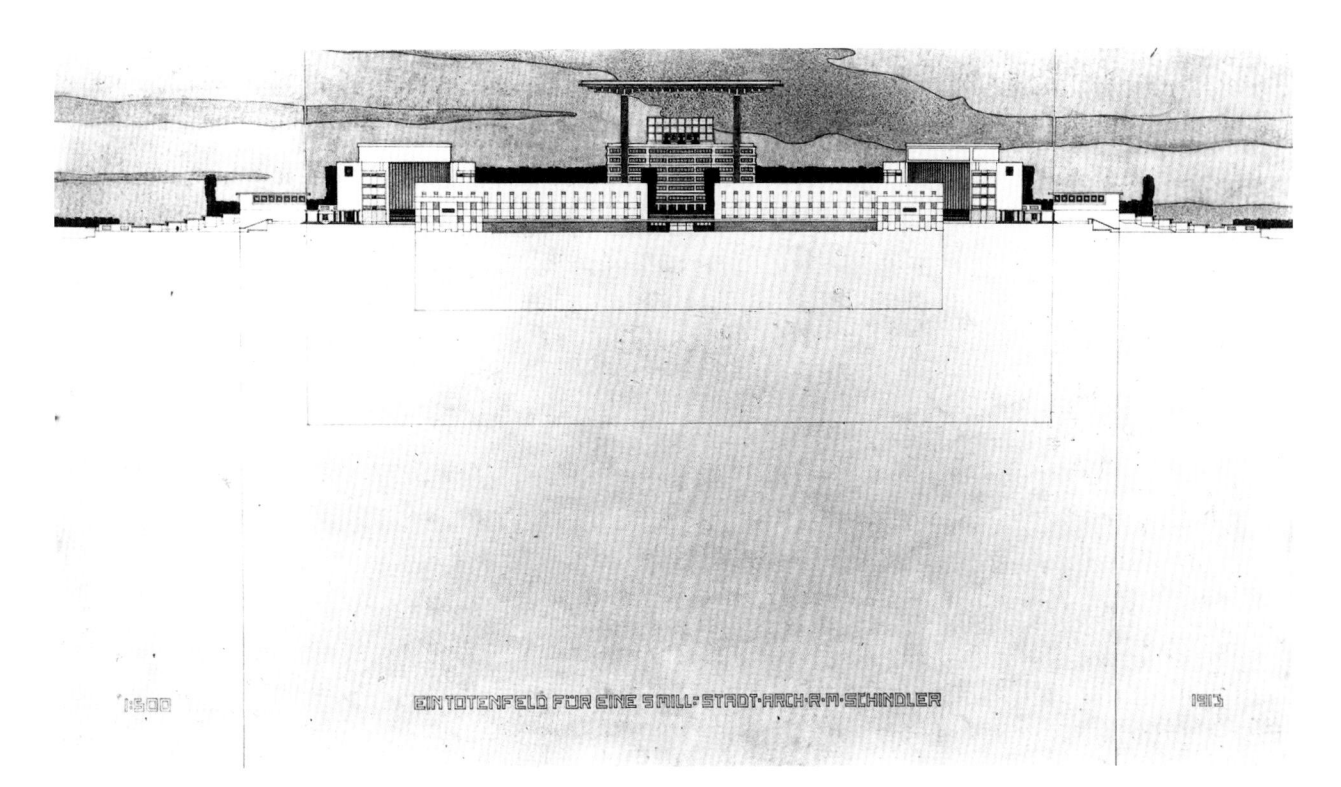

5 KREMATORIUM MIT KAPELLE FÜR EINE
FÜNF-MILLIONEN-STADT (ENTWURF), Wien, 1912/13

6 CLUBHAUS FÜR SCHAUSPIELER (FÜR MAYR UND MAYER),
Wien, 1912

Immer noch im Büro Ottenheimer angestellt, leistete Schindler seinen bemerkenswertesten Beitrag zur Architekturlandschaft von Chicago in Form des von 1916 bis 1918 entstandenen Buena Shore Club an der Strandpromenade des Lake Michigan. Das Programm dieses privaten Clubgebäudes war äußerst komplex und führte Schindler zu seiner ersten Auslotung einer Synthese von Anliegen, die später für seine Arbeit zentrale Bedeutung erlangen sollten – die Beziehung des Gebäudes zu seinem Standort, die Verwendung moderner Materialien und Verfahren sowie das Interesse an komplexen Innenräumen, das eine vielfältige Formensprache zur Folge hatte. In der Tat betrachtete Schindler den Buena Shore Club als sein erstes zur Gänze realisiertes Werk. Der L-förmige Grundriss des Gebäudes *(Abb. 9)* umfasste, seinen verschiedenen Funktionen entsprechend, eine Reihe ineinander greifender Räume sowie mehrere, dem abschüssigen Strandgrundstück angepasste Ebenen. Die Farbzusammenstellung des Interieurs – Gold, Blau und Weiß – offenbart, ebenso wie die Außenfassade, den anhaltenden Wiener Einfluss.

Der bei seiner Eröffnung in einer Chicagoer Zeitung als »architektonisches Meisterwerk [... mit] einzigartigen, kunstvollen Besonderheiten, die sich landesweit bei keinem anderen Clubhaus finden«, angekündigte Buena Shore Club, war auch Gegenstand eines von Schindler verfassten Essays, der in der gleichen Ausgabe der Zeitung erschien, in der ihm der alleinige Verdienst als Architekt des Gebäudes zugesprochen wurde, offenbar zum Ärger seiner Arbeitgeber bei Ottenheimer, Stern und Reichert. Der Komplexität des Entwurfs wegen zogen sich die Bauarbeiten länger als ein Jahr hin, und Schindler gab seine Anstellung auf, um sich der Fertigstellung des Clubhauses zu widmen *(Abb. 10)*.[8] In dem Essay »The Buena Shore Club Described by its Designer [Der Buena Shore Club, beschrieben von seinem Architekten]« offenbaren Schindlers Worte den zunehmenden Einfluss Frank Lloyd Wrights auf sein Denken:

Auf endlosen eisernen Bahnen gleitet die Kraft, die vom unberührten Boden aller nordamerikanischen Prärien ausgeht, auf das Westufer des Lake Michigan zu, um sich hier zwanzige Stockwerke hoch aufzutürmen – Chicago. [...] Der Strand und die Kaimauer, der vertiefte Garten mit seinen Böschungen und Wegen, den Mauern, den Terrassen und Dächern – bis hoch zur Straße und noch weiter – vier Stockwerke hoch. Diese ganze, sich auftürmende Masse Beton oder Lehm, bedeckt von grauem Mörtel, abgesehen von der langen, freiliegen-

7 HOTEL (ENTWURF FÜR OTTENHEIMER, STERN UND REICHERT), Chicago, 1915, Präsentationszeichnung

8 NICHT ZU IDENTIFIZIERENDE BAR (ENTWURF), Chicago, um 1915, Präsentationszeichnung

9 BUENA SHORE CLUB (FÜR OTTENHEIMER,
STERN UND REICHERT), Chicago, 1916–1918,
Präsentationszeichnung

10 BUENA SHORE CLUB (FÜR OTTENHEIMER,
STERN UND REICHERT), Chicago, 1916–1918
Fotografie: R. M. Schindler

den Oberschicht roter Wandziegel – ruft weit über den See hinaus; weder mit dem gebrochenen Rot des erdgeborenen Pressziegels noch mit dem leblosen Pigment jenes Fluchs amerikanischer Baumeister – der Ölfarbe – sondern mit dem frischen, durchscheinenden Rot hart gebrannten Tons. [...] Geht hin, seht euch das Haus an, geht hinein – atmet seine Luft und berührt seine Wände und dann lest – lest, was Leben für den Architekten bedeutet – was der Club für seine Mitglieder bedeutet und was die Prärien für die Menschheit bedeuten könnten, wenn jeder Künstler versuchte, ihre Lehren und ihre Botschaft zu verstehen.⁹

Auch während seiner Zeit in Chicago, wo Schindler – wie schon zuvor in Wien – im Palette and Chisel Club (Abb. 11) an Zeichenkursen teilgenommen hatte, behielt er sein Interesse an der bildenden Kunst bei. Er nahm die Angebote des progressiven Kulturlebens von Chicago umfassend wahr und lernte so 1919 seine spätere Frau, Pauline Gibling, bei einer Musicalaufführung kennen. Um seine berufliche Weiterentwicklung zu fördern, hielt er an der School for Applied and Normal Art und an der Church School of Art eine Vortragsreihe zu Themen wie Architektur und Kunst, das Bauwerk und sein Standort, das Bauwerk und seine Zeit, Formbildung und das Bauwerk und sein Zweck, für die in seinem Nachlassarchiv Aufzeichnungen erhalten sind. Bezeichnenderweise verurteilte er Daniel Burnhams Plan of Chicago, weil damit versucht wurde, das Erscheinungsbild Chicagos dem einer traditionellen europäischen Stadt anzugleichen und die Auswirkungen von Geschwindigkeit und Hochhausarchitektur zu ignorieren. »Ist diese glatt und gewöhnlich aussehende Stadt Chicago? Weshalb sieht es so europäisch aus? Was macht den Charakter der amerikanischen Stadt aus?« waren seine Bemerkungen während eines Vortrages, der seine Sichtweise als die eines progressiven Europäers erkennen ließ, der versuchte, die Merkmale eines wahrhaft amerikanischen Bewusstseins festzustellen.¹⁰

Neben seiner Arbeit bei Ottenheimer, Stern und Reichert in Chicago gestaltete Schindler eine Reihe früher unabhängiger Entwürfe. Für einen Wettbewerb des Jahres 1914 für ein Nachbarschaftszentrum, der vom City Club of Chicago ausgerichtet wurde, reichte er einen Entwurf ein, der in der symmetrischen Anordnung von Wohnbebauung und Straßen eng an Arbeiten seiner Wiener Studentenzeit anschließt (Abb. 12). Seine Arbeiten lassen in zunehmendem Maße den Einfluss Frank Lloyd Wrights erkennen, dessen Bauten in und um Chicago er besuchte und fotografierte. In Schindlers Augen spiegelten Wrights Theorien und gebaute Werke die von ihm bereits in Wien verinnerlichte Ideen im Hinblick auf das Primat der Kunst in der Architektur, die Verpflichtung zur geometrischen Abstraktion und Stilisierung sowie das anzustrebende Gesamtbauwerk, verkörpert von Wrights Midway Gardens, die kurz nach Schindlers Ankunft in Chicago 1914 eröffnet worden waren (Abb. 13). Schindlers zunehmende Beschäftigung mit dem Kontext – mit der Rolle der Landschaft und des Baugeländes hinsichtlich der Form und des Charakters der Architektur – kann auch als Folge seines Kontakts mit Werk und Ideen von Wright verstanden werden.

11 Schindler bei einem Ausflug des Palette and Chisel Club, Chicago, 1915

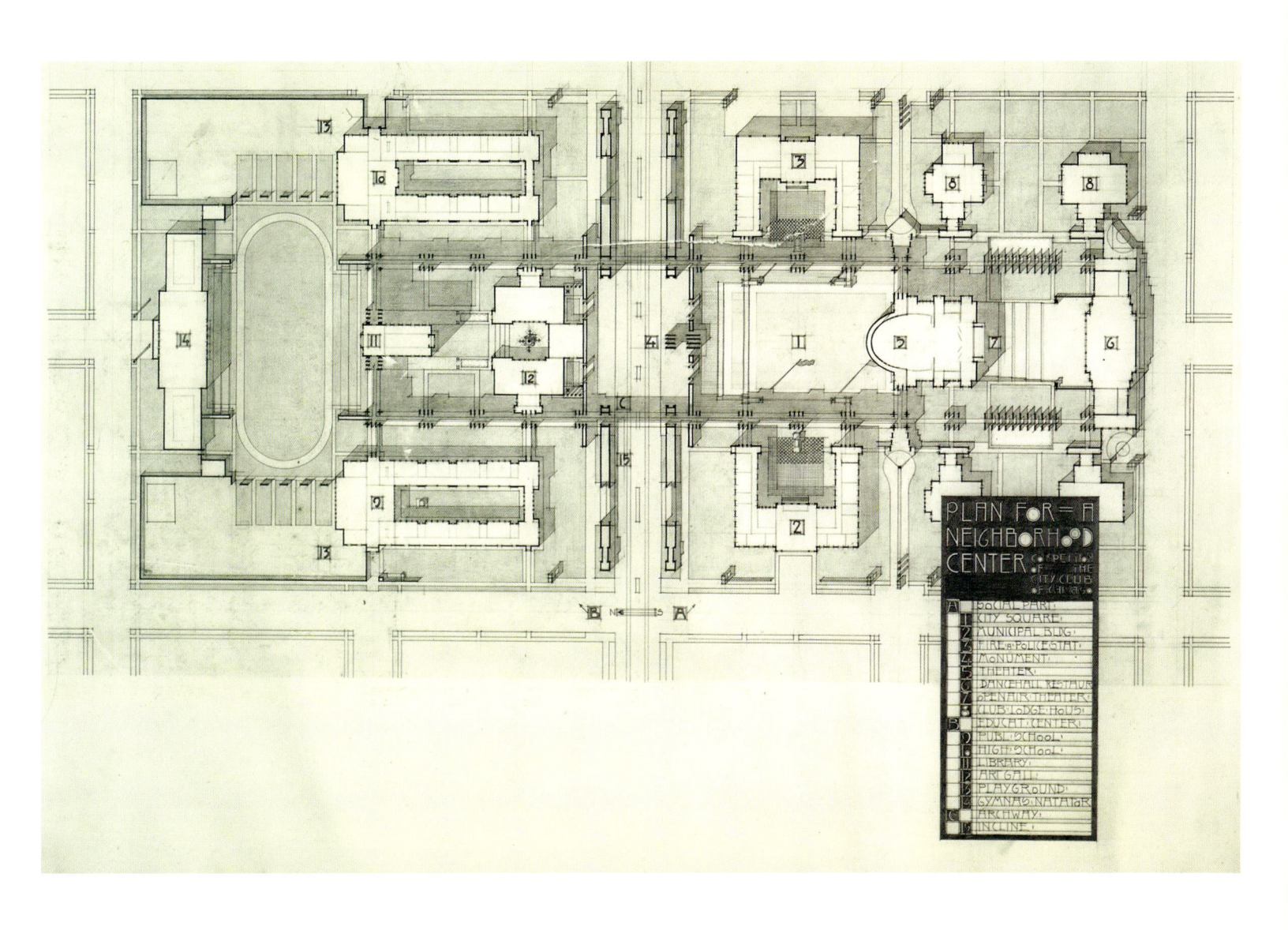

12 NACHBARSCHAFTSZENTRUM (ENTWURF),
Chicago, 1914

Von tiefreichender Bedeutung für Schindlers wachsendes Verständnis für das Wesen des Amerikanischen in der Architektur war eine 1915 unternommene Reise von Chicago nach Kalifornien, die ihn über Denver, Salt Lake City, Taos in New Mexico und den Grand Canyon führte. Zurück in Chicago nahm er sich vor, für den in Taos ansässigen Dr. Thomas Paul Martin ein unausgeführt gebliebenes »Landhaus in Adobebauweise« zu entwerfen. Dieser Entwurf offenbart den starken Eindruck der Puebloarchitektur auf Schindler, die ihm als die einzig einheimische Architektur erschien, die er in den Vereinigten Staaten gesehen hatte: »Die einzigen Bauten [in Amerika], die Zeugnis ablegen vom tiefen Empfinden für den Boden, auf dem sie stehen«.[11] Seine Aufrisszeichnungen für das Projekt huldigen dem Pueblostil, während die symmetrische Anlage des Grundrisses an Schindlers akademische Ausbildung erinnert. Das in beachtlicher Größe geplante Haus umfasste neben Küche, Wohnraum, Speisezimmer und Hauptschlafzimmer drei Schlafzimmer sowie Esszimmer für Bedienstete, ein Billardzimmer sowie zwei Gästezimmer; ferner sollte eine kleine Farm dazugehören. Der Entwurf vereint verschiedene Einflüsse von Wagner, Loos und Wright mit der Begeisterung für die heimische Adobebauweise, die Schindler für die passende Antwort auf die Anforderungen des Baugeländes und seines Umfelds hielt.

Schindlers 1916 begonnenes Projekt für ein Blockhaus *(Abb. 14)* war das Erste in einer Serie von Ferienhäusern, die er im Laufe der Jahre entwerfen sollte, und stellt sein frühestes Experiment mit dem Gedanken der Modulbauweise dar. Der Entwurf lässt deutlich Wrightsche Einflüsse erkennen und wurde tatsächlich 1918 in Taliesin fertig gestellt, nachdem Schindler sich eine Anstellung bei Wright gesichert hatte. Aufgrund seiner wachsenden Unzufriedenheit mit der Arbeit bei Ottenheimer, Stern und Reichert hatte sich Schindler eifrig um eine Stellung in Wrights Büro bemüht. »Wenn ich nicht bei Wright untergekommen wäre, hätte mich nicht einmal drohende Brotlosigkeit länger hier gehalten«, schrieb er später in einem Brief an Loos.[12]

Im Februar 1918 ging er nach Taliesin, um an den Plänen und Bauzeichnungen für Wrights Imperial Hotel in Tokio zu arbeiten; später im Jahr kehrte er nach Chicago zurück, um im dortigen Büro von Wright zu arbeiten und in dessen Wohnhaus in Oak Park zu wohnen. Hier arbeitete er an verschiedenen Projekten Wrights, darunter die

13 Frank Lloyd Wright, Midway Gardens, Chicago, 1914

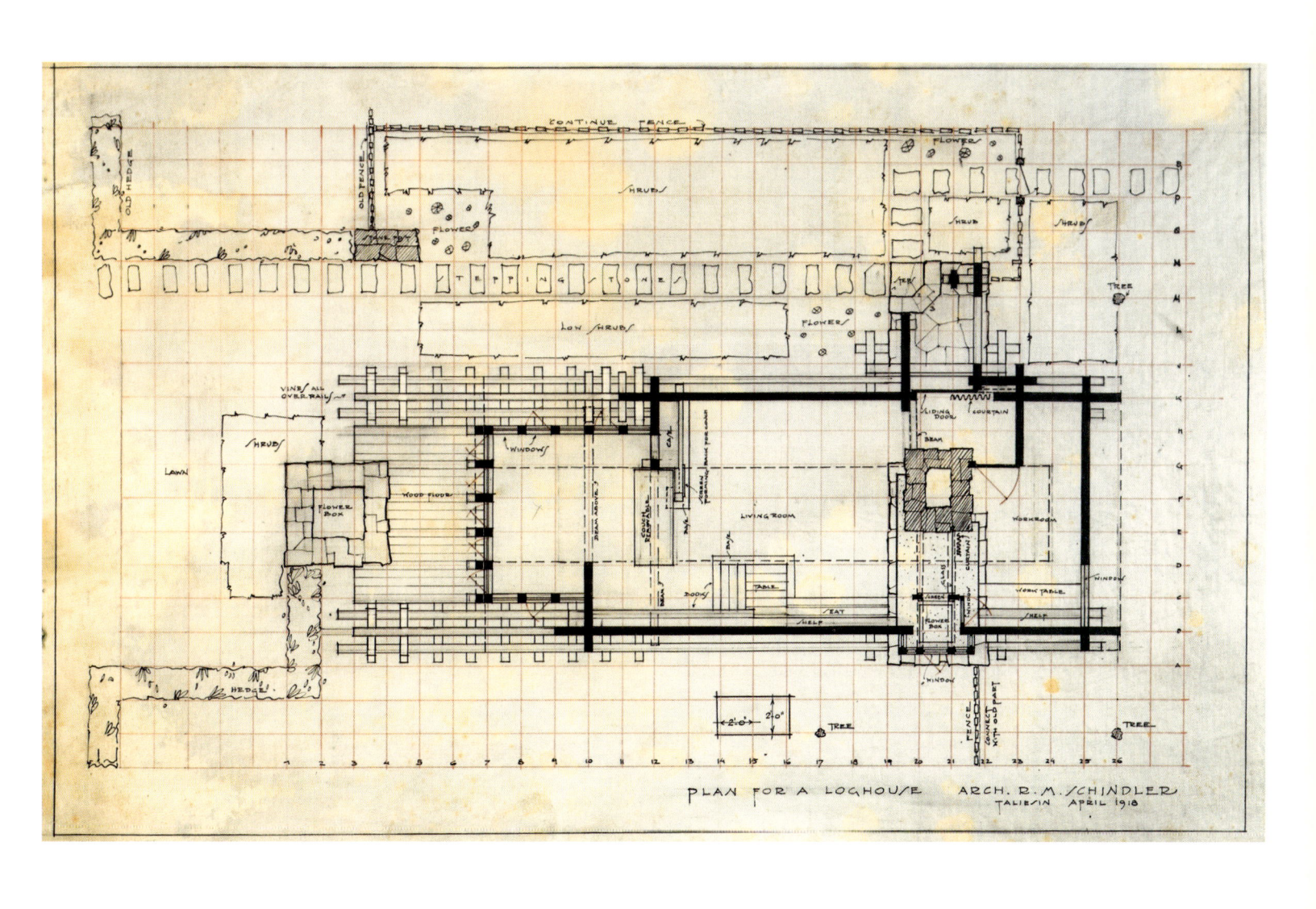

14 LOG HOUSE (ENTWURF), Standort unbekannt, 1916–1918, Grundriss

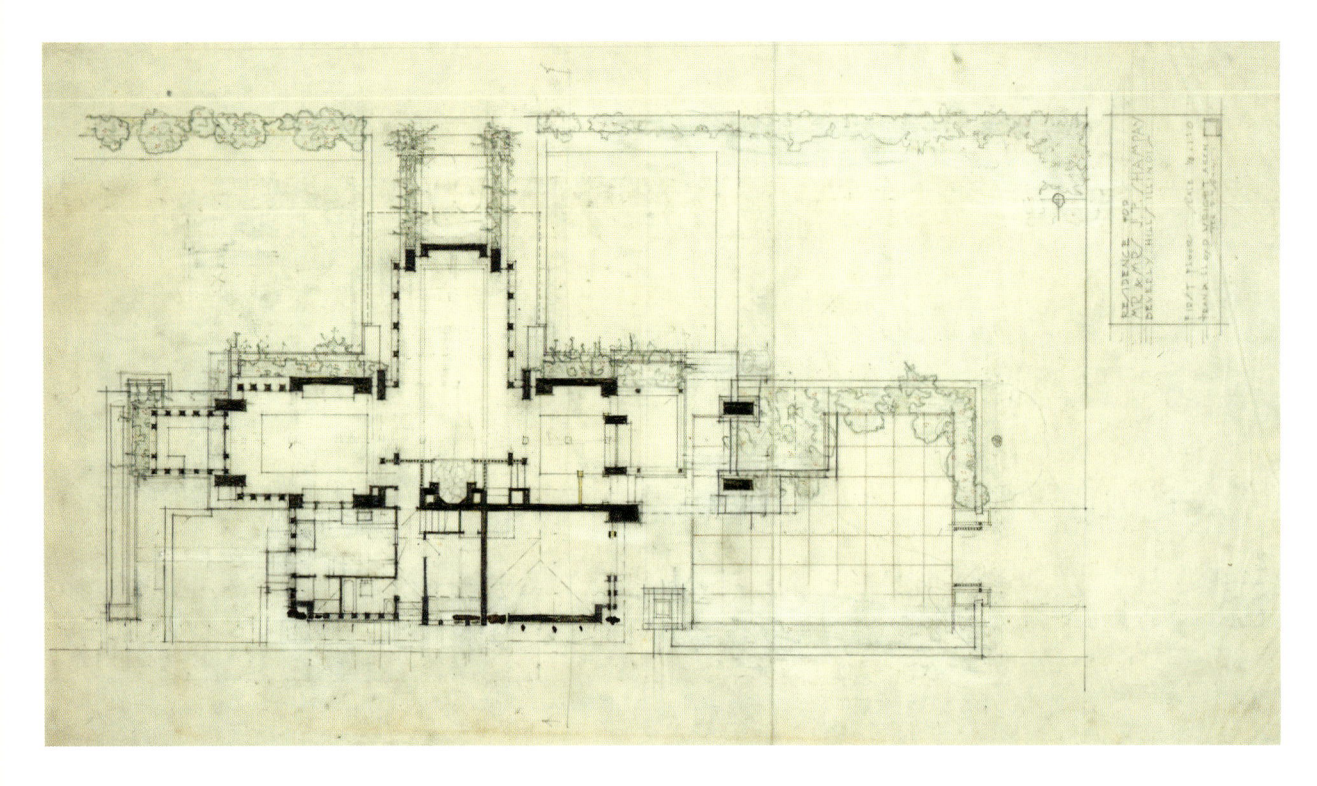

15, 16 J. P. SHAMPAY RESIDENCE, Chicago, 1919

unrealisierte J. P. Shampay Residence (1919) *(Abb. 15, 16)*, deren Entwurf kürzlich nahezu zur Gänze Schindler zugeschrieben wurde.[13] Ebenfalls 1919 schuf er für Wright eine Reihe von Entwürfen für die Arbeitersiedlung »Monolith Homes« – kostgünstige, teilweise vorgefertigte Wohnhäuser, bei denen der Baustoff Beton zum Einsatz kam. Durch seine Tätigkeit bei Wright lernte Schindler auch Louis Sullivan kennen, für den Wright selbst gearbeitet hatte. Schindler unterstützte Sullivan tatkräftig bei der Suche nach einem europäischen Verleger für sein Buch *Kindergarten Chats*; aus Schindlers Briefen geht sein Respekt und der Wunsch hervor, diesem verehrungswürdigen Altmeister, dessen Ruf damals im Niedergang begriffen war, helfend beizustehen.[14]

Selbst als er bei Wright angestellt war, verfolgte Schindler weiterhin unabhängige Entwürfe, wie den Beitrag zum 1920 ausgeschriebenen Wettbewerb für den Bau der Außenstelle Bergen der Free Public Library in Jersey City, New Jersey *(Abb. 17)*. Der quadratische Grundriss des Projekts *(Abb. 18)* wurde mit Wrights Unity Temple (1905–1908) in Verbindung gebracht, ist jedoch räumlich komplexer und zeichnet sich durch eine ausgeprägte Symmetrie aus.[15] Schindlers eigene Beschreibung des Projekts unterstreicht die Bedeutung seiner engen Verbindung mit dem Garten sowie die Abkehr von jeglicher gemeinhin mit Bauten dieser Art in Verbindung gebrachten Monumentalität. »Die Bibliothek sollte zum organischen Teil des Viertels werden, anstatt gesondert zu stehen, als fremd aussehendes Instrument der ›Erbauung‹ und Monument für die Macht des Geldes.«[16]

1920 verließ Schindler den Mittleren Westen und ging nach Los Angeles, um dort die Bauleitung von Wrights Hollyhock House für Aline Barnsdall zu übernehmen. Er engagierte sich bald sehr stark für den Fortgang der Bautätigkeit, aber auch für den Entwurf mehrerer zusätzlicher Bestandteile des von Barnsdall ins Auge gefassten Gesamtkomplexes, darunter die Director's Residence *(Abb. 19)*. Wright, der mit den laufenden Arbeiten am Imperial Hotel beschäftigt war, überließ Schindler nahezu gänzlich die Aufsicht über dieses komplizierte Projekt und die ebenso geartete Bauherrin. Während mit dem Fortschreiten der Arbeiten die Beziehung zwischen Barnsdall und Wright zunehmend von Spannungen belastet war, verstand Schindler sich auch weiterhin gut mit der sprunghaften Bauherrin, für die er 1927/28 für einen anderen Standort ein nicht realisiertes Haus entwarf, das experimentelle Translucent House *(Abb. 20)*.[17]

Anfänglich glaubte Schindler, sein Aufenthalt in Los Angeles sei nur vorübergehender Art. Mitte 1921 sprechen seine Briefe von dem Wunsch, nach Europa zurückzukehren, weil er sich nicht vorstellen konnte, sein ganzes Leben in Los Angeles zu verbringen, sowie von der Möglichkeit, nach Japan zu reisen, um dort, nach Abschluss des Barnsdall Komplexes, beim Bau des Imperial Hotel zu helfen. Im Laufe des Jahres jedoch, insbesondere nach einem Urlaub im Yosemite-Nationalpark, den er als »einen der wunderbarsten Plätze in Amerika«[18] beschrieb, begann er, sich in Kalifornien zu Hause zu fühlen. Diese prägende Erfahrung trug dazu bei, dass Schindler sich der Landschaft, des Klimas und des anscheinend einzigartigen kaliforni-

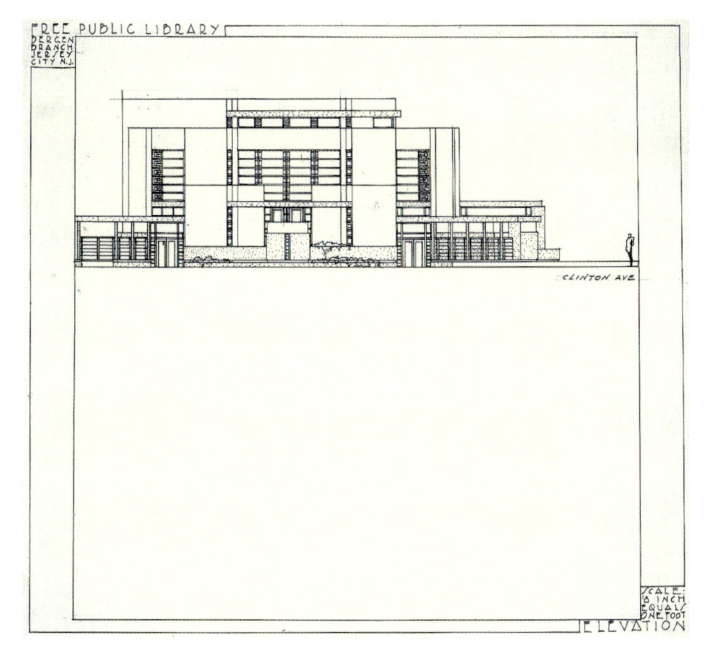

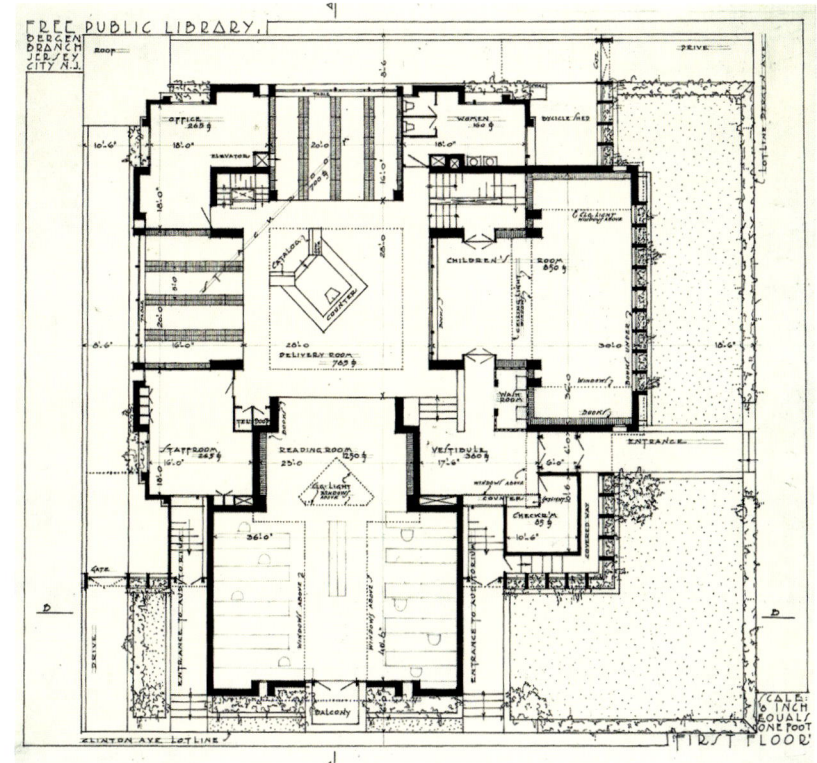

17, 18 FREE PUBLIC LIBRARY, WETTBEWERB FÜR DEN BAU DER AUSSENSTELLE BERGEN (ENTWURF), Jersey City, New Jersey, 1920

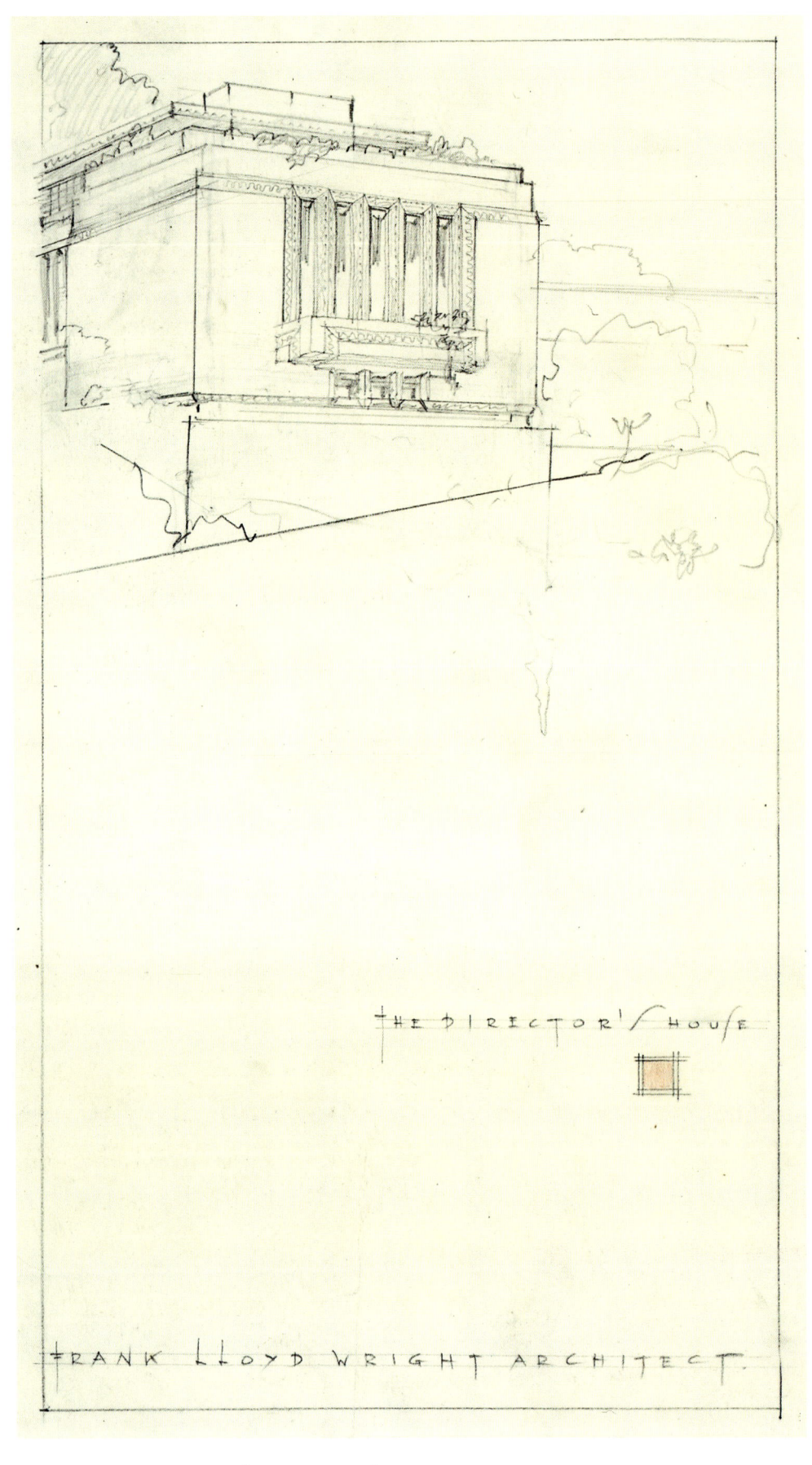

19 DIRECTOR'S RESIDENCE, OLIVE HILL, FÜR ALINE BARNSDALL (FÜR FRANK
LLOYD WRIGHT), Los Angeles, 1920

20 ALINE BARNSDALL TRANSLUCENT HOUSE (ENTWURF),
Palos Verdes, Kalifornien, 1927/28

schen »way of life« bewusst wurde und sie schätzen lernte. Nach Abwägung der Risiken, sich von Wright zu trennen, da dessen Arbeitsauslastung nachließ, und sein eigenes Büro zu eröffnen, entschied er sich für den Beginn der Arbeit an einem Projekt, das zu seinem wichtigsten frühen Bauwerk werden sollte: seinem eigenen Wohnhaus und Studio an der Kings Road im heutigen West Hollywood, wo er den Rest seines Lebens verbringen sollte.

Anfang der zwanziger Jahre befand sich Los Angeles auf dem Höhepunkt einer Bevölkerungsexplosion, verstärkt durch die Ankunft von Neuankömmlingen, die von der Hoffnung auf die Öl- und Filmindustrie angelockt wurden; in physiogeografischer Hinsicht war das Stadtgebiet noch weitgehend unentwickelt – eine ausgedehnte horizontale Fläche, die im Hinblick auf die Notwendigkeit neuer Bebauung und Wohnraumbeschaffung große Möglichkeiten eröffnete. Es wurde in einer Vielzahl von Stilen gebaut, wobei Schindlers Ankunft mit der Entstehung des beliebten Spanish Colonial Revival zusammenfiel. In dieser Zeit trafen noch zahlreiche andere deutschsprachige Emigranten in Los Angeles ein, darunter Künstler, Designer, Architekten, Schriftsteller und Musiker; in der sich entfaltenden Kulturszene Schindler und seine Frau Pauline zu Schlüsselfiguren werden.

Im Juni 1922 schrieb Schindler an seinen Freund Richard Neutra, der noch in Europa lebte, sein Haus sei »fertig – das heißt, ich wohne darin und arbeite an den Innenräumen. Das Geld ging aus, ehe alles fertig war und jetzt muss ich es selbst fertig machen.«[19] Er beschrieb seine »slab-cast«-Bautechnik, bei der vor Ort gegossene Betonwände mithilfe eines Dreibeins »mit einem leicht von zwei Männern zu bedienenden Flaschenzug« angehoben wurden (Abb. 21); er betonte, er habe ein neues Empfinden für die Wand eines Hauses geschaffen: »Die entstandene Wand zeichnet sich durch die ganze Harmonie einer althergebrachten gemauerten Wand aus, ohne deren schwere, einengende Eigenschaften.«[20] Wie schon oben bemerkt, fußten Schindlers frühere Versuche mit kostengünstigen Häusern und dem Gedanken, Beton als hauptsächliches konstruktives Material zu verwenden, auf mehreren Quellen. Zum einen hatten ihn seine Ausbildung in Europa und praktische Erfahrungen in Wien und Chicago mit

21 KINGS ROAD HOUSE, West Hollywood, Kalifornien, 1921/22, Ansicht der Baustelle, 1921

22 Irving Gill, La Jolla Woman's Club, La Jolla, Kalifornien, 1912–1914, Ansicht der Baustelle

dem Material umfassend vertraut und für konstruktive Experimente empfänglich gemacht; außerdem hatte er bei einem früheren Besuch in Kalifornien Irving Gills Arbeit mit dem »tilt-up«-Beton in San Diego *(Abb. 22)* beobachtet und später bei Gills Hauptwerk, dem Dodge House (1914–1916), das Schindlers eigenem Haus in der Kings Road gegenüberstand.

Schindler beschrieb sein Haus als »A Cooperative Dwelling for Two Young Couples [Kooperative Behausung für zwei junge Paare]«. Zum einen, weil sie an der Erprobung alternativer Formen gemeinsamen Wohnens interessiert waren, zum anderen aus ökonomischen Gründen errichteten Schindler und sein Frau Pauline ihr Wohnhaus/Studio als Doppelhaus, das sie mit dem Bauunternehmer Clyde Chace und dessen Frau Marian gemeinsam bewohnen wollten. Der hakenkreuzförmige Grundriss des Hauses *(Abb. 23)* nutzte das gesamte etwa 30,5 x 61 m große Grundstück und bezog Flächen zum Wohnen im Freien sowie zur Nutz- und Zierbepflanzung ein. Diese radikale Einbeziehung des Außenraums entsprach dem unkonventionellen Grundriss, der eine gemeinsame Küche für beide Familien, private Arbeitsbereiche *(Abb. 24)* für jeden der vier Bewohner sowie Schlafmöglichkeiten in Form von Freiluftveranden anstelle von herkömmlichen Schlafräumen vorsah, die hinzugefügt wurden, nachdem das Haus die Bauabnahme bestanden hatte. Schindler merkte an, »Jeder Raum in dem Haus verkörpert die Variation eines konstruktiven und architektonischen Themas. Dieses Thema erfüllt die Grundanforderungen an einen Camper-Unterstand: eine schützende Rückwand, eine offene Vorderfront, einen Kamin und ein Dach. [...] Die Form der Räume, ihre Beziehung zu den Innenhöfen und den wechselnden Dachhöhen schaffen eine gänzlich neue räumliche Verknüpfung zwischen Innenraum und Garten.«[21] Seine Verwendung von Beton für Böden und Wände war zwar in technischer Hinsicht fortschrittlich, ging aber auf seine Vorstellung eines höhlenartigen Gebäudes zurück, das zugleich auch an ein Zelt erinnern sollte, daher die Segeltuchwände und Schiebepaneele, mit denen sich das Haus zur Natur hin öffnen ließ. Die Radikalität von Schindlers Vision zur Einbeziehung der Natur in die Umgrenzungen einer häuslichen Szenerie blieb auch in der nachfolgenden Wohnhausarchitektur beispiellos.

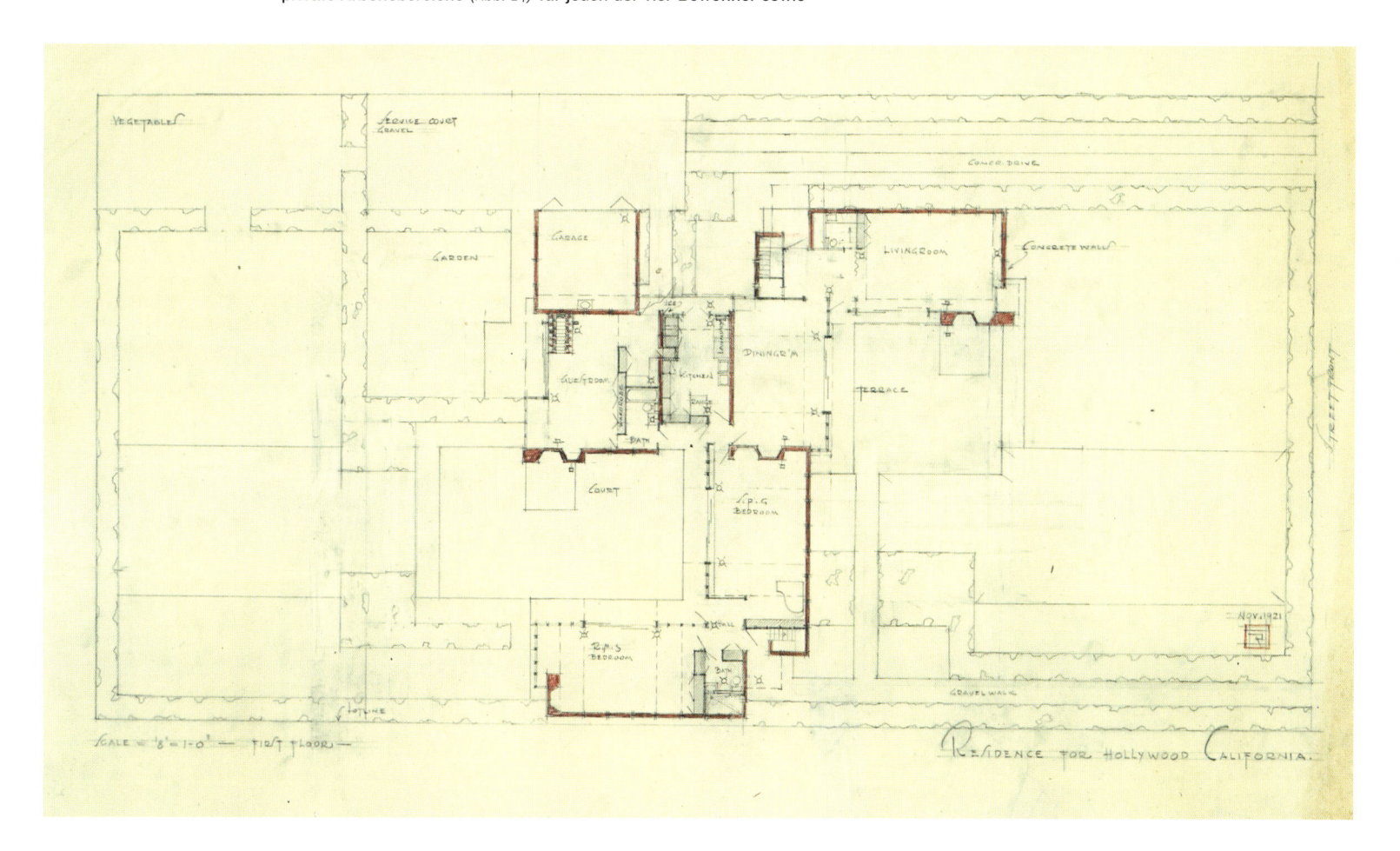

23 KINGS ROAD HOUSE, West Hollywood, Kalifornien, 1921/22

24 KINGS ROAD HOUSE, West Hollywood, Kalifornien, 1921/22,
Ansicht von Schindlers Studio
Fotografie: Grant Mudford

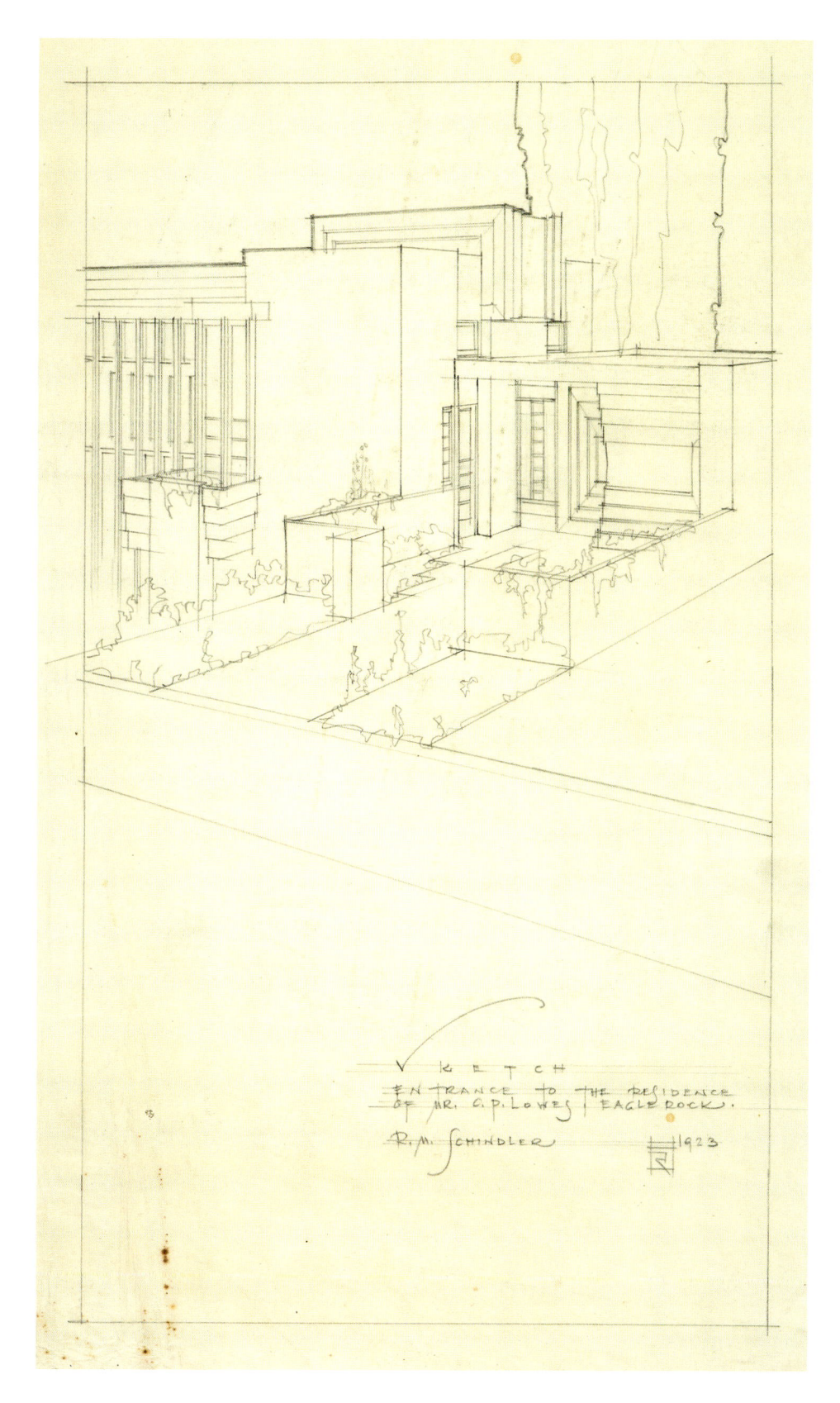

Sketch
Entrance to the residence
of Mr. C. P. Lowes, Eagle Rock.
R. M. Schindler 1923

25 CHARLES P. LOWES RESIDENCE, Los Angeles, 1923

In den Jahren 1922 und 1923 konnte Schindler mehrere bedeutende frühe Bauten vollenden, und zwar sowohl Ein- als auch Mehrfamilienhäuser. Dazu zählte die 1923 auf einer steilen Hanglage entstandene Charles P. Lowes Residence in Eagle Rock *(Abb. 25, 26)*. Schindler verwendete hier eine herkömmliche Holzrahmenkonstruktion mit Außenputz, schuf jedoch mittels der sich überschneidenden, sichtbaren Verbindungsstellen der Rahmenkonstruktion eine rhythmisierte Formensprache, die er, neben dem Spiel mit Strukturen (Holz, Putz, Glas und Samt) und Farben (Salbeigrün und gebranntes Orange) als vereinheitlichendes Attribut einsetzte. Die expressionistischen Details des Hauses und das konzentrierte Spiel mit komplexen Winkeln und Volumina wurden bei der 1924 erbauten John Cooper Packard Residence in South Pasadena *(Abb. 27)* noch weitergeführt.

Mit der Packard Residence konnte Schindler weitere Wege erproben, die Beziehung zwischen einem Haus und seinem Standort verdeutlichen; der dreiflügelige Grundriss des Hauses *(Abb. 28)* war angeregt von der Form des Baugeländes. Seine Aufteilung fußte zum Teil auf Schindlers Ansatz »das Haus in den Außenraum hinaus zu erweitern«, indem er die Außenwände in enge Beziehung zum Garten setzte. Schindler machte sich den Wunsch der Bauherren nach einem stark geneigten Dach zunutze, indem er es als übermäßige Schräge gestaltete, die Spitze jedoch abflachte und die Seiten anschrägte, um »eine neue architektonisch Form [zu schaffen ...]. Obgleich ein hohes Dach angedeutet wird, hat es seine utilitaristische Schutzfunktion zur Gänze eingebüßt *(Abb. 29)*. Anstatt das Haus vor dem bedrohlichen Nordhimmel zu schützen, scheint es sich eher gen Süden einem freundlichen Himmel zu öffnen.«[22] Um optische Kohärenz und Einheit zu erreichen, verwendete Schindler beim Entwurf der Packard Residence ein modulares Maßsystem. Beim Bau brachte er ein weiteres experimentelles Verfahren zum Einsatz, sein so genanntes »slab-cast«-System, bei dem ein hochwertiger Haftmörtel mithilfe einer Druckluftspritze aufgebracht wird, um so beim Bau von Betonwänden keine Verschalung zu benötigen.[23]

Die Packards – er Anwalt, sie ausgebildete Montessori-Lehrerin – verkörperten mit ihrer sozial fortschrittlichen Einstellung typische Schindler-Klienten; beide zählten 1920 zu den Gründern der American Civil Liberties Union. Während einige der unkonventionellen konstruktiven Merkmale des Hauses größere und kleinere Unbequem-

26 CHARLES P. LOWES RESIDENCE, Los Angeles, 1923

27 JOHN COOPER PACKARD RESIDENCE,
South Pasadena, Kalifornien, 1924
Fotografie: Viroque Baker

28 JOHN COOPER PACKARD RESIDENCE, South Pasadena,
Kalifornien, 1924, Grundriss mit Umgebungsplan

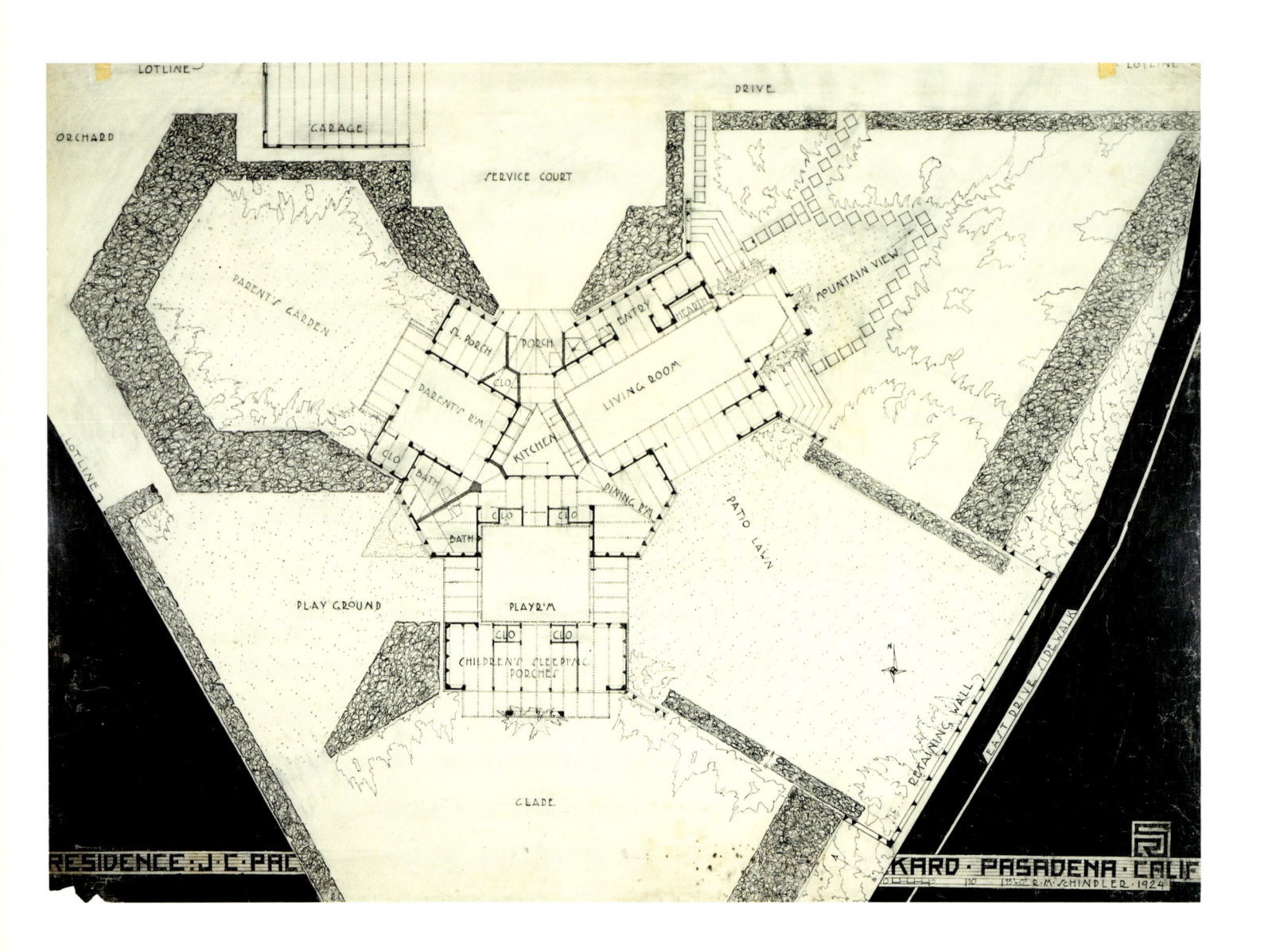

29 JOHN COOPER PACKARD RESIDENCE, South Pasadena,
Kalifornien, 1924, Dachaufsicht mit Aufrissen

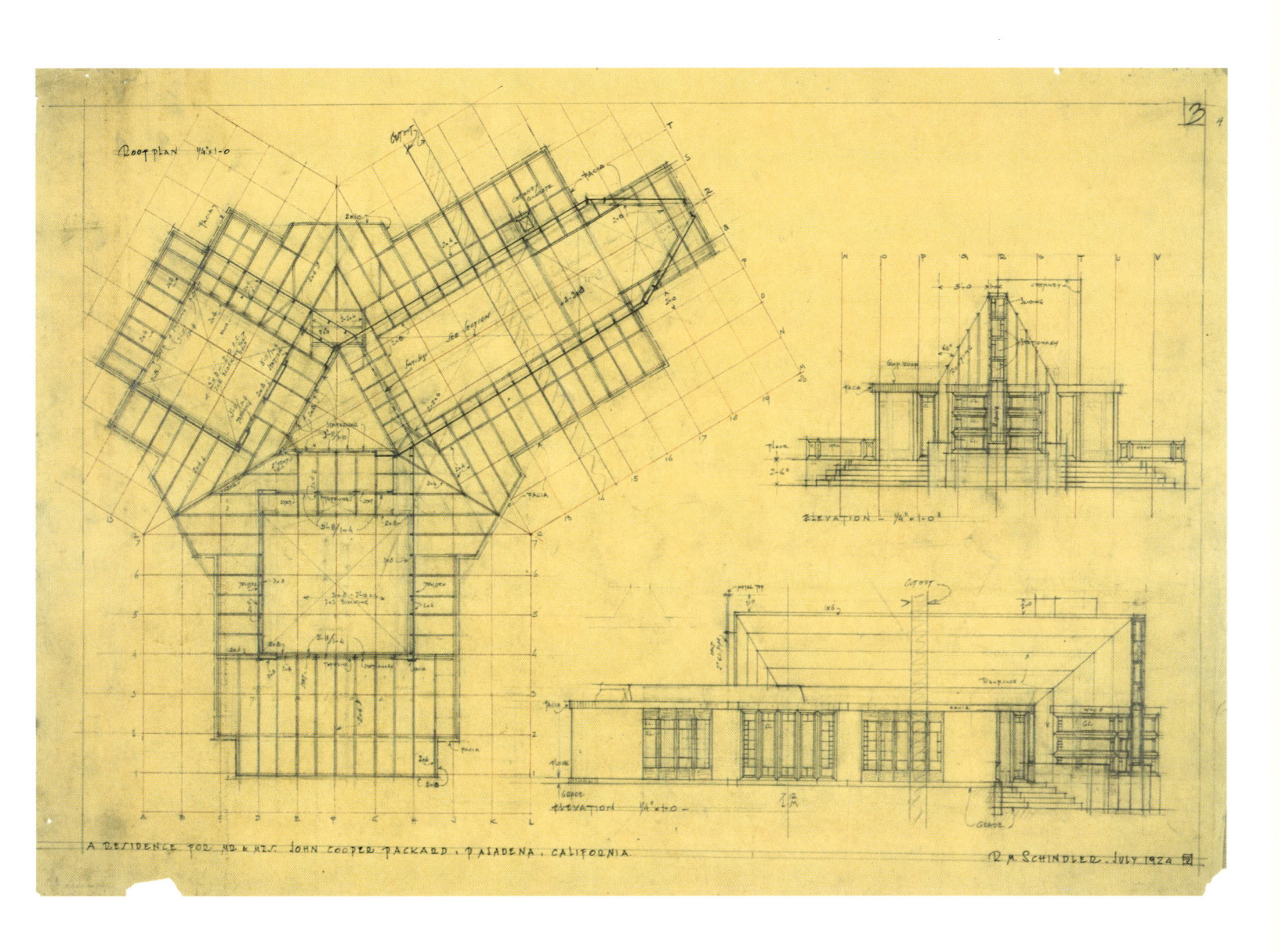

lichkeiten zur Folge hatten, die in der frühen Korrespondenz zwischen Schindler und den Packards festgehalten sind, wies Rose Marie Packard später auf die Flexiblität des Hauses hin und ihre Freude an Besonderheiten, wie den eng aufeinander bezogenen Innenräumen und Gärten sowie den ungewöhnlichen Details.

Wenn ich zurückdenke an unser Leben in diesem Haus seit nahezu 29 Jahren, dann glaube ich dies sind die Merkmale, die es gefällig und beglückend machen.

Wir haben die größtmögliche Privatsphäre, und doch kann sich das ganze Haus bei Einladungen für große Gesellschaften öffnen – Anpassungsfähigkeit ist das richtige Wort dafür.

In jeden Raum fällt sowohl Tages- als auch Mondlicht.

An der massiven, gänzlich ebenerdigen Bodenplatte haben die Kinder viel Freude.

Die Schränke mit Gleittüren, die Unterteilungen ergeben, waren damals den meisten unbekannt.

Die sich zum Garten öffnenden, auf ihn bezogenen Räume, werden heutzutage allgemein als »California Living« anerkannt.

Ich denke häufig an die Bemerkung, die ein Freund vor Jahren machte – »Dieses Haus ist interessanter und fantasievoller als jedes andere, das ich kenne.«[24]

Die zwischen 1923 und 1925 erbauten Pueblo Ribera Courts in La Jolla *(Abb. 30)* stellen eine überzeugende Umsetzung von Schindlers Ideen zum experimentellen, kostengünstigen Wohnhausbau dar. Bei dem Projekt wird eine Gruppe von zwölf grundsätzlich identischen Einheiten zu einer harmonischen Beziehung miteinander und mit dem Standort, einem Steilufer über dem Pazifik, verbunden; das zugehörige Gelände ist in einer Weise aufgeteilt, die die privaten Außenflächen, die den einzelnen Wohneinheiten zugeordnet sind, optimal nutzt. Schindler setzte auch hier sein experimentelles »slab-cast«-System für die Betonwände ein, um einfache, leicht reproduzierbare Komponenten zu schaffen, die sich hinsichtlich Lage und Standort gut handhaben ließen.[25] In den Briefen, die Schindler und der Bauherr, W. Llewellyn Lloyd, wechselten, ist von zahlreiche Schwierigkeiten die Rede, auf die man stieß, als es darum ging, die Finanzierung des Projekts sicherzustellen sowie den wünschenswerten Grad der Bearbeitung und der Wasserdichtigkeit des Betons festzulegen.[26] Zwei im folgenden Jahr entworfene Projekte für wirtschaftliche Arbeiterwohnungen – die Gould & Bandini Workmen's Colony und die Harriman's Colony, beide für die Gegend um Los Angeles – griffen deutlich erkennbar auf die bei den Pueblo Ribera Courts angewandten und realisierten Ideen zurück, allerdings übertragen auf einen größeren Maßstab. Die Harriman's Colony war als Stadt mit einem von Parks umgebenen College und öffentlichen Räumen konzipiert – eine fast utopische Vorstellung aufseiten des Bauherren Job Harriman, die er in Briefen des Jahres 1924 an Schindler zum Ausdruck brachte. Diese beiden groß angelegten Entwürfe blieben jedoch ungebaut.

Bei der James Eads How Residence von 1925/26 *(Abb. 31)*, entstanden für die fortschrittlich denkenden Auftraggeber, Dr. James Eads How und seine Frau Ingebord, handelt es sich um eine von Schindlers höchst faszinierenden, wohl durchdachten frühen Leistungen.

30 PUEBLO RIBERA COURTS FÜR W. LLEWELLYN LLOYD,
La Jolla, Kalifornien, 1923–1925, perspektivische Ansicht

31 JAMES EADS HOW RESIDENCE, Los Angeles, 1925/26,
perspektivische Ansicht

Hier gelingt es ihm, mit der Abfolge und Wechselbeziehung dynamischer Räume und Formen und den komplexen Geometrien und Schnitten, seine Ideen zur »Raumarchitektur« anzuwenden; es wird von seinem jetzigen Inhaber und Bewohner, dem Architekten Lionel March, als »meisterhafte Demonstration des Raumplans [beschrieben], jener räumlichen Vorstellung, die Schindlers Mentor Adolf Loos dargelegt, aber vor 1925 nicht mit solcher Kühnheit umgesetzt hatte«.[27] Das viergeschossige Haus wurde aufgrund seiner steilen Hanglage und um die spektakuläre Aussicht zu nutzen, auf einem Betonunterbau errichtet, der gemäß Schindlers »slab-cast«-System ausgeführt worden war *(Abb. 32)*. Das aus Redwood bestehende Obergeschoss ruht auf diesem Unterbau; das Ganze wird durch Betonkamine und Abzüge verbunden, die das gesamte Haus nach oben durchziehen und dazu dienen, die Materialien des Gebäudes miteinander zu »verzahnen«.[28] Durch die horizontale Gliederung des Äußeren sowie die Verwendung von Naturtönen – hellbraun, gelb, grau und graugrün –, abgeleitet von Laub und Rinde der auf dem Gelände stehenden Eukalyptusbäume, gelang Schindler eine noch weitergehende Vereinheitlichung des Eindrucks *(Abb. 33)*.

Mittlerweile hatte Schindler 1922 mit der Arbeit an einem Strandhaus für Philip und Leah Lovell in Newport Beach begonnen *(Abb. 34)*. Dank seiner Kolumne »Care of the Body« in der *Los Angeles Times* war der Naturheilkundler Dr. Lovell in Los Angeles eine bekannte Persönlichkeit. Schindler, der Lovells Eintreten für eine gesunde, naturorientierte Lebensführung teilte, steuerte während seiner Arbeit am Beach House selbst mehrere Beiträge zu dieser Kolumne bei.[29]

Bei dem 1926 fertig gestellten Lovell Beach House handelt es sich um den äußerst komplexen Entwurf für ein Bauwerk, das gestützt und eingefügt in fünf Stahlbetonrahmen, über sein Strandgrundstück angehoben ist, um Ausblicke und Ungestörtheit zu gewährleisten. Die zwei Geschosshöhen umfassenden Innenräume des Hauses zeichnen sich durch eine Vielfalt von Aufteilungen, Einfassungen und Fensterformen sowie durch zahlreiche Einbauten und modulare Proportionen aus *(Abb. 35)*. Gewisse Aspekte des Hauses lassen Ähnlichkeiten mit anderen um diese Zeit entstandenen Schlüsselbauten der Moderne erkennen, darunter Le Corbusiers Villa Savoye und die Häuser der Weißenhofsiedlung in Stuttgart; aufgrund dessen nahm es relativ bald nach seiner Errichtung seinen Platz in den Annalen der Geschichte der modernen Architektur ein. Dennoch fällt es durch seine Schlichtheit und räumliche Komplexität auf, die sich einzig bei Schindler findet und die vom Purismus und der Rationalität der Moderne des Internationalen Stils abweicht. Tatsächlich ging Schindler bei seiner Stützkonstruktion aus Beton von den häufig bei Strandhäusern anzutreffenden, funktionellen Pfahlgründungen aus. Dies sollte jedoch Schindlers letzter Bau sein, bei dem Stahlbeton umfassend Verwendung fand.

Schindler erweiterte die rustikale Vielschichtigkeit des Lovell Beach House im Entwurf eines weiteren Ferienhauses, mit dessen Bau im

32 JAMES EADS HOW RESIDENCE, Los Angeles, 1925/26
Fotografie: Viroque Baker

33 JAMES EADS HOW RESIDENCE, Los Angeles, 1925/26,
Wohnzimmer
Fotografie: Grant Mudford

34 PHILIP LOVELL BEACH HOUSE, Newport Beach,
Kalifornien, 1922–1926, Ansicht der Baustelle
Fotografie: R. M. Schindler

35 PHILIP LOVELL BEACH HOUSE, Newport Beach,
Kalifornien, 1922–1926, Wohnzimmer

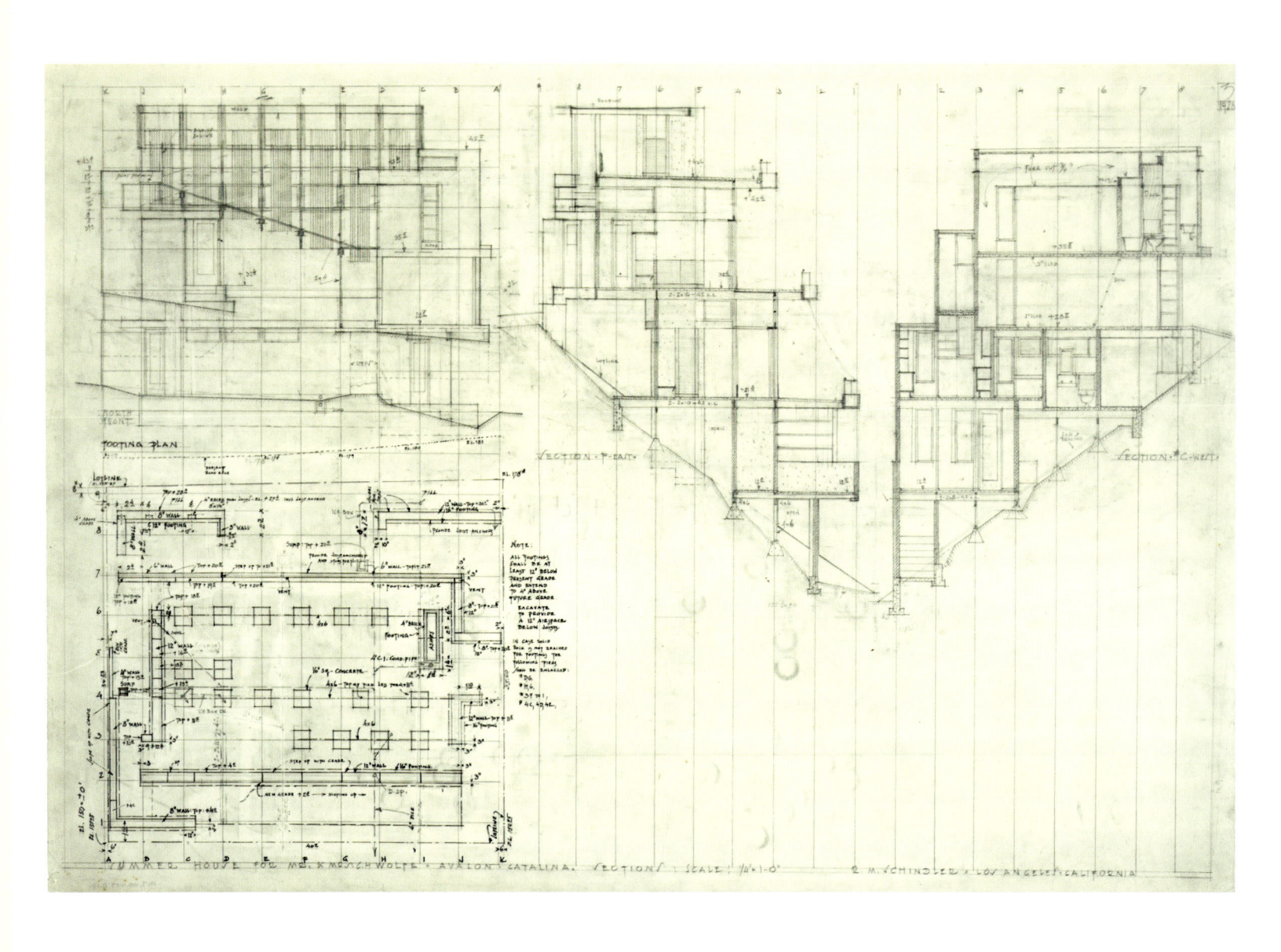

36 CHARLES H. WOLFE RESIDENCE, Avalon, Catalina
Island, Kalifornien, 1928–1931, Grundriss, Aufriss und
Schnitte

folgenden Jahr begonnen wurde – der mehrgeschossigen Charles H. Wolfe Residence (1928–1931) auf Catalina Island –, die sich einem abschüssigen Hanggrundstück mit Blick auf den Pazifik anpasst *(Abb. 36)*. Seine Auftraggeber, Charles und Ethel Wolfe, die Besitzer der Wolfe School of Costume Design, hatte er durch die Lovells kennen gelernt. In diesem Fall bediente sich Schindler aus Kostengründen einer Holzrahmenkonstruktion mit Böden und Terrassen aus Beton; für die Decken verwendete er mit Goldbronze gestrichenes Wellblech. Er beschrieb das Haus folgendermaßen:

Der Charakter des Hauses als Feriendomizil wird durch seine Form unterstrichen. Es erscheint leicht und luftig, und sämtliche vertikalen Stützen werden architektonisch kaschiert. Es waren kaum Ausschachtungen nötig; anstatt in den Hügel hineinzugraben, steht das Haus auf Zehenspitzen darüber. Der Entwurf weicht bewusst ab von der herkömmlichen Vorstellung des Hauses als einer aus dem Berg herausragenden, geformten Masse durchlöcherten Materials, um stattdessen in der Stimmung über dem Hügel und aus ihr heraus eine Anordnung von Raumeinheiten zu schaffen. Einzig das Blattwerk aus der Vielzahl der überall vorhandenen Blumenkästen stellt wieder die Verbindung zum Boden her.[30]

Das aus drei Ebenen bestehende Haus – der oberen für die Eigentümer, der mittleren für Gäste und der unteren für Bedienstete – verfügt auf sämtlichen Ebenen über breite Balkone; die Dachebene wird darüber hinaus als Garten mit geschütztem Kamin genutzt *(Abb. 37)*.[31] Aufgrund von Schindlers aufkommenden Ideen zur Asymmetrie im Entwurf sowie seiner wachsenden Beachtung praktischer Erwägungen – Berücksichtigung von Ausblicken, Gegebenheiten des Geländes und Vorlieben des Auftraggebers – unterscheiden sich die Ansichten dieses Hauses beträchtlich voneinander. In dieser Hinsicht nimmt die Wolfe Residence spätere Werke Schindlers vorweg, bei denen sich extreme Assymetrie und Kontextualismus in radikal unterschiedlichen Aufrissen innerhalb eines Gebäudes niederschlagen.

Nachdem Schindler zum Ende der zwanziger Jahre mehrere bedeutende und wegweisende Wohnhäuser errichtet hatte, war es ihm gelungen, seinen Ruf als führender Fachmann in Sachen moderner Architektur in Los Angeles zu festigen. Im Laufe der zweiten Hälfte des Jahrzehnts war er außerdem am Entwurf weiterer Mehrfamilienhäuser wie auch staatlicher und kommerzieller Projekte beteiligt. Das Spektrum reicht von den Manola (Manolita) Courts Apartments in Silver Lake (erster Abschnitt, 1926–1928) für Hermann Sachs über den gemeinsam mit Richard Neutra eingereichten Beitrag zum Wettbewerb für den Völkerbundpalast in Genf bis hin zur Ausführung kleiner Ladengeschäfte wie den Leah-Ruth Garment Shop (1926) *(Abb. 38)* in Long Beach und die Henry Braxton Gallery (1928/29) in Hollywood *(Abb. 39)*. Bei dem letztgenannten Projekt, bei dem es um die Neugestaltung des Interieurs eines Gebäudes im mediterranen Stil ging, gelang die optische Vergrößerung des kleinen Raumes mittels geschickt platzierter Trennwände zur Korrektur der problematischen Proportionen und ebenso angeordneter Ausstellungsregale für Skulpturen und kleine Kunstwerke. Ferner gestaltete Schindler Mobiliar für die Galerie und machte sich andere Einfälle und Materialien zunutze, wie schwarzes Öltuch als Verkleidung von Wänden und Decke, um dem Raum eine künstlerische Note zu geben. Schindlers

37 CHARLES H. WOLFE RESIDENCE,
Avalon, Catalina Island, Kalifornien, 1928–1931

LEAH-RUTH

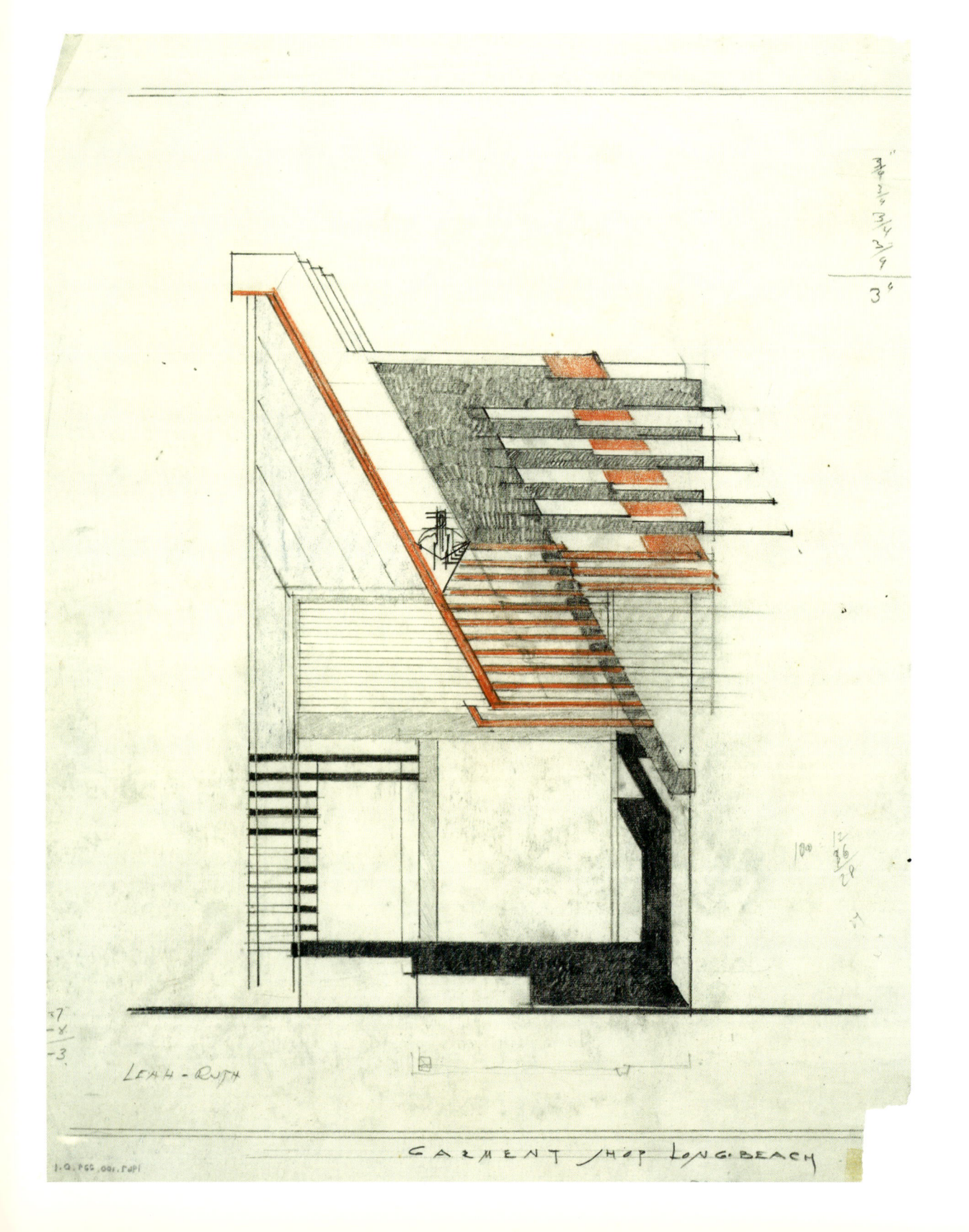

GARMENT SHOP LONG BEACH

38 LEAH-RUTH GARMENT SHOP (MIT AGIC), Long Beach, Kalifornien, 1926

39 HENRY BRAXTON GALLERY, Los Angeles, 1928/29

40 HENRY BRAXTON UND VIOLA BROTHERS SHORE RESIDENCE
(ENTWURF MIT AGIC), Venice, Kalifornien, 1928

Beziehung zu Künstlerkreisen bedingte seine Tätigkeit für Braxton, für den er auch ein nicht realisiertes Haus entwarf *(Abb. 40)*; die Verbindung war durch die aus Deutschland stammende Kunstsammlerin Galka Scheyer zustande gekommen, die während der zwanziger Jahre auch kurze Zeit im Haus in der Kings Road wohnte.[32]

In den Jahren vor der Ankunft Neutras in den Vereinigten Staaten hatten er und Schindler einen regen Briefwechsel geführt, und von 1925 bis 1930 bewohnten die Neutras gemeinsam mit den Schindlers das Haus in der Kings Road *(Abb. 41)*. In der Hoffnung auf große Aufträge riefen Neutra und Schindler, zusammen mit dem Stadtplaner Carol Aranovici, 1928 überdies ein gemeinsames Büro ins Leben, das sie Architectural Group for Industry and Commerce (AGIC) nannten. Von einem Bürgerzentrum bis hin zu Mietshäusern befasste sich AGIC mit mehreren Entwürfen für Gebäude und Gebäudekomplexe. Der Wettbewerbsbeitrag von Schindler und Neutra für den Völkerbundpalast gehörte zu den drei Projekten, die unter den von überall her eingereichten Entwürfen für eine Wanderausstellung in Europa ausgewählt wurden *(Abb. 42–46)*. Die Projektzeichnungen verraten die Beiträge beider Architekten zur Entwicklung des Entwurfs, der sich unter anderem durch ein spektakulär über den Genfer See vorkragendes Auditorium auszeichnet. Die Begleitumstände dieses unausgeführt gebliebenen Projekts – als beispielsweise Zeichnungen in der Ausstellung auftauchten, die den Entwurf Neutra alleine zuschrieben – trugen zu der beginnenden Entzweiung zwischen Schindler und Neutra bei.[33]

Neben Neutra zählten zu Schindlers Zeitgenossen in Los Angeles auch Frank Lloyd Wright, Julius Ralph Davidson und Jock Detloff Peters, die alle ebenfalls verschiedene Spielarten und Ausrichtungen der Moderne betrieben. Doch bereits zu diesem Zeitpunkt begann sich die Eigenart von Schindlers Werk von dem seiner Weggefährten abzuheben. In einem 1932 erschienen Beitrag zur Zeitschrift *Creative Arts* beschreibt Pauline Gibling [Schindler] das Werk Schindlers als »lyrisch« und »organisch« im Gegensatz zu dem des »Erzfunktionalisten« Neutra:

Das Werk Schindlers ergibt sich aus einer revolutionären Lebensvorstellung, die sich stark von der gegenwärtigen mechanistischen Lebenssicht unterscheidet, der der neue Funktionalismus, vielleicht jämmerlich, dient. [...] Schindler begreift die architektonische Form als umschlossenen Raum *und nicht als die*

41 Richard Neutra, Schindler, Dione Neutra und Frank Neutra (im Uhrzeigersinn) vor dem Kings Road House, um 1928

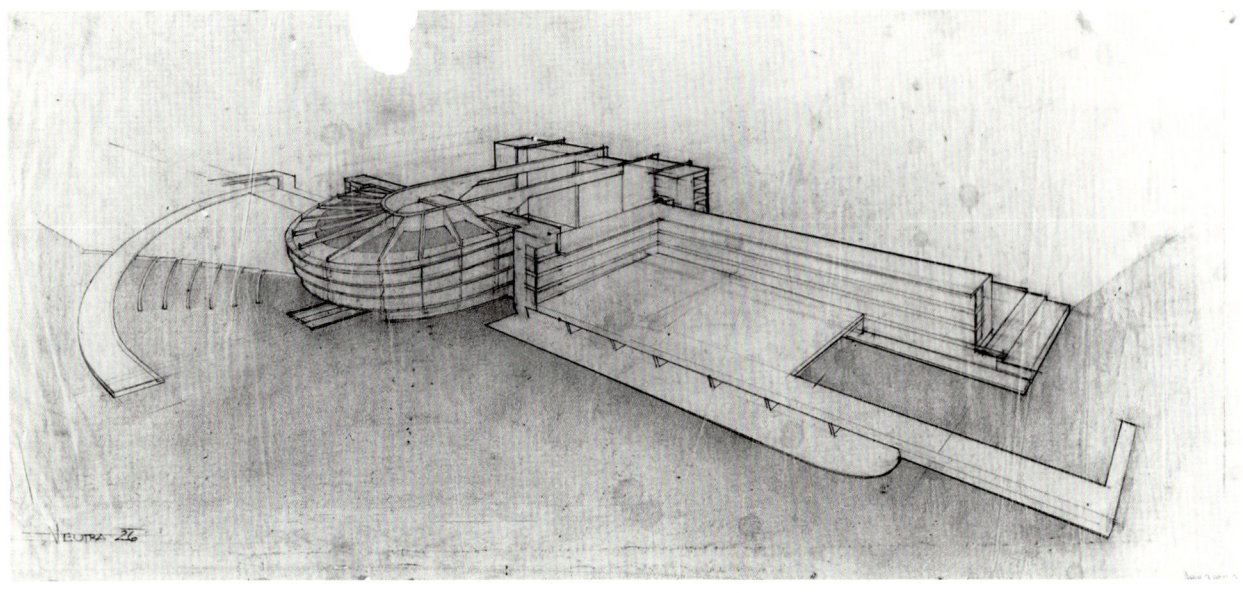

42–46 VÖLKERBUNDPALAST (ENTWURF MIT RICHARD NEUTRA), Genf, 1926

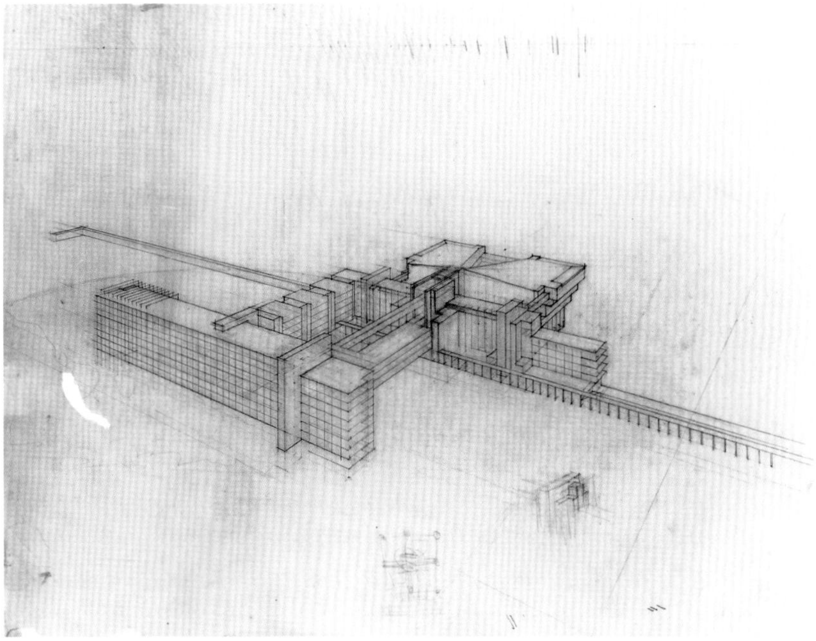

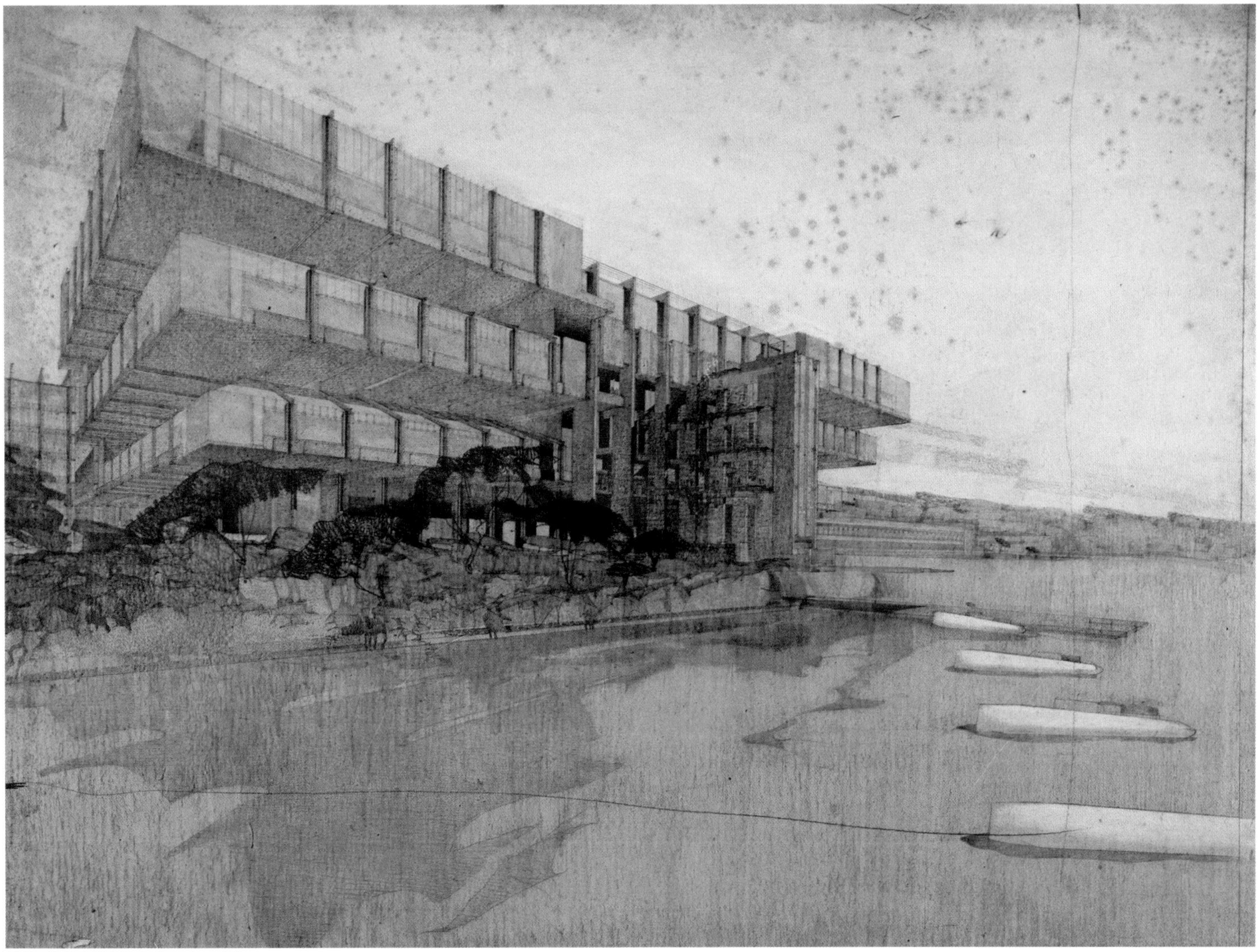

47 WILLIAM E. OLIVER RESIDENCE, Los Angeles, 1933/34,
perspektivische Ansicht

48 WILLIAM E. OLIVER RESIDENCE, Los Angeles, 1933/34,
Wohnzimmer

flachen Oberflächen der Wände, die sie umgeben. Die Stimmung solchermaßen konzipierter Räume unterscheidet si *radikal vom Gegenteil und hat eine völlig andere Raumerfahrung zur Folge.*
Die Wohnhäuser Schindlers sind mit der Erde innig verbunden. Gedacht für ein Leben, das natürlich vom Haus ins Freie hinausströmt, das jedoch gleichwohl eine ausgeprägte Privatheit bewahrt, sie sind mit ihren Gärten verwoben, und die Gärten selbst werden zu Zimmern.[34]

Zu Beginn der dreißiger Jahre hatten Schindlers Arbeiten des vorhergehenden Jahrzehnts Eingang in mehrere Bücher über moderne Architektur gefunden, zu deren Autoren die Deutschen Bruno Taut und Ludwig Hilberseimer und der Amerikaner Sheldon Cheney zählten, sowie in Büchern und Artikeln Neutras.[35] Angesichts seines Ausschlusses von der vom Museum of Modern Art veranstalteten Ausstellung zur Architektur des Internationalen Stils, erlebte Schindler 1932 jedoch eine tiefe berufliche Enttäuschung. Wiederholt schrieb er an die Ausstellungskuratoren Henry-Russell Hitchcock und Philip Johnson und erkundigte sich nach Möglichkeiten, sein Werk zu berücksichtigen; letztlich war er jedoch nicht in der Lage, sie davon zu überzeugen, dass es für ihre Thematik passend und geeignet war.

Philip Johnson bemerkte später, dass er zum damaligen Zeitpunkt nur ein Werk Schindlers, nämlich das Haus in der Kings Road, besucht und es ihn nicht beeindruckt hatte. Überdies hielt es sich seiner Ansicht nach nicht an die Leitsätze des Internationalen Stils, die diesen als schlüssige Bewegung mit bestimmten klaren stilistischen Merkmalen erscheinen ließen. Sowohl Hitchcock als auch Johnson maßen Schindlers Werk zu dessen Ungunsten an den ästhetischen Prinzipien seiner europäischen Kollegen; Hitchcock, der schon 1929 bemerkt hatte, dass »er mit mäßigem Erfolg versucht, den extremeren ästhetischen Erkundungen Le Corbusiers und der Männer von De Stijl zu entsprechen«, bezeichnet Schindler in seinem Katalogbeitrag für die Ausstellung als Nachfolger Frank Lloyd Wrights.[36] Obgleich er später an der vom MoMA veranstalteten Ausstellung mit dem Titel »Modern Architecture in California«, die über mehrere Jahre landesweit gezeigt wurde, beteiligt war, schlägt sich in Schindlers Schriften die wachsende Erkenntnis nieder, vom Architekturestablishment der Ostküste übersehen und missverstanden zu werden.

Vielleicht als Reaktion auf diesen verlagerten Akzent, der bei vielen seiner Zeitgenossen, insbesondere bei Neutra, zu positiven Kritiken

49 WILLIAM E. OLIVER RESIDENCE, Los Angeles, 1933/34

50 JOHN J. BUCK RESIDENCE, Los Angeles, 1934, Ansicht der Gartenfront
Fotografie: Grant Mudford

geführt hatte, zeigen bestimmte Häuser Schindlers aus den dreißiger Jahren Elemente oder Anklänge an die Moderne des Internationalen Stils, die zuvor in seiner Arbeit nicht vorhanden waren. Die Historikerin Barbara Giella bezeichnet die Mehrzahl seiner in diesem Jahrzehnt entstandenen Bauten als Irrweg, mit dem er vergebens versuchte, seiner eigenen, weit intuitiveren und innovativeren Architektursprache formelhafte Elemente des Internationalen Stils aufzupfropfen, und nennt das Ergebnis den spezifischen »Thirties Style«.[37] Beispielsweise sind Unterschiede zwischen solchen Bauten wie der William E. Oliver Residence (1933/34) *(Abb. 47)* und der John J. Buck Residence (1934) in dieser Hinsicht aufschlussreich. Die früher entstandene Oliver Residence, eine mit bräunlichem und gelbem Putz verkleidete Holzrahmenkonstruktion, wird auf abschüssigem Gelände schräg platziert, um Ausschachtungen zu vermeiden. Das schlichte Gehäuse, das sich durch die bis dato größte Zahl an Einbauelementen sowie ein leicht geneigtes Dach auszeichnet, um im Hauptteil des Hauses ein größere Deckenhöhe zu erreichen *(Abb. 48)*, weist außerdem am Außenbau als ungewöhnliches Merkmal einen geschwungenen Handlauf auf, der Anklänge an den Art Deco verrät *(Abb. 49)*. Bei Schindlers Buck Residence tritt seine zunehmende Neigung zum Internationalen Stil weit deutlicher zutage. Das Haus zeigt zur Straße hin eine schlichte Fassade aus glatten Wänden und hochliegenden Fensterbändern, seine Rückseite öffnet sich mittels verschiebbarer Glaswände zum Garten – eine von Schindler in seinem übrigen Œuvre selten verwendete Form *(Abb. 50)*. Außerdem hob sich der Entwurf dadurch ab, dass Schindler im Obergeschoss ein Apartment hinzufügte, das über einen separaten Eingang auf der Seite des Hauses verfügt. In einer Publikation der dreißiger Jahre heißt es, Schindlers Ziel sei es gewesen, Trennwände zu vermeiden, um sämtlichen Räumen Kontinuität zu geben, und seine Flachdächer ließen eher auf Regenunterstände schließen als auf die täuschende Wirkung einer massiven, flachen Platte.[38]

1929 hatte Schindler mit der Arbeit an einem Modellhaus für das Siedlungsprojekt »Park Moderne« (von Schindler auch als »Camp Moderne« bezeichnet) bei Los Angeles für William Lingenbrink begonnen *(Abb. 51)*, dessen Musterhäuser alle von ortsansässigen Architekten im modernen Stil gestaltet wurden. Dieser Entwurf nahm die »Schindler Shelters«, eine Reihe kostengünstiger Prototypen, an

51 MODELLHAUS FÜR DEN »PARK MODERNE« FÜR WILLIAM LINGENBRINK,
Calabasas, Kalifornien, 1929–1938, perspektivische Ansicht

52 HANS N. VON KOERBER RESIDENCE, Torrance, Kalifornien, 1931/32

denen er zwischen 1933 und 1939 arbeitete, vorweg. In den dreißiger Jahren war Schindler, wie viele Architekten seiner Generation, von der Frage des vorgefertigten Wohnungsbaus fasziniert. Seinen Entwurf für die Schindler Shelters ließ er sich urheberrechtlich schützen; es handelt sich dabei um eine aus Küche, Bad und Waschküche bestehende, fabrikmäßig hergestellte Einheit, um die eine einfache Schale aus dünnen Betonplatten errichtet wurde. Sämtliche Innenaufteilungen des Hauses konnten mit genormten Raumteilern bewerkstelligt werden, was größtmögliche Flexiblität erlaubte. Schindler entwarf spezielle Fenster mit Blechrahmen und ersann zahlreiche andere platz- und arbeitssparende Einrichtungen, die die des gängigen modernen Nachkriegshauses vorwegnahmen. Er beschrieb seine Vorstellung der Schindler Shelters wie folgt:

Die Schindler Shelters unterbreiten eine Lösung für das Wohnungsproblem, die hier und jetzt nutzbar ist und nicht erst die Serienfertigung abwarten muss. Es handelt sich um eine Lösung, die sich nicht nur der aktuellen Herausforderung im Hinblick auf niedrige Kosten stellt, sondern ihr auch mit einem Produkt antwortet, das die Anforderungen fortschrittlichen architektonischen Denkens erfüllt: Raumgestaltung, Flexiblität, Individualisierung und Praktikabilität.[39]

Abgesehen von der Tatsache, dass Schindler in den dreißiger Jahren anscheinend auf Formen des Internationalen Stils zurückgriff, zeugen bestimmte in diesem Jahrzehnt entstandene Arbeiten auch von der anhaltenden Experimentierfreude, die seine gesamte Laufbahn kennzeichnet. Eines der extremsten Beispiele stellt die 1931/32 entstandene Hans N. von Koerber Residence dar *(Abb. 52)*. Entsprechend den für dieses Gebiet in Torrance, Kalifornien, geltenden Bauvorschriften, verwendete Schindler Tonziegel, das Material des beliebten Spanish Colonial Revival, und deckte mit ihnen nicht nur das Dach, sondern setzte sie auch zur Verkleidung von Teilen der Außenwände ein. Der Entwurf der Elizabeth Van Patten Residence (1934–1936) entstand für drei Damen, denen neben einem gemeinsam genutzten Wohnraum und einer Küche jeweils ein abgeschlossenes Schlafzimmer und Studio zur Verfügung stand. Schindler nutzte das geneigte Ziegeldach, das den auf diesem Gelände geltenden Bauvorschriften entsprach, als Basis für eine Abfolge dynamisch miteinander verschränkter Dachsilhouetten. Diese markante Handhabung dient dazu, drei zur Straße zeigende, separate Garagen zu bezeichnen und zusätzliche im Hauptteil des Hauses vorkommende

53 ELIZABETH VAN PATTEN RESIDENCE, Los Angeles, 1934–1936
Fotografie: Julius Shulman

54 ELIZABETH VAN PATTEN RESIDENCE, Los Angeles, 1934–1936
Fotografie: Julius Shulman

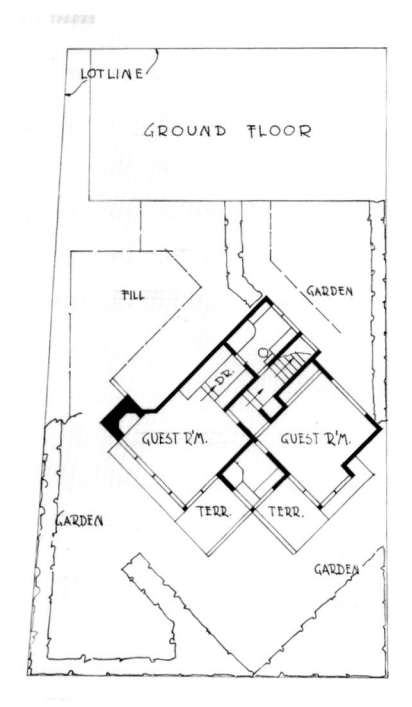

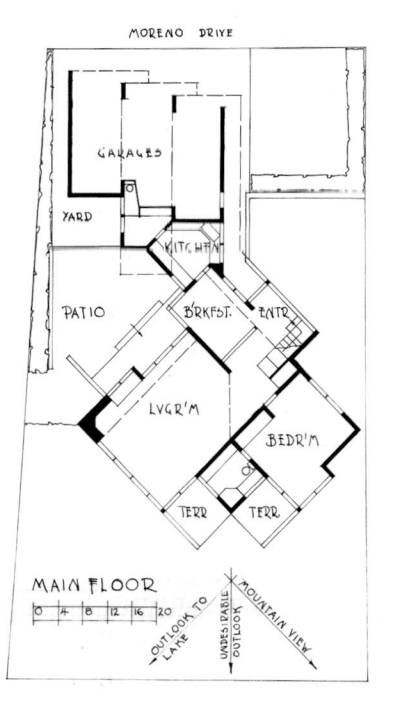

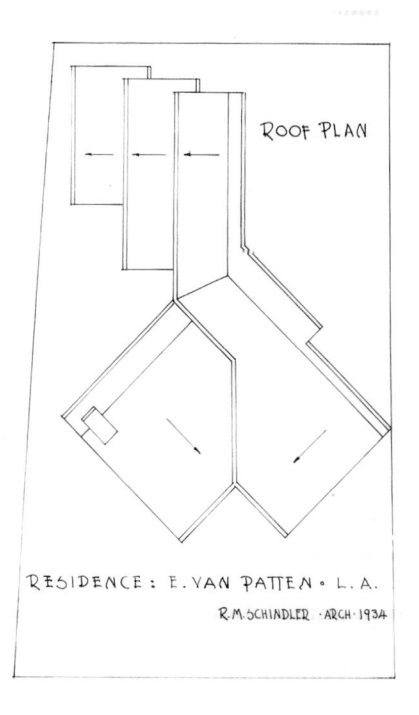

55 ELIZABETH VAN PATTEN RESIDENCE, Los Angeles, 1934–1936, Grundrisse

56 ELIZABETH VAN PATTEN RESIDENCE, Los Angeles, 1934–1936, Wohnzimmer
Fotografie: W. P. Woodcock

57 JOHN DEKEYSER DOUBLE RESIDENCE, Los Angeles, 1935
Fotografie: Grant Mudford

Höhenunterschiede zu kaschieren *(Abb. 53)*. Von der Rückseite gesehen tritt die Aufteilung dieses Hauses deutlich hervor, da sich hier die geschlossene Form des Baukörpers öffnet *(Abb. 54, 55)*. In der Van Patten Residence verwendet Schindler zum ersten Mal seine Entwürfe der »Schindler Units« – halbgenormten Möbelelemente, dazu gedacht, sich jedem Raum und jedem individuell wünschbaren Zustand anzupassen *(Abb. 56)*.

1935 errichtete Schindler in Hollywood ein Doppelhaus für den Musikhistoriker John DeKeyser *(Abb. 57, 58)*. Das auf einem steilen Hang stehende Haus besteht aus einer eingeschossigen Hauptwohnung mit einem darunter liegenden Ein-Zimmer-Apartment. Hier umfasst Schindlers Repertoire ungewöhnlicher Materialien grüne Dachpappe, mit der Teile des Hauses verkleidet sind, in Kombination mit hell verputzten Bereichen und dunkelrot gestrichenen Einfassungen, die gemeinsam eine kraftvolle Gesamtwirkung erzielen. Das Hausinnere zeichnet sich typischerweise durch komplexe Raumvolumina, konstruktive Offenheit und zahlreiche Einbaumöbel aus.

Häufig fallen Schindlers Dachkonstruktionen durch expressive Merkmale auf, so auch im Falle der 1936 entstandenen Wohnhäuser für Warshaw und William Jacobs *(Abb. 59)*. Insbesondere bei dem Projekt für Warshaw Jacobs verwandte Schindler eine gebogene Dachfläche, die sich energisch nach unten fortsetzt und so die Rückwand des Hauses ergibt, mit der er jedoch auch auf der Straßenseite Raum gestaltet und umgibt. Esther McCoy gegenüber, die vom integrierenden Charakter seiner Dächer im Verhältnis zu den Hausern gesprochen hatte, bemerkte Schindler einmal: »Man setzt kein Dach auf ein Haus. Ein Haus ist sein Dach. Ebenso wie ein Haus sein Fundament ist.«[40]

Schindler begann 1935 mit der Arbeit an einem dreistöckigen Wohnhaus und Möbelentwürfen für Ralph G. und Ola Walker in Silver Lake *(Abb. 60, 61)*. Im Hinblick auf ihre formale Komplexität und die scheinbare Zusammenhanglosigkeit der Ebenen veranschaulicht die Walker Residence viel von Schindlers damaliger Entwurfsauffassung. Tatsächlich erscheint der Entwurf insofern additiv, ja nahezu beliebig. Seine Ausrichtung, die Platzierung der Fenster, die Anordnung der Ebenen sowie mehrere andere Merkmale hängen von einer Vielzahl von Bedingungen ab, die Standortfragen wie Gelände und Ausblicke betreffen. Für das vorwiegend aus einem mit Putz verkleide-

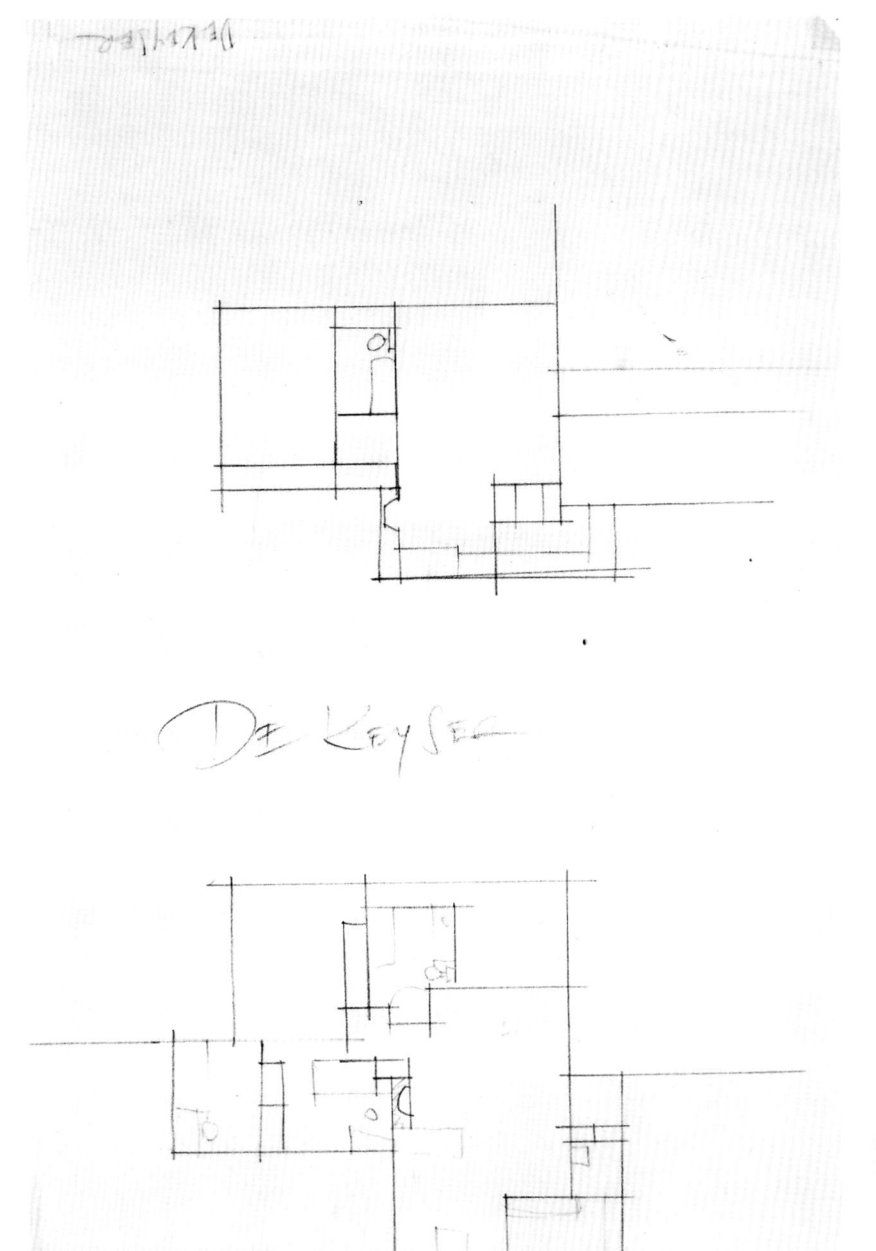

58 JOHN DEKEYSER DOUBLE RESIDENCE, Los Angeles, 1935, Skizze der Grundrisse

59 WARSHAW RESIDENCE (ENTWURF), Los Angeles, 1936/37

60 RALPH G. WALKER RESIDENCE, Los Angeles, 1935–1941

61 RALPH G. WALKER RESIDENCE, Los Angeles,
1935–1941
Fotografie: Grant Mudford

62 RALPH G. WALKER RESIDENCE, Los Angeles,
1935–1941, Ansicht des Esszimmers
Fotografie: Julius Shulman

ten Holzrahmen bestehende Haus verwendete Schindler im Inneren schräg verlaufende Decken, um die Dachbalken zu verbergen und einer Kastenform der Räume entgegenzuwirken. Er machte sich auch illusionistische Kunstgriffe zunutze, wenn er beispielsweise die Holzteile mit silberner Farbe streichen ließ, um Metall vorzutäuschen. Auch die Einbeziehung eigens entworfener Einbaumöbel war für den gesamten Entwurf von weitreichender Bedeutung *(Abb. 62)*.[41]

Der 1935 begonnene und 1938 abgeschlossene Neu- und Umbau eines Wohnhauses für die Familie Guy C. Wilson befindet sich gleichfalls auf dem Gebiet von Silver Lake in Los Angeles. Etwas weniger komplex als die Walker Residence, weist es eine Reihe ähnlicher Attribute auf – ein unscheinbarer Eingang auf der Straßenseite, der die dahinter liegende Mehrgeschossigkeit verschleiert, die sich auf der Rückseite nach den Talblicken ausrichtet. Im Hinblick auf die Anordnung ihrer rückseitigen Fassaden gehören die Walker und die Wilson Residence zu den zurückhaltendsten von Schindlers Häusern der dreißiger Jahre; sie unterscheiden sich von der Victoria McAlmon Residence (1935/36) und anderen, bei denen die verschiedenen Ebenen entschlossen aus der räumlichen Gliederung im Inneren vorspringen. Ein breiter Dachüberstand schützt den kompakten Wohnraum, der auf der höchsten Ebene in einer komplexen räumlichen Wechselbeziehung zu Küche und Speisezimmer steht. Die über eine asymmetrisch angeordnete Innentreppe führenden Wege in die unteren Ebenen erlauben ein spektakuläres, vielschichtiges Raumerlebnis.

1938 begann Schindler mit der Arbeit an einem Wohnhaus und Möbelentwürfen für die Musiklehrerin Mildred Southall und ihre Familie *(Abb. 63)*. Da man sowohl ein Wohnhaus als auch Platz für den Musikunterricht brauchte, ordnete er das Haus um einen flexiblen Hauptwohnraum herum an, einen Mehrzweckraum, der sich ebenso für den Unterricht als auch als Raum für die Familie eignete, wobei Schlafräume und Küche auf minimale Abmessungen beschränkt blieben *(Abb. 64)*. Um die gewünschte räumliche Effizienz weiter zu steigern, wurde ein Großteil des Mobiliars eingebaut; andere Elemente, wie ein Hocker aus Sperrholz, waren zusammenklappbar und ließen sich leicht verstauen. McCoy hatte das Southall House als eines der ersten gänzlich aus Sperrholz errichteten Häuser bezeichnet *(Abb. 65)*. Darüber hinaus wies Gebhard darauf hin, wie der Gebrauch von Sperr-

63 MILDRED SOUTHALL RESIDENCE UND STUDIO, Los Angeles, 1938/39, perspektivische Ansicht

64 MILDRED SOUTHALL RESIDENCE UND STUDIO, Los Angeles, 1938/39, Grundriss des Hauptgeschosses

65 MILDRED SOUTHALL RESIDENCE UND STUDIO, Los Angeles, 1938/39 Fotografie: Maynard Parker

STUDIO: M. SOUTHALL   R.M. SCHINDLER · ARCHITECT   1938

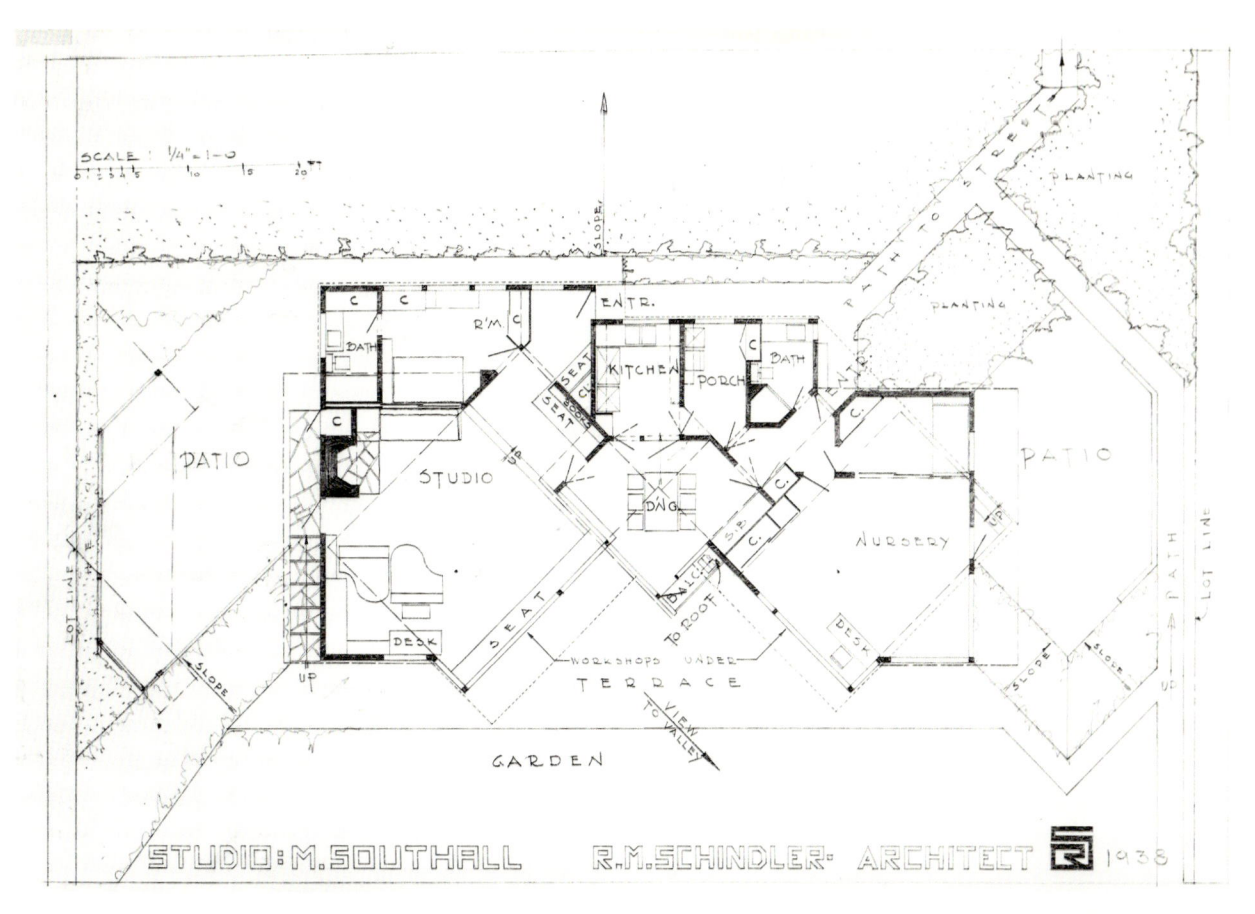

66 LAVANA STUDIO BUILDING (ENTWURF FÜR AGIC), Beverly Hills, Kalifornien, 1929/30, perspektivische Ansicht

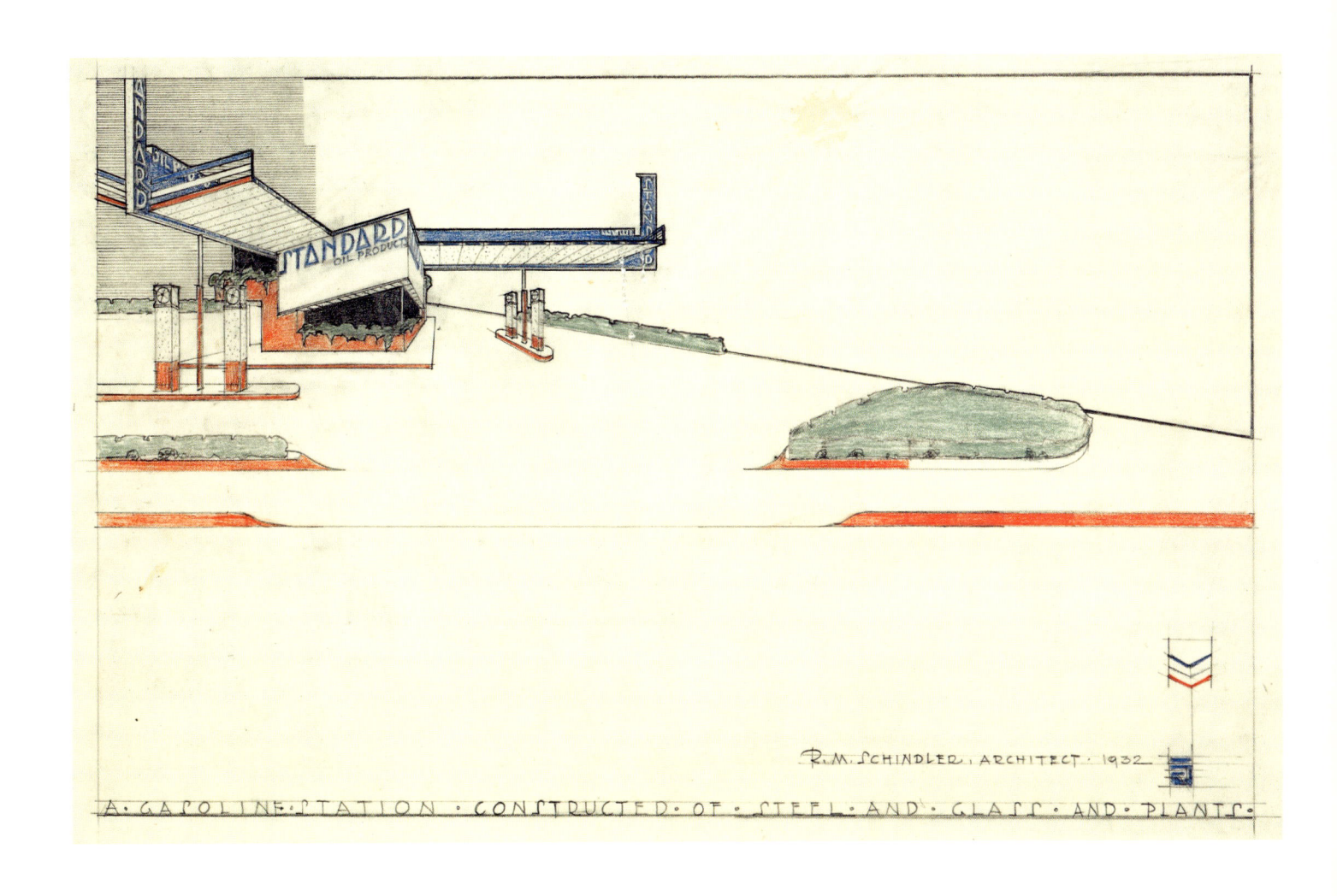

67 TANKSTELLE FÜR DIE STANDARD OIL COMPANY
(ENTWURF), Standort unbekannt, 1932, perspektivische
Ansicht

68 SARDI'S RESTAURANT, UMBAU FÜR A. EDDIE BRANDSTATTER,
Los Angeles, 1932–1934, perspektivische Ansicht

holz in Schindlers Werk der späteren dreißiger Jahre zunehmend augenfälliger wird und wie er es Zeitgenossen wie J. R. Davidson, William Wurster, Harwell Harris und sogar Richard Neutra gleichtat, die sich von den gewissermaßen industriellen Eigenschaften des Sperrholzes überzeugen ließen.[42] Für die Einbauschränke und Möbel im Southall House verwendete Schindler weitgehend dieses Material. Während der ersten Hälfte der dreißiger Jahre widmete sich Schindler mehreren kommerziellen Projekten. Dazu zählten ein Entwurf für das Lavana Studio Building in Beverly Hills (1929/30) *(Abb. 66)*, die Highway Bungalow Hotels von 1931 sowie zwei unrealisierte Tankstellenprojekte für die Standard Oil Company (1932) und die Union Oil Company (1932–1934) *(Abb. 67)*. Die Begeisterung für Gebäude, die sich an den Bedürfnissen und dem Charakter der aufkommenden Highway-Kultur ausrichteten, teilte er mit Neutra und Frank Lloyd Wright, die während dieser Jahre, als die Allgegenwart des Automobils begann, die amerikanische Landschaft und insbesondere die um Los Angeles zu verändern, ebenfalls Tankstellenprojekte und Motels entwarfen.

Schindlers wichtigstes kommerzielles Projekt der dreißiger Jahre war sein Umbau von Sardi's Restaurant (1932–1934) *(Abb. 68)* in Hollywood, ein Gebäude, das in Einklang mit dem vorherrschenden Zeitstil an die Architektursprache des Art Deco erinnerte. Sardi's zeichnete sich durch seine Fassade aus Glas und Metall aus, zu der ein stilisierter Baldachin mit einem kühn auskragenden Vordach über dem Eingang gehörte. Das Interieur des insgesamt weiträumig und licht wirkenden Hauptgastraumes war mit runden Sitznischen und von Schindler entworfenem Mobiliar ausgestattet. Dank seiner zentralen Lage in Hollywood, wo das Lokal von prominenten Angehörigen der Filmindustrie besucht wurde, stellte Sardi's für Schindler einen sehr bedeutenden Auftrag dar *(Abb. 69)*. Abgesehen von einer Hand voll kleiner Restaurantprojekte, darunter Schindlers von 1932 bis 1934 entstandener Entwurf für Lindy's Restaurant Number 1 für den gleichen Auftraggeber, führte dieser Auftrag jedoch nicht zu einer merklichen Erweiterung von Schindlers kommerzieller Tätigkeit.

Schindler befasste sich in den dreißiger Jahren nur mit wenigen Siedlungsprojekten, von denen jedoch einige bemerkenswerte Erweiterungen seines experimentellen Ansatzes darstellen. 1937 fertigte er den Entwurf der Beach Colony für den Bauherren A. E. Rose an *(Abb. 70)*. Die in zwei Halbkreisen angeordneten kleinen Strandhäuser, mit Putz und Segeltuch verkleidete Holzrahmenbauten, sollten dem Sandstrand zugewandt zu stehen kommen und in ihrem Inneren Privatsphäre und andererseits auch leichten Zugang zu Gemeinschafts-

69 SARDI'S RESTAURANT, UMBAU FÜR A. EDDIE BRANDSTATTER, Los Angeles, 1932–1934

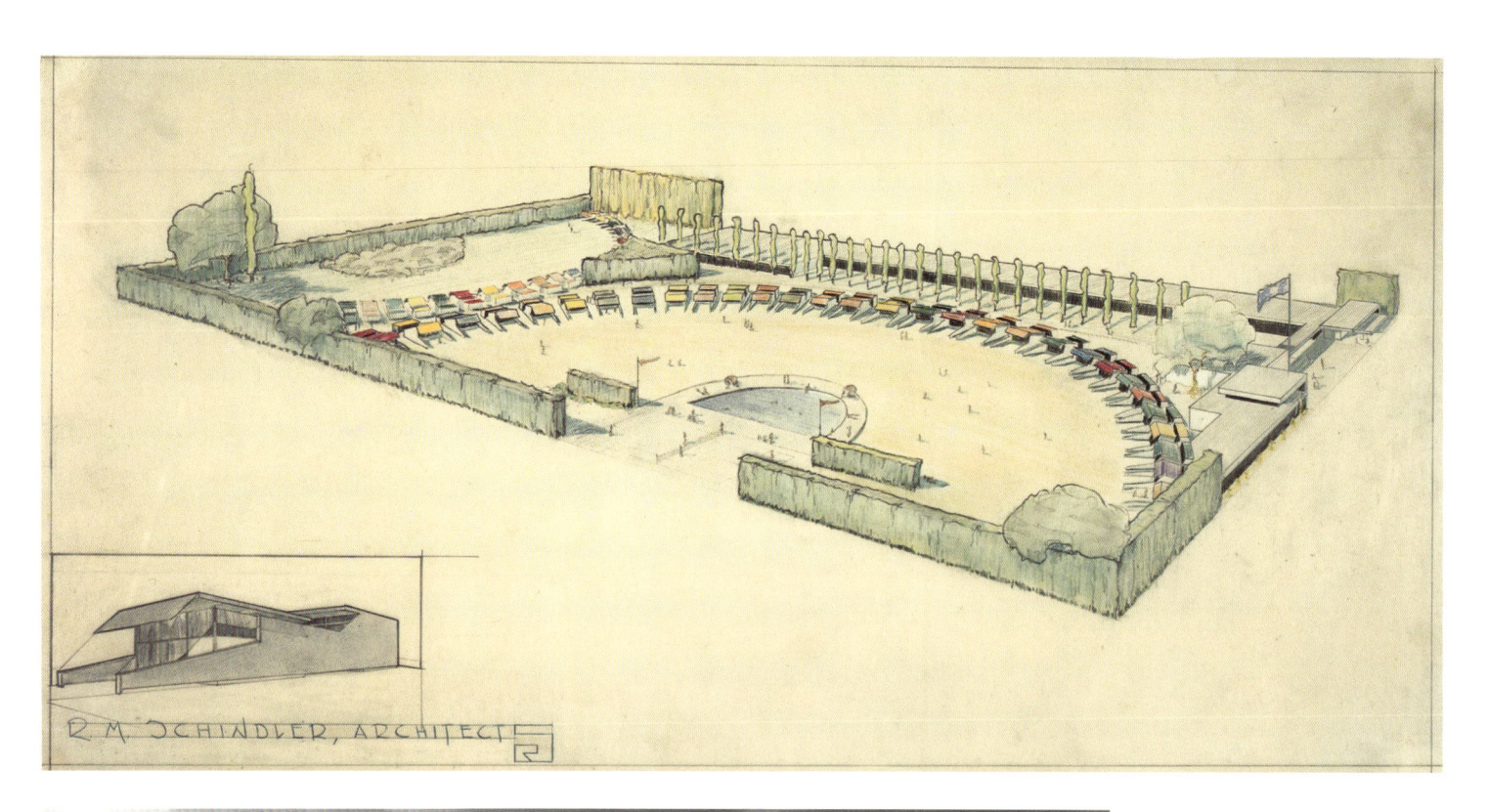

70 A. E. ROSE BEACH COLONY (ENTWURF), Santa Monica, Kalifornien, 1937

71 A. E. ROSE BEACH COLONY, MODELL IN ORIGINALGRÖSSE, gebaut in West Hollywood, Kalifornien, 1937
Fotografie: Julius Shulman

einrichtungen gewährleisten. Zwar wurde von einem der Cottage-Entwürfe ein transportables Modell in Originalgröße angefertigt, aber aufgrund der hohen Grundstückspreise in dieser Lage konnte das Projekt nie realisiert werden (Abb. 71).[43] Wäre es gebaut worden, hätte es eine einzigartige Synthese von Schindlers souveränem Umgang mit Materialien und Konstruktion im Verein mit einem gut durchdachten, strukturierten Gesamtplan der Anlage dargestellt.

Zu Schindlers bekanntesten Entwürfen für eine Mehrfamilienwohnanlage zählen die A. und Luby Bubeshko Apartments (Abb. 72). Die 1938 begonnene und 1941 fertig gestellte Anlage weist optische Ähnlichkeiten mit Schindlers Einfamilienhäusern der dreißiger Jahre auf, deutet jedoch bereits auf Platzierung und Ausrichtung späterer Entwürfe, wie das unrealisierte T. Falk Apartment Building von 1943 (Abb. 73) sowie die Laurelwood Apartments (1945–1949) hin (Abb. 74). Bei dem Entwurf für Luby Bubeshko gelang es Schindler, sein Ziel, jeder Einheit Außenräume zuzuordnen, durch die Nutzung von Dachterrassen und durch die Erweiterung seines Verfahrens der räumlichen Verknüpfung zu erreichen, wohingegen Elemente der Falk Apartments sowohl im Inneren wie im Außenbau schräger und expressiver werden. Auch die Laurelwood Apartments wurden, der Topografie des Grundstücks entsprechend und um eine Vielfalt von Wohnungsgrundrissen und Außenräumen anbieten zu können, versetzt angeordnet.

Die vierziger Jahre waren für Schindler ein Jahrzehnt äußerster Experimentierfreude, in dem er das Anfertigen umfangreicher Arbeitszeichnungen aufgab, um sich stattdessen vor Ort auf bauliche Details zu konzentrieren.[44] Seine Bauten nahmen vermehrt ungewöhnliche, gelegentlich übersteigerte Formen und Merkmale an, die von den herkömmlichen Auffassungen und akzeptablen Eigenheiten anderer Modernisten abwichen. Schindlers Wohnhaus für José Rodriguez in Glendale, Kalifornien (1940–1942), war ein solcher Entwurf. Dieses Haus, das auf einem großzügig bemessenen L-förmigen Grundriss errichtet wurde, erhält durch seine Kombination von Holz und Stein sowie durch die expressiv angeschrägten Holzelemente einen dynamische Charakter. Das im Hausinneren an vielen Stellen für Einbauten und Wandverkleidungen verwendete Sperrholz ergibt, zusammen mit den kontrastierenden Materialien Stein, Schiefer und Kupfer, eine vielfältig strukturierte, beinahe überladen anmutende Wirkung.

Die Bethlehem Baptist Church, erbaut für eine Baptistengemeinde in South Los Angeles, wurde 1945 fertig gestellt (Abb. 75). Bei diesem, mit einem knappen Budget ausgestatteten Auftrag, gelang es Schindler, durch die einfache, aber effiziente räumliche Anordnung das kleine, rechteckige Grundstück optimal zu nutzen. Schindler, dem es bei seinem Entwurf um die flexible Nutzbarkeit von Innen- und Außenräumen ging, platzierte die Kirche nicht ins Zentrum des

72 A. UND LUBY BUBESHKO APARTMENTS, Los Angeles, 1938–1941

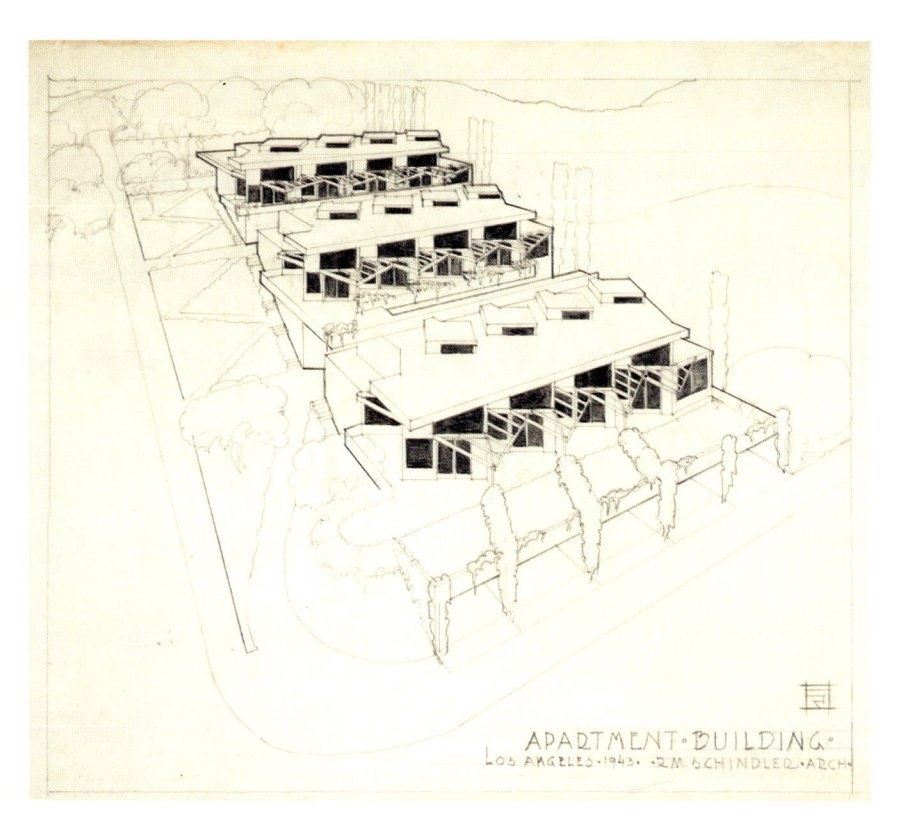

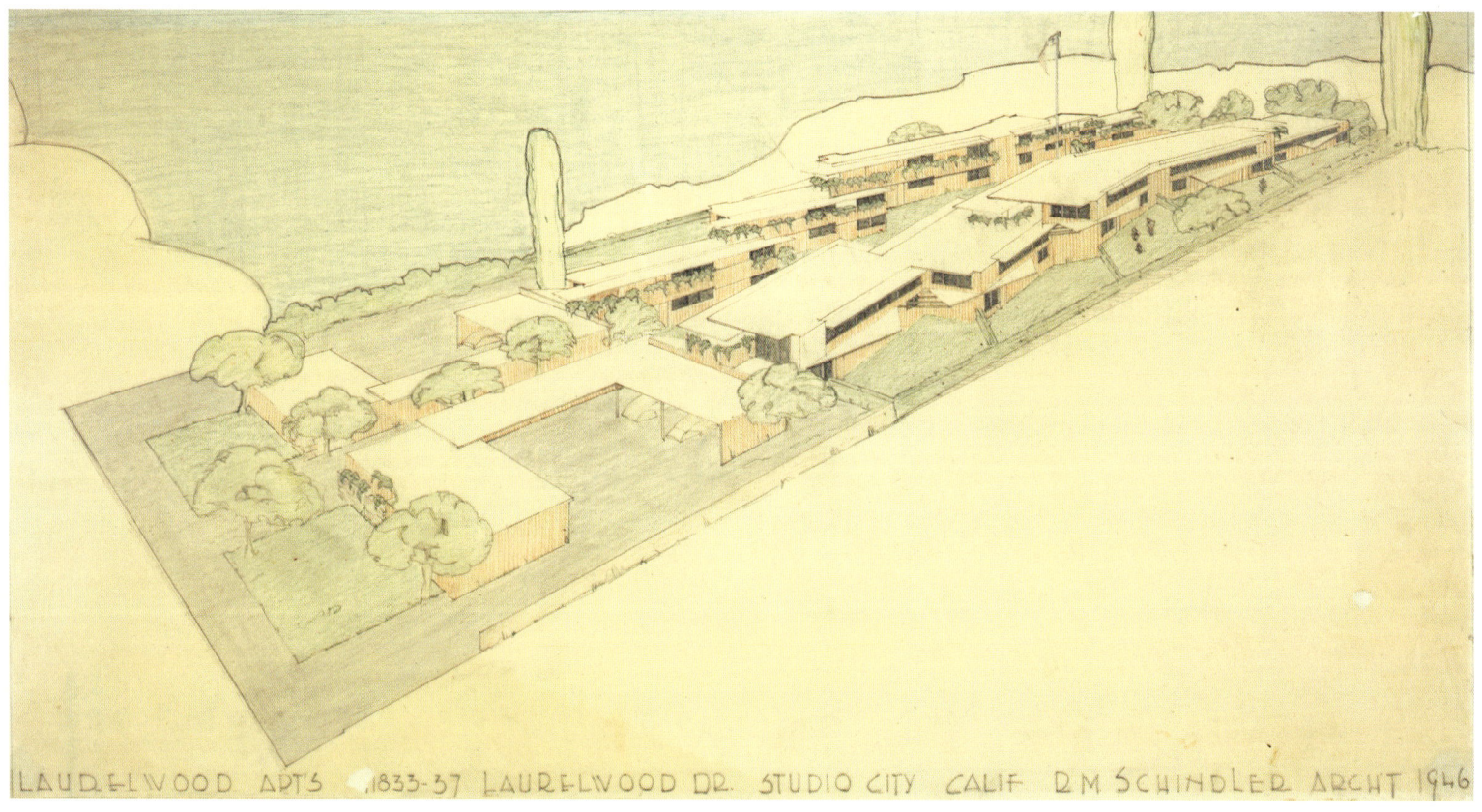

73 T. FALK APARTMENTS (ENTWURF), Los Angeles, 1943

74 LAURELWOOD APARTMENTS FÜR HENRY G. SCHICK,
Studio City, Kalifornien, 1945–1949, Zeichnung aus
der Vogelperspektive

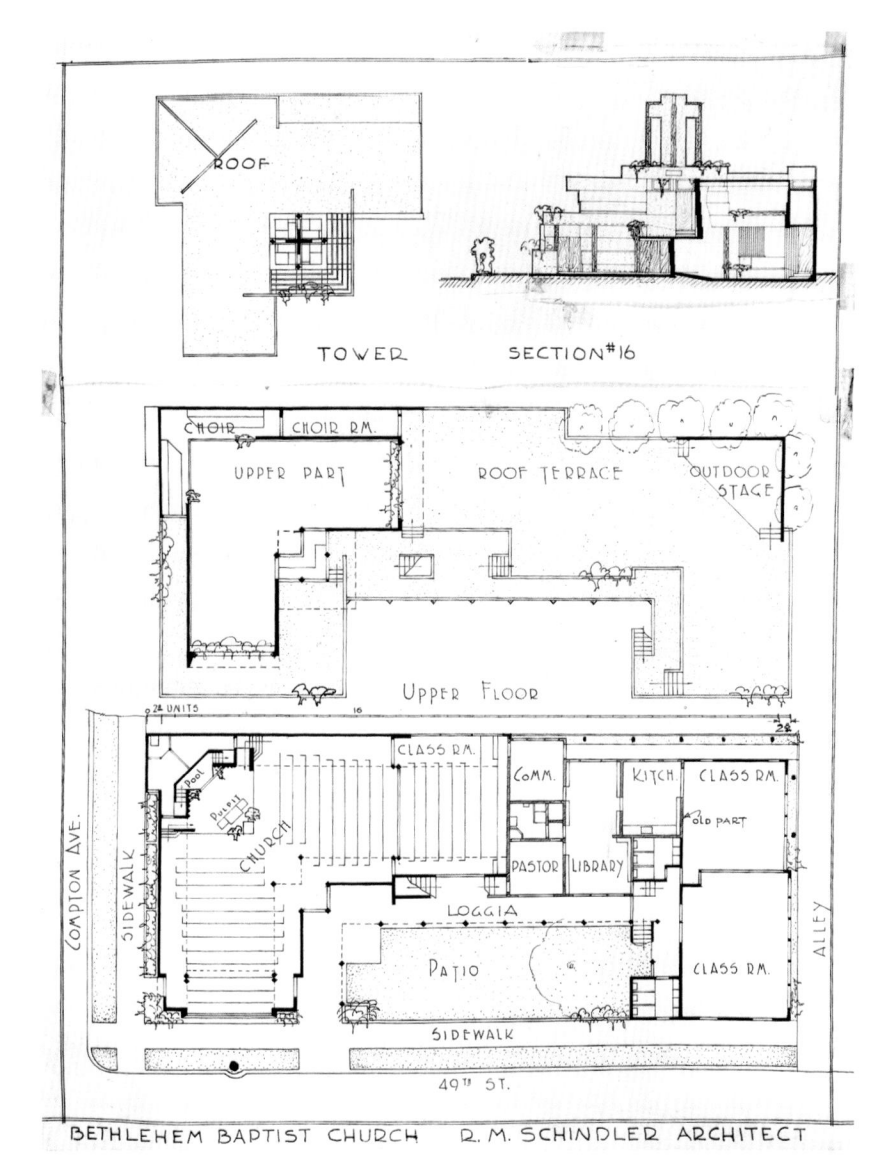

75 BETHLEHEM BAPTIST CHURCH, Los Angeles, 1944/45, Grundrisse und Schnitt

76 BETHLEHEM BAPTIST CHURCH, Los Angeles, 1944/45
Fotografie: Julius Shulman

Grundstücks, sondern an eine Ecke und hob sie dort durch einen Turm mit abstrahierter Kreuzform hervor. Die schlichte Fassade, der das herkömmliche, monumentale Portal fehlt, ist mit breiten, horizontalen Putzstreifen verblendet, in die Pflanzgefäße oder andere Öffnungen für Tageslicht eingefügt sind; optisch gewährleistet sie die Abschirmung von der davor liegenden, stark befahrenen Straße *(Abb. 76)*. Schindler hatte schon früher für eine andere Gemeinde in Hollywood einen ähnlichen Kirchenentwurf geschaffen, der jedoch nicht ausgeführt wurde.

Nach Aufhebung der nach dem Krieg geltenden Baubeschränkungen, begann Schindler 1946 mit der Arbeit an mehreren Häusern. Dazu zählen ein Wohnhaus und Möbelentwürfe für Richard Lechner in Studio City (1946–1948) *(Abb. 77)*, das »Wüstenhaus« für Maryon E. Toole in Palm Springs (1946–1948) sowie das 1948 fertig gewordene Haus für Maurice Kallis, das ebenfalls in Studio City errichtet wurde. Die Kallis Residence (1946–1948) *(Abb. 79)* mit ihren schräg stehenden Wänden und den Lattenzaunpaneelen, die sowohl als Sichtschutz als auch zur Wandverkleidung dienen, gehört zu Schindlers expressivsten Bauten. Während diese Elemente dem Haus eine gewisse Dynamik verleihen, wirkt es insgesamt bemerkenswert geschlossen. Als er seine eigenen Absichten für das Haus schilderte, bemerkte Schindler, er habe versucht »räumlich befriedigende Zimmer [zu schaffen], indem er nach Innen und Außen geneigte Decken in ausgewogener Manier verwendet habe«; ferner spricht er von der ortsspezifischen Entstehung des Entwurfs, der »von den Eichen und Hügeln abstamme«.[45] Der weit geöffnete, v-förmige Grundriss *(Abb. 78)* entspricht den Konturen des abschüssigen Geländes, und die Verbindung zur Landschaft wird durch die überwiegend blaugrüne Farbigkeit des Hauses unterstrichen. Ursprünglich sah der Entwurf zwei kleine, frei stehende Baukörper vor – ein Studio und das Wohnhaus –, die durch eine inzwischen überbaute Außenterrasse verbunden waren.

Schindlers Entwürfe für seine letzten Häuser gehören zu seinen intuitivsten und unkonventionellsten. Dazu zählen die Ellen Janson Residence in den Hügeln um West Hollywood (1948/49), die Adolph Tischler Residence in Westwood (1949/50), die Maurice Ries Residence in Los Angeles (1950–1952) sowie der Entwurf eines Hauses und der dazugehörigen Möbel für Samuel Skolnik (1950–1952). Das

77 RICHARD LECHNER RESIDENCE, Studio City, Kalifornien, 1946–1948, perspektivische Ansicht

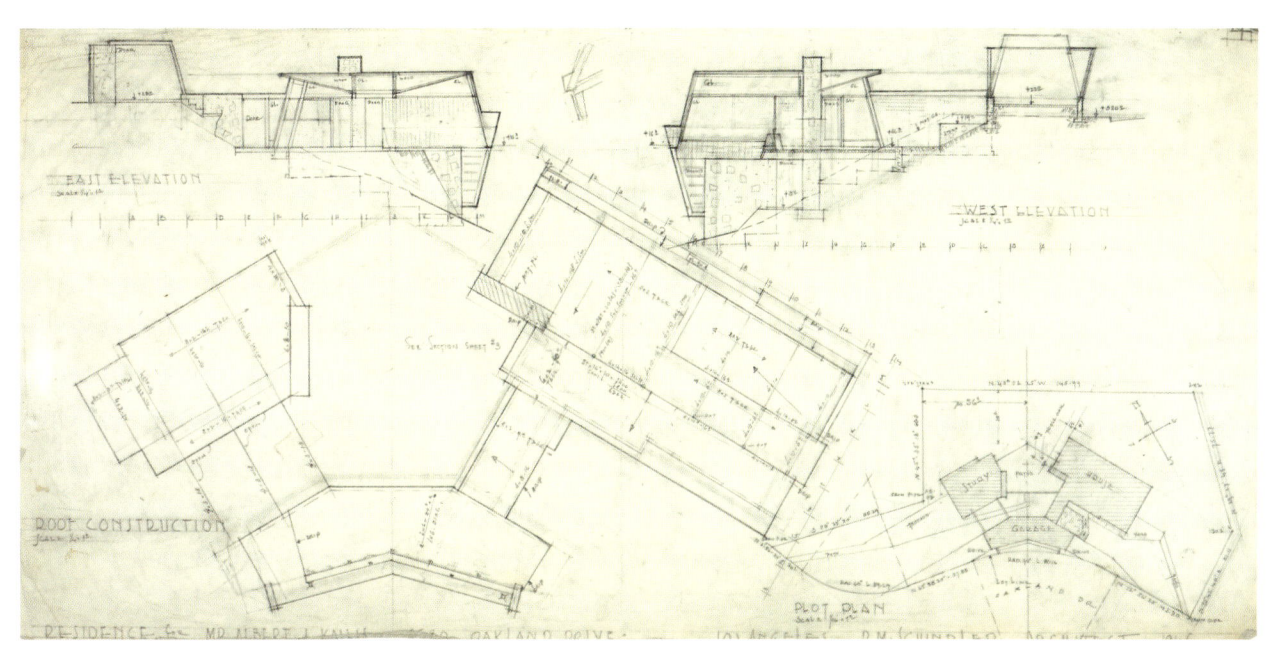

78 MAURICE KALLIS RESIDENCE UND STUDIO, Studio City, Kalifornien, 1946–1948,
Grundrisse und Schnitte

79 MAURICE KALLIS RESIDENCE UND STUDIO, Studio City, Kalifornien, 1946–1948,
Ansicht der Gartenfront

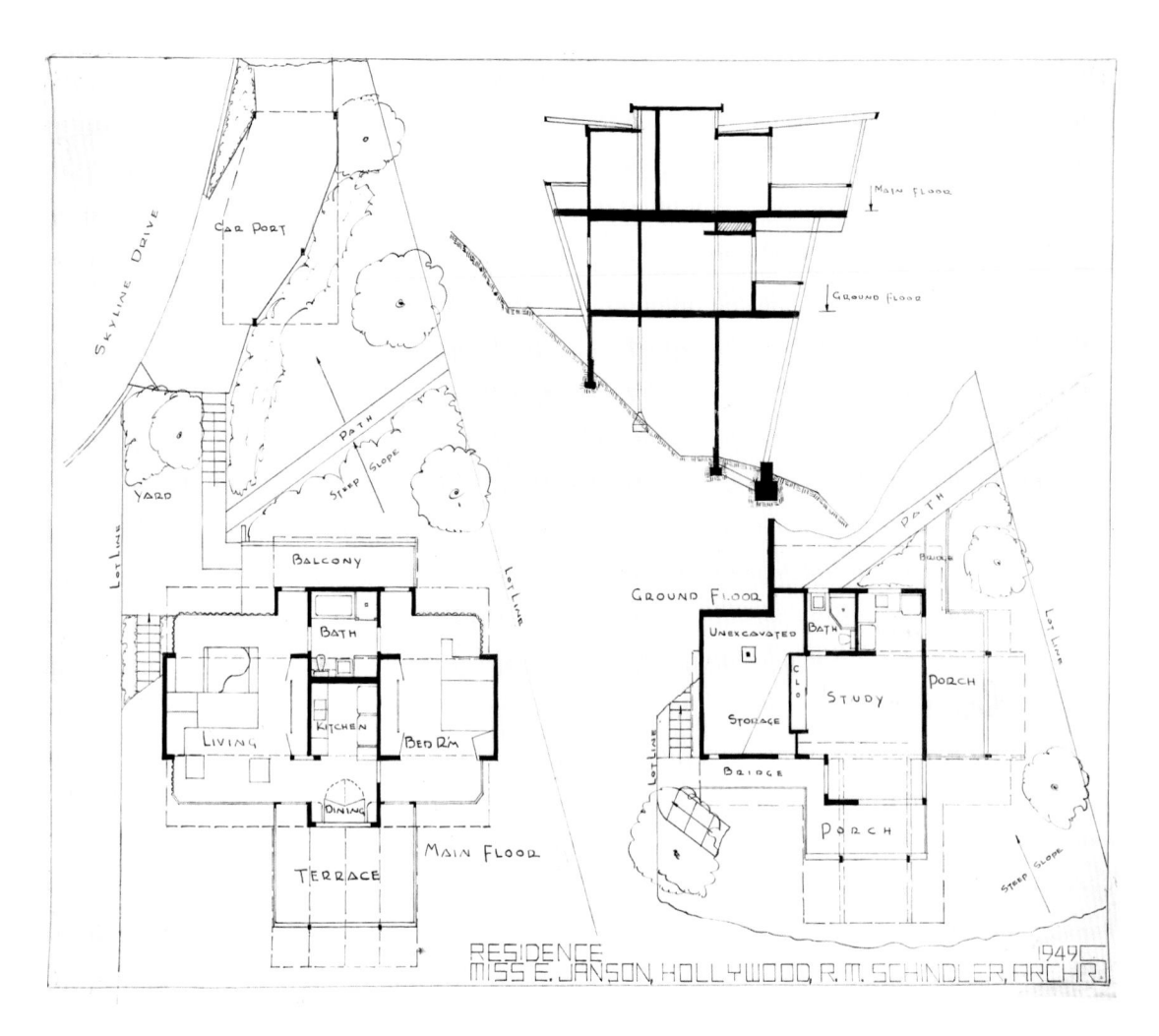

80 ELLEN JANSON RESIDENCE, Los Angeles, 1948/49,
Grundrisse und Schnitt

81 ELLEN JANSON RESIDENCE, Los Angeles, 1948/49,
Seitenansicht

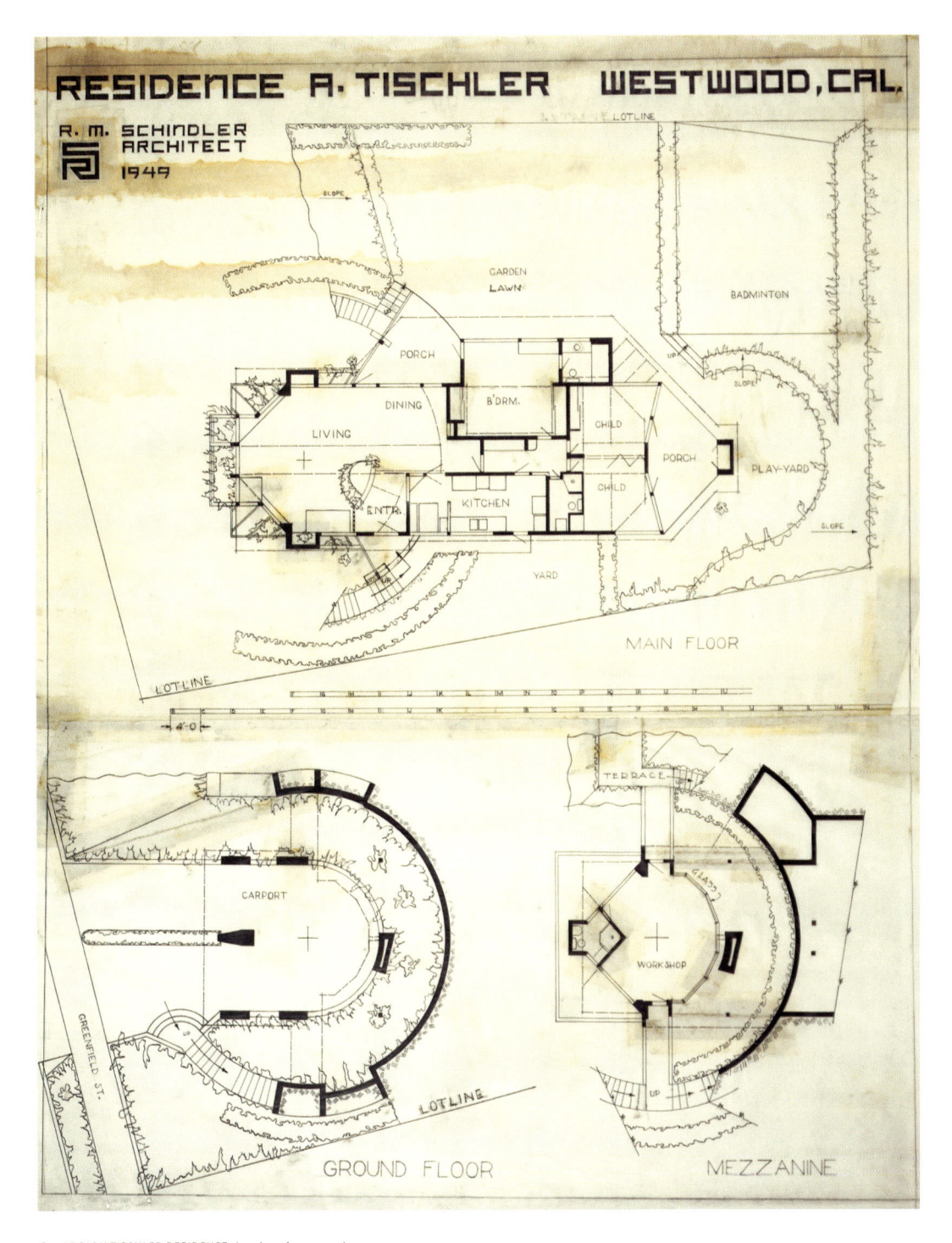

82 ADOLPH TISCHLER RESIDENCE, Los Angeles, 1949/50,
Grundrisse mit Umgebungsplan

83 ADOLPH TISCHLER RESIDENCE, Los Angeles, 1949/50
Fotografie: Grant Mudford

84 ADOLPH TISCHLER RESIDENCE, Los Angeles, 1949/50,
Innenansicht mit blauen, gewellten Fiberglas-Tafeln
Fotografie: Grant Mudford

provisorische Aussehen der spektakulär gelegenen Janson Residence *(Abb. 80, 81)*, das über dem steil abfallenden Baugelände zu schweben scheint, hat seine Ursache in einer Abfolge spalierartiger Stützen, die eher provisorisch als konstruktiv wirken. Dies sowie die äußerste Beiläufigkeit von Formgebung und Materialien, die das Haus unfertig, einsturzgefährdet, ja derb erscheinen lassen, unterscheiden sich radikal vom Werk anderer damals in Los Angeles tätiger, moderner Architekten. Auch die Tischler Residence zeichnet sich im Hinblick auf Grundriss und Gestaltung durch höchst originelle Formgebung aus *(Abb. 82, 83)*, wie durch konsequente Experimentierfreude mit Billig-Materialien, in diesem Falle blauem, gewelltem Fiberglas, das umfassend als Dachmaterial zum Einsatz kommt *(Abb. 84)*. Schindlers Experimente mit verschiedenen Materialien bei diesem Haus lassen an seinen Entwurf des Translucent House für Aline Barnsdall (1927/28) denken.

Im Jahre 1940 war die Schwierigkeit der Deutung von Schindlers Werk wieder einmal Gegenstand eines kritischen Kommentars von Henry-Russell Hitchcock, der schrieb:

Vom Fall Schindler kann ich keineswegs behaupten, dass ich ihn verstünde. Gewiss verfügt er über enorme Vitalität, an der es vielleicht einigen der besten modernen Architekten der Pazifikküste ein wenig mangelt. Aber diese Vitalität scheint im Allgemeinen willkürliche und ungeschlachte Wirkungen zu zeitigen. [...] Schindlers Manier scheint nicht zu reifen. Seine anhaltende Spiegelung der einigermaßen hektischen psychologischen Atmosphäre der Region, vor der sich all die anderen zu schützen versuchen, erzeugt immer noch das Aussehen von Szenenaufbauten für einen »film of the future« à la [Orson] Welles.[46]

Eine ähnliche Skepsis im Hinblick auf die Verdienste von Schindlers Werk mag zu seinem Ausschluss vom Case Study House Program beigetragen haben, einem der wichtigsten Projekte zur Verbreitung von Wissen über die Architektur der experimentellen Nachkriegsmoderne in Kalifornien. Ungeachtet seines Interesses an prototypischen Lösungen im Wohnungsbau, das er zu einem früheren Zeitpunkt seiner Laufbahn bewiesen und das ihn in verschiedenen Phasen immer wieder beschäftigt hatte, wurde Schindler niemals gebeten, einen Entwurf zu diesem von der Zeitschrift *Arts & Architecture* durchgeführten Programm einzureichen. Das 1945 vom Herausgeber John Entenza konzipierte Case Study House Program setzte sich fort bis in die Mitte der sechziger Jahre mit einer Reihe überwiegend von in Los Angeles ansässigen Architekten geschaffener, kostengünstiger Entwürfe moderner Häuser, die sich als Prototypen für die Serienfertigung eigneten. Ob Schindlers Ausschluss von dem Programm mit Entezas Abneigung gegen den antirationalen Charakter seiner Arbeit zu tun hatte oder mit dessen engerer Beziehung zu Neutra, der mehrere Entwürfe zu dem Programm beisteuerte, ist unklar. Beide Erklärungen erscheinen jedoch plausibel, da die Teilnahme am Programm von einer persönlichen Einladung Entenzas abhing. Das Fehlen Schindlers bei diesem Programm entfernte seine Arbeit noch weiter von der internationalen Anerkennung und kritischen Würdigung, die anderen an dem Programm beteiligten Architekten aufgrund der verbreiteten Veröffentlichung und Befürwortung in lokalen, nationalen und internationalen Zeitschriften sowie später in Büchern und Ausstellungen zuteil wurde.[47]

Der Ausschluss vom Case Study House Program zu diesem späten Zeitpunkt in seiner Laufbahn verfestigte Schindlers Ruf als den eines außerhalb des Mainstream stehenden Architekten, der sich scheinbar zufälligen mit Holz und Putz erzielten Wirkungen widmete, während andere den Gebrauch von Stahl und vorgefertigten Bauteilen vorantrieben. Diese kurzsichtige Betrachtungsweise übersah ebenso Schindlers radikale Experimente mit Beton und auch mit den üblichen Materialien Holz und Putz wie die Tatsache, dass er den Außenraum weitgehend einbezog, was in der Tat zu einem Merkmal des »kalifornischen Wohnhauses der Nachkriegszeit« wurde. Von noch größerer Bedeutung ist der Umstand, dass Fehleinschätzungen dieser Art Schindlers grundsätzlich soziale Zielsetzungen außer Acht ließen, mit denen er erreichen wollte, dass Architektur nicht nur physischem, sondern auch psychischem Wohlbefinden förderlich war, ebenso wie dem Geist des Egalitarismus und der Flexiblität, die er für lebensbestimmende Denkansätze des 20. Jahrhunderts hielt. 1926 hatte er geschrieben: »Das Haus wird aufhören müssen, uns durch enge Türpfosten zu zwängen, uns um Möbelstücke herumzulavieren und uns auf die höchste Stelle von Gerüsten zu setzen. Es muss uns gestatten, die freien, harmonischen Bewegungen des laufenden und ruhenden Tieres, das wir sind, zu genießen.«[48]

Erst spät beschäftigte sich Schindler damit, seine Ideen zu formulieren und zu verdeutlichen, wie sich sein Werk und seine Auffassung von der anderer Architekten unterschieden. In einem Brief von 1949 wies Schindler auf Dinge hin, die er für seine wegweisenden Neuerungen hielt. Dazu zählten eine Reihe von Konstruktionssystemen, die er aus seiner Erfahrung heraus entwickelt hatte, um die effiziente Umsetzung seiner Entwürfe zu erleichtern. Wenn er beispielsweise von einem System des »Plaster Skin Design« sprach und damit die mit Putz verkleideten Holztragrahmen bei vielen seiner Häuser der dreißiger Jahre meinte, vermittelte er die rationale Grundlage, auf der er die experimentelle Verwendung selbst solch' gewöhnlicher Materialien betrieb.[49] Bereits 1941 hatte er sein eigenes Werk als »die einzige eindeutig kalifornische Entwicklung der modernen Architektur [bezeichnet]. Anders als die europäischen Importe von ›Internationalisten‹ wie Neutra etc. und anders als die Ableitungen vom ›Midwestern Prairie Style‹ Frank Lloyd Wrights, wie sie u. a. Harris baut.«[50] Zwei Jahre später schrieb er erneut an Mock:

Meine früh gewonnene Erkenntnis, dass ein Haus kein internationales, sondern ein für den lokalen Gebrauch gedachtes, lokales Produkt ist, führte zur Erforschung des kalifornischen Wesens. Deshalb gab ich die Moderne als etwas aus Europa importiertes (Lescase [sic], Neutra A. S. F. [könnte eine Abk. von »and so forth«=usw. sein]) auf, und versuchte, einen zeitgenössischen Ausdruck Kaliforniens zu erarbeiten. [...] Mit Ausnahme von Frank Lloyd Wright halte ich mich für den einzigen Architekten in den USA, dem es gelungen ist, eine eindeutig lokale und persönliche Formensprache zu entwickeln. [...] Sie werden ihre Spuren selbst im Werk von Freunden und Mitarbeitern wie Gregory Ain, E. [Ed] Lind, H. [Harwell] Harrison [sic] finden.[51]

Und gegen Ende seines Lebens schrieb Schindler: »Ich kam nach Kalifornien, um hier zu leben und zu arbeiten. Ich kampierte unter freiem Himmel, in den Sequolawäldern, am Strand, in den Hügeln und in der Wüste. Ich erprobte seinen Adobe, seinen Granit und seinen Himmel. Und aufgrund der wohl überlegten Vorstellung, wie der Mensch in dieser einzigartigen, herrlichen Erde Wurzeln schlagen könnte, baute ich mein Haus.

Und falls ich nicht versagt habe, sollte es so kalifornisch sein wie der Parthenon griechisch und das Forum römisch.«[52]

Schindlers Historiografie war in jüngster Zeit Gegenstand einer aufschlussreichen Untersuchung von Margaret Crawford[53] und wird an anderer Stelle in diesem Band von Richard Guy Wilson bewertet. Angeregt wurde diese Neubewertung seiner Laufbahn von der weiland bei Schindler als Zeichnerin tätigen Autorin Esther McCoy, die im Jahr nach seinem Tod eine Reihe von Würdigungen veröffentlichte, die seinen Einfluss auf jüngere Architekten wie Gregory Ain offenbarten sowie das Ausmaß seiner Wertschätzung durch Architekten und Kritiker im In- und Ausland.[54] Den 1953 einsetzenden umfangreichen Schriften McCoys zu Schindler folgte 1967 eine vom Architekturhistoriker David Gebhard organisierte Ausstellung seines Werkes. Gebhard wurde nach Esther McCoy und vor Judith Sheine zum führenden Schindler-Forscher. Außerdem machte der britische Historiker Reyner Banham auf Schindlers wegweisende Rolle bei der Entwicklung der modernen Architektur aufmerksam. In seinen einfühlsamen Studien zur Architektur in Los Angeles hatte er als Erster den revolutionären Charakter eines Großteils der dortigen Arbeiten erkannt und war dabei von einem damals beispiellos revisionistischen Standpunkt ausgegangen, der ihn Sonderwege sowie die Rolle des Klimas und der Volkskultur respektieren ließ. Banham war darüber hinaus der Autor der ersten eindeutig bewundernden Deutung des Hauses in der Kings Road.

Schindlers Architektur erwies sich als beunruhigende Offenbarung, die lang gehegte Meinungen über Charakter und Geschichte der modernen Bewegung untergrub. [...] Von der gängigen Literatur beharrlich ignoriert, gehört sie zum originellsten und genialsten im Wohnhausbau unseres Jahrhunderts – und zum am besten bewohnbaren.[55]

Als 1969 eine Ausstellung von Schindlers Werken im Royal Institute of British Architects in London gezeigt wurde, äußerte ein Kritiker die Meinung, Schindlers Beitrag läge in der frühen, bereitwilligen Anwendung der von Loos aufgenommenen Ideen, mit denen er von Anfang an kompromisslos moderne Entwürfe schuf. Als dieselbe Ausstellung in den Niederlanden gezeigt wurde, schrieb der Architekt Herman Hertzberger über Schindler:

Es gibt keinen Zweifel, dass es sich bei ihm um einen der frühesten wahren Konstruktivisten handelt, da er alles, was er entwirft, in einer Weise tut, die deutlich erklärt, wie und warum etwas funktioniert. Er beschränkt sich auf das wirklich notwendige und entspricht jedem individuellen Bedürfnis; das ganze Bauwerk wird zur vielschichtigen Einheit aller Erfordernisse.[56]

Eine unterschiedliche, jedoch verwandte Bewertung der Bedeutung von Konstruktion für Schindler und seine Rolle in dieser Tradition im Rahmen seines Umfeldes in Los Angeles findet sich in einem 1986 erschienen Aufsatz von Kurt Forster, der bemerkt, »die Eigenschaften der besten kalifornischen Architektur sind nicht nur oberflächlicher Art. Von Gill bis Mack, von Schindler bis Gehry entspringen sie dem Bemühen, der praktischen Seite der Architektur Rechnung zu tragen, ohne die Aspekte des l'art pour l'art zu vernachlässigen.«[57] Die Frage nach Schindlers Standort in der Geschichte der kalifornischen Architektur und im Zusammenhang des expressiven Experimentalismus ist äußerst interessant. Wenngleich er selbst nur auf einige wenige Architekten verwies, mit denen ihn ein gewisses Gemeinschaftsgefühl verband, wie beispielsweise Gregory Ain und Ed Lind, die bei ihm als Zeichner gearbeitet hatten, gibt es Bezüge zwischen Aspekten von Schindlers Werk und dem von Zeitgenossen und Angehörigen einer etwas jüngeren Generation, wie Frank Lloyd Wright, Harwell Hamilton Harris und dem jungen John Lautner, die alle ebenfalls individuelle Spielarten der Moderne verfolgten, die auf dem expressiv-dynamischen Umgang mit Form und Raum basierten *(Abb. 85)*.

Eine der instruktivsten Deutungen der Schindlerschen Ästhetik, die in direktem Widerspruch zu Hitchcocks abwertender Beurteilung von Schindlers »ungeschlachten und willkürlichen Wirkungen« steht, wurde von Barbara Giella 1985 veröffentlicht:

Schindlers künstlerische Ambitionen nötigten ihn, sich mit einer ungewöhnlich großen Zahl von Variablen zu befassen und erschwerten es bisweilen, Raum und Form in Übereinstimmung zu bringen [...], obgleich er unmissverständlich Einheitlichkeit anstrebte, forderte er keine absolute Widerspruchsfreiheit. Er konnte jegliches Problem ertragen, das seine Ursache in der Kluft zwischen den gesteckten Zielen und den verfügbaren Mitteln zu ihrer Erreichung hatte, zwischen seinen wie auch immer gearteten Idealvorstellungen und den praktischen Realitäten, die er hinnehmen musste. Schindler ertrug Widersprüchlichkeit und Unvollkommenheit, weil es ihm vor allem anderen um Raum und

85 John Lautner, Carling House, Los Angeles, 1949

83 *raumbildende Form ging und erst in zweiter Linie um Materialien, Kunstfertigkeit, Ausführung oder Konstruktion an sich. Widersprüchlichkeit, Konflikt, Mehrdeutigkeit und Unvereinbarkeit waren, wenn sie auftraten, entweder das Nebenprodukt einer praktischen Notwendigkeit oder eines Wertesystems, in dem Widerspruchsfreiheit nicht als oberstes Gebot galt.*[58]

Es ist klar, dass aus heutiger Sicht Vielfältigkeit und expressiver Charakter von Schindlers Werk, einst verwirrend für die Anhänger einer strengen Rationalität in der modernen Architektur, ein Publikum gefunden haben, das dem gelassenen und doch rastlosen Experimentieren dieses Architekten wohl wollend gegenübersteht, ja sich sogar von ihm beflügeln lässt *(Abb. 86, 87)*. Die Tatsache, dass Schindler formelhafte Lösungen zugunsten einer pragmatischen Erkenntnisfähigkeit vermied, kann von der heutigen Architektenschaft als Vorzug gewürdigt werden. Selbst Eigenschaften wie ungefüge Detailbehandlung und Nebeneinander »unpassender« Materialien, vermitteln ein ungemein befriedigendes Gefühl von Vitalität und Fantasie, das zur architektonischen Kultur Südkaliforniens außerordentlich gut zu passen scheint. Philip Johnson, der 1932 Urheber der Ausstellung zur Architektur des Internationalen Stils war, bei der die Teilnahme von Schindlers Werk nicht passend erschien, brachte vor kurzem seinen auf Entwicklungen in seinem eigenen Werk wie auch in der Architektur im Allgemeinen basierenden Sinneswandel im Hinblick auf die Verdienste dieses besonderen Architekten zum Ausdruck. Wenn er heute Schindler und Neutra mit ihren niederländischen Zeitgenossen Gerrit Rietveld und J. J. P. Oud vergleicht, bemerkt Johnson, dass er im Werk dieser beiden Architektenpaare ähnliche Gegensätzlichkeiten feststellt, wobei Oud und Neutra die rationale, exakte, uniforme Seite vertreten, Rietveld und Schindler die expressive, individualistische, und dass der von Verschiebungen in der Kultur insgesamt gespeiste, historische Revisionismus zeigt, dass beide Ansätze gleichermaßen gültig sind und aus heutiger Sicht der Letztere vielleicht sogar der wertvollere, interessantere sein könnte.[59]

86 Frank O. Gehry, Gehry House, Santa Monica, Kalifornien, 1978
Fotografie: Tim Street-Porter

87 Chu + Gooding Architects mit Michael Matteucci, Gabbert House, Santa Monica, Kalifornien, 2000
Fotografie: Benny Chan

1 Esther McCoy, »Schindler, Space Architect«, in: *Direction,* 8, Nr. 1, Herbst 1945, S. 15.

2 Während mehrere bekannte Architekten in Europa, wie Hans Hollein, Herman Hertzberger und Enric Miralles, ihr Interesse an Schindlers Werk bekundet haben, macht sich Schindlers Einfluss in Los Angeles am stärksten bemerkbar; hier offenbarten Architekten der Generation nach Frank O. Gehry (darunter Michael Rotondi, Frank Israel und Stefanos Polyzoides) sowie eine jüngere, weniger etablierte Architektenschaft, deren Vertreter heute um die dreißig oder vierzig Jahre alt sind (darunter, neben vielen anderen, Judith Sheine, Guthrie + Buresh, Chu + Gooding, Barbara Bestor, Escher GuneWardena Architects, Anthony Unruh und Paul Randall Jacobson), aktives Interesse und Empfänglichkeit für den Charakter von Schindlers Werk.

3 Peter Blundell Jones, »From the Neoclassical Axis to Aperspective Space«, in: *Architectural Review,* 183, März 1988, S. 18.

4 August J. Sarnitz, in: *R. M. Schindler, Architekt: 1887–1953. Ein Wagner-Schüler zwischen Internationalem Stil und Raum-Architektur,* Wien 1986, und »The Wagnerschule and Adolf Loos«, in: Lionel March und Judith Sheine (Hrsg.), *R. M. Schindler: Composition and Construction,* London 1993, S. 21–37. Hier finden sich ausführliche Analysen der zu Schindlers Ausbildungszeit in Wien herrschenden Atmosphäre. Barbara Giella, *R. M. Schindler's Thirties Style: Its Character (1931–1937) and International Sources (1906–1937),* Diss., Institute of Fine Arts, New York University, New York 1987, unterstreicht die Bedeutung von Schindlers Ausbildung an der Wagner-Schule.

5 Franziska Bojczuk an Esther McCoy, 2. September 1958, Box 15/Schindler Notes and Research Material/Vienna to Los Angeles, Esther McCoy Papers, Archives of American Art, Smithsonian Institution, Washington, D. C.

6 Dieses Manifest wurde in ganzer Länge in mehreren Quellen publiziert, so in Sarnitz (s. Anm. 4), S. 42, und March und Sheine (s. Anm. 4), S. 10–12.

7 Ich bin Tim Samuelson, dem Architekturkurator der Chicago Historical Society, dankbar, der mir konkrete Hinweise dafür lieferte, dass das Interieur des Elks Club auf Schindler als Urheber hindeutet; er untermauert damit Esther McCoys Annahme, Schindler habe bei diesem Entwurf maßgeblich mitgewirkt. Des Weiteren danke ich ihm für seinen hilfreichen Beistand bei den Originaldokumenten, die den Buena Shore Club betreffen.

8 »To Open New Buena Shore Club Tomorrow«, in: *The Chicago Israelite,* 22. Dezember 1917. Barbara Giella, »Buena Shore Club«, in: March und Sheine (s. Anm. 4), S. 39–47, enthält eine detaillierte Analyse dieses Entwurfs.

9 »The Buena Shore Club Described by its Designer«, in: *The Chicago Israelite,* 22. Dezember 1917. David Gebhard, *Schindler,* 3. Aufl., London 1971, Reprint: San Francisco 1997, S. 21, beschreibt dieses Projekt als vergleichbar mit Werken der holländischen Avantgarde der späten zehner/frühen zwanziger Jahre, während Barbara Giella in Giella (s. Anm. 8), S. 47, betont, es sei früher als diese entstanden; außerdem erklärt sie nachdrücklich, der Club solle als einer der fortschrittlichsten Bauten seiner Zeit in Europa und Amerika anerkannt werden.

10 Handschriftliche Anmerkungen in der Rudolph M. Schindler Collection, Architecture and Design Collection, University Art Museum, University of California, Santa Barbara (im Folgenden RMS in ADC/UCSB).

11 Text von Schindler von 1920 oder 1921, abgedruckt in: Esther McCoy, *Vienna to Los Angeles: Two Journeys,* Santa Monica, Kalifornien, o. J. [1979], S. 129.

12 Schindler an Loos, abgedruckt in: ebd., S. 143.

13 Judith Sheine, »R. M. Schindler 1887–1953«, in: *2G,* Nr. 7, 1998, S. 9.

14 Dieser Briefwechsel findet sich ausführlich in: McCoy (s. Anm. 11), S. 143–149.

15 In Jin-Ho Park, »Schindler, Symmetry and the Free Public Library, 1920«, in: *Arq 2,* Winter 1996, S. 72–83, wird dieses Projekt ausführlich gewürdigt.

16 Schindler in RMS in ADC/UCSB.

17 Briefe von Aline Barnsdall aus dem Jahr 1925 sowie die Unterlagen zu einem lebenslangen Abonnement der *New Masses,* das sie ihm 1926 zum Geschenk gemacht hatte, belegen die anhaltend gute Beziehung der beiden und ihren Wunsch, seinen Rat einzuholen und ihn einzubeziehen in die Umbauten und Instandsetzungsarbeiten an ihrer Liegenschaft am Olive Hill, RMS in ADC/UCSB.

18 RMS an Neutra, Oktober 1921, abgedruckt in: McCoy (s. Anm. 11), S. 137.

19 RMS an Neutra, 16. Juni 1922, abgedruckt in: ebd., S. 139.

20 Schindler in RMS in ADC/UCSB.

21 Ebd.

22 Ebd.

23 Das System wird in einem Text Schindlers in RMS in ADC/UCSB detailliert beschrieben.

24 Aussage von Rose Marie Packard von 1953, in RMS in ADC/UCSB.

25 Das System ist ausführlich beschrieben in einem Aufsatz über Pueblo Ribera in *Architectural Record,* Juli 1930, S. 17–18, und in einem von Schindler 1949 zu diesem Projekt für die School of Architecture, University of Southern California, verfassten Darstellung.

26 Eine Gruppe von Briefen aus der Zeit zwischen Mai 1923 und August 1926 erläutert detailliert die Schwierigkeiten und Enttäuschungen, die sich bei der Realisierung des Projekts aus der Sicht des Bauherrn ergaben, insbesondere im Hinblick auf die Absicherung der Finanzierung und eine Lösung für das Problem der mangelhaften Wasserdichtigkeit des Betons, RMS in ADC/UCSB.

27 Lionel March, »R. M. Schindler: The Residence of Dr. and Mrs. James Eads How, Silver Lake, Los Angeles, California, 1925«, in: *G. A. Houses,* 56, 1998, S. 35.

28 Vgl. ebd., wo March eine kluge Analyse der komplexen Konstruktion dieses Gebäudes bietet.

29 Dazu zählten »Ventilation«, in: *Los Angeles Times Sunday Magazine,* 14. März 1926; »Plumbing and Health«, in: ebd., 21. März 1926; »About Heating«, in: ebd., 4. April 1926; »About Lighting«, in: ebd., 11. April 1926; »About Furniture«, in: ebd., 18. April 1926; und »Shelter or Playground«, in: ebd., 2. Mai 1926. Diese Texte wurden in *Oppositions,* Herbst 1979, S. 74–85, nachgedruckt.

30 Schindler in RMS in ADC/UCSB; auszugsweise abgedruckt in Esther McCoy, »Schindler Houses of the 1920s«, in: *Arts and Architecture,* September 1953, S. 31.

31 P. Morton Shand, »A Cantilevered Summer-House«, in: *The Architectural Review,* März 1933, S. 117.

32 Mit dieser Beziehung befasst sich Naomi Sawelson-Gorses Beitrag, »Braxton Gallery, 1928–1929, Hollywood«, in: Marla C. Berns (Hrsg.), *The Furniture of R. M. Schindler,* Santa Barbara 1997, S. 85–89.

33 Die Beziehung zwischen Schindler und Neutra wird ausführlich in Thomas S. Hines, *Richard Neutra and the Search for Modern Architecture,* New York/Oxford 1982, gewürdigt. Ferner könnte auch die Tatsache, dass die Lovells Neutra zum Architekten ihres Hauses in Los Angeles wählten – ein Auftrag, den sich Schindler erhofft hatte, nachdem er ihr Beach House entworfen und gebaut hatte –, zur weiteren Abkühlung der Beziehungen zwischen den einst engen Freunden beigetragen haben.

34 Pauline Gibling, »Modern California Architects«, in: *Creative Arts,* 10, Nr. 2, Februar 1932, S. 113.

35 Der genaue Inhalt von Büchern und Artikeln Tauts, Hilberseimers, Cheneys, Neutras und anderer, die schon früh Entwürfe Schindlers publizierten, wird ausführlich behandelt in: Giella (s. Anm. 4), S. 6–27.

36 Henry-Russell Hitchcock, *Modern Architecture: Romanticism and Reintegration,* New York 1929, S. 204–205; und Henry-Russell Hitchcock und Philip Johnson, *Modern Architecture: International Exhibition,* New York 1932. Johnsons scharfe Erwiderungen auf Schindlers Anfragen zur Ausstellung im MoMA finden sich in RMS in ADC/UCSB.

37 Giella (s. Anm. 4).

38 Patrick Abercrombie (Hrsg.), *The Book of the Modern House: A Panoramic Survey of Contemporary Domestic Design,* London 1939.

39 Schindler datiert von 1933 in RMS in ADC/UCSB. Seine »Panel-Post«-Methode steht in Zusammenhang mit dem Wunsch, standardisierte Bauverfahren zu entwickeln, um beim Wohnungsbau zeit- und kosteneffizient zu arbeiten. In seinen Schriften über »The Schindler Frame«, erschienen im Mai 1947 in *Architectural Record,* erläutert Schindler weiter seine Ideen zu einem wissenschaftlichen, kostengünstigen Bauverfahren. In jüngster Zeit analysierte Judith Sheine in »R. M. Schindler 1887–1953«, in: *2G,* Nr. 7, 1998, S. 10–13, seine Methodik im Hinblick auf das Bauen.

40 McCoy (s. Anm. 1), S 14.

41 Die Walker Residence ist Gegenstand einer detaillierten Analyse in: Giella (s. Anm. 4).

42 Esther McCoy, *Five California Architects,* New York 1960, Reprint: New York 1975, S. 178; und Gebhard (s. Anm. 9), S. 129–132.

43 Ebd., S. 122.

44 Esther McCoy schrieb am ausführlichsten über Schindlers Arbeitsmethoden, da sie 1944, während ihrer Zeit als Zeichnerin in seinem Büro, Gelegenheit zu unmittelbarer Beobachtung hatte.

45 Schindler in RMS in ADC/UCSB.

46 [Henry-]Russell Hitchcock, »An Eastern Critic Looks at Western Architecture«, in: *California Arts & Architecture,* Dezember 1940, S. 41.

47 Für die ausführlichste Besprechung des Case Study House Program vgl. Esther McCoy, *Case Study Houses, 1945–1962,* Los Angeles 1977, und Elizabeth A. T. Smith (Hrsg.), *Blueprints for Modern Living: History and Legacy of the Case Study Houses,* Cambridge, Massachusetts, 1989.

48 Schindler, »About Furniture« (s. Anm. 29).

49 Schindler an die School of Architecture, University of Southern California, 10. Oktober 1949, in RMS in ADC/UCSB.

50 Schindler an E. [Elizabeth] Mock [The Museum of Modern Art, New York], 20. Mai 1941, in RMS in ADC/UCSB.

51 Schindler an Mock, 10. August 1945, in RMS in ADC/UCSB.

52 Schindler an McCoy in RMS in ADC/UCSB.

53 Margaret Crawford, »Forgetting and Remembering Schindler: the Social History of an Architectural Reputation«, in: *2G,* Nr. 7, 1998, S. 130–143.

54 »R. M. Schindler«, in: *Arts & Architecture,* Mai 1954, S. 12–15. Das Schindler-Archiv in ADC/UCSB verfügt auch über die Originalaussagen von Architekten und Historikern, darunter Ain, Neutra, Harwell Harris, William Wurster, Whitney Smith, Juan O'Gorman, Talbot Hamlin und Philip Johnson.

55 Reyner Banham, »Pioneering Without Tears«, in: *Architectural Design,* 37, Dezember 1967, S. 578, 579, zitiert nach: Banham, *Los Angeles: The Architecture of Four Ecologies* New York 1971, S. 182.

56 Herman Hertzberger, *Bouwkundig Weekblad,* 87, Nr. 8, April 1969, S. 187.

57 Kurt Forster, »California Architecture: Now You See It, Now You Don't«, in: *UCLA Architecture Journal,* 1986, S. 6. In diesem Essay verweist Forster auf Schindler als den wichtigsten Wegbereiter des Frühwerks von Frank O. Gehry.

58 Giella (s. Anm. 4), S. 82–85.

59 Philip Johnson in: Peter Noever (Hrsg.), *MAK Center for Art and Architecture: R. M. Schindler,* München/New York 1995, S. 26, und im Gespräch mit der Autorin im Herbst 1999.

1 KINGS ROAD HOUSE, West Hollywood,
Kalifornien, 1921/22, Präsentationszeichnung

ROBERT SWEENEY

REALITÄT IN DER KINGS ROAD 1920–1940

Ich bin […] dir dankbar, r.m.s. […] für […] dieses Haus, das mit so lieb und teuer ist, dass es in gewisser Weise mein Leben bestimmt hat.

Pauline Gibling Schindler an R. M. Schindler, 9 Juli 1953[1]

Auch nach fast achtzig Jahren strahlt R. M. Schindlers 1921/22 entstandenes Haus in der Kings Road Esprit, Provokation und Entschlossenheit aus: Ihm haftet die Unvermeidlichkeit eines Meisterwerkes an *(Abb. 1)*. Es stellt das kultivierte Konzentrat vieler Quellen und Einflüsse – architektonischer, struktureller und philosophischer Natur – dar, das sich aus der Vereinigung zweier Freigeister ergab: einem talentierten modernen Architekten und seiner für soziale Fragen aufgeschlossenen Ehefrau. Wenn es je ein lebensbestimmendes Bauwerk gab, dann dieses, mit seiner rational gesteuerten Bequemlichkeit und seiner subjektiven Schönheit. Es fällt einem kein anderes Haus ein, das eingefahrene Verhaltensmuster und Erwartungen so gründlich infrage stellt. Jedoch sollten die Kräfte, die sich verbanden, um die Vision zu verwirklichen, sie allzu schnell zerstören. Es ist eine Geschichte mit Momenten heiterer Stimmung, gedämpft von schmerzlichen Zeiten – und es erscheint heute alles sehr gegenwärtig.

Esther McCoy legte 1960 die erste kritische Bewertung des Hauses in der Kings Road vor; in der Folge schlossen sich die meisten ihrem Urteil an. Jetzt, da uns die umfangreiche Briefesammlung von Pauline Gibling Schindler zur Verfügung steht, können wir über McCoys wegweisende Arbeit hinausgehen und eine wesentlich aufschlussreichere, befriedigendere Geschichte erzählen. Aus der Sicht des Historikers ist die faszinierendste Erkenntnis die, dass es sich bei dem Haus um die Verkörperung eines idealen Lebensstiles handelt, den Pauline als junge Frau erdachte. Die Ursprünge des Kings Road House finden sich in einem Brief, den sie 1916 aus dem Hull-House an ihre Mutter schrieb:

Einer meiner Träume, Mutter, ist es, eines Tages einen allerliebsten Bungalow zu haben, am Rand von Wäldern und Bergen und nahe einer Stadt voller Menschen; genauso wie die Herzen mancher Menschen offen sind, soll er Freunden aller Klassen und Typen offen stehen. Ich möchte, dass er ebenso zum demokratischen Treffpunkt wird wie Hull-House, wo Millionäre und Arbeiter, Professoren und Analphabeten, die Hervorragenden und die von niedriger Geburt immerfort zusammentreffen.[2]

Schindlers Leistung besteht darin, diesem Ideal glänzende architektonische Form verliehen zu haben. In mancher Hinsicht war es Paulines Haus, die zwar häufig physisch abwesend, im Geiste jedoch stets präsent war. Pauline war eine fleißige Briefeschreiberin, und so verfügen wir über Berichte ihrer anfänglichen Erkundungen und Eindrücke kurz nach der Ankunft Schindlers in Südkalifornien im Dezember 1920. Nachdem das Haus in der North Kings Road 835 fertig gestellt war, schrieb sie überschwängliche Berichte von den häufigen geselligen Zusammenkünften dort und von der Schönheit des Hauses. Aus dieser frühen Zeit können wir darüber hinaus auf die aufgezeichneten Eindrücke von Paulines Eltern und ihrer Schwester Dorothy zurückgreifen. Ungeachtet ihres eher konservativen Geschmacks sprachen sie mit erheiternder Billigung von den Vorzügen des Gebäudes und den strengen ästhetischen Maßstäben der Schindlers; Dorothy stellte Anfang 1923 fest, dass »man in 835 über *sehr genaue* Vorstellungen verfügt, wie alles zu geschehen hat«.[3]

Ferner macht die Korrspondenz kein Hehl aus der dunklen Seite der zwischenmenschlichen Beziehungen in der Kings Road. Pauline verlässt 1927 das Haus und führt im Laufe des folgenden Jahrzehnts ein unstetes Leben, ehe sie zum Ende der dreißiger Jahre mehr oder weniger dauerhaft zurückkehrt. Während dieser Zeit mieten sich zahlreiche Individuen in dem Haus ein, darunter so bemerkenswerte Persönlichkeiten wie John Cage, Galka Scheyer und mehrere Hollywood-Größen. Sie alle hinterließen Berichte für die Nachwelt. Während dieser ganzen Zeit bleibt die Persönlichkeit R. M. Schindlers seltsam undeutlich. Im Hinblick auf Architektur und Gesellschaft gehörte er zu den fortschrittlichsten Denkern, verharrt jedoch in einer eigenartigen Außenseiterrolle. Er neigte zur Verschlossenheit und legte es höchst selten auf Auseinandersetzungen an, obwohl er gleichwohl auf leise Art das Establishment herausforderte. Dione Neutra hatte ihn als »einen sehr schwierigen Menschen [in Erinnerung], sehr einsilbig, der seine wahren Gefühle hinter einem lächelnden Gesicht versteckte«. Anderseits verfügte er über »eine sehr einnehmende Persönlichkeit [...] solch' ein ansteckendes Lachen«. Pauline nahm »die wunderbare Ruhe [wahr], die R. M. S. bei der Arbeit ausstrahlt«.[4]

Die kultivierte Rebellin Pauline zeichnete sich ebenfalls durch Widersprüchlichkeit aus, wenngleich sie zugänglicher war. Hinweise auf ihre Persönlichkeit traten schon früh zutage: Als sie sieben Jahre alt war, bemerkte ihr Vater, Edmund Gibling, dass sie »wahrscheinlich mit der Zeit ihre nervöse & erregbare Veranlagung überwindet und sich zu einem liebenswerten Mädchen entwickeln könnte. Ganz bestimmt ist sie klug.« Ihre Jahre am Smith College verliehen ihr eine Aura privilegierter Autorität, die sie nie aufgab; andererseits zählen ihre Arbeit in den Slums von Boston und in Jane Addams' Hull-House in Chicago [soziales Hilfswerk für arme Einwanderer, Anm. d. Übers.] zu ihren lebhaftesten frühen Erinnerungen. Sie war von hoher Gesinnung und ehrgeizig, ließ sich jedoch gleichzeitig auf gänzlich unsinnige Aktivitäten ein. 1915 fasst ihr Vater Verhaltensmuster zusammen, die ihr ein Leben lang erhalten blieben:

Leider hast du im Hull House die Fehler wiederholt, die du schon in Smith gemacht hast, indem du zu viele Dinge gleichzeitig angehst, was dazu führt, dass du beständig von einer Sache zur anderen eilst und offenbar wenig Zeit zum Nachdenken hast. [...] du stürzt dich auf Aktivitäten [...], auf die du unmöglich gut vorbereitet sein kannst [...], du scheinst es kaum abwarten zu können, dich in dunkelste, verworrenste Bereiche der Gesellschaft zu vertiefen [...], du machst dich spontan ganz offiziell mit einer Ansammlung von Landstreichern gemein.

Ihr Sohn Mark schließlich hat sie in Erinnerung als eine Frau, die »wusste, dass sie Recht hatte«.[5] Pauline und eine Freundin, Marian Da Camara, blieben über den Collegeabschluss hinaus in Verbindung und teilten Erfahrungen im Hull-House und bei Lehraufträgen in Ravinia in North Shore Chicago. Während dieser Zeit entstanden wichtige Bündnisse. Im Dezember 1917 heirateten Marian und Clyde Chace, im August 1919 Pauline und Schindler.[6] Schindler arbeitete damals im Büro von Frank Lloyd Wright; nach ihrer Hochzeit lebten er und Pauline abwechselnd in Wrights früherem Haus in Oak Park, Illinois, und in Taliesin nahe Spring Green, Wisconsin. Ende 1920 zogen die Schindlers nach Los Angeles, im Juli 1921 folgte das Ehepaar Chace *(Abb. 2, 3)*.

LOS ANGELES

Die Schindlers trafen am 3. Dezember in Los Angeles ein. Sie verbrachten die ersten Tage im Hotel Woodward, das noch heute an der Eighth Street zu finden ist. In der Folge zogen sie nach Highland Park, einen am östlichen Stadtrand gelegenen Vorort, dann, im März 1921, in ein Apartment in Los Angeles mit Blick auf den Echo Park. Pauline erklärte ihren Eltern, dass sie »dieses Studio in der Stadt nehmen, weil [...] wir eine Vorbereitungszeit brauchen, in der wir die paar interessanten Leute, die wir kennen lernen, einladen [...] und eindeutig etwas von unserer eigenen Atmosphäre schaffen.«[7]

Mit der ihr eigenen Umtriebigkeit begann Pauline sofort, »jeden Tag die Stadt zu durchstreifen, Leute zu treffen und zu versuchen, heimisch zu werden«. Sie verkündete, sie wolle auf der Stelle »Upton Sinclair aufspüren«, den sozialistischen Schriftsteller, aber »man müsse ihm schreiben – versteckt sich sogar vor dem Telefonbuch!« Sinclair ließ von sich hören und lud Pauline und Schindler zum Lunch ein; Pauline bemerkt später, dass er »SCHRECKLICH nett zu uns war – und mich mit allen möglichen interessanten Leuten und Zirkeln bekannt machen wird [...], hat tatsächlich gleich damit angefangen.«[8] Wenig später lud Gaylord Wilshire die Schindlers und verschiedene andere Leute zum Tee ein. Wilshire war ein bekannter Stadtplaner in Südkalifornien (nach ihm wurde der Wilshire Boulevard benannt). Diese Seite Wilshires interessierte die Schindlers jedoch weniger, weit einnehmender war die Tatsache, dass es sich bei ihm um einen führenden Sozialisten handelte. In der Zeit zwischen 1900 und 1915 gab er *Wilshire's Magazine* heraus, das die größte Auflage aller damaligen sozialistischen Zeitschriften erreichte. Obgleich an der Zusammenkunft mehrere Personen teilnahmen, »die sich für die weltweit distinguiertesten halten«, musste die Schindlers »gestehen, nicht übermäßig beeindruckt zu sein [...].«[9]

2 KINGS ROAD HOUSE, West Hollywood, Kalifornien, 1921/22, Marian Chaces Studio
Fotografie: Grant Mudford

3 KINGS ROAD HOUSE, West Hollywood, Kalifornien, 1921/22,
Marian Chaces Studio
Fotografie: Grant Mudford

Im Laufe der nächsten Monate knüpften die Schindlers verschiedene Verbindungen und traten einer Reihe von Organisationen bei, die ihrer Anfangszeit in Los Angeles einen Rahmen gaben. Im Juni 1921 resümiert Pauline:

Wir sind zurzeit so weitgehend und so tief »in« die radikale Bewegung verstrickt, dass wir keinen Abend mehr zu Hause sind [...] Ausschusssitzungen für die Worker's Defence [sic] League, für die Walt-Whitman-Schule – große und kleine Konferenzen –, Imbisse an merkwürdigen Orten mit Leuten, die uns Neuigkeiten erzählen, die man nur »Mund zu Mund« erhalten kann – Vorträge, Versammlungen, auf denen wir uns gerade nur lange genug aufhalten, um etwas bekannt zu geben, ehe wir uns zur nächsten aufmachen; Besuche beim Drucker, um Fahnen für die Schule zu lesen; Fahrten mit dem Auto zu Besprechungen mit einem Arzt, einem Anwalt und Gerichtspsychiater, zum Krankenhaus, um einen I. W. W. [Industrial Workers of the World, 1905 gegründete, radikale Arbeiterorganisation, Anm. d. Übers.] zu besuchen, der seit einem Monat im Gefängnis auf seine Verhandlung wartet und von den Behörden so gewalttätig und brutal behandelt wurde, dass er neben schweren körperlichen Verletzungen offenbar auch geistig leidet und wegen Verdachts auf Geisteskrankheit im Beobachtungstrakt der Psychiatrie sitzt. [...] Dann sind wir heute außerdem [...] nach Pasadena geeilt [...] zu einem Treffen im Privathaus eines wohlhabenden Radikalen [...], um Max Eastman zu hören. [...] Alle waren da – und wir haben im Anschluss furchtbar gute Gespräche geführt. [...] Upton Sinclair hat mich seiner Frau vorgestellt. [...] Eastman war reizend. [...] Und alle haben sich bestens unterhalten. [...] Wirklich sehr viel besser, als ich es je in Chicago erlebt habe [...].[10]

Die Workers' Defense League »befasst sich mit Fällen, die nach dem unmoralischen Syndikalismus-Strafrecht verfolgt werden – Gesetze, die letztlich die Gewerkschaften zerstören sollen.« Obleich Pauline erwähnt, sie und Schindler seien beide aktiv gewesen, kann man sich ihr Engagement leichter vorstellen als seines. Sie hatte sich 1915 in Chicago bei einem Streik der Textilarbeiter leidenschaftlich engagiert und an einer Streikpostenkette beteiligt, wofür sie schließlich verhaftet wurde – für sie eine willkommene Erfahrung. Als sie sechs Jahre später über die Workers' Defense League spricht, führt sie aus, dass »diese Bewegung meine Energien vollständig aufzehrt [...], mein Hirn ist [...] zu sehr mit den absurden Details von Massenveranstaltungen beschäftigt und dem Auftreiben von Geldern zur Verteidigung von Arbeitern, die wegen Betätigungen für die Arbeiterklasse angeklagt sind«.[11]

Die Walt-Whitman-Schule war eine »Schule für die Kinder verarmter Arbeiter« in Boyle Heights, damals dem jüdischen Getto von Los Angeles; Pauline zufolge waren die Schüler in der Mehrzahl russische Juden. Sie bezeichnete die Schule als »das einzig sehr reale Projekt, auf das ich hier gestoßen bin [...] ein äußerst rudimentäres Unterfangen – aber in so gutem Geist begonnen, dass ich versprochen habe, einen Teil meiner Kraft der Schaffung zufrieden stellender Verhältnisse dort zu widmen«. Später berichtet sie ausführlicher:

Ich habe unseren Adel [...] unter den Proletariern gefunden. [...] Mein Genosse und ich haben uns vor kurzem in ihre Aktivitäten gestürzt – zum Beispiel eine Schule, initiiert von Freidenkern, die die idiotische Sklaverei des öffentlichen Schulsystems ablehnen. [...] Die Walt-Whitman-Schule [...] räumt jedem Kind solch' umfassende Freiheit ein, dass man in den Gebäuden und Gärten herumläuft und sich fragt, wo die Schule ist – denn es gibt keine herkömmlichen Klassen! Keine vorgeschriebenen Unterrichtsstunden, keine Belohnungen, keine Strafen, keine Obrigkeit und keinen Drill!
Die Eltern sind natürlich Radikale [...] und vermitteln den Kindern zu Hause etwas von der Gesinnung, die für die Revolution gebraucht wird.

Eine Zeit lang hoffte man, die alte Schule an der Boyle Avenue verkaufen und anderswo neu bauen zu können. Schindler fertigte die nötigen Pläne an, aber das Projekt scheiterte am mangelnden Geld.[12] Während der Einsatz für die Workers' Defense League und die Walt-Whitman-Schule – die sich jeweils auf erbärmliche soziale Missstände konzentrierten – wohl Pauline zuzuschreiben ist, entsprach die Verbindung zur Hollywood Art Association wohl eher Schindlers Neigungen. Im Oktober 1922 erwähnt Pauline, dass Schindler »in einem halben Dutzend Ausschüssen sehr aktiv ist«, und fährt fort: »Abgesehen davon, dass sie ziemlich amüsant sind, wären sie reine Zeitverschwendung, wenn sie nicht auch interessante Kontakte nach sich zögen [...].«[13] Die 1920 mit dem vordringlichen Ziel der Gründung eines Kunstmuseum in Hollywood ins Leben gerufene Vereinigung unterstützte darüber hinaus ein laufendes Vortrags- und Ausstellungsprogramm, in dessen Rahmen Schindler mehrfach sprach. Sein vielleicht greifbarster Beitrag war ein streitbarer Artikel mit der Überschrift »Who Will Save Hollywood? [Wer wird Hollywood retten?]«, der im Namen der Gruppe in der Wochenzeitschrift *Holly Leaves* veröffentlicht wurde. Unter dem Untertitel »Eine dringende Bitte um die angemessene Achtung vor der wunderbaren Gabe der Natur und deren entsprechende Behandlung« polemisiert Schindler gegen die Zerstörung der Landschaft durch Planer und kommt damit Frank Lloyd Wrights ähnlicher Argumentation in seiner zehn Jahre später erschienen Autobiografie um einiges zuvor.[14]

Schindler brachte auch seine Fähigkeiten als Architekt ein. In den Jahren von 1922 bis 1924 veranstaltete die Organisation jeden Sommer Benefiz-Fiestas in der Hollywood Bowl. Schindler arbeitete bei den beiden ersten mit und entwarf für das Fest im Sommer 1923 ein »old Spanish Village«. Die Erlöse aus den Fiestas waren zur Gründung einer Gemeinde eigenen Kunstgalerie in der Hollywood Public Library bestimmt. Schindler arbeitete Zeichnungen für eine »Oberlichtblende« der Galerie aus, die als »das größte, wichtigste und kostspieligste Einzelelement des Raumes« bezeichnet wurde. Ob das Werk ausgeführt wurde, bleibt unklar.[15]

Obgleich ständig von einer Japanreise mit Wright die Rede war, beabsichtigten die Schindlers offenkundig, sich in Los Angeles niederzulassen; ohne länger zu zögern, begannen sie mit der Suche nach einem Grundstück. Im Oktober 1921 vermerkt ein frustrierter Schindler, dass die weitere Zusammenarbeit mit Wright ungewiss sei. Er entschied, die Zeit sei gekommen, sich in Los Angeles selbstständig zu machen, und dass die »Zeit des Lernens und der Arbeit für andere aufhören muss«.[16] Inzwischen waren auch die Chaces in Los Angeles eingetroffen; die beiden Paare erwarben ein Grundstück an der Kings Road in Hollywood und begannen mit ihrem Gemeinschaftswerk.

EINDEUTIG ETWAS VON UNSERER EIGENEN ATMOSPHÄRE [...]
Das Haus wurde zwischen Januar und Juni 1922 errichtet. Am 12. Mai waren die Arbeiten weit genug fortgeschritten, dass die Chaces in das Gästestudio einziehen konnten. Es gab wenige Annehmlichkeiten, aber dafür unzweifelhaft Romantik, wie Pauline aufzeichnet:
Wir verbrachten alle die meiste Zeit hier – Clyde und R. M. S. bis Mitternacht arbeitend. [...] Beide in riesigen Overalls – die Haare grau von Zementstaub oder Sägemehl. [...] Alles sehr, sehr anstrengend. Clyde und Kimmie [Marian] hatten es sich im Gästestudio nahezu bequem gemacht – und wir alle speisten um den offenen Kamin dort. Natürlich noch keine Elektrizität – und kein Gas, aber Wetter und Sonne und Salate hielten uns alle ausdauernd und fröhlich aufrecht.[17]

Zehn Tage später ziehen auch die Schindlers in ihre Wohnung in der Kings Road. Wiederum Pauline:
[...] wir kampieren hier wirklich – man kann sich nicht vorstellen, wie Leute in einem so unwirtlichen, fragmentarischen Haushalt leben können, es ist recht wunderbar [...], obwohl wir zu beschäftigt waren, um den denkwürdigen Moment zu beachten, wie es der Einzug ins eigene Haus sein sollte.

Und obwohl das Haus unfertig war und es nahezu keine Möbel gab, kamen, wie Pauline berichtet, »dauernd Leute vorbei. [...] Zu allen Zeiten fallen sie bei uns ein [...] und bisweilen, wenn R. M. S. zufällig nicht zu Hause ist, fällt es mir schwer zu raten, ob es sich um Gäste handelt, die er zum Essen eingeladen hat oder nicht [...].«[18]

Edward Weston, einer der frühesten Besucher, blieb lebenslang ein Freund der Schindlers und erwähnt sie häufig in seinen Tagebüchern. Sie hatten seine Vorlesungen gehört und seine Arbeiten gesehen und fanden ihn »außerordentlich interessant«. Im Juli 1922 besuchten sie ihn; später, »als der Abend reif war«, zog die Gruppe in die Kings Road. Weston »[war] natürlich sehr begeistert von dem Haus und wollte es bei Tageslicht sehen«.[19]

Die Geburt von Ann Harriet Chace am 17. Mai und von Mark Schindler am 20. Juli 1922 erhöhte die Bewohnerzahl in der Kings Road, aber die friedliche Gemeinschaft blieb davon scheinbar weitgehend unbeeinträchtigt *(Abb. 4, 5)*. Pauline räumte jedoch ein, das Leben in der Kings Road sei anstrengend. Auf ein »Kostümfest der Künstler« im November folgte eine Woche voller Aktivitäten. »An einem Abend ein Ausschusstreffen, um die Wiederbelebung der Modern School zu planen. [...] Am nächsten Abend ein paar Künstlertypen [...]. Und gestern Abend brachte Lloyd Wright sein Cello mit – und spielte mit mir mal wieder bis Mitternacht. [...] Wir machten wunderschöne Musik zusammen.«[20]

Abgesehen von den Schindlers selbst, stammen die frühesten Berichte aus erster Hand über das Leben in der Kings Road von Paulines Schwester Dorothy Gibling. Dorothy lebte von Ende Juli 1922 bis Sommer 1925 drei Jahre lang in Los Angeles, wo sie an der University of California, Southern Branch (Vorgänger der UCLA), Frauensport unterrichtete. Sie bewohnte kurze Zeit das Gästestudio in der Kings Road, ehe sie näher an den Campus in die Vermont Avenue zog; auch dann kam sie häufig zu Besuch, um bei Arbeiten im Haushalt zu helfen oder um sich um Mark und schon bald auch um Pauline zu kümmern.

4 R. M. und Pauline Gibling Schindler, Sophie und Edmund Gibling, Dorothy Gibling und Mark Schindler, Sommer 1923

5 Pauline und Mark Schindler, Sommer 1923

Anfänglich war Dorothy von dem Experiment Kings Road begeistert und schrieb: »Das Studio ist innen wirklich sehr schön – aber so anders als alles, was ich je gesehen habe, dass es ohne Bilder kaum zu beschreiben ist.« Sie fuhr fort, ihr »Zimmer sei das vollständigste von allen – bis hin zu Bücherregalen – Matten & viele Kissen – auch Lampenschirm. Aber bis jetzt haben sie noch keinen Kühlschrank!« Am Tag darauf hatte ihre Begeisterung etwas nachgelassen: »Ich nehme an, es sind R. M. S.s kuriose Ideen, die mein Zimmer so schön machen – & so gänzlich passend –, aber mir bleiben sie völlig unverständlich, wenn sie Behaglichkeit und Seelenfrieden beeinträchtigen.« Sie berichtet, sie sitze an »Schiebetüren – sämtlich offen & mit Blick über Felder auf eine Reihe einzelner Lichter etwa eine Meile entfernt« *(Abb. 6)*.[21]

Dorothys frühe Briefe bestätigen Paulines Beschreibung eines sympathisch unorthodoxen Lebensstils. Es handelte sich um »einen Künstlerhaushalt, unbehindert von festen Zeiten«. Obgleich »es bedeutet, dass man seinen gesamten Lebensplan umstellt«, schließt Dorothy doch mit der Feststellung, dass die Schindlers »ein ganz herrliches Leben führen«. Sie erwähnt, »nahezu auf dem Boden zu sitzen & zu schlafen – vor dem Waschen Grillen aus der Wanne zu fischen – freundliche Katzen & Kröten zu Gast zu haben, die nächtens jederzeit über meine Schwelle kommen.« Sie fügt Fotografien des Gästestudios bei, bei denen es sich um die frühesten verfügbaren Innenaufnahmen handelt *(Abb. 7, 8)*.[22]

Außerdem lieferte Dorothy faszinierende Details darüber, wie das Haus tatsächlich genutzt wurde. Anfang August berichtet sie von neun Personen, die in der Kings Road wohnen, darunter Marian Chaces Mutter, Mrs. [Kathryn] Da Camara, und eine Kinderschwester für Harriet; das Haus glich »einem eigenen kleinen Staat.« Mahlzeiten wurden auf Tabletts aus der Küche serviert; Marian bereitete stets die Abendmahlzeit zu. Dorothy vermerkte, dass, obwohl »es weiterhin tagsüber um die 100 Grad hat [...] bei Zementmauern von 15 cm, das Innere dieses Hauses verhältnismäßig kühl bleibt.« Schließlich zerstört sie eine Legende im Hinblick auf die berüchtigten »Schlafkörbe« auf dem Dach.

Zumindest im Anfang schliefen die Schindlers unten, in Paulines Studio.[23] Sämtlichen Berichten zufolge war Pauline eine vorzügliche Gastgeberin. Nach dem Besuch eines Vortrags in der Kings Road im April 1923 vermerkt Dorothy Gibling mit gespieltem Erstaunen:

6 KINGS ROAD HOUSE, West Hollywood, Kalifornien, 1921/22
Fotografie: Werner Moser, 1924

7, 8 KINGS ROAD HOUSE, West Hollywood, Kalifornien, 1921/22
Fotografie: Dorothy S. Gibling

Es ist wirklich zu schade, dass du am Freitagabend nicht hier sein konntest – für die Lesung. Ich hätte mir nie träumen lassen, dass 835 so wahrhaftig großartig und eindrucksvoll aussehen könnte. Von den Leuten, die durch die verschiedenen Zimmer streiften – & über die Innenhöfe mit ihren offenen Feuern – waren mit Sicherheit ziemlich viele sehr beeindruckt. Zumindest war ich es. Es schienen Hunderte von Leuten da zu sein – aber wahrscheinlich nicht mehr als fünfzig oder sechzig – und was für eine Mischung – von den Hochoffiziellen bis zur langhaarigen Sorte, obgleich Helen Barr & ich ziemlich enttäuscht darüber waren, wie wenige wirklich komische Typen da waren. Wir kannten niemanden und hatten deshalb vor, nur das Defilee zu betrachten – waren aber überrascht von dem herrschenden vornehmen Gehabe anstatt der von uns gespannt erwarteten Boheme.²⁴

Tatsächlich sind außerordentlich viele, damals prominente Persönlichkeiten im Haus in der Kings Road zu Gast. Der Schweizer Architekt Werner Moser und seine Frau Sylvia gehören zu den frühen Besuchern *(Abb. 9, 10)*. Pauline bemerkt, sie seien »zwei sehr außergewöhnliche, reizende Leute, die in unserem Haus viele Diskussionen über Fragen der Kunst und Architektur angeregt haben.«²⁵ Moser, ein weiterer europäischer Architekt, der Frank Lloyd Wright seine Reverenz erweisen wollte, befand sich auf dem Weg nach Taliesin. Maurice Browne, ein Mitbegründer des Little Theatre in Chicago, erinnert sich in seiner Autobiografie scharfsichtig an Pauline als »brilliant, warmherzig, scharfzüngig [...], versuchte, inmitten von Hollywoods kultureller Abraumhalde einen *salon* zu kreieren«. Browne lebte 1925 kurze Zeit in Hollywood; im Oktober hielt er in der Kings Road einen Vortrag über Keyserling. Pauline war erfüllt von überschwänglicher Erwartung: »[... die Party] wird riesig sein. Wir hatten noch nie mehr als hundert Gäste. [...] Aber diesmal wirds aus allen Nähten platzen.« Später erinnert sie sich, dass »alle Feuer hell brannten [...] und der Abend warm genug für ein weit offenes Haus [war]. Viele äußerst interessante Leute unter den Gästen – und der Abend hatte viel Atmosphäre.«²⁶

Es besteht ein kaum zu übersehender Zwiespalt zwischen dem entschieden radikalen Haus und den fortschrittlichen Einstellungen und Verbindungen der Schindlers einerseits und ihrem Festhalten an althergebrachten Traditionen andererseits. Der europäische Avantgardearchitekt und seine aufwieglerische Frau scheuten keineswegs traditionelle Thanksgiving- und Weihnachtsfeiern, sondern sie machten sie sich im Gegenteil bereitwillig zu Eigen *(Abb. 11, 12)*. Das erste Thanksgiving wurde in der Kings Road 1922 gefeiert. Das Essen wurde auf der Westterrasse auf einem Tisch serviert, der »aus zwei Böcken mit Brettern dazwischen [bestand] – & die Stühle ähnelten möglicherweise dem Telefonhocker, einer Lebensmittelkiste«. Im nächsten Jahr ging man anspruchsvoller zu Werke:

Edith [Howenstein] erledigte sämtliche Bestellungen und das Kochen, einschließlich eines Monster-Truthahns; [E.] Clare [Schooler] als Kartoffelstampferin und oberste Kesselspülerin – Brandy [Brandner] stellt einen speziellen Eggnog her. [...] Karl [Howenstein] zimmerte für den Anlass einen Tisch für draußen und die dazugehörigen Bänke und riesige Weihnachtssterne & Obstkörbe an beiden Enden [...]; Tischkarten aus Bambus; mitten im Essen erschien Mr. [Max] Pons und blieb natürlich – und just als es gegen 4 Uhr kühl wurde, waren wir »fertig genug«, um uns um das Feuer zu sammeln und dort zu bleiben bis es Zeit wurde, nach Hause zu gehen.

9 Schindler und Werner Moser vor dem Kings Road House, April 1924

10 Sylvia Moser vor dem Gästestudio des Kings Road House, April 1924

Schindler war wie üblich lakonisch:

Mit einem wunderschön gedeckten Tisch im Hof und 12 Leuten, darunter Mr. Pons, ging Thanksgiving ordnungsgemäß vonstatten.[27]

Anlässlich des abendlichen Weihnachtsliedersingens, das Pauline zwischen 1922 und 1924 dreimal veranstaltete, müssen Gefühlsduselei und die im Haus an der Kings Road gepflegten weltverändernden Ambitionen noch stärker kollidiert sein, als bei den Feierlichkeiten zu Thanksgiving. Sie beschreibt den ersten dieser Abende:

Das Haus sah am Abend wirklich wunderschön aus – trotz des Mangels an üblichem Komfort von Stühlen und dergleichen [...] mit Mengen von Zweigen an den richtigen Stellen und Schalen voller roter Rosen [...] und die einladenden Kamine. Wir sangen die alten englischen Carols und die deutschen [...] und nachdem die Letzten gegangen waren, holte Lloyd Wright sein Cello hervor, und wir sangen weiter, wobei er uns die Melodie in klangvollen Tönen vorgab [...], während Edith und Kimmie und ich sangen [...] (Dorothy war natürlich typischerweise schon zu Bett gegangen!).[28]

Die ganzen zwanziger Jahre hindurch gibt es aus der Kings Road Berichte von fröhlichen und von schweren Zeiten. Zu Anfang anscheinend unermüdlich, gelangte Dorothy schnell an ihre Grenzen:

Manchmal machen sie mich ziemlich ärgerlich – weil sie, kaum dass alles gut läuft, anfangen, viele Leute einzuladen & bis in die Puppen aufzubleiben [...], sie benehmen sich, als wären alle Tage Feiertage, an denen die Dinge vom Himmel fallen & andere die Arbeit erledigen [...], sie schweben die meiste Zeit in den Wolken & kommen dann plötzlich auf die Erde.

1922 und dann erneut 1923 oblag es Dorothy und Edith Howenstein, die damals mit ihrem Mann Karl im Gästestudio wohnte, das Thanksgiving Dinner auszurichten. In beiden Jahren litt Pauline an einer nervös bedingten Schwäche, die sie ihr ganzes Leben lang plagen sollte; Dorothy bemerkte 1922, dass »sie sich wie eine wahre Bienenkönigin aufführt«.[29]

Pauline litt an etwas, das ihre Mutter als »fieberhafte Heftigkeit, die einen in Krankenhäuser und Sanatorien bringt«, beschrieb. Ihre labilen Gefühlszustände führten zu wenigstens einem Freitodversuch am 21. Juni 1924; obgleich der genaue Anlass unbekannt ist, kündigten sich doch im Vorfeld Schwierigkeiten an. Schindler hielt sich in Connecticut auf, wo er mit Helena Rubenstein an dem geplanten Umbau ihres Hauses in Greenwich arbeitete. Am 3. Juni schrieb er, dass »es nicht fair war – in eine vollkommen fremde und gleichgültige Umgebung gezwängt zu sein – die Arbeit von drei Monaten in einem erledigen zu sollen – Arbeit, die nie zufrieden stellend sein kann – und obendrein verzweifelte Botschaften zu erhalten –!«[30]

VERÄNDERUNG

Die Rolle, die Clyde und Marian Chace im frühen gesellschaftlichen Leben der Kings Road spielten, ist unklar; in den Briefe ist selten von ihrer Teilnahme die Rede. Während Clyde Schindlers Popenoe Cabin (1922) in Coachella und Pueblo Ribera Courts (1923–1925) in La Jolla baute, waren sie zeitweise abwesend. Nach nur zwei Jahren kehrten sie im Sommer 1924 der Kings Road endgültig den Rücken; ihr Vertrag mit den Schindlers endete am 26. Juli. Die Chaces zogen in Marians Heimat Florida, wo Clyde und sein Schwiegervater in West Palm Beach die Da Camara-Chace Construction Company gründeten.

Die Umstände des scheinbar geräuschlosen Weggangs der Chaces sind strittig. Vielleicht gab es finanzielle Gründe; Schindler bemerkt

11, 12 Thanksgiving in der Kings Road, 1924

13 KINGS ROAD HOUSE, West Hollywood, Kalifornien, 1921/22, Clyde Chaces Studio
Fotografie: Grant Mudford

im April 1924, dass Clydes »Familienzuwachs [die Geburt seines Sohnes Thomas am 5. April] seine Finanzen ruiniert hat«. Am Ende seines Lebens räumte Clyde ein, dass für den Umzug berufliche Gründe maßgeblich waren und dass es keinen Bruch in der Beziehung zu den Schindlers gegeben hatte.[31] Tatsächlich fungierte er in den dreißiger Jahren nach seiner Rückkehr nach Kalifornien bei mehreren Häusern Schindlers als Bauunternehmer. Dessen ungeachtet liegt es nahe, Vermutungen über etwaige andere Gründe anzustellen. Die Chaces zogen nahezu unmittelbar nach Paulines Freitodversuch aus, was darauf hindeuten könnte, dass ihre seelische Instabilität unerträglich geworden war. Diese These wird gestützt durch das faktische Ende der Kommunikation zwischen Marian und Pauline, zwei verwandten Seelen, die so vieles gemein hatten: Smith College, Hull-House, Ravinia und schließlich Kings Road.

Nach dem Auszug der Chaces wurde ihr Apartment in der Kings Road vermietet (Abb. 13). Die ersten von zahlreichen Bewohnern waren Arthur und Ruth Rankin. Arthur Rankin war ein mäßig begabter Stummfilmmime (Abb. 14), der in Who's Who in Hollywood, 1900–1976 als »gut aussehender Darsteller von Nebenrollen« bezeichnet wird.

Gemessen an heutigen Verhältnissen arbeitete die Filmindustrie der zehner und zwanziger Jahre mit rasantem Tempo: Filme wurden schnell produziert und die Verträge der Schauspieler beschränkten sich üblicherweise auf wenige Wochen. Im Laufe der annähernd zwei Jahre, die Rankin in der Kings Road wohnte, kamen neun Filme mit seinem Namen im Nachspann heraus.

Das Mietverhältnis der Rankins ist auch noch in anderer Hinsicht von Bedeutung. Das Paar fand Gefallen an Schindlers Arbeit, und eine Zeit lang hieß es, sie wollten die E. J. Gibling Residence (1925–1928) in Westwood erwerben, die Schindler für Paulines Eltern entworfen hatte. Obwohl Edmund Gibling sehr an dem Verkauf gelegen war, bemerkte er, Rankin »stelle als Käufer in finanzieller Hinsicht eine unsichere Größe dar«. Nahezu zwei Jahre lang war der Verkauf an die Rankins im Gespräch. Ungeachtet ihrer Mittellosigkeit hatte Schindler für sie 1925 ein anderes Haus konzipiert, über das allerdings nichts bekannt ist.[32]

Die Rankins begründeten eine »Hollywood Präsenz« in der Kings Road, die unbemerkt blieb und doch nicht überraschend ist angesichts der Vielzahl von Filmstudios in der Nachbarschaft. Während sie im Apartment der Chaces wohnten, schrieb Pauline am 9. Januar 1925, dass »Mr. George O'Hara, noch ein Filmschauspieler – einer mit einem riesigen Auto und einem zweijährigen Filmvertrag« in das Gästestudio gezogen war. Sie fuhr fort, dass »er angeblich belesen und musikalisch« sei und dass »Unser kleines Auto sich neben seinem in der Garage (es muss ein Rolls-Royce ›oder sowas‹ sein) sehr in den Schatten gestellt und gedemütigt vorkommt.«[33]

1922 stellt Variety fest, dass O'Hara »als Entdeckung auffällt. Er ist eine Mischung des Charles-Ray-/Richard-Barthelmess-Typs, und er ist äußerst verlässlich und unglaublich fotogen« (Abb. 15). Als er in der Kings Road wohnte, wurde er in der Rolle eines Spielers in der Vorfilmserie Fighting Blood des Film Booking Office bekannt; er »spielte den Ex-Champion des Boxrings.«[34] Seine persönlichen Eigenschaften – »belesen und musikalisch« – passten ganz und gar nicht zu seiner Filmrolle.

Am 2. Februar 1925 schrieb Dorothy Gibling ihren Eltern, dass bei den Schindlers »»irgendein vortrefflicher, aber armer Architekt‹ (und Frau und 1 1/2 jähriger Sohn) einziehen werden.« Die Rede war von Richard, Dione und Frank Neutra (Abb. 16, 17). Ursprünglich sollten sie die Schlafkörbe im Obergeschoss in Gebrauch nehmen (Abb. 18),[35] als sie jedoch in der Kings Road ankamen, hatte George O'Hara das Gästestudio geräumt, und die Neutras zogen stattdessen dort ein.

14 Arthur Rankin (sitzend) in Broken Laws (Film Booking Office, 1924)

15 George O'Hara, in Film Year Book 1926

Sie trafen am 7. März 1925 in Los Angeles ein. Schindler holte sie am Bahnhof ab und fuhr sie in die Kings Road. Anfänglich berichtet Mrs. Neutra, dass »Mrs. Schindler außerordentlich hilfsbereit ist und beide sich als sehr freundlich erweisen und uns viel helfen.« Sie bestätigt die Berichte von den häufigen Gesellschaften der Schindlers und bemerkt im September, dass »wir langsam in den Strudel gesellschaftlicher Aktivitäten hineingezogen werden, obwohl wir gerade erst anfangen, Bekanntschaften zu machen«. Bald jedoch kamen sie in Schwung:

Gestern fand meine zweite Party mit vierzig geladenen Gästen statt. Kannst du dir dein Dionchen als erfolgreiche Gastgeberin vorstellen? Wenn ich nicht Pauline kennen gelernt hätte, wäre das unvorstellbar gewesen. Ich ahme sie nach, und Richard sagt, ich hätte sie sogar übertroffen. Wenn ich's recht bedenke, kann ich wirklich stolz sein, dass alles so gut gelaufen ist und ohne jede Hilfe, besonders wenn man bedenkt, dass Doris [Diones Schwester] und ich die Gastgeberinnen waren.[36]

Die Neutras wohnten bis Ende 1925 im Gästestudio und wechselten dann in das größere Apartment der Chaces *(Abb. 19)*. An Stelle der Neutras zogen der Avantgardetänzer John Bovingdon und seine Gefährtin Jeanya Marling für etwa ein Jahr ein. Bovingdon trat bei mehreren Gelegenheiten im Garten des Hauses an der Kings Road auf; Mrs. Neutra beschreibt einen dieser Auftritte vom Oktober 1926:

[...] sie tanzten zusammen. Und sie tanzten praktisch völlig nackt, was natürlich damals für Hollywood etwas Unerhörtes war. Aber es war wunderschön. Bei Nacht beleuchteten sie den Garten und als Musik gab es Gongs, die an Seilen hingen, und sie schlugen auf die Gongs. Und ich erinnere mich an einen Tanz, wo er Die Entwicklung zum aufrecht gehenden Menschen tanzte; anfangs kroch der Mensch auf allen Vieren und richtete sich dann ganz allmählich auf und lief schließlich auf seinen Beinen, und das tanzte er. Also, das war ziemlich packend.[37]

Ebenso wie Pauline Schindler zeichnete sich auch Dione Neutra durch einen ausgeprägten Sinn für die eigene Geschichte aus und bewahrte ihre Korrespondenz auf. Aus den Briefen spricht Optimismus, gedämpft durch die Schwierigkeit, beruflich Fuß zu fassen, und dem daraus folgenden Geldmangel. Neutra und Schindler gingen nicht sofort eine offizielle Partnerschaft ein; stattdessen übernahm Neu-

16 Frank, Dione und Richard Neutra in der Kings Road, 1925

17 Dione und Richard Neutra in der Kings Road, 1926

18 KINGS ROAD HOUSE, West Hollywood, Kalifornien,
1921/22, Ansicht von Schindlers »Schlafkörben«
Fotografie: Grant Mudford

tra eine Reihe von Aufträgen mit anderen Architekten. Erst 1926 gründeten er und Schindler die Architectural Group for Industry and Commerce. Schindler erläuterte, sie wollten »größere Industriebauten in Angriff nehmen«.[38]

Wenn auch die großen Aufträge ausblieben, führte die gemeinsame Arbeit von Schindler und Neutra in der Kings Road doch zu einer Zeit unübertroffener architektonischer Vitalität; die Saat der kalifornischen Moderne wurde hier ausgebracht. Unabhängig voneinander und gemeinsam schufen Schindler und Neutra die wegweisenden Lovell-Häuser (1922–1926 beziehungsweise 1929), die Jardinette Apartments (1927), den Entwurf für das Translucent House für Aline Barnsdall (1927/28) sowie die Charles H. Wolfe Residence (1928 bis 1931). Insgesamt zählen diese Bauten zu den besten Arbeiten beider Architekten. Es ist gänzlich unvorstellbar, dass beide in kreativer Isolation am Werke waren: Der Bohemien und der Technokrat wuchsen zu einer jener höchst seltenen, synergistischen Partnerschaften zusammen. Ist die Dynamik des Lovell Health House denkbar ohne das plastisch durchgebildete Lovell Beach House? Wäre das formal eher konservative, in konstruktiver Hinsicht jedoch kühne Translucent House vorstellbar, ohne den Einfluss eines Partners, der sein erstes Buch mit den technischen Details beim Bau des Palmer House in Chicago überfrachtete?[39]

Und doch bewahrten beide ihre Identität. Schindler war einfallsreich, baute indessen eher grob; Neutra blieb Formeln verhaftet, war jedoch technisch versiert. Dione Neutra bemerkt fünfzig Jahre später: *Schindler war ein großer Individualist. [...] Mr. Neutra war immer davon überzeugt, dass letztlich Präfabrikation für alle Architekten maßgeblich sein würde. [...] Aber Schindler war sehr an der Auslotung des Raumes interessiert, also tat er das bei all seinen Häusern. – Alle Häuser waren ganz unterschiedlich und für einen bestimmten Raum entworfen.*[40]

Und es gab auch Konkurrenzdenken. Als es 1927 zur Krise kam, übernahm Galka Scheyer die Rolle der Vermittlerin. Scheyer war 1924 als Vertreterin der Blauen Vier – der Maler Lyonel Feininger, Alexej Jawlensky, Wassily Kandinsky und Paul Klee – in die Vereinigten Staaten immigriert und organisierte im Oktober 1926 im Exposition Park des Los Angeles Museum die erste Ausstellung von Arbeiten der Gruppe. Im Sommer 1927 wohnte sie für kurze Zeit im Gästestudio in der Kings Road. Die Umstände ihrer Bekanntschaft

19 KINGS ROAD HOUSE, West Hollywood, Kalifornien, 1921/22, Marian Chaces Studio
Fotografie: Ernest M. Pratt und Viroque Baker, um 1926

mit den Schindlers, den Neutras und der Kings Road sind nicht bekannt; wenn man jedoch Dione Neutras zeitgenössischem Bericht glaubt, änderte die Gegenwart Scheyers den Lauf der modernen Architektur.

Schindler hatte für Philip und Leah Lovell drei Ferienhäuser entworfen und erhoffte, auch mit dem Auftrag für ein großes Wohnhaus in Los Angeles betraut zu werden. Wie es sich auch immer mit den Schwierigkeiten im Verhältnis zwischen Schindler und Lovell verhielt, von denen in verschiedenen Berichten die Rede ist – der Auftrag für das Haus in Los Angeles ging an Neutra. Es heißt, Neutra habe anfangs gezögert, das Projekt anzunehmen, aber Scheyer setzte sich dafür ein. Dione Neutra schildert den Gang der Ereignisse:

Dann trat Mrs. Scheyer in Erscheinung und sagte, Richards Rücksichten seien absurd. Sie wirkte auf Schindler, Lovell und Richard, ein und schließlich begannen die Vorbereitungen.[41]

Um den Wegzug der Neutras aus der Kings Road im Jahre 1930 ranken sich vielerlei Vermutungen. Als sich Dione Neutra 1978 zurückerinnert, weist sie gehässige Mutmaßungen über einen Bruch zwischen Schindler und Neutra zurück. »Es war niemals bitter, nur ein langsamer, langsamer Rückgang der Zusammenarbeit. Wir räumten das Apartment. Ich habe keine Erinnerung, dass wir im Zorn gegangen wären oder irgendetwas in der Art.« Auf der persönlichen Ebene übersah Mrs. Neutra großzügig Schwierigkeiten, die sich bereits zu Anfang ihrer Zeit in der Kings Road gezeigt hatten. 1926 merkt sie an, »wie ineinander verflochten unsere Existenzen sind«. Sie hatte »sehr abweichende Wertvorstellungen vorgefunden«, was zu »einer unangenehmen Situation« führte, obwohl sie berichten konnte: »Die Bedingungen bessern sich.«[42] Gleichwohl deutet sich selbst bei unzureichender Kenntnis der Polemik der unvermeidliche Bruch an. Die Geschichte zeigt, dass die ideologischen Differenzen zwischen Schindler und Neutra weit gewichtiger waren als die Gemeinsamkeiten.

Neutra avancierte in einer Weise, wie sie Schindler nie vergönnt war. Pauline kommentiert 1932, dass »neutra unter den modernen architekten der stadt zu der führenden persönlichkeit geworden ist [...], während r. m. s. der geheimnisvolle, romantische ›michael‹ bleibt.« Schindler fährt 1935 fort:

Ich bin nicht eifersüchtig auf Neutra, sondern lehne das ab, wofür er steht – Ich hätte nichts dagegen, wenn du dich für Frank Lloyd Wright – oder Mies van der Rohe – einsetzen würdest. Aber Neutras fruchtloses Draufgängertum, dessen Hauptantriebskraft ein schlaues Ausnutzen des Publicitymarktes ist – bedeutet Gift für jede wirkliche künstlerische Entwicklung. Die Frage ist nicht, ob seine Sachen ein bisschen besser oder schlechter sind – Er ist im Grunde ein Geschäftemacher & du solltest dir da keine Illusionen machen [...].[43]

Auch Paulines Mutter, Sophie Gibling, schrieb in den zwanziger Jahren regelmäßig Briefe aus der Kings Road. Sie reiste zwischen 1923 und 1928 mindestens fünfmal nach Kalifornien und blieb gewöhnlich für mehrere Monate. Ihre Briefe an ihren Mann in Chicago sind gleichzeitig anerkennend und verächtlich: Ähnlich wie Dorothy fand sie den künstlerischen Lebensstil in der Kings Road faszinierend und Aspekte des persönlichen Verhaltens der Schindlers abstoßend. Mrs. Gibling begriff schnell die Magie der Nächte in der Kings Road. Sie beschrieb ein Abendessen im September 1926:

Es war so etwas wie eine Party, denn die Neutras und John [Bovingdon] waren da; das Dinner wurde um das offene Feuer auf dem Patio in nahezu völliger Dunkelheit serviert. Sie hatten das große Sofa herausgeschafft, und es war alles sehr wirkungsvoll und eigenwillig. [...] John war wunderschön gekleidet in feine, weiße Seide, lange, weite Knickerbocker und eine dazu passende RMS-artige Hemdbluse. Unter anderem sprachen wir über eine sich abzeichnende Möglichkeit für John, etwas beim Film zu machen. R. M. schlug vor, er solle als sein Ausgangsthema »Atem« nehmen und ihn in allen Bezügen zum Leben und Universum zeigen, Freude, Liebe, Furcht usw. Ich sagte: Fang damit an, wie der Atem Gottes das Chaos trifft.[44]

Nach einer weiteren Party im Dezember für Leo Katz, einen Wiener Maler, dessen Arbeiten im Los Angeles Museum ausgestellt waren, bemerkt Mrs. Gibling, dass »sie [Pauline], wenn Besuch kommt, eine faszinierende Gastgeberin ist. Am Sonntagabend fiel es mir wieder auf, wie stimmungsvoll, einzigartig und charmant ihre Einladungen sind und was für interessante Leute sie versammelt.« Nach einer Weihnachtsparty drei Tage später wiederholt sie: »[der Abend] war ein Erfolg [...]. Das Haus sieht am geschmackvollsten aus, wenn es für Einladungen hergerichtet ist, in dem Dämmerlicht wirkt es zauberhaft.«[45]

Zur selben Zeit erlebte Mrs. Gibling die anhaltenden persönlichen Probleme in der Kings Road. Sie äußert unmittelbar, dass »es in 835 alles so leicht und mühelos erscheint, und das Leben so glatt verläuft«, aber sie fährt fort: »Nur traurig, dass es diese düstere Seite geben muss [...].« Während die Schindlers sich allem Anschein nach einen Platz in der radikal gesinnten Gesellschaft von Los Angeles erobert hatten, zerstörte die zwischen ihnen unterschwellig herrschende Zwietracht letztlich ihren Lebensstil. Schindler bemerkt 1925, Paulines Stimmungen »schlügen blitzschnell um«. Als Sophie Gibling später eine Frist von »Ruhe und Frieden« wahrgenommen hatte, widerspricht Schindler, »O nein [...], nicht Ruhe und Frieden, es war einfach nur ein bisschen weniger heftig.«[46] Die von der Familie Schindler aufbewahrten Briefe offenbaren die zwischen Schindler und Pauline herrschende emotionale Grenzsituation, obgleich nach wiederholten Auseinandersetzungen scheinbar wieder ausgeglichene Zustände herrschten. Der Bruch geschah im Sommer 1927. Im Juli spricht Dorothy Gibling von nicht näher erklärten »beunruhigenden Nachrichten aus Los Angeles«. Im August dann verließ Pauline die Kings Road. Dione Neutra wurde Zeugin:

Diese letzten Wochen waren allzu nervenaufreibend. Pauline ist gegangen. Sie packte ihre Habseligkeiten, und ich habe sie nicht einmal weggehen sehen. Alles musste heimlich geschehen, um eine Konfrontation der beiden zu vermeiden.[47]

Pauline ging zuerst nach Halcyon, einer südlich von San Luis Obispo ansässigen utopischen Gemeinschaft. 1903 von einer kleinen Gruppe von Theosophen aus Syracuse gegründet, wurde Halcyon als Heilzentrum auf einem Gelände etabliert, das man wegen seiner kosmischen Schnittstelle natürlicher Kraftlinien gewählt hatte. Ein 1923 geweihter, nach wie vor in Gebrauch befindlicher Tempel wurde im Zentrum der Stadt »auf Linien von mathematischer und geometrischer Symbolkraft« errichtet. Vier Jahre später wurde die Gemeinschaftshalle Hiawatha Lodge fertig gestellt.[48]

Halcyon war ein Rückzugsort, den Pauline wiederholt aufsuchte. Vielleicht hörte sie darüber von Maurice Browne und Ellen Janson, die einen Großteil des Jahres 1924 dort verbrachten. Es sagte Pauline weniger der religiösen Lehren wegen zu, denn als:

[...] seltsame, merkwürdige kleine Ansiedlung mit einer erstaunlichen Eigenschaft [...], wenn man unempfänglich ist für diese Sache, die man »Geist« nennt und die so fühlbar, fast sichtbar hier regiert, würde man sagen, die Häuser seien triste, kleine Hütten. Und doch fliehen wieder und wieder [...] nach Halcyon [...] Menschen kultivierten Geistes und Geschmacks aus der Zivilisation der Städte – die für einen Tag oder eine Woche nach Halcyon kommen. Es gibt hier Theosophen und einen Tempel, aber das ist nicht wirklich die Ursache für alles. Es ist eine Eigenschaft so universell wie das Licht. Kann es mit dem Klima zu tun haben – die Strahlung in Halcyon von Kräften aus der Erde, die einen Menschentyp von ungewöhnlicher Harmonie und Heiterkeit hervorbringt – wie im Gegensatz dazu das Klima von Carmel bei seinen Bewohnern zu Überreizung und intellektueller Brillanz führt?[49]

Obgleich Ellen Janson Pauline für den Winter die Benutzung ihres Hauses anbot, verließ sie Halcyon am 19. Oktober und zog gen Norden nach Carmel, wo sie zwei Jahre verbringen sollte. Das auf der Halbinsel Monterey gelegene Carmel-by-the-Sea zeichnete sich durch außergewöhnliche natürliche Schönheit aus. Der malerische, kleine Ort tat sich durch sein reges Kulturleben hervor, um das sich eine hier ansässige Gruppe von Künstlern und Dichtern kümmerte; darüber hinaus fanden im Theatre of the Golden Bough und im Carmel Playhouse regelmäßig Konzerte und Theateraufführungen von Gastdarstellern statt. Pauline beschrieb Carmel als »eine demokratische und nicht profitorientierte Gemeinde [...]. Die Leute sind arm, und es spielt keine Rolle; sie sind reich, und ihnen wird vergeben.«[50]

Bereits Mitte Dezember hatte sich Pauline »im Zentrum von Carmels Leben« etabliert. Dort verbrachte sie ihre Zeit mit Schreiben und Redigieren. Schon bald nach ihrer Ankunft begann sie, eine unsignierte Kolumne mit den Titel »The Black Sheep«, zum Lokalblatt *The Carmel Pine Cone* beizusteuern. Beschrieben als ein »neues, kritisches Ressort, das nicht auf allzugutes Benehmen hoffen lässt«, würde es dennoch »jung, furchtlos, ehrlich und lebendig« sein. Die Kolumne erschien sieben Mal zwischen November 1927 und März 1928; obwohl sie sich verschiedenen lokalen Fragen und Ereignissen widmete, lag der Schwerpunkt auf der Musik. Etwa zur selben Zeit berief der *Christian Science Monitor* Pauline zu seiner Theaterkritikerin für Carmel.[51]

Von besonderer Bedeutung war die Verbindung, die Pauline ganz zu Anfang mit dem *Carmelite* angeknüpft hatte, einer neu gegründeten, fortschrittlichen Wochenzeitschrift. Anfang 1928 erschienen unter ihrem Namen zwei regelmäßige Kolumnen, »Stage and Screen« und »With the Women«, sowie zahlreiche Artikel zu diversen anderen Themen. Schon bald wurde sie Redaktionsasistentin und stand Mitte April vor ihrer Ernennung zur leitenden Redakteurin. Zu Beginn wurde *The Carmelite* als »eine Zeitschrift [vorgestellt], die zu strittigen Fragen, die das künstlerische und praktische Leben im Village betreffen, unparteiisch beide Seiten zu Wort kommen lässt.« Tatsächlich handelte es sich um ein hochpolitisches Medium, das man ins Leben gerufen hatte als Gegenpol zum alteingesessenen *Carmel Pine Cone*; schon vor Erscheinen der ersten Ausgabe von *The Carmelite* begannen die Anschuldigungen. Am 3. Feburar zog der *Carmel Pine Cone* die wahren Eigentumsrechte und die Beweggründe des Parvenüs in Zweifel. *The Carmelite* erwiderte mit Verweisen auf »journalistischen Sumpf [...] feige Andeutungen und Anspielungen«.[52]

Unter seiner ursprünglichen Leitung überdauerte *The Carmelite* sechzehn Wochen. Der »Swan Song of ›S. A. R.‹« (Stephen A. Reynolds, der Herausgeber) in der Ausgabe vom 30. Mai kündigte zwar »die letzte Nummer« an, behauptete jedoch, dass »*The Carmelite* [...] nicht gescheitert sei, [...] einen guten Kampf gekämpft habe [...] und sich jetzt ehrenvoll vom journalistischen Feld zurückziehe, es sei denn, fähige Hände möchten die Aufgabe übernehmen.« Tatsächlich standen andere Hände bereit: ein Nachtrag zu Reynolds Erklärung offenbarte, dass »Vereinbarungen getroffen wurden, wonach der *Carmelite* in den Besitz einer Gruppe Ortsansässiger übergehen wird.«[53]

Bei der »Gruppe« handelte es sich um Pauline Schindler und ihren wechselnden Reaktionsstab. Zum Teil erläutert ein unsignierter Leitartikel in der Ausgabe vom 6. Juni die Übernahme aus seiner Sicht:

Mit dieser Nummer lässt sich The Carmelite *auf ein neues Abenteuer ein. Heute beginnt die Herausgeberschaft einer neuen Gruppe. Weshalb sollte irgendeine neue Gruppe eine solche Aufgabe übernehmen und was ist ihre Absicht? Erstens betrachten sie es als ein Abenteuer; zweitens wollen sie neue Kanäle öffnen, durch die das Leben strömen kann; und drittens handeln sie in entschiedenem Zweifel an der verbreiteten Meinung, ein Nachrichtenblatt müsse von höherer Intelligenz aufseiten einer jeden Gemeinde ausgehen.*[54]

Unter Paulines Leitung wurde *The Carmelite* zu »einer liberal-radikalen Wochenschrift, auf deren Seiten die durchreisende oder ansässige Intelligenzija, von Lincoln Steffens bis Robinson Jeffers, alle zu Wort kamen«. Wie vorherzusehen war, nutzte Pauline *The Carmelite*, um ihre eigenen künstlerischen wie politischen Ansichten und Interessen zu äußern; ihrem Vater schrieb sie, sie verfasse die halbe Zeitung, obwohl zahlreiche Artikel unsigniert erschienen.[55] Musik war ein

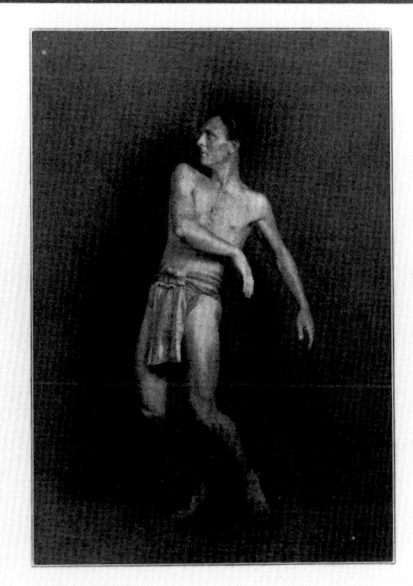

Schwerpunkt, und sie besprach häufig Konzerte progressiver Komponisten, die durch Carmel kamen, so auch Henry Cowell. Darüber hinaus berichtete sie eifrig von den Aktivitäten des Theatre of the Golden Bough und des Carmel Playhouse *(Abb. 20)*. Über den Besuch von Jane Addams in Carmel 1928 wurde auf der Titelseite berichtet. Neben Fotografien Edward Westons und Gedichten von Robinson Jeffers und Ellen Janson Browne erschienen Leitartikel über die Zustände in den Gefängnissen, einem weiteren besonderen Anliegen Paulines. Viele der Artikel wurden mit Holzschnitten Virginia Tookers illustriert, die ein Gast der frühen Stunde in der Kings Road gewesen war

Falls *The Carmelite* der Eitelkeit seiner Herausgeberin schmeichelte, so verfügte das Blatt doch über entschiedene Grundsätze und fungierte als »ein Sprachrohr liberaler Meinung, durch das Gesinnung und Energien der neuen Zeit Ausdruck finden mögen«. So wurde es zum Forum redaktioneller Auseinandersetzung. Es wurde für die Anerkennung moderner Kunst gestritten, man kämpfte um eine Bibliothekssteuer, griff Fragen von Wachstum und Verkehr in Carmel an, diskutierte über die »Ekstase von Bienen«.[56]

Obgleich es redaktionelle Höhepunkte zu verzeichnen gab, litt *The Carmelite*, wie viele kleine Publikationen, unter großem Geldmangel und persönlichen Auseinandersetzungen. Im Januar 1929 versuchte der für die Skandalberichte zuständige Autor Lincoln Steffens, einer der beitragenden Redakteure, Pauline mithilfe einer unbezahlten Druckereirechnung die Kontrolle über die Zeitung zu entziehen und sie seiner Frau Ella Winter zu übertragen. Pauline veröffentlichte Steffens Sicht des Geschehens in *The Carmelite*:

Es sind Gerüchte über eine Verschwörung in Umlauf […] um mich und meine Bande aus The Carmelite *zu verdrängen. Wir gehen aus freien, mechanistischen Stücken. Du warst stets sehr froh, wenn wir freiwillig all die Arbeit übernahmen, so lange wie das, was wir taten, dem von dir immer wieder erwähnten hochfliegenden Maßstab entsprach.*

Das alternative Gerücht, wir versuchten, dir die Zeitung wegzunehmen, oder vielmehr wir versuchten, dich der Zeitung wegzunehmen, entspricht der historischen Wahrheit. Es entspricht jedoch nicht den Tatsachen. Es ist wohl kaum richtig, von einer Verschwörung zu sprechen, da ich ganz alleine handelte – ich und du. […] Ich erkannte bald, dass eine Herausgeberin und Inhaberin, die Jubellieder singend loszieht und zu Füßen von Tänzern sitzt, die die Philosophie des Lebens tanzen […], die Anzeigen zu architektonischen Synthesen umbaute, ohne Wissen und korrekte Anschrift der Werbenden und die im Bett Musik schrieb, wenn der Stadtrat auf den Journalisten wartete – ich fragte mich und kam zu der Erkenntnis, eine solche Herausgeberin wäre glücklicher und für die Zeitung nützlicher, wenn sie Zeit hätte zum Tanzen und Singen und zum Komponieren und für Musikkritik, unbehindert vom journalistischen Tagesgeschäft und ohne diesem im Wege zu stehen. […] Ich traute dir zu, die Begleichung der Rechnung des Druckers so lange zu vergessen, bis er dich nötigen würde, The Carmelite *jemand anderem zu überantworten […].*[57]

Steffens brachte zwei stichhaltige Argumente vor. Er macht Pauline ein zwiespältiges Kompliment, wenn er ihre äußerst reale Begabung als Grafikerin anerkennt, ein Talent, dem sie weiter nachgehen sollte. Gleichzeitig stellt er zu Recht fest, dass sie keine Geschäftsfrau war. Pauline erkennt die Kritik an und schreibt ihrem Vater am 4. Dezember, sie habe »in letzter Zeit eine Menge vernichtende Urteile über meine geschäftlichen Fähigkeiten gehört. Es scheint weitgehende Übereinkunft darüber zu herrschen, dass es bestimmte Lebensbereiche gibt, in denen ich einfach nicht gut bin!«[58] Aber mit Unterstützung der Gemeinde und Hilfe vonseiten ihres Vaters, konnte Pauline die Krise vorerst überstehen.

Pauline blieb noch mehrere Monate lang in ihrer Position bei *The Carmelite* und erhielt dessen unzweifelhaft hohes Niveau und ansprechendes Erscheinungsbild aufrecht. 1929 verlor sie die Kontrolle über die Zeitung; am 16. September fand im Büro von *The Carmelite* im Seven Arts Building ein entscheidendes Treffen statt. Pauline hatte die Sitzung in der Hoffnung auf finanzielle Unterstützung einberufen. Stattdessen stellte die Gruppe ihr Eigentumsrecht infrage:

Kühl, fast kalt, wurde das Abkommen getroffen. Neue Verträge wurden aufgesetzt, streng juristisch; man drückte Mrs. Pauline Schindler einen Stift in die zitternde Hand; »auf der punktierten Linie unterschreiben« lautete der Befehl. Und Mrs. Schindler unterschrieb.

Kurze Zeit später verließ Pauline Carmel; ihrem Vater hatte sie erklärt, es sei »Zeit für den nächsten Schritt«. Sophie Gibling stellt in der Folge Überlegungen an zum »starken politischen Einfluss, scheuen vor ihrem furchtlosen Geist […], der gegen sie ins Feld geführt wird. […] Sie war sich über seine Macht nie zur Gänze im Klaren […].«[59]

20 John Bovingdon, Kritik in *The Carmelite*, 4. Juli 1928

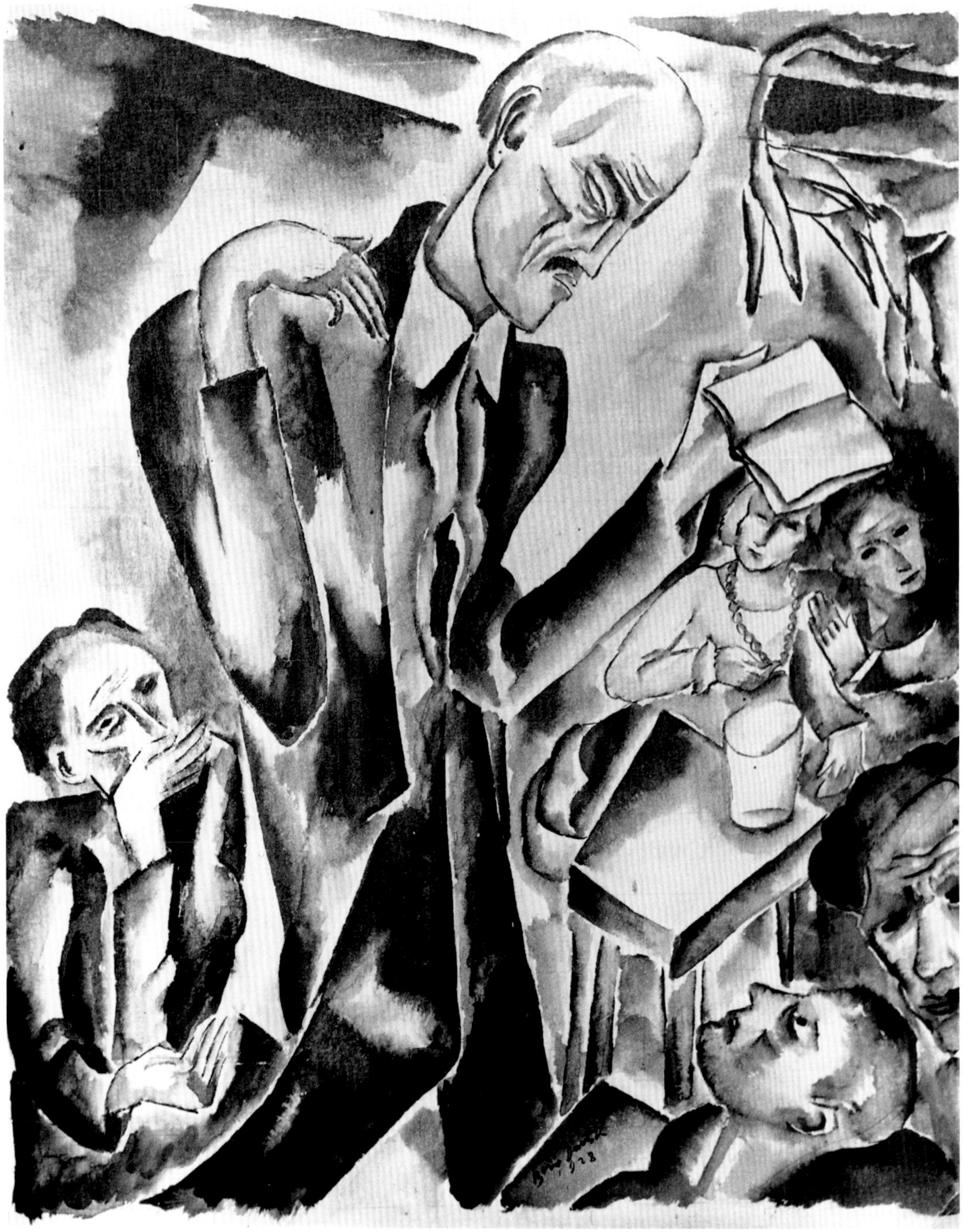

AT SCHINDLER'S
835 Kingsroad, W. Hollywood
Saturday, Feb. 22, at 8:30 P. M.
Sadakichi Hartmann
on
Modern Art
its Merits and Errors
This will be the most amusing Art Talk of the season; miss it if you can.
Wistaria, Sadakichi's "daughter," will deprive you of One Dollar at door

JOHN BOVINGDON
OFFERS FOUR FRIDAY EVENING
PROGRAMS OF RESEARCHES INTO
THE NEW DANCE BEING
EXPERIMENTS TOWARD A LIFE
DANCE ROOTED IN HYGIENE..

HYGIENIC ROOTS OF A FUNCTIONAL DANCE . JUNE 6
REVOLTS OF A ROBOT-AND HIS DISCOVERIES . JUNE 13
DANCE PAGEANT OF THE CRAFTS . . . . . . JUNE 20
EPISODES IN THE RE-CREATION OF MOODS . JUNE 27

AT THE PATIO THEATER
835 KINGS ROAD, TEN
BLOCKS WEST OF FAIR-
FAX BETWEEN MELROSE
AND SANTA MONICA
BOULEVARD . . . . . .
8:30 PROMPT AND AT
THE DOOR A DOLLAR

. . . THESE PROGRAMS MARK THE RETURN OF JOHN
BOVINGDON AND HIS WIFE JEANYA MARLING FROM A
YEAR'S EUROPEAN TOUR DEVOTED TO STUDY, PRESEN-
TATIONS AND TEACHING . . . AND THE OPENING OF
THEIR DANCE STUDIO-LABORATORY AT THE ADDRESS
ABOVE GIVEN

21 Sadakichi Hartmann, Edgar Allen Poe in der Kings
Road vorlesend, 8. Januar 1928
Zeichnung: Boris Deutsch

22 Ankündigung für Sadakichi Hartmanns Vortrag über
moderne Kunst, 22. Februar 1930

23 Ankündigung, John Bovingdon und The New Dance,
Juni 1930

24 GALKA SCHEYER in der Kings Road, frühe dreißiger Jahre

In Paulines Abwesenheit ging unterdessen das Leben in der Kings Road zumindest einige Jahre lang seinen gewohnten Gang. Sadakichi Hartmann, der sich selbst als »mad, bad, sad and slightly red poet [verrückten, schlechten, traurigen und etwas roten Dichter]« beschrieb, hielt sich in den späten zwanziger Jahren häufig dort auf. Er führte ein ärmliches Leben, bettelte Schindler regelmäßig um ein paar Dollar an und wurde 1928 von Edward Weston als »trauriges, altes Wrack [...], [das] für ein ausschweifendes, boshaftes Leben büßt«, bezeichnet. Gleichwohl schien er Schindler zu amüsieren, der es ihm gestattete, das Haus für »Lesungen« zu nutzen, zu denen die Öffentlichkeit geladen war. Bei einem »Poe-Abend« im Januar 1928 verkündete Hartmann, er werde »A Tell-Tale Heart« und andere Kurzgeschichten lesen, »vorausgesetzt, er besinnt sich nicht anders«. Und weiter hieß es, »Mr. Hartmann werde versuchen, wie Edgar Allen Poe auszusehen« *(Abb. 21)*. An einem weiteren Abend war die moderne Kunst das Thema; dem Publikum wurde geraten: »Dies wird der amüsanteste Art Talk der Saison werden; versuchen Sie, ihn zu verpassen«[60] *(Abb. 22)*. Anfang 1930 kehrte John Bovingdon in die Kings Road zurück und zog in das vor kurzem von den Neutras geräumte Apartment der Chaces ein. Wie schon in den zwanziger Jahren tanzte Bovingdon an vier aufeinander folgenden Freitagabenden im Garten *(Abb. 23)*. Später im selben Jahr setzte sich Galka Scheyer mit Schindler in Verbindung und teilte ihm mit, sie plane, aus Bali nach Los Angeles zurückzukehren, und brauche ein großes Zimmer mit Licht und viel Wandfläche, in dem sie wohnen könne. Sie hatte »eine großartige Sammlung von Bali-Sachen – zumeist Gemälden« erworben, die sie aufhängen wollte. Scheyer zog im März 1931 in das Apartment ein *(Abb. 24)*, das sie sich zu ihrem Leidwesen kurze Zeit mit Bovingdon teilen musste. Kurz darauf erzählte sie Lyonel Feininger, sie habe vor, »einige meiner Bekanntschaften mit Filmleuten in Hollywood wiederaufleben zu lassen, weshalb ich ein reizendes, modernes Haus gemietet habe, das der Architekt Schindler gebaut hat, und wo sich meine Bilder sehr gut ausnehmen.«[61]

Nach Scheyers Auszug im Oktober 1932 übernahmen der Drehbuchautor Dudley Nichols *(Abb. 25)* und seine Frau Esta die Wohnung der Chaces. Sein erster Film *Men without Women*, bei dem John Ford Regie führte, erschien 1930. Der Erfolg stellte sich unmittelbar ein: Zwischen 1930 und seinem Einzug in der Kings Road kamen dreizehn Filme mit Nichols Namen im Nachspann heraus. Während der etwa neun Monate, die er in der Kings Road wohnte, erschienen vier weitere Titel.

Gleichzeitig mit den Nichols, die im ehemaligen Apartment der Chaces wohnten, lebte mit Mary McLaren eine weitere Hollywood-Persönlichkeit im Gästestudio. Ihr Stern war im Sinken begriffen; sie hatte ihre Laufbahn als Teenager-Star begonnen und 1916 in ihrem ersten Film *Shoes* die Hauptrolle gespielt. Obgleich McLaren in zahlreichen Filmen mitgewirkt hatte, war ihr plötzlicher Erfolg von kurzer Dauer, und ihr Talent wurde zunehmend in Zweifel gezogen. Bereits 1922 hatte sie an Bedeutung verloren:

Noch vor wenigen Jahren sah dieses Mädchen wie der beste Tipp aus, den die Filmindustrie seit langem zu bieten hatte, aber offenbar hielten sie ihr Umgang und die Neigung, sich dadurch Manieriertheiten zu Eigen zu machen, davon ab, die ihr zugetrauten Fortschritte zu machen.[62]

Zwei Jahre später heiratete McLaren und zog nach Indien, wo sie mehrere Jahre lebte. Zu Beginn der dreißiger Jahre kehrte sie nach Los Angeles und auf die Leinwand zurück und arbeitete die vierziger Jahre hindurch, obgleich man ihr nur noch kleinere Nebenrollen anbot *(Abb. 26)*. Freilich war selbst auf diese Angebote kein Verlass. Sie schrieb an Pauline: »Ich habe durchaus nicht jeden Tag gearbeitet, aber an den Tagen, an denen ich nicht arbeite, bin ich gezwungen, in der Hoffnung auf Arbeitsangebote zu Hause zu bleiben.«[63] Im Oktober 1935 verließ sie nach einem Brand die Kings Road. Nachdem die Nichols im Mai 1933 das vormalige Chace-Apartment geräumt hatten, zog Pauline dort für drei Monate ein. Ihr folgten Eric Locke, ein weiterer Insider der Filmbranche und zwei seiner Freunde. Locke arbeitete hinter der Kamera, zuerst im Kostümfundus bei *The Student Prince in Old Heidelberg* [dt. *Alt Heidelberg*], einer Metro-Goldwyn-Mayer (MGM) Produktion von 1927. 1933 wurde er bei der Paramount Produktion *Midnight Club* als Regieassistent geführt und dann 1934 bei einem weiteren MGM Film, *The Merry Widow* [dt. *Die lustige Witwe*], als Geschäftsführer. Locke blieb gerade drei Monate in der Kings Road. Am 15. Dezember schrieb er Pauline, dass »ich mich angesichts der Schäden, die der Regen unlängst dem Haus und meinem persönlichen Eigentum zugefügt hat, heute entschlossen habe, mein Mietverhältnis in Ihrem Haus zum 31. Dezember zu beenden.«[64]

Obgleich er über die Verhältnisse in der Kings Road verärgert war, blieb Locke mit Schindler im Gespräch über den Bau eines neuen Hauses am Griffith Park Boulevard. Schindler fertigte zwei Entwürfe an, beide mit dem Datum vom November 1933. Der weiter ausgeführte

25 DUDLEY NICHOLS, in: *The 1932 Film Daily Yearbook of Motion Pictures*

der beiden Entwürfe zeigt eine Komposition ausgeprägt vertikaler und horizontaler Ebenen, zwischen denen sich große, verglaste Freiräume befinden. Eine Besonderheit, die abgerundeten Schnittpunkte der Elemente, weicht deutlich von den Grundsätzen des Internationalen Stils ab.[65]

Nach Lockes Auszug übernahmen John Cage und sein Freund, Don Sample, das Chace-Apartment. Sie befanden sich in einer Grenzsituation, um Thomas S. Hines zu zitieren: »Cage was not yet Cage.« Die tatsächliche Dauer von Cages Anwesenheit in der Kings Road deckt sich nicht mit seiner Erinnerung: 1992 entsinnt er sich, »wahrscheinlich etwas weniger als ein Jahr« dort gewohnt zu haben. In Wahrheit lebten er und Sample zwischen Lockes Auszug am 31. Dezember 1933 und dem 9. Januar 1934 genau neun Tage dort. Cage kehrt im April 1935 in die Kings Road zurück, um ein Konzert klassischer Shakuhachi-Musik eines durchreisenden japanischen Musikers zu präsentieren. Cage berichtet Pauline, »Schindler sei großartig gewesen [...]. Und Kings Road ausgesprochen prachtvoll. Ich fürchte, es hat uns ›ziemlich die Schau gestohlen‹. Der ganze Eindruck war geprägt von Horizontalität und einer Art organischer Ruhe, die nicht aufregend war, sondern in sich ruhend und perfekt.«[66]

Dann trat Betty Kopelanoff die Nachfolge von John Cage in der Kings Road an. Sie gehörte seit langem zum engeren Kreis um die Schindlers, aber ihren geschichtlichen Rang verdankt sie eher ihrer Teilnahme an Edward Westons Speicher-Serie: *Betty in Her Attic* (etwa 1921) war vielerorts zu sehen. In einem undatierten Brief äußert Weston seine Absicht, mehr Abzüge der Speicher-Serie herzustellen, und spöttelt, dass sie »uns beide berühmt machen – oder eher – berühmter!«[67]

Auf der Suche nach einer Wohnung hatte sich Betty Anfang Januar 1934 mit Pauline in Verbindung gesetzt. Pauline antwortete »Zieh' gleich ein sag' Michael die Jungs zeitweise dort müssen sofort ausziehen«. Sehr bald entpuppte sich das Apartment in der Kings Road als »des Guten zu viel«. Betty bestürmte Pauline »du weißt, wie kalt und trübselig das andere Zimmer bei Regen sein kann [...], ganz zu schweigen von der Tatsache, dass es da genauso reinregnet wie in anderen Teilen des Hauses«.[68] Sie zog nach zwei Monaten aus.

Die posthume Brillanz verschiedener Bewohner und Ereignisse der Kings Road können nicht über eine betrübliche Tatsache hinwegtäuschen: Das Haus war praktisch von Anfang an im Niedergang begriffen. Die persönlichen Verhältnisse der Schindlers waren aus dem Lot geraten, Geld bedeutete ein ständiges Problem, und das Haus wurde nicht in Stand gehalten. Sophie Gibling äußerte sich kritisch zum Zustand der Liegenschaft als sie 1926 anmerkt, dass »das Haus zusehends verfällt«. Pauline stößt 1931 nach und erwähnt Schindlers »grauenhafte Verwaltung« während ihrer Abwesenheit. Später ergänzt sie: »r. m. s. hat einfach kein talent, sich um ein haus zu kümmern, wenn es einmal gebaut ist, nur fürs entwerfen und bauen. das sind ganz verschiedene sachen.«[69]

Während Schindler in der Kings Road blieb, führte Pauline ein unstetes Leben. Nachdem sie 1929 Carmel verlassen hatte, ließ sie sich ein Jahrzehnt lang zwischen Halcyon und dem benachbarten Oceano, zwischen Ojai, wo Mark zur Schule ging, Santa Fe, der Gegend von San Francisco und Los Angeles treiben. In Los Angeles stieg Pauline gewöhnlich nicht in der Kings Road ab, obgleich sie mehrfach zeitweise dort wohnte. Im Oktober 1931 erklärt sie ihrem Vater, sie wolle in der Kings Road präsent sein, nicht unbedingt dort wohnen, sich aber die Möglichkeit offen halten zurückzukehren. Einige Monate danach schrieb sie, dass sie »den gedanken vom haus in der kings road als unserer heimat nicht aufgegeben habe, dahin werden mark und ich zurückkehren, dort werden wir unser eigenes ambiente schaffen. [...] ich mag los angeles nicht. aber ich liebe das haus [...].«[70]

Bezeichnenderweise nutzte Pauline bei ihren zeitweiligen Besuchen entweder die ehemalige Wohnung der Chaces oder das Gästestudio, obwohl sie bei wenigstens einer Gelegenheit bei Schindler in seinem Apartment wohnte. Sie nutzte die Möglichkeit, den zuvor aufgegebenen Lebensstil erneut aufzugreifen und einzuladen, wie sie und Schindler das in den zwanziger Jahren getan hatten. Im Juni 1933 erwähnt sie, dass:

letzte nacht hier in meinem apartment einer der alten kings road parties stattfand. dr. alexander kaun [...], der kürzlich von einem sabbatjahr in europa zurückkam [...], verbrachte drei wochen mit kerensky in paris, führte lange gespräche mit trozky [sic] in der türkei [...], sprach zu einer zwanglos versammelten kleinen gruppe, und es gab einen gesprächigen Abend.

Bei anderer Gelegenheit schildert sie:

[Eine] teegesellschaft die nächste woche hier im haus vom women's committee of the league against war and facism [Frauenkomitee der Liga gegen Krieg und Faschismus] gegeben wird. samstagabend werden wir hier auch eine diskussion zur situation in spanien haben. [...] das ist die dritte große party dieses sommers. das haus ist perfekt für solche diskussionen, da findet sich eine sehr interessante gruppe zusammen und in diesen zeiten ist es gut, wenn man ein solches zentrum zur verfügung hat. es wird mir leidtun, es für mieter aufzugeben- habe es in diesen monaten sehr genossen.[71]

Mark besuchte zwischen Oktober 1932 und Juni 1935 die Ojai Valley School; zeitweilig lebte Pauline auch dort und wohnte dann in jeweils angemieteten Cottages. Von hier aus reiste sie nach Santa Barbara

26 Mary MacLaren (rechts) in *Escapade*
(Metro-Goldwyn-Mayer, 1935)

und häufiger nach Halcyon und zu den nahe gelegenen »Dunes« in Oceano. Die von Pauline als »seltsame abgelegene Gegend [...] mit einem wenig bekannten geheimen Leben« beschriebenen Dunes waren seit langem das Ziel von vagabundierenden Außenseitern, die eine Zuflucht vor der Großstadt suchten – »eine Gemeinschaft von Eigenbrötlern«.[72] Diese über dem Pazifik gelegene, sich beständig verändernde, windgepeitschte Oase, konnte sowohl Einsamkeit bieten als auch Befreiung von allen außer den rudimentärsten von Menschen geschaffenen Behelligungen.

Das Leben in The Dunes wurde im September 1931 in etwas geordnetere Bahnen gelenkt, als der Enkel und Namensvetter von Präsident Chester A. Arthur begann, an einer utopischen Gemeinschaft zu arbeiten. »Gavin« Arthur hielt mächtige Verbindungen nach Washington aufrecht, während er in »Moy Mell«, wie der Ort genannt wurde, eine bunt zusammengewürfelte Gruppe von Künstlern, Poeten, Intellektuellen und Aussteigern um sich scharte, die in einer seltsamen Ansammlung von Hütten lebten und sich abendlich zu Gesprächen am Lagerfeuer trafen *(Abb. 27)*.[73]

Paulines erster überlieferter Besuch in Moy Mell fand im September 1933 statt. Man hatte sie und Ellen Janson gebeten, als Mitherausgeberinnen des *Dune Forum* zu fungieren, Gavin Arthurs neuem verlegerischen Unterfangen. Die angeblich auf den Gesprächen am Lagerfeuer basierende Publikation, sollte »eine von Kultur und Kontroverse geprägte Westküsten-Zeitschrift sein [...], [die] sowohl den konservativen wie den radikalen Standpunkten Raum geben würde«. Abgesehen von den Beiträgen der Herausgeber, kann Schindlers, im Februar 1934 hier abgedruckter Text »Space Architecture« als der wichtigste in dieser Zeitschrift erschienene Artikel gelten; er sollte bestimmend sein für Schindlers ganze verbleibende Laufbahn. Hier unterschied er zwischen Räumen, die als Nebenprodukt plastischer Experimente oder als konstruktive Notwendigkeit entstanden, und wahren räumlichen Schöpfungen, »dem wirklichen Medium der Architektur«.[74] Im Laufe der dreißiger Jahre vollzog sich in Paulines politischer Orientierung ein allmählicher Wandel vom Sozialismus zum Kommunismus, vielleicht einhergehend mit der Anerkennung der Sowjetunion durch die Vereinigten Staaten im Jahre 1933. Im Dezember empfahl sie ihrer Mutter ein Abonnement des *Daily Worker*, »einer kommunistischen Zeitung«. Zwei Jahre später schrieb sie für den *Western Worker*, »das westliche Organ der Kommunistischen Partei der USA«.[75] Eine der eher bizarren – wenn auch persönlich lohnenden – Manifestationen dieser philosophischen Verschiebung war ein kurzer Aufenthalt am Commonwealth College in Mena, Arkansas, im Juli 1935. Heute denkt man an Commonwealth als »eine subversive Organisation«, die von 1923 bis 1940, in einer Zeit weit verbreiteter gewerkschaftlicher Organisierung von Farmern und Arbeitern, siebzehn Jahre lang Bestand hatte. Der Auftrag von Commonwealth sah vor, »Führer für unkonventionelle Rollen in einer neuen, radikal anderen Gesellschaft zu rekrutieren und auszubilden – einer Gesellschaft, in der die Arbeiter Macht innehaben und verantwortungsbewusste Führung benötigen würden«. Die angewandten Methoden, darunter »wiederholte Ausflüge der Commonwealth-Lehrerschaft und Studenten in die landwirtschaftlich genutzten Gegenden des östlichen Arkansas, in die Kohlegruben und andere Regionen, immer in der Absicht, dort Unruhen verschiedener Art anzuzetteln«, veranlassten das Abgeordnetenhaus von Arkansas, Ermittlungen über »vorgebliche ›kommunistische Umtriebe‹ in Commonwealth«[76] anzustellen.

Pauline traf kurz nach Abschluss der Untersuchung ein, »nach landesweiten Protesten von großer Mehrheit abgelehnt«. Anfänglich bat man sie, Englischunterricht zu erteilen, aber der Auftrag wurde in der Folge um »Gewerkschaftsjournalismus« erweitert. Pauline war bereit: *ich habe schon lange den eindruck, dass die revolutionären zeitschriften, die ich gelegentlich zu sehen bekomme, weit besser dastünden, wenn sie ihre geschichte ruhiger erzählten. die tatsachen reichen aus. sie bedürfen keines kommentars und keines ausrufezeichens. keiner adjektive und keiner phrasendrescherei. ich hoffe, sie werden mich den kurs in diesem sinne unterrichten lassen.*[77]

Die Erfahrung in Commonwealth bedeutete Pauline sehr viel »für die Entfaltung in eine bestimmte Richtung«.

mit sicherheit [...] hat man hier den eindruck, dass die revolution wissenschaftlich und praktisch vorbereitet wird. und dass sie unvermeidbar ist. in diesem sommer sind die meisten studenten junge collegeabsolventen, von denen einige aktiv an radikalen aktivitäten in ihren colleges beteiligt waren und sich ernsthaft auf revolutionäre führungsrollen vorbereiten. sie sind von hochgradigem idealismus beseelt. nachmittags kann man ein dutzend von uns antreffen [...] entweder eine mit dialektischem materialismus verknüpfte marxistische frage diskutierend oder vielleicht das kommunistische manifest lesend. viele kommen aus arbeiterverhältnissen (sie kommen besser mit dem hiesigen lebensstandard zurecht, als der rest von uns, den sie für bourgeois halten).

27 Sitz der Herausgeber des *Dune Forum*, 1932/33

Sie folgerte:

dass ich KEINE kommunistin in ihrem sinn bin. dies erstaunt mich. […] viele menschen […] verkennen das extreme leid, das das kapitalistische system, millionen und abermillionen von menschen verursacht. […] es ist ein grausames system das beseitigt werden muss. wir müssen jetzt zu einem wirtschaftssystem gelangen das auf verbrauchsorientierter, nicht profitorientierter produktion basiert […].

kommunisten glauben, dass die besitzenden klassen das system nicht kampflos aufgeben werden. sie glauben daher, dass klassenkampf unvemeidlich ist […], wenn es wirklich zutrifft, dass der kapitalismus nicht kampflos kapituliert, dann werde ich aufseiten der arbeiter kämpfen.[78]

Commonwealth erwies sich als ebenso physisch entkräftend wie persönlich lohnend. Die »feuchte und völlig stehende hitze« sowie das Fehlen annehmbarer Ernährung forderten bald ihren Tribut. Pauline und Mark hielten es nur einen knappen Monat in Arkansas aus. Auf der Rückfahrt nach Kalifornien legten sie in Shawnee, Colorado, einen Zwischenstopp ein, um Marian Chace wiederzusehen. Marian leitete inzwischen Po-ah-Tun, ein Zentrum für die harmonische Entwicklung der Menschheit »mit täglichen Kursen und einem Seher usw.« Pauline zeigte sich entschieden unbeeindruckt: »ich habe kein interesse an der weisheit, dem seher und den kursen.«[79]

In Paulines Wanderleben der dreißiger Jahre lässt sich vieles hineindeuten. Ihr hochgesinnter Idealismus stand im Widerspruch zur pragmatischen Realität: Das Bedürfnis in vorderster Reihe des progressiven Denkens zu stehen, ließ sich selten mit dem damit einhergehenden Bedürfnis nach emotionaler und finanzieller Unabhängigkeit vereinbaren. Und doch bleibt ungeachtet allzu vieler Fehlstarts eine positive Bilanz bestehen. Pauline schickte unverdrossen Artikel an Zeitschriften und Tageszeitungen, deren Bandbreite vom Schrulligen zum Schwerwiegenden reichte und von denen zahlreiche veröffentlicht wurden. Architektur gehörte zu den bevorzugten Themen, obwohl man fairerweise anmerken sollte, dass sie von der »Vorstellung« von Architektur und nicht durch ein intuitives Verständnis angetrieben wurde.

Sowohl im privaten wie im öffentlichen Rahmen rühmte sie unbeirrt Schindlers Werk; vermutlich war sie seine bedeutendste Propagandistin. Sie kündigte eine letztlich nicht realisierte Sondernummer von *The Carmelite* an, die der modernen Architektur gewidmet sein sollte und zweifellos Schindler groß herausgestellt hätte. Bis weit in die dreißiger Jahre hinein nutzte sie ihre Verbindungen zu *California Arts and Architecture*, *Architect and Engineer* und anderen Publikationen, um sein Werk darzustellen, obwohl sie einmal von Carol Aronovici gerügt wurde, die ihr vorwarf, Schindlers Bedeutung nicht ausreichend deutlich hervorgehoben zu haben. Noch 1936 hielt sie ihn für »den hervorragendsten unter den mir bekannten schöpfern von architektur; werde einen artikel nur über schindler schreiben; bin im gespräch mit ihm über ein mögliches buch zu seinem werk. er ist endlich dazu bereit; war es bisher nicht. ist aber jetzt rasend beschäftigt.«[80]

Paulines private Bemerkungen zu Schindler geben den Verlauf ihrer Beziehung genauer wider – sie konnte nachsichtig und vernichtend sein. Kurz nachdem sie 1927 die Kings Road verlassen hatte, sprach sie davon, »sich von dem schock und schmerz des sommers zu erholen«. Anfang der dreißiger Jahre äußert sie »gewaltigen respekt vor dem genie und der persönlichkeit von r. m. s. – und solange wir alles völlig unpersönlich lassen, bin ich gerne bereit, mit ihm zu arbeiten«. Zwei Monate später erklärt sie, dass Schindler »ein äußerst seltsamer mensch ist – ein großartiger künstler, aber mit den abweichungen von der norm, die mit genialität einhergehen«. Nur allzu bald trat Paulines Gehässigkeit wieder zutage: Bei einer Gelegenheit bezeichnet sie Schindler als »unglaubwürdigen lügner […], völlig skrupellos«. Zwei Wochen später war er »menschen gegenüber unerhört gedanken- und rücksichtslos, […] ein hoch begabter sehr charmanter mann, völlig verantwortungslos, dem es ebenso leicht fällt zu lügen, wie die wahrheit zu sagen.«[81]

Als Edmund Gibling im Oktober 1928 über die Ehe seiner Tocher nachdenkt, sucht er vergeblich nach der »Hoffnung oder dem Wunsch einer der beiden nach vollständiger Aussöhnung«. Er schließt, es wäre »besser, wenn sie nie mehr zusammen lebten«; sie hätten »einander unverzeihliches Leid zugefügt«. Die Schindlers waren nicht sofort ähnlich entschlossen. Bezeichnenderweise verteidigten sie beide hartnäckig ihr Anrecht auf das Haus in der Kings Road; es war sowohl ein Sammelplatz als auch ein Zankapfel. 1931 schlägt Pauline vor, Schindler solle den Rechtsanspruch auf das Haus auf sie übertragen. Der sich anscheinend stillschweigend fügende Schindler antwortete, er »sei dabei, für sich Vorkehrungen für eine andere Wohnung zu treffen, […] könnte […] einige Monate dauern. Bis dahin werde ich in der Kings Road wohnen.«[82]

Nach siebenjähriger Trennung gesteht Pauline ihrer Mutter im November 1934, dass die Ehe beendet sei. Die langwierige rechtliche Auflösung nahm jedoch erst im August 1938 ihren Anfang; das Scheidungsurteil erging im August 1940.[83] Letzten Endes wurde Schindler und Pauline das Haus in der Kings Road anteilig zugesprochen, was beide nicht daran hinderte, ihren Besitzanspruch weiterhin geltend zu machen *(Abb. 28)*. Selbst als Gegner setzten sie, sowohl getrennt als auch vereint, ihre Arbeit an dem Haus fort. Zahlreiche bedauerliche Veränderungen wurden vorgenommen. Ihr augenscheinlich mangelndes Verständnis wurde durch Schindlers Bereitschaft, das ursprüngliche Konzept aufzugeben, gemildert.

Schindler und Pauline blieben bis zum Ende auf seltsame Weise verbunden. Zwei Monate vor seinem Tod im Jahre 1953 erwies sie ihm mit gewählten Worten ihre Anerkennung:

Ich bin […] dir dankbar, r. m. s., […] für das, was du in all diesen Jahren der Architektur gegeben hast, während ich mir persönliche Gefühle untersagte, war ich dennoch frei, umfassend auf dein Werk anzusprechen, seine Vielfalt und vielleicht sogar bisweilen seine Bedeutung zu spüren und zu erkennen.

113 *Gregory Ains spricht manchmal von dem Haus in der Kings Road, als sei es eine Art Wunder – das der Architektur dieselbe wundersame, schöpferische Frische bringt wie Sacre du Printemps der Musik. Während ich in all diesen Jahren deine Bauten sah, schien es mir, als sei dein wichtigstes Anliegen die plastische Darstellung von etwas, an das nie zuvor gedacht wurde. Eine Art Entrollen der räumlichen Dimensionen. Ich erkenne die Elemente von Großartigkeit in diesem Leben; und jetzt [...] bin ich endlich bereit, es dir freimütig einzugestehen.*[84]

Mit zunehmendem Alter genoss Pauline wachsende Anerkennung als »Mrs. Schindler«, Ehefrau des Architekten; eine Rolle, die sie gekonnt einnahm. Weder war es ein Zufall, dass sie ihre letzten Jahre in einem so unzweckmäßigen Haus verbrachte und noch, dass sie eine solch' ungewöhnliche Korrespondenz hinterließ.

28 Pauline Schindler im Kings Road House, November 1941

Wenn nicht anders angegeben, befindet sich die gesamte zitierte Korrespondenz in der Pauline Schindler Collection, gegenwärtig von der Familie Schindler in der Architecture and Design Collection, University Art Museum, University of California, Santa Barbara (im Folgenden ADC/UCSB) untergebracht. Das Kürzel RMS steht für R. M. Schindler, SPG für Sophie Pauline Gibling Schindler, SSG für Sophie S. Gibling, EJG für Edmund J. Gibling und DSG für Dorothy S. Gibling.

1 SPG an RMS, 9. Juli 1953.

2 SPG an SSG, o. D. [9. Mai 1916]. Ich danke Maureen Mary, die mich auf diesen Brief aufmerksam machte.

3 DSG an Unbekannt, o. D. [12. Februar 1923].

4 Richard J. Neutra, in: *To Tell the Truth,* Dione Neutra im Gespräch mit Lawrence Weschler, 1978, fertiggestellt unter der Schirmherrschaft des Oral History Program, University of California, Los Angeles, Copyright ©1983 The Regents of the University of California, S. 111, 129, 112; und SPG an »Mother«, 30. Juli 1924.

5 EJG an »Mother« [Sarah Gibling], 14. Dezember 1900; EJG an »Junior« [SPG], 25. November 1925; und Mark Schindler an den Autor, 13. September 1998.

6 »Marriage of Miss Miriam [sic] Da Camara a Surprise to Her Many Friends«, in: *The Palm Beach Post,* 27. Dezember 1917, courtesy of the Historical Society of Palm Beach County.

7 Das Hotel Woodward befindet sich in der West Eighth Street 421. In Highland Park wohnten die Schindlers in The Sycamore, 4938 Pasadena Avenue (heute Figueroa Street), Ecke Echo Street; das Gebäude wurde zwischenzeitlich abgerissen. Das Apartment am Echo Park befand sich in der Kane Street 1719 (heute Clinton Street), Apartment C ; auch dieses Gebäude steht nicht mehr. SPG an Unbekannt, 3.–6. Dezember [1920]; SPG an SSG, 9. [Dezember 1920]; und SPG an »Parents«, 2. [März] 1921.

8 SPG an Unbekannt, o. D. [13.? Dezember 1920], und SPG an Unbekannt, o. D. [19. Dezember 1920].

9 SPG an Unbekannt, 20. Februar 1921.

10 SPG an »People«, o. D. [Juni 1921].

11 SPG an »Family«, o. D. [Oktober 1915]; SPG an »beloved people«, 29. Mai 1921; und SPG an Emsa, 25. Juni 1921.

12 SPG an Ruth [Theberath], 12. Februar [1921]; SPG an SSG, 15. Februar 1922; SPG an Ruth Imogene [Theberath], 10. Februar 1921; SPG an »People«, 5. Februar 1921; SPG an Emsa, 25. Juni 1921; und SPG an SSG, Montag, [9.] Januar 1922.

13 SPG an SSG, o. D. [26. Oktober 1922].

14 R. M. Schindler, »Who Will Save Hollywood?«, in: *Holly Leaves,* 3. November 1922. Schindlers Reden sind nachzulesen in: »Hollywood Art Association«, in: ebd., 7. Januar 1922; »For a Hollywood Emblem«, in: ebd., 14. Januar 1922; »Hollywood Insignia«, in: ebd., 1. Juni 1923; »Art Association Session Enjoyed«, in: *Hollywood Daily Citizen,* 5. Juni 1923; und »Has ›Community Night‹«, in: *Holly Leaves,* 8. Juni 1923. Im Zusammenhang mit Los Angeles bemerkt Wright: »Da waren sie und trugen mit Löffelbaggern die Hügel ab, um zu der Kuppe zu kommen und dann die Kuppe mit einem Haus auszulöschen [...]«, in: Frank Lloyd Wright, *An Autobiography,* London/New York 1932, S. 234.

15 Die Fiestas und die Beteiligung von Schindler, Viroque Baker und A. R. Brandner werden behandelt in: »By Art Association«, in: *Holly Leaves,* 10. Juni 1922; »Second Annual Fiesta«, in: ebd., 1. Juni 1923; »Art Association Session Enjoyed«, in: *Hollywood Daily Citizen,* 5. Juni 1923; »Second Fiesta in Bowl«, in: *Holly Leaves,* 8. Juni 1923; »Fiesta Plans Complete«, in: ebd., 6. Juli 1923; »Open Bowl Year with Big Parade«, in: *Hollywood Daily Citizen,* 7. Juli 1923; »Fiesta Recalls Old Spanish Days«, in: ebd., 9. Juli 1923; und »Second Annual Fiesta«, in: *Holly Leaves,* 13. Juli 1923.

Die Hollywood Art Association traf sich abwechselnd in den Franklin Galleries und der neuen Hollywood Public Library, einem von Dodd und Richards entworfenen Bau im »Spanischen Stil« im Hollywood Boulevard 6357 (nordwestliche Ecke von Hollywood Boulevard und Ivar Avenue). Zu der im Juni 1923 eröffneten Bibliothek gehörte die Community Art Gallery. Schindler gehörte dem Ausschuss an, der über die Ausstattung der Galerie zu entscheiden hatte. William Francis Vreeland, »Hollywood's Community Art Gallery«, in: *Holly Leaves,* 6. Juli 1923. Schindlers Zeichnung für das Oberlicht befindet sich in der ADC/UCSB. Es ist nicht klar, ob das Oberlicht je ausgeführt wurde. Es gibt keine Hinweise vor Ort, dass das Bibliotheksgebäude 1939 von seinem ursprünglichen Standort in südlicher Richtung an die Ivar Avenue verlegt wurde. Es wurde damals von John und Donald Parkinson bis zur Unkenntlichkeit verändert und blieb bis 1982 erhalten, als es durch Brandstiftung zerstört wurde. Weder in den *Annual Reports of the Hollywood Library, 1923–1925* noch in *Minutes. Board of Library Commissioners, 1923/24* ist von Schindlers Oberlichtblende die Rede. Sally Dumaux, Special Collections Librarian, Goldwyn Hollywood Regional Branch Library, Los Angeles Public Library, und Susie Frierson, Commission Executive Assistant, Los Angeles Public Library, möchte ich für ihre Hilfe danken.

16 RMS an Unbekannt, Oktober 1921 (Kopie im Besitz des Autors).

17 SPG an Unbekannt, 22. Mai 1922.

18 SPG an Unbekannt, 22. Mai 1922; und SPG an »Mother 'n Father 'n Dorothy«, 16. Juli 1922.

19 SPG an »Mother 'n Father 'n Dorothy«, 16. Juli 1922.

20 DSG an Unbekannt, 12. November 1922; und SPG an Unbekannt, 17. November 1922.

21 DSG an Unbekannt, 30. Juli 1922; und DSG an Unbekannt, 31. Juli 1922. Ich danke dem Sohn, Lorenze Moser, und dem Enkel, Elias Moser, für ihre Hilfe.

22 DSG an Unbekannt, 10. August 1922; DSG an Unbekannt, 11. August 1922; und DSG an Unbekannt, 20. August 1922.

23 DSG an Unbekannt, 5. August 1922; DSG an Unbekannt, 20. August [1922]. Dorothy bemerkt, dass »es im Zimmer von R. M. S. sogar eine Liege gibt« und dass die Schindlers sich »zu den ›Schlafkörben‹ hinaufarbeiten« könnten.

24 DSG an Unbekannt, 22. [April 1923]. Helen Barr war Dorothys Freundin, seit sie zusammen das Wellesley College besuchten.

25 SPG an SSG, o. D. [12.? April 1924].

26 Maurice Browne, *Too Late to Lament: An Autobiography,* London 1955, S. 287; SPG an »Mother«, o. D. [Oktober 1925]; und SPG an »Father«, o. D. [Oktober 1925].

27 DSG an »Ye Editor of the Gazaboo«, o. D. [etwa November 1922]; DSG an SSG, o. D. [Dezember 1923]; und RMS an Unbekannt, [1. Dezember 1923].

28 SPG an Unbekannt, o. D. [28. Dezember 1922].

29 DSG an Unbekannt, 10. Dezember 1922; und DSG an Unbekannt, 6. Dezember 1922.

30 SSG an SPG, 20. November 1923; und RMS an Unbekannt, 3. Juni 1924 (Kopie im Besitz des Autors). Im Privatleben war Helena Rubenstein Mrs. E. W. Titus; Schindlers Zeichnungen in ADC/UCSB tragen diese Bezeichnung. Der genaue Umfang der fertig gestellten Arbeiten ist nicht sicher; das Haus ist zwar noch vorhanden und erkennbar, wurde jedoch weitgehend umgebaut. Ich danke Susan Richardson, Archivarin, The Historical Society of the Town of Greenwich, für ihre Unterstützung.

31 RMS an Unbekannt, 20. April 1924; und Clyde Chace in einem Gespräch mit Kathryn Smith und dem Autor, 28. Juli 1987, Friends of the Schindler House.

32 EJG an SSG, 15. Januar 1925; und SSG an EJG, 5. Januar 1926. Der Brief vom 5. Januar ist die einzige bekannte Quelle zum Haus der Rankins: »Am Sonntag kam R. M. herein, als gerade die Howensteins zum Essen da waren, und sagte, Also, hier sind die Pläne für das Rankin Haus – (geradeso wie ich vermutet hatte). Als ich ihm sagte, er sei voreilig, ich hätte ihm gesagt, ich würde das nicht tun, wurde er ziemlich ärgerlich und ekelhaft, sagte, ich hätte versprochen, dass die Rankins das so verstanden hatten und zur Überbrückung unterdessen in das Gästestudio gezogen waren.«

33 SPG an SSG, 9. Januar 1925.

34 »The Crossroads of New York«, in: *Variety,* 26. Mai 1922; »Fighting Blood«, in: *Variety,* 18. Oktober 1923 (»Short Subject Releases«, in: *Film Year Book,* 1924, S. 79, verzeichnet sieben Filme dieses Titels, die zwischen dem 18. Februar und 19. August 1923 herauskamen; »O'Hara in ›Listen Lester‹«, in: *Morning Telegraph,* New York, 17. Februar 1924, und »George O'Hara«, in: *Variety,* 18. Oktober 1966.

35 DSG an [EJG], 2. Februar [1925]; *To Tell the Truth* (s. Anm. 4), S. 106: »We were put up in a one-room apartment, which was vacant at that time, and that's where we lived for several months until a larger apartment became available.« [Wir wurden in einem damals leer stehenden Ein-Zimmer-Apartment untergebracht, und da wohnten wir, bis ein größeres Apartment frei wurde.]

36 Dione Neutra, *Richard Neutra, Promise and Fulfillment, 1910–1932. Selections from the Letters and Diaries of Richard and Dione Neutra,* zusammengestellt und übersetzt von Dione Neutra, Carbondale, Illinois, 1986, S. 136, 144; und *To Tell the Truth* (s. Anm. 4), S. 109.

37 Ebd., S. 110.

38 RMS an [SSG, EJG], Dezember 1925.

39 Richard J. Neutra, *Wie baut Amerika?,* Stuttgart 1927, S. 24–47.

40 *To Tell the Truth* (s. Anm. 4), S. 114–115.

41 Neutra (s. Anm. 36), S. 171.

42 *To Tell the Truth* (s. Anm. 4), S. 155; und Neutra (s. Anm. 36), S. 153–154.

43 SPG an EJG, 11. Oktober 1932, und RMS an SPG, o. D. [Briefumschlag am 2. Dezember 1935 abgestempelt].

44 SSG an EJG, 1. September 1926.

45 SSG an EJG, 16. Dezember 1926; und SSG an EJG, 19. Dezember 1926. Die Ausstellung von Katz wurde vom 5. bis zum 31. Dezember gezeigt

46 SSG an EJG, 16. Dezember 1926; RMS an SSG, 10. April 1925 (Kopie im Besitz des Autors); und SSG an EJG, 1. November 1926.

47 DSG an Unbekannt, 10. [Juli 1927]; und Neutra (s. Anm. 36), S. 167.

48 »Temple Activities and Notices«, in: *Temple Artisan,* 27, Nr. 11 und 12, April–Mai 1927, S. 175; »Community Hall for Halcyon«, in: *Pismo Beach News,* 29. April 1927; und *Temple Artisan,* 28, Nr. 9 und 10, Februar–März 1928, S. 150–151. *Temple Artisan*, die Hauszeitung des Temple of the People, befindet sich in der William Quan Judge Library, Halcyon. Ich danke Eleanor L. Shumway, Guardian in Chief, Blue Star Memorial Temple, die mich bei zwei Gelegenheiten, am 17. Dezember 1998 und vom 15. bis 17. Januar 1999, an ihren genauen Kenntnissen über Halcyon und den Tempel partizipieren ließ.

49 P.G.S. [SPG], »Utopia Found«, in: *The Carmelite,* 6. März 1929.

50 SPG, »Carmel Hours«, in: *Touring Topics,* 23, Nr. 11, November 1931, S. 39.

51 SPG an »Family«, o. D. [18. Dezember 1927]; und SPG an »Father«, 19. April [1928]. »The Black Sheep« erschien am 27. November, 2., 9., 16., und 30. Dezember 1927, am 6. und 27. Januar, 1., 10. und 24. Feburar sowie am 2. März 1928.

52 »We Cast our Hat in the Ring«, in: *The Carmelite,* 15. Feburar 1928, und »Rumor Says Another Newspaper«, in: *Carmel Pine Cone,* 3. Febuar 1928.

53 »Swan Song of ›S. A. R.‹«, in: *The Carmlite,* 30. Mai 1928, und »Another Bubble Bursts«, in: *Carmel Pine Cone,* 1. Juni 1928.

54 »Editorials […]«, in: *The Carmelite,* 6. Juni 1928.

55 SPG an EJG, 7. Mai 1928.

56 »Editorials […]«, in: *The Carmelite,* 13. Feburuar 1929; A. Manus an den Herausgeber, 8. August 1928; »Tooth-Gnashing over the Library Tax«, 9. Januar 1929; »Our Road Hazard«, 17. April 1929; »Off with Their Heads«, 1. Mai 1929; »Correspondence«, Dora Hagemeyer an den Herausgeber und P.G.S. [SPG] an Dora Hagemeyer, 8. Mai 1929.

57 *The Carmelite,* 23. Januar 1929.

58 SPG an »Father«, 4. Dezember 1928.

59 »Torn From the Arms of Its Mother, *Carmelite* Makes New Start«, in: *Carmel Pine Cone,* 20. September 1929; SPG an EJG, 4. Oktober 1929; und SSG an RMS, 26. Oktober 1929, R. M. Schindler Collection, ADC/UCSB (im Folgenden RMS in ADC/UCSB).

60 *The Daybooks of Edward Weston*, hrsg. von Nancy Newhall, New York 1990, S. 60. Die Ansagen finden sich in der RMS in ADC/UCSB.

61 Scheyer an RMS, 11. November 1930, RMS in ADC/UCSB; und Scheyer an Feininger, 21. Juni 1931, Galka Scheyer Collection, Norton Simon Museum, Pasadena.

62 »Outcast«, in: *Variety,* 8. Dezember 1922.

63 McLaren an SPG, 31. Januar 1933.

64 Am 27. September schrieb Schindler an Pauline, dass er »das Apartment an Mr. E. Locke & zwei Freunde vermietet habe. […] Er zieht sofort ein.« RMS an SPG, 27. September [1933]; und Eric Locke an SPG, 15. Dezember 1933.

65 Die Zeichnungen für das Haus Locke befinden sich in ADC/UCSB.

66 Thomas S. Hines, »Then Not Yet ›Cage‹: The Los Angeles Years, 1912–1938«, in: Marjorie Perloff und Charles Junkerman (Hrsg.), *John Cage – Composed in America*, Chicago/London 1994, S. 65, 84; und Cage an SPG, 15. April 1935, Collection 980027, The Getty Research Institute for the History of Art and the Humanities, Los Angeles.

67 Edward Weston an Betty Brandner, o. D., Center for Creative Photography, University of Arizona, Tucson, AG 6 Subgroup Seventeen, Edward Weston Letters to Betty Brandner, 1920s.

68 Betty Kopelanoff an SPG, o. D. [Poststempel vom 5. Januar 1934]; SPG an Betty Kopelanoff [Notiz auf der Rückseite von Seite eins von Kopelanoff an SPG, 5. Januar 1934]; und Kopelanoff an SPG, 3. März 1934.

69 SSG an EJG, 19. November 1926; SPG an »Father«, 31. Oktober [1931]; und SPG an »Mother«, o. D. [2. September 1936].

70 SPG an »Father«, 31. Oktober 1931; und SPG an »Father«, 14. Juli 1932.

71 SPG an »Mother and Father« [4. Oktober 1933]; SPG an »Mother and Father« 11. Juni [1933]; und SPG an »Mother«, 2. September 1936.

72 SPG; »Oceano Dunes and Their Mystics«, in: *Westways,* 26, Nr. 2, Februar 1934, S. 12, 13.

73 Die beste Informationsquelle zu den Dunes bei Oceano ist Norm Hammond, *The Dunites,* Arroyo Grande, Kalifornien 1992. Ich danke Mr. Hammond für seine Unterstützung und für die Möglichkeit, Moy Mell am 17. Januar 1999 zu besuchen.

74 »Editorial«, in: *Dune Forum,* Belegexemplar des Autors, Ende 1933, o. P.; SPG an EJG, [24.] September 1933; SPG an »Mother«, 28. September 1933; und *The Dune Forum,* Februar 1934, S. 44–46.

75 SPG an »Mother«, 13. Dezember 1933; und SPG an »Mother«, 30. August 1935.

76 Vgl. »Local News«, in: *The Ojai,* 11. Juni 1935, wo es heißt, Pauline und Mark Schindler seien nach Commonwealth gegangen; John F. Wells (Hrsg.), *Time Bomb: The Faubus Revolt,* Little Rock, Arkansas, 1962, S. 4, 100, und Raymond und Charlotte Koch, *Educational Commune, The Story of Commonwealth College,* New York 1972, S. 2, 3, 5, 6.

77 Ebd., S. 101; SPG an »Mother«, o. D. [27. Mai 1935]; und SPG an [Father], 20. Juni 1935.

78 SPG an »Father«, 8. Juni 1935; SPG an DSG, 11. Juli 1935; und SPG an »Father«, 13. Juli 1935.

79 SPG an »Mother«, 28. Juli 1935.

80 »The Architecture Issue«, in: *The Carmelite,* 3, Nr. 5, 13. März 1929; Carol Aronovici an SPG, o. D. [1932]; und SPG an »Mother«, 2. Mai 1936.

81 SPG an Unbekannt, 28. Januar 1927; SPG an »Father«, 16. Januar 1930; SPG an »Mother«, 15. März 1930; SPG an »Mother«, 11. Februar 1933; und SPG an »Father«, 25. Februar 1933.

82 EJG an SSG, 18. Oktober 1928; SPG an RMS, [6. oder 7.] November 1931; und RMS an [SPG], 9. November 1931.

83 SPG an »Mother«, o. D. [November 1934]; Pauline G. Schindler gegen Rudolph M. Schindler, D-171000, 13. Februar 1940; und Rudolph M. Schindler gegen Pauline G. Schindler, D-171397, in: *Findings of Facts and Order*, Los Angeles County Archives, Superior Court Records.

84 SPG an RMS, 9. Juli 1953.

1 JOSÉ RODRIGUEZ RESIDENCE, Glendale, Kalifornien,
1940–1942, Ansicht des Wohnzimmers
Fotografie: Grant Mudford

RICHARD GUY WILSON

DIE METAPHYSIK VON RUDOLPH SCHINDLER: RAUM, MASCHINE UND MODERNE

Mit verzerrten Ebenen, offenen Einfassungen, spitzen Bugformen, dreieckigen Vorsprüngen, geneigten und wellenschlagenden Oberflächen, schrägen Portalrahmen, tiefen Räumen, transparenten Wänden sowie Fenstern in allen möglichen Formaten schuf R. M. Schindler eine neue Ästhetik des architektonischen Raums. Schindlers Architektur stellte nicht nur traditionelle Formen und Stile infrage, sondern wich auch von der gängigen Auffassung über die Bestandteile und Merkmale der modernen Architektur ab. Seine Bauten zeichnen sich durch räumliche Komplexität und Ambiguität aus. Sie wirken ungewohnt, abstrakt und wie losgelöst von allen Rückbezügen auf frühere Gebäude. Für Schindler umfasste der umbaute Raum nicht nur den freien Plan der Moderne, sondern der Raum griff aktiv und beweglich in die Landschaft aus, um diese wiederum in komplizierten Schritten entweder in der Vertikalen, Horizontalen, Diagonalen oder Schräge in sich aufzunehmen.

Schindlers Bauten fehlt die geometrische Klarheit, der Ausdruck des von so vielen Modernisten in der ersten Hälfte des 20. Jahrhunderts angestrebten fein abgestimmten, maschinell geschliffenen Rationalismus. Im Gegensatz zu seinen Zeitgenossen stellte Schindler die Maschine infrage. In einem 1928 gehaltenen Vortrag nannte er das Maschinenzeitalter unmenschlich.[1] Statt die moderne Architektur als Maschinenprodukt zu feiern, war Schindler der Überzeugung, der moderne Architekt müsse sich nicht nur mit plastisch formbaren Baustoffen (»bildsamen Baumaterial-Massen«) beschäftigen, sondern – wie er in einem Vortrag von 1921 äußerte – mit Raumformen. In seinen Vortragsnotizen skizzierte Schindler seine Schlussfolgerungen folgendermaßen: »Der Arch.[itekt] kein Dekorateur – auch kein Bildhauer mehr – Architektur eine neue, freie Kunst – ihr Material ist der Raum.«[2] Obwohl er anfänglich ein Verfechter der neuen Vorfertigung und maschinellen Baumethoden war, änderte sich seine Einstellung zur Maschine im Verlauf seiner Suche nach einer neuen Ästhetik des Raums.

Schindler war so weit entfernt von den Hauptströmungen der Architektur seiner Zeit – ob stromlinienförmiger Internationaler Stil, Art Déco oder die Architektur Wrightscher Prägung –, dass der Architekturkritiker und -historiker Henry-Russell Hitchcock (der die amerikanische »Orthodoxie« der modernen Architektur mitbegründete) 1940 äußern konnte: »Ich gestehe, dass ich den Fall Schindler nicht verstehe. Er besitzt sicherlich eine ungeheure Vitalität. […] Aber diese Vitalität scheint im Allgemeinen nur beliebige oder brutale Ergebnisse zu zeitigen.« Hitchcock beschrieb Schindlers Bauten außerdem als extrem expressionistisch, neoplastisch und unreif. Er befand, sie seien als Kulissen für eine filmische Zukunftsvision von Orson Welles geeignet.[3] Dies war nicht der erste »Schlagabtausch« zwischen den beiden Männern. Bereits 1930 hatte Hitchcock in einem Brief an Schindler erklärt, er würde sich dessen Bauten in Kalifornien gerne ansehen, es seien allerdings »offen gestanden« vor allem Richard Neutras Werke, die ihn nach Kalifornien locken würden.[4]

Hitchcocks »Verurteilung« offenbart Schindler als einen Künstler, der seine eigene Form moderner Architektur praktizierte, einen Stil, der vom Ostküsten-Establishment der Moderne abgelehnt wurde (ein

Faktum, das heutige Architekturhistoriker immer wieder aufgreifen). Die Tatsache, dass Schindlers Werk in der Ausstellung zur modernen Architektur im New Yorker Museum of Modern Art (MoMA) von 1932, im Ausstellungskatalog und im Begleitbuch *The International Style: Architecture Since 1922* nicht aufgeführt wurde, stellt in den Annalen der Architekturmoderne einen kleinen Skandal dar. Die Ausstellung wanderte zwei Jahre lang durch Amerika und etablierte zusammen mit dem Begleitbuch die Bezeichnung »Internationaler Stil« als Inbegriff dessen, was die meisten Amerikaner in der Folge unter moderner Architektur verstehen sollten. Hitchcock und Philip Johnson, damals Direktor des MoMA für Architekturausstellungen, verfassten Texte für den Katalog und das Begleitbuch.[5] 1931 hatte Schindler von der geplanten Ausstellung erfahren – möglicherweise durch Neutra – und Unterlagen an Johnson geschickt. Dieser antwortete kurz und schroff, die Ausstellungsplanung sei abgeschlossen und es sei absolut unmöglich, noch weitere Gebäude einzubeziehen.[6] Schindler seinerseits stellte die Zusammenfassung der zeitgenössischen Architektur unter dem Begriff »Internationaler Stil« insgesamt infrage. Er schrieb an Johnson: »Meine Arbeit hat darin keinen Platz«, und erklärte das mit den Worten: »Ich bin weder Stilist, Funktionalist noch irgendein anderer Sloganist. Jedes meiner Gebäude löst eine andere [spezifische] architektonische Aufgabe, deren Existenz in dieser Zeit der rationalistischen Mechanisierung in Vergessenheit geraten ist.« Schindler attackierte eine der zentralen Voraussetzungen der Architekturmoderne, nämlich die Verherrlichung der Maschine, mit der sarkastischen Bemerkung: »Die Frage, ob ein Haus wirklich ein Haus ist, ist mir wichtiger als die Tatsache, dass es aus Stahl, Glas, Kitt oder aber blauem Dunst besteht.«[7] Johnson erwiderte, die zehn Architekten, deren Werke gezeigt werden sollten (und zu denen Schindlers ehemaliger Partner Richard Neutra gehörte), sei »sehr sorgfältig ausgewählt« worden, und bekannte: »Ich meine wirklich, dass Ihre Arbeiten nicht in die Ausstellung gehören.«[8]

Eine derart schneidende Kritik verletzte Schindler natürlich und verstärkte sein Selbstverständnis als verkanntes Genie im einsamen Exil im kulturellen Neuland von Los Angeles. Nach seinem Tode 1953 haben Esther McCoy und nach ihr David Gebhardt (gefolgt von zahlreichen Autoren wie Reyner Banham, Stefanos Polyzoides, Barbara Giella, August Sarnitz, Lionel March, Margaret Crawford und Judith Sheine) Schindlers Werk kritisch gewürdigt und ihm in der Geschichtsschreibung der frühen Architekturmoderne den gebührenden Platz zuerkannt. Da alle diese Studien ihn günstig beurteilten, stieg Schindlers Status von dem eines unbekannten austro-kalifornischen Architekten zu dem eines bahnbrechenden modernen Architekten auf einer Rangebene mit seinen europäischen Zeitgenossen Le Corbusier und Ludwig Mies van der Rohe sowie seines ebenfalls austro-kalifornischen Kollegen Richard Neutra.[9] Sein Werk ist unterschiedlich ausgelegt und eingeordnet worden. Einige sehen es als Vorläufer von Robert Venturis *Komplexität und Kontradiktion* oder als Wegbereiter für die neodekonstruktivistische Welle aus jüngerer Zeit, die – angeführt von Frank O. Gehry und Thom Mayne – von Santa Monica ausging. Verschiedenste Einflüsse auf Schindler wurden identifiziert, von De Stijl über die Wagner-Schule bis hin zu Frank Lloyd Wright, und Schindlers Bauten sind abwechselnd als Ausdruck der entspannten, genussfreudigen kalifornischen Wohn- und Lebensweise beschrieben worden oder – in einigen extremen Fällen – als wahre Architektur des Internationalen Stils (was so viel heißt wie: Hitchcock hat es einfach nicht begriffen!).[10] Alle Einschätzungen enthalten ein Körnchen Wahrheit, und die Vielfalt unterschiedlicher Interpretationen weist darauf hin, wie schwierig es ist, das Schaffen eines bekennenden Individualisten und Rebellen wie Schindler einzuordnen (der sich sehr darum bemühte, dieses Image zu verkörpern). Sie offenbaren zudem das Problem »vorgefertigter« Stilkategorien. Schindlers Ansichten über die Maschine sind ein Mittel der Unterscheidung seiner Architektur von der anderer Architekten und geben einen Einblick in seine wichtigste Leistung und größte Sorge: die Schaffung einer neuen Art von Raum.

Zunächst einmal muss mit der Legende aufgeräumt werden, Schindler sei ein verkannter und unbekannter Meister gewesen. Von den späten zwanziger bis Mitte der vierziger Jahre war Schindler eine bekannte Größe in der amerikanischen Architekturszene, selbst wenn MoMA-Connaisseurs ihm 1932 ihre Anerkennung versagten. Die häufig zitierte Obskurität kam erst viel später, einige Zeit vor seinem Tode im Jahr 1953. Davor hatte er selbst sein Werk aktiv in vielfältiger Weise bekannt gemacht, hielt im Verlauf seines Berufslebens zahlreiche Vorträge über sein eigenes Schaffen und dozierte in Los Angeles in mehreren Seminaren über moderne Architektur. Sein Seminar, das er 1934 an der University of California, Los Angeles, hielt, machte landesweit Schlagzeilen, weil er darin erklärte, die »Neue Architektur« sei kein bloßer Stil, und die Studenten vor einer »Pseudomodernen« warnte.[11] Schindler zeigte seine Arbeiten in Museen und Kunstgalerien und nahm trotz seiner Ablehnung durch das MoMA 1932 an einer Ausstellung zur kalifornischen Architektur teil, die das Museum 1935 veranstaltete und in der neben seinen Häusern John J. Buck (1934) und William E. Oliver (1933/34) auch der Umbau von Sardi's Restaurant (1932–1934) gezeigt wurde.[12] Es gelang Schindler nicht, zur Teilnahme an der großen Architekturausstellung des MoMA von 1944 zugelassen zu werden, er zeigte seine Bauten jedoch in anderen: 1929 im Berkeley Art Museum, 1930 im California Arts Club in Los Angeles, 1931 in der Jahresausstellung der New Yorker Architectural League, 1933 im M. H. de Young Memorial Museum in San Francisco, 1934 im San Francisco Forum, 1937 in einer vom American Institute of Architects geförderten Ausstellung in Paris und in mehreren Ausstellungen in Kalifornien selbst. Schindler suchte die Publizität und schickte regelmäßig Fotos und Zeichnungen seiner Entwürfe, Manifeste und Artikel an Architekturjournalisten und Zeitschriftenredakteure. Ab Ende der zwanziger Jahre bis zum Zweiten Weltkrieg wurden Schindlers Bauten vielfach in Büchern und Zeitschriften abgebildet und besprochen, nicht nur in Amerika, sondern auch im Ausland – allein 1937 in insgesamt elf Publikationen. Die Publikationsliste zu Schindler (zu seinen Lebzeiten) kann als bedeutend eingestuft werden, obwohl andere amerikanische Architekten, zum Beispiel Neutra, häufiger Erwähnung fanden. Nach 1945 wurde Schindlers Werk nur noch selten gewürdigt, insgesamt neunzehn Mal, überwiegend allerdings in regional verbreiteten Veröffentlichungen. Das hat sicher zum Teil mit Schindlers Krebserkrankung zu tun, aufgrund derer er auch weniger Aufträge bearbeitete.[13]

Der »Skandal« von Schindlers Ausschluss aus der »International Exposition of Modern Architecture« wird erst verständlich, wenn man den Ausstellungskatalog, das Begleitbuch und die darin enthaltenen Abbildungen genauer untersucht, denn Schindlers Bauten erfüllten tatsächlich nicht die Regeln und sahen nicht aus wie die Architektur, die von Hitchcock und Johnson propagiert wurde. Der damalige Direktor des MoMA, Alfred Barr, verkündete: »Diese Ausstellung bekräftigt, dass die Konfusion der letzten vierzig Jahre – beziehungsweise des ganzen letzten Jahrhunderts – in Kürze ein Ende finden wird.«[14] Barr, Hitchcock und Johnson wandten sich vehement gegen den »modernistischen oder halb-modernen dekorativen Stil« (als Art Déco bekannt geworden), gegen den Expressionismus und überhaupt gegen alle traditionellen Stilformen.[15] Sie prangerten das »Chaos« und den »amerikanischen Individualismuskult« an und prophezeiten, der Internationale Stil würde all' dem ein Ende machen.[16] Ihr Buch propagierte ein aus drei Prinzipien bestehendes Patentrezept: eine »Architektur als Bauvolumen statt Baumasse«, »Regelmäßigkeit statt Axialsymmetrie als Hauptmittel der Entwurfsgliederung« und das absolute Verbot »willkürlich aufgebrachter Dekoration«.[17] Das Buch *The International Style* war der Versuch, eine Art Kochbuch oder Aufstellung von Geboten und Verboten zu verfassen: »Jeder, der die Regeln befolgt, der deren Implikationen akzeptiert [...], kann Bauten produzieren, die zumindest in ästhetischer Hinsicht einwandfrei sind.«[18] Und die Regeln wurden so erläutert: »Gute moderne Architektur drückt im Entwurf diese charakteristische konstruktive Ordnung und die Ähnlichkeit ihrer einzelnen Komponenten durch eine ästhetische Anordnung aus, welche die dem Bau zugrunde liegende Regelmäßigkeit betont. Schlechte moderne Architektur dagegen widersetzt sich dieser Regelmäßigkeit.«[19] Schindlers Bauten, etwa das weithin bekannte Lovell Beach House in Newport Beach, Kalifornien (1922–1926) *(Abb. 2)*, berücksichtigten zwar die meisten dieser Prinzipien, aber eben nicht mit der vom MoMA geforderten strikten Ausschließlichkeit. Die sämtlich schwarzweißen Abbildungen in *The International Style* zeigen kompakte weiße Kästen, die wie maschinell gefertigt wirken. Aus den Texten geht zwar hervor, dass hier und da auch andere Farben in den Gebäuden verwendet wurden, der Gesamteindruck ist jedoch der von reduzierten weißen, rechteckigen Bauvolumen – ganz anders als Schindlers vielfältige Formen, Farben und Oberflächentexturen.

Die in *The International Style* vorgenommene Klassifizierung nach drei Prinzipien stand in der Tradition der deutschen formalisierten Kunstgeschichte nach Heinrich Wölfflin und der progressiven Lehre an der Harvard University, an der Hitchcock, Johnson und Barr studiert hatten. *The International Style* vertritt außerdem widersprüchliche Thesen: einerseits sei die moderne Stilästhetik unabhängig von der Maschine, und andererseits habe »die moderne Technik« die neue Ästhetik hervorgebracht.[20] Hitchcock und Johnson versuchten zwar, ihren neuen »kontrollierenden Stil« von der europäischen Neuen Sachlichkeit zu unterscheiden, indem sie erklärten, er bestehe losgelöst von seinen gesellschaftlichen und kulturellen Wurzeln, die Abbildungen vermitteln jedoch den Gesamteindruck, dass die moderne Bautechnik unter Verwendung von Stahl, Beton und Glas das Mittel zur Schaffung einer neuen, der Funktion dienenden Architektur war. Die Autoren erklärten: »Die einfachen Formen standardisierter Details, die sich maschinell produzieren lassen, sind daher ein ästhetisches wie ökonomisches Desideratum.«[21] In Hitchcocks und Johnsons Abhandlung fiel der Begriff »Raum« unter »Volumen« und beschrieb »Interieurs, die ohne einfassende Trennwände ineinander übergehen«, ohne dabei aber den frei fließenden Raum zum Prinzip zu erheben.[22] Die Abbildungen präsentieren vorwiegend ebene Wand-

2 PHILIP LOVELL BEACH HOUSE, Newport Beach, Kalifornien, 1922–1926

flächen, großformatige Verglasungen, schlanke Stahl- oder Betonstützen und Stahlrohrmöbel. Im Großen und Ganzen wichen Schindlers Bauten von den von Hitchcock und Johnson (und allen anderen Autoren der Moderne) festgelegten Regeln ab. Das von Richard Neutra entworfene Lovell Health House in Los Angeles (1927–1929) *(Abb. 3)* wurde in der »International Exposition of Modern Architecture« gezeigt und im Begleitbuch aufgeführt, Schindlers Lovell Beach House dagegen nicht.

Natürlich bestehen gewisse Ähnlichkeiten zwischen den beiden Häusern von Schindler und Neutra für Philip und Leah Lovell, aber auch erhebliche Unterschiede. In Schindlers Haus sind die Innenbereiche auf vielfältige Weise miteinander verbunden, während Neutra für sein »Health House« flächige Baukörperteile entwarf. Das heißt nicht etwa, dass er die räumlichen Aspekte vernachlässigte, denn er schuf dort ein eindrucksvolles Treppenhaus, dessen Vertikalität in die Horizontale des Wohnraum- und Bibliotheksbereichs übergeht, der sich zur Aussicht auf die Berge von Los Feliz *(Abb. 4)* öffnet. Der Schwerpunkt liegt aber auf etwas anderem. Die käfigartige Stahlrahmenkonstruktion (von Bethlehem Steel geliefert) bestimmt und beherrscht – abgesehen von einigen »Überständen« – die Geometrie und Dimension des architektonischen Entwurfs. Auf dieses geometrische Skelett sind Verglasungen, farbig gestrichene Metallplatten und Trockenspritzbeton-Paneele aufgebracht, so dass das Haus ebene Wand- und Fassadenflächen hat. Der Bau betont die Regelmäßigkeit, nicht den Abwechslungsreichtum. In meisterhafter Weise greift Neutras Lovell House die von Europa ausgehenden neuen Stilformen auf, die ihm seit seiner Tätigkeit im Büro Erich Mendelsohns in Berlin Anfang der zwanziger Jahre vertraut waren.[23]

Schindlers Lovell Beach House verwendet zum Teil die gleichen Elemente, setzt sie aber auf andere Weise ein.[24] Statt Neutras raffiniert technoider Bauerscheinung in Los Angeles legt Schindlers Beach House eine gewisse stämmige Grobheit an den Tag. Auffallend sind die Schalungsspuren an den Sichtbetonflächen und die Materialkontraste zwischen Beton, Holz und Glattputz *(Abb. 5)*. Schindler setzte Fenster und andere Öffnungen in verschiedenen Formaten und Größen ein. Statt eines regelmäßigen, übergreifenden Gestaltungsmusters (wie es Neutras Lovell House aufweist) verwendete Schindler unterschiedlich große Rechtecke und lange, schmale Fenster-

3 Richard Neutra, Lovell House, Los Angeles, 1927–1929

4 Richard Neutra, Lovell House, Los Angeles, 1927–1929, Ansicht des Wohnzimmers

5 PHILIP LOVELL BEACH HOUSE, Newport Beach,
Kalifornien, 1922–1926, Ansicht der Baustelle, 1926
Fotografie: R. M. Schindler

6 PHILIP LOVELL BEACH HOUSE, Newport Beach,
Kalifornien, 1922–1926, Ansicht des Wohnzimmers

bänder sowie verschiedene Maßstabsgrößen. Die fünf Hauptstützpfeiler aus armiertem Beton bilden die dominierenden Elemente der Konstruktion (vor allem heute, da sie weiß gestrichen sind), während das Obergeschoss mit seinen vorspringenden verputzten Kastenformen und tiefen Fassadenrücksprüngen (heute zum Teil »ausgefacht«) dazu ein Gegengewicht setzt. Die räumliche Mischung ist komplex. Der umbaute Raum wird unterhalb des Hauses durch offene konstruktive Rahmen eingefasst und innen durchgehend auf mehrere Ebenen verteilt. Der zentrale Wohnbereich ist zweigeschossig; ein Balkon gewährt Zugang zu den Schlafzimmern auf der einen Seite. Eine Raumteilerwand mit integriertem Einbausofa trennt Wohnbereich und Essecke *(Abb. 6)*. Die Oberflächen bestehen aus Verputz, Balkendecken und Verglasungen. Die Fenster mit ihren verschieden angeordneten Pfosten und Sprossen sorgen für Transparenz und Undurchsichtigkeit zugleich und richten den Innenraum zur Aussicht auf Strand und Meer aus.

Eine Oldsmobile-Werbekampagne von 1936 fasste unbeabsichtigt die Unterschiede zwischen Schindlers und Neutras Gestaltungsweisen zusammen: Schindlers John J. Buck Residence von 1934 diente in einer im April veröffentlichten Anzeige als Hintergrund für ein Oldsmobile-Modell *(Abb. 7)*, während im Februar Neutras VDL Research House (1931) *(Abb. 8)* den Hintergrund eines Anzeigenfotos gebildet hatte. Letztere pries die Stromlinienform und das Ausstattungsdesign des Wagens, was zu Neutra passte, der ja gerne das Automobil – eine rollende Maschine – buchstäblich in seine Architektur integrierte, indem er Autoscheinwerfer als Beleuchtungskörper in Treppenhäusern einsetzte oder Holzteile mit Aluminiumfarbe streichen ließ. Seine Häuserbezeichnungen wie »VDL Research House« oder »Health House« suggerieren, dass es sich dabei um Prototypen handelte und nicht um Sonderanfertigungen. In der Schindler-Anzeige dagegen wurde die Auto-Maschine als ein Mittel zur Beschaffung von modernem, »mentalem« Komfort dargestellt, die das Leben erträglicher macht. Der Begriff »Stil« kam im Anzeigentext überhaupt nicht vor.[25]

Die beabsichtigten und unbeabsichtigten Unterschiede zwischen den beiden Anzeigen sind von Bedeutung. Während die meisten Architekten, die heute als die modernen Gestalter des 20. Jahrhunderts gelten, sich in der Anerkennung der Maschine – der Technik – als

7 Anzeige in *Collier's*, 1936, mit Schindlers John J. Buck Residence, Los Angeles, 1934

8 Anzeige in *Collier's*, 1936, mit Richard Neutras »VDL Research House«, Los Angeles, 1931

neuem, beherrschendem Entwurfsfaktor einig waren, impliziert die Ablehnung der Maschine einen traditionalistischen Architekturansatz. Es bestehen jedoch vielfältige Unterscheidungen zwischen den Verwendungs- und Darstellungsarten der Technik in der Architektur. Ein Grund für Schindlers Unbeugsamkeit gegenüber dem Diktat der »internationalen« Moderne liegt in seiner Ablehnung der Maschine als »Formgeber« und im Gegensatz dazu seinem Beharren auf dem Raum als entscheidendem Schwerpunkt jedes architektonischen Entwurfs. Für Schindler wurzelte Architektur nicht in einem festgelegten Satz stilistischer Parameter, sondern – wie er Johnson erklärte – in der Erkundung und Untersuchung unterschiedlicher architektonischer Aufgaben und Probleme. Da seine Hauptsorge dem Raum galt und nicht der formgebenden Technik, sehen Schindlers dennoch moderne Bauten auch anders aus als die seiner zeitgenössischen Kollegen, die sich vorwiegend um die Form bemühten.

Schindlers eigenes Haus (Kings Road, West Hollywood, 1921/22) *(Abb. 9)* weist auf seine Abkehr von der Orthodoxie der buchstäblich herrschenden Moderne ab, und Hitchcock und Johnson hätten es aufgrund seiner roh belassenen, »unfertigen« Oberflächen und »Primitivität« sicher abscheulich gefunden. Der Bungalow ist insofern ein »maschinell gefertigtes« Haus, als er mit glatten Betonwänden auf der polierten Betongründungsplatte errichtet wurde, die direkt auf dem Erdboden liegt. Für die Wände verwendete er »tilt-up«-Betontafeln; dieses System hatte er von Irving Gill übernommen. Da die Betontafeln sich nach oben verjüngen – von umgerechnet 20,3 cm Stärke am Fußpunkt bis rund 10 cm an der Oberkante – wirken die Wände wie leicht geneigt. In einigen Räumen ließ Schindler 7,6 cm breite Fugen zwischen den Aufricht-Wandtafeln matt oder klar verglasen. Diese »Scharten« verstärken den Eindruck einer häuslichen Festung. Dachbalken, Traufbretter und »Schlafkäfige« (auf dem Dach) aus unbehandeltem Redwood trugen weiter zum äußeren Eindruck von Improvisation bei. In der Anordnung seiner Baumassen erinnert Schindlers Haus an ein Adobehaus, das er während eines Mexiko-Aufenthalts im Jahr 1915 entworfen hatte. In seinen Schriften kehrte Schindler immer wieder zur Idee eines Hauses aus Fels oder Lehm zurück – beides zu Höhlen plastisch formbare Materialien. In gewisser Weise verkörpert das Haus an der Kings Road genau das: eine primitive Höhle, aufs Engste verbunden mit Schindlers neuer Sicht des Raums als Steuerungsmedium des architektonischen Entwurfs. Von den Betonmauern des Hauses erweitern sich die Räume über große Glasscheiben zwischen Redwood-Pfosten und -Sprossen sowie durch opake, aber lichtdurchlässige Schiebetüren in die Gartenbereiche hinein, sodass der räumliche Fluss von innen nach außen kaum unterbrochen wird. In Schindlers Erläuterung heißt es: »Die Form der Innenräume und ihre Beziehung zu den Patios und wechselnden Dachebenen bilden eine ganz neue Verschränkung von Innenraum und Garten.« Um diese wechselseitige räumliche Durchdringung zu fördern, fügte Schindler zusätzlich Oberlichtbänder zwischen einer ganzen Reihe der großen Öffnungen ein und schuf so unterschiedliche Ebenen für räumliche Übergänge und den Lichteinfall. Schindler beschrieb das Haus als »Thema [...] für einen Camper-Unterstand, eine schützende Rückwand, eine offene Vorderfront, einen Kamin und ein Dach«.[26]

Schindlers Auffassung des Hauses als primitive Schutzhütte wird durch die Sichtbetonwände und -böden, die unbehandelten Redwood-Elemente und unverkleideten Deckenbalken unterstützt. Anstelle der von Modernisten wie Le Corbusier oder Neutra bevorzugten ebenen, parallel angeordneten Raumdecken- und Fußbodenflächen springen Schindlers Deckenträger relieffartig hervor, um die Vielfalt der Größenverhältnisse und die räumliche Durchdringung hervorzuheben *(Abb. 10)*. Große offene Betonkamine beherrschen jeweils eine Wand, und zwei Höfe umfassen Außenkamine zum Grillen im Garten. Statt die Feuerstellen zu erhöhen – wie sonst üblich –, setzte Schindler die Brennkammern direkt auf die Gründungs- und Bodenplatte, und anstelle der typischerweise pastellfarbigen Sanitärkeramik, die für präzise Fabrikproduktion steht, ließ Schindler die Badewanne und den Waschtisch in Ortbeton gießen.

Mit seinen Linien und wiederholten geometrischen Motiven verrät das Kings Road House den Einfluss Frank Lloyd Wrights (seines zeitweiligen Arbeitgebers) auf Schindler. Es ist anzunehmen, dass seine Schlichtheit und sein Mangel an schmückendem Beiwerk zum Teil auf Irving Gill zurückgeht, den Schindler bewunderte. Die geschlossene Straßenfassade erinnert an Adolf Loos, der für die äußere Anonymität von Wohnhäusern plädierte. Andere Elemente wiederum sind »typisch Schindler«. Einige Jahre nach Fertigstellung seines eigenen Hauses erklärte er in einer Zeitungskolumne: »Unsere Innenräume bleiben nah am Erdboden, und der Garten wird zum integralen Bestandteil des Hauses. Die Trennung zwischen Innen- und Außenraum wird aufgehoben.« Im selben Artikel schrieb er, es gebe nur wenige dünne, versetzbare Trennwände und alle Räume würden »Teil einer organischen Einheit, statt kleine separate Kisten mit Gucklöchern zu sein«.[27] Der Einsatz moderner Technik im »Rohbau-Look« war ebenso typisch Schindler wie das unmittelbare Nebeneinander unterschiedlicher Elemente. Die leicht schrägen, mit breiten Redwood-Brettern gedeckten Betonwände des Eingangsbereichs, die schlanken Stützen der »Schlafkäfige« auf dem Dach und die dünne Dachdecke ermöglichen allesamt eine Vielzahl räumlicher Durchdringungen. Dichte wird mit Transparenz kontrastiert, Farben »beißen« sich, und die Formen wirken wie spontan und willkürlich zusammengestückelt – insgesamt eine an einen Missklang grenzende Rohbauqualität.

Das Haus an der Kings Road stellt Schindlers Manifest zum Ideal des modernen Einfamilienhauses dar. Zehn Jahre zuvor hatte er – noch in deutscher Sprache – über das ursprüngliche Wohnhaus des Menschen theoretisiert: die Höhle, ein »furchtsamer Unterschlupf«, die mit dem Aufkommen der mechanisierten Gesellschaft von einer neuen Auffassung der Behausung des Menschen verdrängt wurde, eines Wohnhauses, das den Elementen trotzt. Schindler schrieb, die neue Macht der Maschine habe es dem Menschen ermöglicht, zur Natur zurückzukehren.[28] Sein eigenes Haus war die materielle Umsetzung dieses Gedankens sowie der Absicht, eine schützende Zufluchtsstätte mit der Offenheit des Raums zu kombinieren.

Dass Schindler gegenüber der »orthodoxen« Moderne eine sich widersetzende Haltung einnahm, kann als ein Element der von ihm selbst erfundenen Mythologie gesehen werden, obwohl die Wurzeln von Schindlers Rebellion zum Teil bei seinen Lehrern im Wien des Fin de Siècle zu finden sind, deren Einfluss auf den gebürtigen Österreicher Schindler, der um die Jahrhundertwende in Wien Architektur studierte, immer wieder hervorgehoben wird. Barbara Giella hat dokumentiert, dass Schindler sich in Avantgarde-Kreisen bewegte, in denen er Schriftsteller wie Karl Kraus und Peter Altenberg und Architekten wie Adolf Loos kennen lernte. Eine persönliche Begegnung Schindlers mit Sigmund Freud ist nicht belegt, aber in der Wiener Kaffeehaus-Gesellschaft wird er zumindest einer Diskussion über das menschliche Bewusstsein beziehungsweise Unterbewusstsein wohl kaum entgangen sein. Schindler studierte zunächst Bauingenieurwesen an der Technischen Universität Wien und wechselte dann zur Akademie der Bildenden Künste, wo er unter Otto Wagner Architek-

9 KINGS ROAD HOUSE, West Hollywood, Kalifornien, 1921/22
Fotografie: Grant Mudford

10 KINGS ROAD HOUSE, West Hollywood, Kalifornien, 1921/22,
Ansicht von Pauline Schindlers Studio
Fotografie: Grant Mudford

tur studierte. Wagner war ein Reformer, kein Rebell und davon überzeugt, die neue Baukunst sei das Produkt der neuen Bautechniken und Bausysteme. Das Entwerfen und Konstruieren nach geometrischen Prinzipien, einschließlich eines gewissen Maßes an Abstraktion, lernte Schindler von Otto Wagner und den Wiener Sezessionisten. Loos vermittelte ihm das Verständnis für die Bedeutung des Raums und die Kunst der provokativen Übertreibung (indem er zum Beispiel die germanische Kultur als »die Kultur des Schweins« bezeichnete oder behauptete, der Zeitgenosse, der sich tätowieren ließe, sei entweder ein Verbrecher oder degeneriert).[29]

Die Beziehungen zwischen Loos' Architekturphilosophie und seinen Bauten und Schindlers Werk sind vielfältig. Loos hatte noch nicht alle seine Thesen ausformuliert, als Schindler ihn kannte, und Schindler war schon zu diesem Zeitpunkt nicht mit allem einverstanden, was Loos propagierte. Wahrscheinlich übernahm er von Loos seine Vorliebe für »primitive« Architektur, lehnte aber dessen Forderung ab, ein Haus müsse ein schlichtes Äußeres haben, um im Innern desto üppiger ausgestattet zu sein.[30] Loos respektierte die Tradition und verarbeitete vielfach klassische Elemente in seinen Bauten. Schindler dagegen bezog sich nie auf die klassische Architektur und sah seine Aufgabe stets darin, eine moderne Architektur zu verwirklichen. Loos hatte seinen Raumplan wahrscheinlich noch nicht vollständig entwickelt und formuliert obwohl die Anfänge seiner auf mehreren Ebenen angelegten Innenräume bereits im Geschäftshaus am Michaelerplatz in Wien (1909/10) erkennbar waren.[31] Loos' räumliche Komplexität bildete sich erst in den zwanziger Jahren voll aus, was Bauten wie das Haus Tristan Tzara (1925/26) oder die Villa Müller (1928–1930) *(Abb. 11)* belegen. Diese Villen mit ihren verschlungenen Korridoren und Treppenhäusern, Räumen auf mehreren Ebenen, räumlichen Durchdringungen und wechselnden Querschnitten entstanden lange nachdem die Verbindung zwischen Loos und Schindler nach allem, was wir wissen, aufgehört hatte. Es war Loos, der Schindler eine neue Sicht des Ornaments vermittelte, denn für Loos war es kein nachträglich auf die Fassade appliziertes Element, sondern bestand in der Wandoberfläche als solcher, in der Zeichnung von Marmorpaneelen (Kärntner Bar, 1908) oder der Gliederung von Eichentäfelungen (Schneidersalon Knize in Wien, 1910–1913). Loos lieferte Schindler auch das Vorbild für seine kämpferische Haltung gegenüber der von Otto Wagner und den Sezessionisten vertretenen Moderne. Schindler beschrieb Loos als den einzigen ernsthaften Opponenten gegen die architektonischen Frevel der Sezession.[32] Loos schwärmte immer noch von Amerika und ermutigte Schindler, sich dort nach Arbeit umzusehen.

Auf Drängen von Loos reiste Schindler (dessen Vater 1880/81 zehn Monate in New York gearbeitet hatte) 1914 in die Vereinigten Staaten, zum Teil mit der Absicht, das neue mechanisierte Atlantis mit eigenen Augen zu sehen. In Briefen berichtete er, was er gesehen hatte: zwanzigstöckige Hochhäuser mit auskragenden Geschossdecken, 500 000 Pendlern täglich allein in einem Bahnhof, filigrane Stahlrahmen, »vollkommene« Fahrstühle.[33] Mit der Zeit fasste er sogar den Plan, über die neue amerikanische Bautechnik ein Buch zu schreiben, tat dies dann aber doch nicht. Schließlich war es Neutra, der das Buch zu diesem Thema schrieb.[34] Alle jungen europäischen

11 Adolf Loos, Villa Müller, Prag, 1928–1930,
Ansicht des Wohnzimmers
Fotografie: Pavel Štecha

Modernisten träumten von einem Amerika-Aufenthalt, Schindler jedoch verwirklichte den Traum – und blieb. Er bezog sein Verständnis des amerikanischen Maschinenzeitalters nicht aus Zeitungsberichten und Gesprächen in einem Zeichensaal jenseits des Atlantik, sondern aus eigener Anschauung und eigenem Erleben.

Schindler kam nach Amerika in der Hoffnung, im Büro von Frank Lloyd Wright arbeiten zu können, den er – wie die meisten modernen Architekten in Europa – für einen Kenner der Technik und Könner in deren Verwendung hielt. Schindler behauptete später, er sei zum ersten Mal auf Wright aufmerksam geworden, als ein Bibliothekar ihm in Wien »einen Tafelband« in die Hand drückte, obwohl Wright Wien schon 1910 einen Besuch abgestattet und Wagner ihn 1911 gewürdigt hatte.[35] In Charles Robert Ashbees Beitrag zu *Ausgeführte Bauten* (1911) hätte Schindler Wright zitiert finden können: »Die Maschine ist das normale Werkzeug unserer Zivilisation. [...] Der Architekt hat heute keine wichtigere Aufgabe als dieses normale Werkzeug der Zivilisation zu verwenden.«[36] Im Gegensatz zur neueren Architekturgeschichtsschreibung, die inzwischen anzweifelt, dass Wright die Maschine als Formgeber seiner Architektur und Gestaltung einsetzte, waren die Kritiker (besonders die europäischen) zu Beginn des 20. Jahrhunderts der Meinung, Wrights Baukunst sei von der Maschinentechnik inspiriert. Nachdem er drei Jahre lang für Wright gearbeitet hatte, äußerte Schindler brieflich, Wright sei ein vollkommener Meister über jede Art von Material, und die moderne Maschinentechnik sei die Grundlage seiner Formgebung.[37] Später – im Jahr 1934 – äußerte Schindler, er habe damals in Wien in Wrights Portfolioband zunächst einen Mann entdeckt, der sich dieses neuen Mittels bemächtigt hatte und (richtige) »Raumarchitektur« schuf. Schindler erklärte, Wright habe weder mit Zierleisten, Abdeckungen noch irgendwelchen Schnörkeln gearbeitet, sondern »hier waren Raumformen in sinnvollen Gestalten und Bezügen. Hier war der erste Architekt.«[38]

Schindler arbeitete fünf Jahre lang für Wright, und Wrights Einfluss auf seine Architektur macht sich in verschiedenen Aspekten bemerkbar. Zum Beispiel im linearen »L« als Wiederholung rechteckiger Formen in verschiedenen Größenmaßstäben. Schindlers Putzflächen und Schriftfeld-Signatur auf Bauplänen etwa sollten zeit seines Lebens den Wrightschen Einfluss verraten. Zu Beginn seiner Tätigkeit bei Wright führte Schindler ein Notizbuch, das er mit »Aussprüche von Frank Lloyd Wright« beschriftete. Darin notierte er unter anderem Wrights Gedanken zum Ornament und zur japanischen Kunst: »Sehen Sie doch, wie alle Dinge wachsen – wer kann bezweifeln, dass ein göttlicher Geist hinter all dem steckt?« Dazu merkte Schindler an: »Ich bezweifle das – was er ›Geist‹ nennt, scheint unfähig, das Leben zu verstehen – die fälschliche Personifizierung der Natur ist eine kindische Binsenweisheit der Menschen, die ihnen helfen soll – ›der Geist‹ ist Bestandteil des Menschen und nicht hinter ihm – ist Teil der Natur und nicht hinter ihr.«[39] Kurz, Schindlers Weltanschauung stellte den Menschen in den Mittelpunkt und nicht irgendein göttliches Wesen.

Schindler hegte zwar große Bewunderung für Wright, vertrat aber eine ganz andere Architekturphilosophie. 1934 äußerte er sich folgendermaßen: »Die zeitlose Bedeutung von Wright liegt besonders in seinen ersten [Einfamilien]Häusern«, wobei er sich auf das Ward W. Willits House (1902/03), das Frederick C. Robie House (1908–1910) *(Abb. 12)* und andere bezog, in denen Wrights Innenraumgestaltung die Hauptsache war. Nach Schindlers Auffassung schuf Wright in diesen Häusern ein System sich überschneidender Räume, deren Umfassungswände als Abschirmungen dienten. Als Schindler jedoch bei Wright zu arbeiten begann, hatte sich dessen Schwerpunkt verlagert, und Schindler beobachtete, Wrights Architektur sei »erneut plastisch geworden«, und bemerkte mit einiger Skepsis: »Er versucht, seine Gebäude unter Verwendung plastischer Formen in den Charakter ihres jeweiligen Standorts hineinzuflechten.« Obwohl Wright als Künstler »hoch über den meisten seiner Zeitgenossen« stand, gehörte sein späteres Werk Schindlers Meinung nach zur »modernistischen Schule«, ohne wirklich modern zu sein.[40] Die massigen Formen Wrightscher Bauten aus den späten zehner und den zwanziger Jahren des 20. Jahrhunderts waren im Grunde zutiefst traditionell in dem Sinne, dass sie den Raum umschlossen. Ihnen fehlte das Wesen der modernen Architektur, die darauf zielte, den menschlichen Geist für einen sich nach allen Richtungen ausdehnenden Raum zu öffnen.

12 Frank Lloyd Wright, Frederick C. Robie House, Chicago, 1908–1910
Fotografie: Jon Miller

Vor seiner Auswanderung in die USA hatte sich Schindler in seinem Manifest von 1912, im Deutschen unbetitelt, in seiner späteren revidierten englischen Fassung mit dem Titel *Modern Architecture: a Program*, mit den Beziehungen von Raum und Technik zur Architektur auseinander gesetzt. Dieser Text ist ein Lobgesang auf die Möglichkeiten der modernen Architektur und spiegelt bis zu einem gewissen Grad den Einfluss Otto Wagners, Adolf Loos' und anderer europäischer Architekturtheoretiker wider, allerdings auch in seinen Abweichungen von deren Thesen.[41] Das Manifest enthält ebenfalls Aussagen, die Reyner Banham als »Kaffehaus-Freudianismus« bezeichnete, nämlich den Ausdruck der Suche nach Grundprinzipien beziehungsweise Fundamentaleinheiten oder aber »ozeanischen« Sinneswahrnehmungen, nach der Verbindung zwischen dem Individuellen mit dem Universalen.[42] Einleitend bezieht sich Schindler auf ein von Gottfried Semper entlehntes Konzept, indem er erklärt: »Das erste Wohnhaus war die Höhle. Bauen hieß – sammeln und aufschichten von Baumaterial-Masse unter Aussparung von Luft-Wohn-Räumen. [...] Wir haben keine plastisch bildsame Baumaterial-Masse mehr. [...] Die Idee gibt nur der Raum und seine Ausgestaltung.« Schindler argumentiert, das Stahlskelett und der Betonrahmen befreie den Architekten vom Zwang, das Bauwerk als Masse zu gestalten, und der Architekt sei nun nicht länger verpflichtet, die Konstruktion in Architektur umzusetzen. Er schreibt: »Der Mensch hat ein reifstes Symbol für die Überwindung der physischen Kräfte gefunden – die Maschine. Die mathematische Überwindung der Statik macht dieselbe formal-künstlerisch ausdruckslos.«[43] Die Maschine wird als Befreier der modernen Architektur aufgefasst, die Fesseln der alten Architekturkonzeption als beschränkende plastische »Baumaterial-Masse« werden von der neuen Bautechnik des Maschinenzeitalters verdrängt. Das ist eine direkte Widerlegung von Wagners Thesen. Anstelle der im Schwinden begriffenen traditionellen konstruktiven Stabilität oder der Abhängigkeit von der Schwerkraft wird das Bauwerk zu einem den geistigen Horizont erweiternden, der Welt gegenüber aufgeschlossenen Raum.

Während Schindler offensichtlich von der Maschinentechnik fasziniert war, konzentriert er sich in seinem Manifest in der Hauptsache auf die neuen Möglichkeiten des Raums im Zeitalter des modernen Bauens. Eine neue Weltsicht entsteht: »Die neue Monumentalität des Raumes wird die unendlichen Grenzen des Geistes ahnen lassen.« Im letzten Abschnitt des Manifests beschreibt Schindler das Wohnhaus sowie dessen Verwandlung von der Höhle zum modernen Haus im Laufe von Jahrtausenden und stellt fest, dass es für den modernen Architekten nicht länger um »Formgestaltung«, sondern um die »freiere Verfügung über Zeit und Raum, Licht und Luft und Temperatur« gehe.[44]

Zwanzig Jahre später – möglicherweise als Reaktion auf die MoMA-Ausstellung – kehrte Schindler zu diesem Manifest zurück, übersetzte es selbst ins Amerikanische und fügte einige »rhetorische Schnörkel« hinzu, zum Beispiel: »Der Funktionalismus ist eine leere Floskel, die dazu benutzt wird, den konservativen Stilisten zur Nutzung zeitgenössischer Techniken zu verleiten.« Einige Passagen formulierte er um, etwa den folgenden, der nun (hier neu aus dem Amerikanischen übersetzt) lautet: »Der architektonische Entwurf befasst sich mit dem Raum als Rohmaterial und mit dem gegliederten Raum als Endprodukt. Aufgrund der fehlenden plastischen Baumaterial-Masse bestimmt die Form des Innenraums die äußere Form des Bauwerks.« oder: »Der Architekt hat schließlich und endlich das Medium seiner Kunst entdeckt: den R A U M.« Schindler beschreibt die Maschine als »reifstes Symbol«, aber nur als Mittel zum Zweck der Erstellung moderner Wohnhäuser.[45]

Die ozeanischen und kosmologischen Grundlagen für Schindlers Manifest in seiner ursprünglichen Fassung hat er in seinem Artikel »Space Architecture« von 1934 noch deutlicher herausgearbeitet: »Im Sommer des Jahres 1911 saß ich in einer der bodenständigen Almhütten in einem Gebirgspass in der Steiermark, als mir plötzlich die Erkenntnis kam, was architektonischer Raum eigentlich bedeutet.« In einem Steinhaus sitzend, das im Grunde »nur die künstliche Reproduktion einer der vielen Höhlen in den Berghängen« darstellte, hatte Schindler damals erkannt, dass die Baukunst der Vergangenheit »nichts als Bildhauerei« war. Als er mit eingezogenem Kopf durch die Tür der Hütte nach draußen trat, »sah ich zum Sommerhimmel auf. Hier erblickte ich das wahre Medium der Architektur – den [Welt]*Raum*.«[46]

In anderen Essays der dreißiger Jahre attackierte Schindler den Begriff der »Wohnmaschine«, den Internationalen Stil, Le Corbusier und Richard Buckminster Fuller. Maschinen, so Schindler, waren lediglich »crude contraptions«, grobe Mechanismen, und die Struktur der Maschine steckte für ihn immer noch in den Kinderschuhen.[47] In einem anderen Artikel griff er »den modernen ›Funktionalisten‹ [an], der gar kein Architekt ist, sondern ein Ingenieur, der zum Bauen von Häusern übergegangen ist«. Schindler führte als Quelle der architektonischen Form »den Geist« an und bekräftigte erneut: »Der architektonische Entwurf befasst sich mit dem Raum als Rohmaterial und mit dem gegliederten Raum als Endprodukt.«[48] Im folgenden Satz zeigt sich deutlich, dass Schindler von Loos' taktisch kluger und geistreicher Argumentation gelernt hatte: »Der Mann, der solche Maschinen in seinen Wohnraum einführt, steht auf der gleichen primitiven Entwicklungsstufe wie der Bauer, der Kühe und Schweine in seinem Haus hält.« Schindler war davon überzeugt, dass industrielle »Produktionsmittel« niemals den Rahmen für lebendiges Leben abgeben könnten, und schrieb: »Das Knirschen und Knarren unseres unausgereiften Maschinenzeitalters muss uns unbedingt dazu zwingen, unser Menschsein in Häusern zu schützen, die sich so weit wie nur irgend möglich von der Fabrik unterscheiden.«[49] Die Vehemenz von Schindlers Kritik an der Maschine ist erstaunlich, wenn man bedenkt, dass er sie in den dreißiger Jahren des 20. Jahrhunderts äußerte. Sein Zorn ging sicher zum Teil auf die ihm von Hitchcock und Johnson widerfahrene Ablehnung zurück, aber auf jeden Fall hielt er großen Abstand zur unter seinen »modernen« Zeitgenossen weit verbreiteten Technikbegeisterung.

Schindler landete im Atlantis des Maschinenzeitalters sozusagen als ein naiver europäischer Primitiver, auf der Suche nach Weisheit aus der Quelle der Erkenntnis. Kurz zuvor hatte Henry Ford die Massenproduktion am Fließband populär gemacht, und Schindler wurde Zeuge der Verwandlung Amerikas: Während 1912 nur 16 Prozent aller Haushalte elektrischen Strom hatten, erhöhte sich dieser Prozentsatz bis zum Jahr 1930 auf fast 70. Von 1914 bis 1930 stieg die Anzahl der Autobesitzer von 2 auf 27 Millionen, und die Zahl von Haushalten mit Kühlschrank stieg im Zeitraum von 1920 bis 1935 von Null auf 7 Millionen.[50] Schindlers Briefe in die Heimat offenbaren, dass er die Technik zwar zunächst als befreiende Kraft anerkannte, die auch den Architekten durch neue maschinelle Bautechniken entlasten konnte, aber auch argwöhnte, dass sie zur endlosen Produktion unnützer Banalitäten benutzt werden würde. Er fand, die Maschinenproduktion könne brutal sein, Wolkenkratzer unmenschlich, Details plump und unfertig und maschinelle Perfektion schwer erzielbar.[51]

Andererseits war Schindler deutlich begeistert von den neuen Möglichkeiten, die ihm moderne Materialien und Techniken eröffneten: Bei seinem eigenen Haus und beim Pueblo Ribera Courts zum Beispiel experimentierte er mit Ortbeton, bei der John Cooper Packard Residence mit Torkretbeton für die tragenden Wände. Es gab aber auch Enttäuschungen: Beton erwies sich in der Verarbeitung als schwierig, ergab rohe Details und war viel zu teuer. Schindler war der Meinung, moderne Konstruktionssysteme müssten nicht nur die alte Architravbauweise imitieren, sondern mit dynamischen Strukturen neue Räume schaffen. Das Lovell Beach House mit seiner Trennung zwischen Tragwerk und Raumeinfassungen ist ein Beleg für diese Überzeugung. Schindler wollte die Geheimnisse einer effizienten Konstruktionsweise entschlüsseln: Beim Lovell Beach House versuchte er, jedes Teil voll auszunutzen und ließ zum Beispiel aus dem Verschalungsholz die Möbel für das Haus tischlern.

Im Gegensatz zu Le Corbusiers und Neutras strenger, ausschließlicher »Mechanophilie« war Schindler schon um 1925 zum Schluss gelangt, die Maschinentechnik sei zwar komplex und faszinierend, aber eben nur ein Werkzeug, dessen Ausdruck keineswegs die zentrale Aufgabe der Architektur bildete. 1926 schrieb er zum Beispiel sechs Artikel für die Zeitungskolumne von Dr. Philip Lovell, die vor allem deshalb beeindrucken, weil sie die Maschine eben gerade nicht als Formgeber präsentieren. In diesen Artikeln befasste Schindler sich mit praktischen Problemen wie Be- und Entlüftung, Installationen, Tonrohrabwasserleitungen, Heizkörpern und der Platzierung elektrischer Steckdosen. Für Schindler waren nicht alle technischen Fortschritte positiv: »[...] das Aufkommen der modernen Wetterschutz-Tür- und Fensterleisten aus Metall [ist] eine echte Bedrohung [für das Innenklima, Anm. d. Ü.], wenn keine anderen Möglichkeiten zur stetigen und wechselnden Be- und Entlüftung geschaffen werden.« Neben den praktischen Elementen beschreibt er auch den mystischen neuen Raum: Der Architekt, so Schindler, wird sich zu einer Behausung inspirieren lassen – wird sie »erahnen« –, deren Innenräume Teil einer »organischen Einheit« sind, die in Freundschaft mit der Natur verbunden ist und in der Innen und Außen verschwinden, so dass »das Haus zu einem Formen-Buch mit Gesang wird«.[52]

Obwohl Schindler seiner Experimentierfreude im Hinblick auf Materialien und Bauweisen treu blieb, machten ihn Fehlschläge und Erfahrungen doch misstrauisch gegenüber neuen, noch unbewährten Techniken. Zu den Baustoffen und -teilen, die ihn interessierten, zählten Standard-Bundständer, Teerpappe, Sperrholz (das damals erst seit kurzem wirtschaftlich war) und großformatiges Tafelglas. Die Standardisierung durch die Maschinentechnik war für ihn ein Weg zur Förderung individueller Gestaltung. Die Standardisierung, so Schindler, dürfe den Entwurf nicht diktieren und beherrschen oder gar zum Selbstzweck werden, sondern müsse dem Neuen dienen. Anstelle des fast unerschwinglichen und wenig komfortablen Ganz-

13 »SCHINDLER UNIT«-SESSEL FÜR DIE ELIZABETH VAN PATTEN RESIDENCE, Los Angeles, 1934–1936

14 GUY C. WILSON RESIDENCE, Los Angeles, 1935–1938,
Ansicht des Esszimmers

15 JOHN DEKEYSER DOUBLE RESIDENCE, Los Angeles, 1935,
Ansicht des Wohnzimmers
Fotografie: Grant Mudford

stahlhauses – Ideal der Modernisten auf allen Kontinenten – entwickelte er ein offenes Holzrahmentragwerk auf der Basis des »Schindler Frame«. Dieses »räumliche Haus« wurde aus durchgehend im ganzen Haus bis zur Türoberkante reichenden Bundständern errichtet, über die jeweils ein Band aus Deckenplatten gelegt wurde, das die Einfügung vielfältiger Decken- und Wandebenen ermöglichte.[53]

Auch bei seinen Möbelentwürfen der dreißiger Jahre des 20. Jahrhunderts nutzte Schindler die Vorteile der Standardisierung. Unter Verwendung einiger Grundformen schuf er seine »Schindler Units« *(Abb. 13)*, Systemmöbel, die sich zu verschiedenen Formen zusammensetzen ließen und daher den Produkten der standardisierten Massenfertigung ähnelten. Schindler erklärte aber: »Nur, wenn wir die Maschine darauf beschränken, Teile [units] zu fertigen, die sich gerade aufgrund ihrer Präzision frei kombinieren lassen, können wir ihre mechanische Wildheit zähmen und dem individuellen menschlichen Ausdruck unterordnen.« Schindlers Möbel ließen sich nach individuellen Wünschen umbauen und anders arrangieren, ohne das »Fließen und die Kontinuität des Raums im Haus« zu zerstören.[54] Die »Schindler Units« konnten vorgefertigt werden (wurden aber offenbar nie in großen Stückzahlen produziert), ihr wesentliches Merkmal war aber ihre Wandlungsfähigkeit.

Die meisten Möbel entwarf Schindler speziell für bestimmte Häuser und versuchte, ihre Formen so zu vereinfachen, dass Tischler oder Heimwerker sie aus Sperrholz bauen konnten *(Abb. 14)*. Vorwiegend propagierte er Einbaumöbel und erklärte, ein derart ausgestattetes Haus »wird zu einem Geflecht aus einigen wenigen Grundmaterialien, die so eingesetzt werden, dass sie seine Raumformen definieren«. Fest eingebaute Möbel, so Schindler, werden so sehr »Teil dieses Geflechts, dass man unmöglich sagen kann, wo das Haus endet und die Möbel beginnen«[55] *(Abb. 15)*. Trotz der Tatsache, dass er seine Möbelstücke – fest eingebaute oder frei stehende – in seinen gesamträumlichen Entwurf einbezog, war er keineswegs gegen Bequemlichkeit, sondern entwarf dick gepolsterte Sessel und plädierte für lose Kissen.

Die Darstellung der Maschine fehlt also in Schindlers Architektur. Statt allem Technischen, Mechanischen oder einem bestimmten Bauprozess Vorrang einzuräumen, sah er die Maschine einfach als Mittel zum Zweck, der für ihn, wie er im Jahr 1934 erklärte, im »kosmischen Raum« – im Weltall – bestand. »Konstruktive Materialien, Wände, Decken, Fußböden sind alle nur Mittel zum Zweck der Umschreibung von Raumformen.« Dennoch wäre es falsch zu sagen, die Maschine habe sein Schaffen gar nicht geprägt. Die Serie zum Beispiel gehörte für ihn zur »neuen Grammatik«, die von der Monotonie bis zum »Zittern der unterbrochenen Linie« reicht, die häufig als Detail auftaucht und das Maschinenzeitalter, in dem Schindler lebte und arbeitete, heraufbeschwört.[56]

Bei Schindler mussten moderne technische Entwicklungen wie Beleuchtung und überhaupt Elektrizität stets hinter den Erfordernissen des Raums zurücktreten. In Dr. Lovells Kolumne attackierte er 1926 »die Stupidität, mit einem Kronleuchter elektrische Beleuchtung zu liefern«, und stellte fest, diese Dummheit könne »nur durch den Versuch übertroffen werden, die Glühbirnen wie Kerzen aussehen zu lassen«. Schindler fand, man müsse Deckenlampen in der Raummitte anbringen und dürfe natürliches nicht mit elektrischem Licht nachahmen. Mit einigen wenigen zulässigen Ausnahmen empfahl Schindler durchwegs ein diffuses, weiches Kunstlicht für besondere Funktionen wie Lesen und den Empfang von Besuchern im Haus: »Das Auge desjenigen, der aus der Dunkelheit ins Haus tritt, sollte nur durch ein so weit wie möglich gedämpftes, indirektes Licht begrüßt werden.« Vor allem verabscheute er »fixtures«, das heißt die auf Decken und Wände montierten Beleuchtungskörper, und bevorzugte Lichtquellen, die »so unauffällig und blendfrei wie möglich sind«[57] *(Abb. 16)*. Schindler war bemüht, anstelle von separaten Deckenleuchten (wie sie Mies van der Rohe, Walter Gropius und Le Corbusier in ihren Häusern verwendeten) die Lichtgestaltung immer so in den Gesamtentwurf zu integrieren, wie er es im Lovell Beach House tat. Um 1935 und vor allem nach dem Siegeszug des Internationalen Stils äußerte er sich noch entschiedener zu diesem Thema: »In zeitgenössischen Bauwerken wird die Nutzung des Lichts durch die Überbewertung der Lichtquelle, nämlich des Beleuchtungskörpers, vollkommen widerlegt.« »Half-baked imaginations« – unausgegorene Konzepte –, so Schindler, konzentrierten sich auf »Beleuchtungskörper« und verfehlten das Eigentliche, nämlich das »Licht als Attribut des Raums«. Für Schindler dagegen setzte der »Raumarchitekt« die Beleuchtung eines Raums dazu ein, diesen auszubilden. Letzten Endes suchte Schindler mehr als die Darstellung der Maschine. In seiner Behandlung der Innenraumbeleuchtung wurde die »primitive

16 GUY C. WILSON RESIDENCE, Los Angeles, 1935–1938,
Innenansicht mit Einbaubeleuchtung
Fotografie: Grant Mudford

17 ADOLPH TISCHLER RESIDENCE, Los Angeles, 1949/50,
Ansicht des Wohnzimmers
Fotografie: Grant Mudford

Glaswand« zum Beispiel zum »transluzenten Lichtschirm«, und der Charakter und die Farbe des von diesem Schirm verbreiteten Lichts durchdrang den ganzen Raum, verlieh ihm seine Dreidimensionalität und machte ihn »greifbar plastisch«. Er plädierte sogar für farbiges Licht und schlug ein ganzes »Farbengedicht«, fast schon im Sinne Scriabins, vor.[58]

1952 griff Schindler das Thema Farbe und Transluzenz noch einmal auf und zwar in einem unveröffentlichten Text mit der Überschrift »Visual Technique«, in dem es heißt: »Das letztgültige, revolutionäre Ziel wird es sein, in der ganzen Raumatmosphäre den Eindruck von Farbigkeit zu erzeugen, statt sich mit statischen Farbflächen an den Wänden zufrieden zu geben.« Schindler berief sich auf natürliche Farben, Gemälde der Pointillisten, formgebendes Licht, auf reflektierende, spiegelnde Oberflächen, in denen sich die Spiegelbilder brechen, sowie allgemeine Transparenz, um den Raum »als Kraftzentrum einer Farbensymphonie« zu beschreiben. Demnach würde der »Raumarchitekt« die »Raumformen« dramatisch in Szene setzen, um tiefenwirksame Farbwelten zu schaffen und den Hohlraum mit Farbe zu erfüllen.[59] Gelegentlich kam er diesem Ideal näher, zum Beispiel in den oberen Wohnräumen der Adolph Tischler Residence (1949/50), in denen blaue Glasfaserplatten je nach Tageszeit und Wetter die Farbe wechselten *(Abb. 17)*.

Schindler wandte sich nicht nur gegen den Beleuchtungskörper-Kult der Modernisten, sondern auch gegen deren Vorliebe für glatt polierte, glänzende Oberflächen, Beschläge und Armaturen. Er räumte zwar ein, dass Spiegel nutzbringend verwendet werden könnten, aber nicht zum Zweck der Verblendung »unverdauter Anteile der Raumgestaltung«. Statt dessen plädierte er dafür, kleinere Spiegelstücke leicht uneben zu setzen »und dadurch das Bild zu brechen«, und schlug vor, Beschläge und Armaturen matt zu beschichten, um ihre reflektierenden Eigenschaften zu entfernen, da zum Beispiel »ein glänzender Knauf ebenso unannehmbar ist wie ein Loch im Material«.[60]

Von den Details abgesehen wirken die Häuser von Schindler äußerlich nicht wie Maschinen, sondern spiegeln seine Intention, Vielfalt zu demonstrieren. Die scheinbare Ungelenkheit seiner Teile offenbart seinen Versuch, neuen Raum zu schaffen. Ein Querschnitt durch die Guy C. Wilson Residence (1935–1938) zum Beispiel bezieht sich

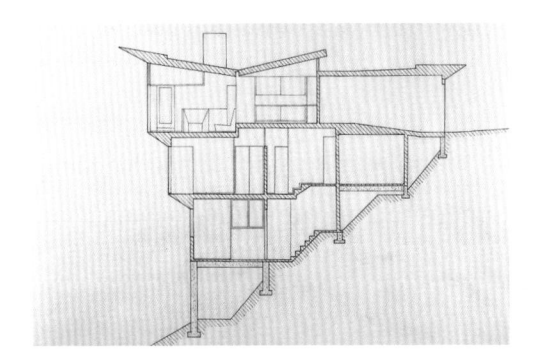

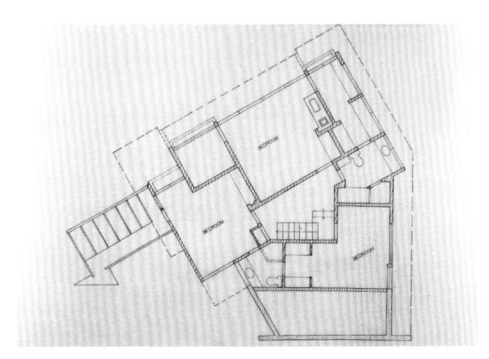

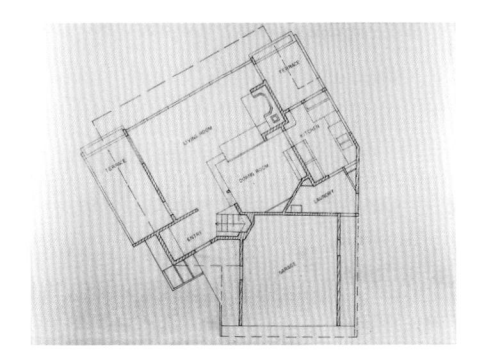

18 GUY C. WILSON RESIDENCE, Los Angeles, 1935–1938,
Nordbereich

19 GUY C. WILSON RESIDENCE, Los Angeles, 1935–1938,
Grundriss der zweiten Ebene

20 GUY C. WILSON RESIDENCE, Los Angeles, 1935–1938,
Grundriss der dritten Ebene

21 GUY C. WILSON RESIDENCE, Los Angeles, 1935–1938

22 GUY C. WILSON RESIDENCE, Los Angeles, 1935–1938,
Ansicht des inneren Treppenhauses
Fotografie: Grant Mudford

23 GUY C. WILSON RESIDENCE, Los Angeles, 1935–1938,
Ansicht des Wohnzimmers

in umgekehrter Richtung auf die Hangneigung des Grundstücks *(Abb. 18)*.⁶¹ Sowohl der Grundrissknick als auch der Übergang von der Garage zu den Wohnräumen im ersten Stock und die unregelmäßige (das heißt nicht lineare) Anordnung der Schlafzimmer ergeben sich aus der Grundstückstopografie und der Aussicht auf das unterhalb gelegene Silver Lake Wasserreservoir *(Abb. 19–21)*. Diese Elemente ermöglichten die Anlage verschieden konfigurierter Räume in der Horizontalen wie in der Vertikalen. Das Treppenhaus beginnt als fünfeckige Öffnung, ändert zweimal die Richtung und hat keine Geländer *(Abb. 22)*. Mit einem Schindler-Haus fertigzuwerden, erfordert tatsächlich ein gewisses Maß an Stärke und Standhaftigkeit. Dachüberstände bilden verschiedene Winkel, und der Innenraum, den Schindler hier und in anderen zwischen 1930 und 1950 entstandenen Häusern schuf, entzieht sich jeder exakten Beschreibung. Anstelle eines rechtwinkligen Rasters aus Vertikalen und Horizontalen finden sich hier unterschiedliche Winkel, und die Decken- und Fußbodenhöhen wechseln, sodass der Gesamtinnenraum auf zwei Ebenen verteilt ist und das Dach sich von der Mitte in zwei Richtungen aufschwingt *(Abb. 23)*. Auf den herrlichen Seeblick ausgerichtete Wände sind vollständig transluzent. Das Haus ist so offen, dass es »grenzenlos« wirkt. Es pulsiert, und der Verstand gibt sich Mühe, es zu »fassen«.

Die Räume der José Rodriguez Residence (1940–1942) legte Schindler auf fünf verschiedenen Höhen an, sodass es einen Gegensatz zur Urbehausung der Höhle darstellt. In diesem Fall erscheinen die Eingangsebene mit ihrer dicken Feldsteinmauer und das Obergeschoss mit seinen unverkleideten Dachbalken und Rahmenteilen wie eine Zeltkonstruktion *(Abb. 24)*. Durch eine Öffnung in der massiven Wand und über eine Treppe gelangt man gleich in den Wohnraum mit geneigter Decke und Oberlichtern *(Abb. 1)*, dessen eine Ecke von einem großen offenen Kamin (aus den gleichen Feldsteinen gemauert wie die Mauer im Eingangsbereich) eingenommen wird. Der Raum vertieft sich, und die ganze Vorderwand öffnet sich zur Natur, sodass sie zur offenen Raumbegrenzung wird, die durch Fenster nach allen Seiten Ausblicke bietet und natürliche Belüftung ermöglicht *(Abb. 25)*. In gewissem Sinne ist die Rodriguez Residence eine spätere Variante des Lovell Beach House, die sich allerdings eher als primitive Hütte denn als kunstvoll gestalteter Wohnbereich darstellt. Die Holzdetails im Innern sind bewusst »unfertig« belassen, und die Fußböden sind mit Sperrholzplatten bedeckt. Die auskragenden Dachsparren, die wechselnden Tiefen und Öffnungen in den Fassaden des Hauses umfassen einen »hin- und herschwingenden« Innenraum, der sich hier ausdehnt und da wieder zusammenzieht.

Die Architektur R. M. Schindlers bietet einen aufschlussreichen Kommentar zur Moderne der ersten Hälfte des 20. Jahrhunderts, weil sie vom Massentrend zur allgemeinen Akzeptanz der Maschine abweicht. Für Schindler ging es bei der modernen Architektur nicht um die Suche nach einem neuen Stil, sondern um ein höheres Ziel, nämlich um eine Architektur, die aus einem neuen Raumbewusstsein geboren wird. Er erkannte das Raumbildungspotenzial der Maschinentechnik an, hütete sich aber, die Maschine selbst zum Zweck seiner Arbeit zu machen, da sie wenig Raum für den Ausdruck menschlicher Regungen und Gefühle bot. Schindlers moderne Architektur war darauf aus, den Raum als ein Medium zu nutzen, und folgte der Erkenntnis, dass Bequemlichkeit und Geborgenheit das Ziel – und nicht etwa ein Nebenprodukt – sein müssten. Man könnte folgern, Schindler habe versagt, oder aber seine Architektur sei so individuell, dass sie nicht für den Massenmarkt tauge. Die Herausforderung besteht jedoch auch weiterhin darin, eine neue Baukunst zu schaffen – eine wahrhaft moderne Architektur –, die aus dem kosmischen Raum, dem Weltall, hervorgeht.

24 JOSÉ RODRIGUEZ RESIDENCE, Glendale, Kalifornien, 1940–1942

Dieser Beitrag entstand aus einem Vortrag »R. M. Schindler and the Machine«, den der Verfasser im April 1987 auf der Jahrestagung der Society of Architectural Historians in San Francisco hielt (Vorsitz: Marion Dean Ross). Der Vortrag wurde für die vorliegende Publikation umgeschrieben und ergänzt. Ich danke Kurt Helfrich, Kustos der Architektur- und Design-Sammlung an der University of California in Santa Barbara, für seine Unterstützung.

1 R. M. Schindler (RMS), »Das Haus, in dem man wohnen möchte«, 10. Juli 1928, Rudolph M. Schindler Collection, Architecture and Design Collection, University Art Museum, University of California, Santa Barbara (RMS in ADC/UCSB).

2 R. M. Schindler, »Zur Architektur«, 6. und 10. Januar 1921, RMS in ADC/UCSB.

3 [Henry-]Russell Hitchcock, »An Eastern Critic Looks at Western Architecture«, in: *California Arts and Architecture,* 57, Dezember 1940, S. 21–23, 40.

4 Hitchcock an Schindler, 2. November 1930, RMS in ADC/UCSB. Mit diesem Brief reagierte Hitchcock auf einen an ihn gerichteten Brief von Schindler (Januar 1930), in dem sich dieser über Hitchcocks abfällige Beurteilung seiner Bauten im Buch *Modern Architecture: Romanticism and Reintegration,* London 1929, S. 204–205 und 213, beschwerte und ebenso darüber, dass Hitchcock Schindlers Beitrag zum Entwurf des Imperial Hotel von Frank Lloyd Wright unerwähnt ließ.

5 Vgl. Henry-Russell Hitchcock und Philip Johnson, *The International Style: Architecture Since 1922,* New York 1932; Henry-Russell Hitchcock, Philip Johnson, Alfred H. Barr und Lewis Mumford, *Modern Architecture: International Exhibition,* New York 1932. Vgl. auch Richard Guy Wilson, »International Style: The MoMA Exhibition«, in: *Progressive Architecture,* 82, Nr. 2, Februar 1982, S. 92–105. Obwohl Johnson damals bereits den Titel eines Direktors führte, wurde die Abteilung für Architektur des MoMA erst nach der Ausstellung gegründet.

6 Telegramm von Schindler an das MoMA, 5. Januar 1931 [1932], RMS in ADC/UCSB. Brief von Philip Johnson an Schindler, 9. Januar 1932, RMS in ADC/UCSB, abgedruckt in: August J. Sarnitz (Hrsg.), *R. M. Schindler, Architect: 1887–1953,* New York 1988, S. 208.

7 Schindler an Johnson, 9. März 1932, RMS in ADC/UCSB, abgedruckt in: ebd., S. 209.

8 Johnson an Schindler, 17. März 1932, RMS in ADC/UCSB, abgedruckt in: ebd.

9 In der Auswahlbibliografie im Anhang dieses Buches sind einige dieser zahlreichen Studien aufgeführt.

10 Margaret Crawford bietet die beste Zusammenfassung in: »Forgetting and Remembering Schindler: the Social History of an Architectural Reputation«, in: *2G,* Nr. 7, 1998, S. 131–143.

11 »Schindler's Warning«, in: *Art Digest,* 9, 1. Oktober 1934, S. 8.

12 Briefe und Telegramme von Ernestine M. Fantl, MoMA, an Schindler vom 26. April, 26. Juni, 16. Juli und 19. September 1935, RMS in ADC/UCSB. Briefe und Telegramme von Schindler an Fantl vom 3. Mai, 5. Juli, 17., 19. und 21. September 1935, RMS in ADC/UCSB.

13 Sarnitz (s. Anm. 6), S. 210–220, umfasst eine Chronologie und eine Bibliografie. Vgl. auch David Gebhard, *Schindler,* 3. Aufl., London 1971, Reprint: San Francisco 1997, S. 151–166.

14 Alfred H. Barr, »Foreword«, in: *Modern Architecture* (s. Anm. 5), S. 13.

15 Ebd., S. 15.

16 Alfred H. Barr, Vorwort in: *The International Style* (s. Anm. 5), S. 13–14.

17 Hitchcock und Johnson in: ebd., S. 20.

18 Ebd., S. 68.

19 Ebd., S. 57.

20 Ebd., S. 95.

21 Ebd., S. 71.

22 Ebd., S. 86–87.

23 Thomas S. Hines, *Richard Neutra and the Search for Modern Architecture: A Biography and History,* New York 1982.

24 R. M. Schindler, »A Beach House for Dr. P. Lovell at Newport Beach, California«, in: *Architectural Record,* 66, September 1929, S. 257–261.

25 Die beiden Anzeigen erschienen in einer Reihe von Zeitschriften, z. B. *Colliers,* 97, 15. Februar 1936 und 11. April 1936. Vgl. auch Thomas S. Hines, »Designing for the Motor Age: Richard Neutra and the Automobile«, in: *Oppositions,* 21, Sommerheft 1980, S. 34–51.

26 R. M. Schindler, »A Cooperative Dwelling«, in: *T-Square,* 2, Februar 1932, S. 21.

27 R. M. Schindler, »Shelter or Playground«, in Dr. Philip Lovells Kolumne »Care of the Body«, in: *Los Angeles Times Sunday Magazine*, 2. Mai 1926, S. 26–27, abgedruckt in Sarnitz (s. Anm. 6), S. 46.

28 R. M. Schindler, unbetiteltes Typoskript [Die neue Baukunst: ein Programm], Wien 1912. RMS in ADC/UCSB. Englische Fassung zitiert in: Lionel March und Judith Sheine (Hrsg.), *R. M. Schindler: Composition and Construction,* London 1993, S. 12.

29 Vgl. Adolf Loos, »Kultur« und »Ornament und Verbrechen«, hier zitiert nach: Adolf Opel (Hrsg.), *Adolf Loos: Ornament and Crime: Selected Essays,* Riverside, Kalifornien, 1998, S. 160 und 167; Barbara Giella, *R. M. Schindler's Thirties Style: Its Character (1931–1937) and International Sources (1906–1937),* Diss., Institute of Fine Arts, New York University, New York 1987, Kapitel 3; und Carl E. Schorske, *Fin-de-siècle Vienna: Politics and Culture,* New York 1981.

30 Adolf Loos, zitiert nach: Benedetto Gravagnuolo, *Adolf Loos, Theory and Works,* New York 1982, S. 22 und 139. Vgl. auch Adolf Loos in einem Artikel von 1910, hier zitiert nach Giella (s. Anm. 29), S. 136, Fußnote 29.

31 Harry Francis Mallgrave, »Schindler's Program of 1913«, und August J. Sarnitz, »The Wagnerschule and Adolf Loos«, zitiert nach: March und Sheine (s. Anm. 28), S. 15–19 (Mallgrave) und 21–31 (Sarnitz).

32 Schindler an Louis Sullivan, 26. August 1920, abgedruckt in: Esther McCoy, *Vienna to Los Angeles: Two Journeys,* Santa Monica, Kalifornien, o. J. [1979], S. 144.

33 Schindler an Richard Neutra, März 1914, abgedruckt in: ebd., S. 104–106.

34 Ebd., S. 25; Richard Neutra, *Wie baut Amerika?,* Stuttgart 1927.

35 R. M. Schindler, »Space Architecture«, in: *The Dune Forum*, Februar 1934, S. 45, zitiert nach: Sarnitz (s. Anm. 6), S. 50. Zu Wrights Besuch in Wien siehe: Anthony Alofsin, *Frank Lloyd Wright – The Lost Years, 1910–1922: A Study of Influence,* Chicago 1993. Schindler wird seltsamerweise in dieser Studie an keiner Stelle erwähnt.

36 Charles Robert Ashbee, »Frank Lloyd Wright. Ausgeführte Bauten«, in: *Frank Lloyd Wright. Chicago,* Architektur des XX. Jahrhunderts, Sonderheft 8, Berlin 1911, S. 4–5. Ashbee zitiert darin Wright aus »In the Cause of Architecture«, in: *Architectural Record,* 23, Nr. 3, März 1908, S. 155–222.

37 Schindler an Neutra, Dezember 1920 oder Januar 1921, abgedruckt in: Esther McCoy (s. Anm. 32), S. 130.

38 R. M. Schindler, »Space Architecture« (s. Anm. 35), zitiert nach: Sarnitz (s. Anm. 6), S. 50.

39 R. M. Schindler, »Frank Lloyd Wright Utterances (ca. 1918)«, Schindler-Wright-Korrespondenz, Special Collections, The Getty Research Institute for the History of Art and the Humanities, Los Angeles.

40 R. M. Schindler, »Space Architecture« (s. Anm. 35), zitiert nach: Sarnitz (s. Anm. 6), S. 50.

41 Die Datierung des Manifests [Die neue Baukunst: ein Programm] ist nicht endgültig gesichert. Schindler selbst nannte einmal 1911, ein andermal 1912, auf dem einzigen erhalten Exemplar (in deutscher Sprache) ist allerdings »Wien 1912« vermerkt, RMS in ADC/UCSB. Zu den überarbeiteten Fassungen vgl. Sarnitz (s. Anm. 6), S. 42, oder Gebhard (s. Anm. 13), S. 191–192.

42 Reyner Banham, »Ornament and Crime: The Decisive Contribution of Adolf Loos«, in: *The Architectural Review,* 121, Nr. 721, Februar 1957, S. 85–88.

43 R. M. Schindler, »Modern Architecture: a Program«, RMS in ADC/UCSB, vom Verfasser zitiert nach: March und Sheine (s. Anm. 28) S. 10–13.

44 Ebd., S. 12.

45 Ebd.

46 R. M. Schindler, »Space Architecture« (s. Anm. 35), zitiert nach: Sarnitz (s. Anm. 6), S. 50. Schindler verfasste um 1934 in mehreren Abwandlungen eine ganze Reihe von Artikeln und Essays mit diesem Titel, in denen er seine Auffassungen zum Raum, zur Architektur und zur Innenausstattung in ähnlicher Weise zum Ausdruck brachte. Vgl. R. M. Schindler, »Furniture and the Modern House: A Theory of Interior Design«, in: *Architect and Engineer,* 123, Nr. 3, Dezember 1935, S. 22–25, und 124, März 1936, S. 24–28, abgedruckt in: Sarnitz (s. Anm. 6), S. 52–56; R. M. Schindler, »Space Architecture«, in: *California Arts and Architecture,* 47, Nr. 1, Januar 1935, S. 18–19.

47 R. M. Schindler, »Space Architecture« (s. Anm. 35), zitiert nach: Sarnitz (s. Anm. 6), S. 51.

48 R. M. Schindler, »Contra«, in: *Southwest Review,* 17, Nr. 3, Frühjahr 1932, S. 353 und 354.

49 R. M. Schindler, »Space Architecture« (s. Anm. 35), zitiert nach: Sarnitz (s. Anm. 6), S. 51.

50 Richard Guy Wilson, Dianne H. Pilgrim und Dickran Tashjian, *The Machine Age in America, 1918–1941,* New York 1986, Kapitel I.

51 Briefe Schindlers an Neutra, März 1914, 14. April 1920 und Dezember 1920 oder Januar 1921, abgedruckt in: McCoy (s. Anm. 32), S. 10–106, 121 und 129.

52 R. M. Schindler, »Ventilation«, in Dr. Philip Lovells Kolumne »Care of the Body«, in: *Los Angeles Times Sunday Magazine,* 14. März 1926, S. 25–26.; R. M. Schindler, »Shelter or Playground«, in: ebd., 2. Mai 1926, S. 27–28. Die übrigen Kolumnenartikel erschienen am 21. März, 4., 11. und 18. April, abgedruckt in: *Oppositions,* 18, Herbst 1979, S. 74–85, und in: Sarnitz (s. Anm. 6), S. 43–47.

53 R. M. Schindler, »The Schindler Frame«, in: *Architectural Record,* 101, Nr. 5, Mai 1947, S. 143–146. Das Thema dieses Essays hatte Schindler bereits in einem früheren Essay (geschrieben 1932) behandelt: »Reference Frames in Space«, in: *Architect and Engineer,* 165, April 1946, S. 10, 40, 44–45, und ebenso in R. M. Schindler, »A Prefabrication Vocabulary: The Panel-Post Construction«, *California Arts and Architecture,* 60, Nr. 5, Juni 1943, S. 25–28. Beide sind abgedruckt in: Sarnitz (s. Anm. 6), S. 59–60 und 56–57.

54 R. M. Schindler, »Furniture and the Modern House: A Theory of Interior Design«, in: Sarnitz (s. Anm. 6), S. 55.

55 Ebd., S. 54.

56 Ebd.

57 R. M. Schindler, »About Lighting«, in Dr. Philip Lovells Kolumne »Care of the Body«, in: *Los Angeles Times Sunday Magazine,* 11. April 1926, S. 30, abgedruckt in: Sarnitz (s. Anm. 6), S. 45–46.

58 Schindler, »Furniture and the Modern House«, in Sarnitz (s. Anm. 6), S. 56.

59 R. M. Schindler, »Visual Technique«, unveröffentlichtes Manuskript, RMS in ADC/UCSB, abgedruckt in: Sarnitz (s. Anm. 6), S. 66–67.

60 Ebd.

61 Auskunft von E. Richard Lind, Bauzeichner bei Schindler und späterer Architekt, übermittelt von Barbara Giella.

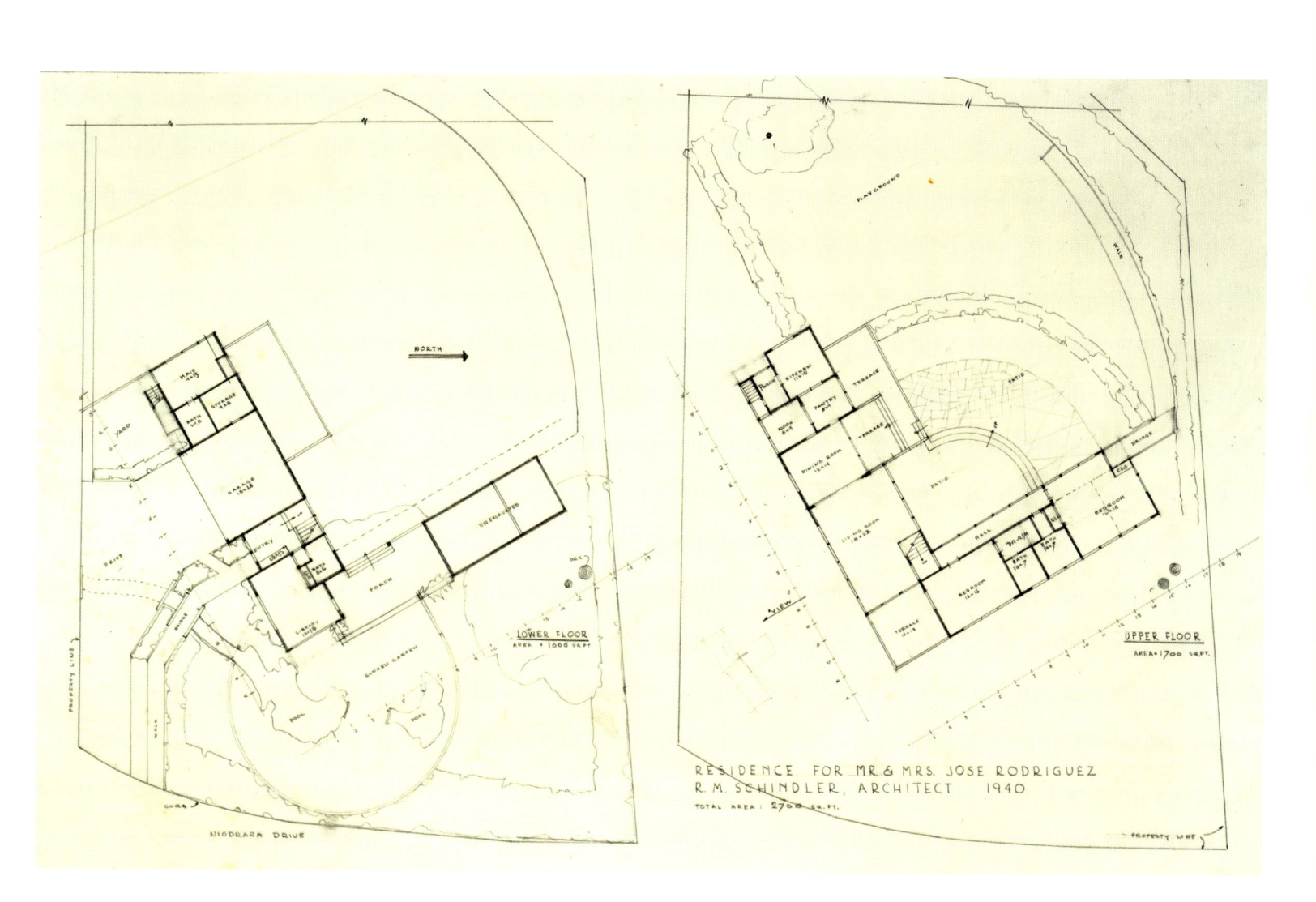

25 JOSÉ RODRIGUEZ RESIDENCE, Glendale, Kalifornien, 1940–1942, Grundriss des Erdgeschosses und Obergeschosses

1 HARRIMAN'S COLONY (ENTWURF),
San Gabriel, Kalifornien, 1924/25, Zeichnung aus der
Vogelperspektive

KURT G. F. HELFRICH

»RAUMARCHITEKTUR« IM KONTEXT: WAS DAS SCHINDLER-ARCHIV OFFENBART

In einer Rezension des 1967 erschienen Katalogs, der die umfassende Retrospektive von Rudolph M. Schindlers architektonischem Werk begleitete, bemerkt die *Architectural Review*: »Viele andere Fragen in Bezug auf Schindler harren immer noch einer Antwort, und es ist sehr erfreulich, dass sein Sohn, Mr. Mark Schindler, jetzt beabsichtigt, sämtliche Zeichnungen der University of California zu übergeben und sie damit zugänglich zu machen.«[1] Die Schenkung an das von David Gebhard als Teil der Universitätskunstsammlung (heute das University Art Museum) begründete Architekturarchiv an der University of California, Santa Barabara (UCSB), umfasste weit mehr als Schindlers Architekturzeichnungen.[2] In einem groben Überblick über das Material, den Gebhard im November 1967 zusammenstellte, ist die Rede von über 7 000 Zeichnungen, neben Manuskripten, darunter technische Baubeschreibungen, finanzielle Unterlagen, Geschäftsbriefe, historische Fotografien sowie einer Serie von Figur- und Naturstudien, die Schindler als junger Mann in Wien und Chicago angefertigt hatte.

Mark Schindler entschied sich für die UCSB als Empfänger des Schindlerschen Nachlasses, nachdem er andere Einrichtungen in Erwägung gezogen hatte. Infrage kamen die University of California, Los Angeles (UCLA), der Richard Neutra 1953 seinen Nachlass versprochen hatte, während er sich krank im dortigen Hospital befand – demselben, in dem Schindler gleichzeitig im Sterben lag –, und die Unversity of Southern California (USC), an der Schindler in den späten vierziger Jahren einen Lehrauftrag innehatte.[3] David Gebhards Kenntnis und überzeugende Vision hatten unmittelbaren Einfluss auf Mark Schindlers endgültige Entscheidung. Als Leiter der University Art Gallery organisierte Gebhard eine Reihe spezialisierter Ausstellungen und Publikationen, die sich mit dem kalifornischen Beitrag zur zeitgenössischen Architektur auseinander setzten.[4]

Zu Gebhards anfänglichen Vorhaben mit der Schenkung gehörte eine Retrospektive, die einzig Schindlers Werk gewidmet sein sollte. 1963 schrieb Gebhard an Esther McCoy, Architekturkritikerin und Fürsprecherin von Schindlers Erbe: »Was mir vorschwebt, ist eine recht große Ausstellung nur von seinem Werk. [...] Dies würde natürlich eine Vergrößerung ihrer früheren Ausstellung von Mitte der fünfziger Jahre bedeuten. [...] Im Gespräch mit Leuten hier, wie auch an der Ostküste, hatte ich den Eindruck, dass wir jetzt weit besser in der Lage sind, sein Werk zu schätzen als sogar noch vor zehn Jahren.«[5]

Im Mai 1964 gestaltete Gebhard für die University Art Gallery eine kleine Ausstellung von Schindlers Werk, die aus Originalzeichnungen und Fotografien bestand und Schindlers Bedeutung als Pionier in der Entwicklung der modernen amerikanischen Architektur zeigen sollte.[6] Anfang 1965 veröffentlichte er einen kurzen Aufsatz zu dem von Schindler 1915 gezeichneten Entwurf für die nicht realisierte Dr. Thomas Paul Martin Residence in Taos, New Mexico.[7] Im selben Jahr hob Gebhard in seinem *Guide to Architecure in Southern California* (Abb. 2) Schindlers Bedeutung hervor: »[Er] eröffnete in Los Angeles ein eigenes Büro und schuf 1926 das Lovell Beach House in Newport Beach, gewiss eines der architektonischen Wunder Amerikas. Und Schindler fuhr bis zu seinem Tod im Jahre 1953 fort, von großem Einfallsreichtum geprägte Meisterwerke zu verwirklichen, alle gekennzeichnet von einer Fülle von Ideen, die nicht immer zur Gänze ausgeführt, aber stets anregend sind.«[8] Etwa zu dieser Zeit begann Gebhard (Abb. 3) gemeinsam mit Esther McCoy an der Arbeit zu einer dem Werk von R. M. Schindler gewidmeten, umfassenden Retrospektive. Gebhard und McCoy verfolgten im Hinblick auf diese Ausstellung ehrgeizige Pläne. In einem Brief vom Mai 1965 an den Wiener Architekten Hans Hollein, der sich sehr für Schindlers Werk einsetzte, beschreibt Gebhard die geplante Ausstellung als »eine Gruppe von Abteilungen, die aus Fotowänden von acht seiner bedeutendsten Bauten bestehen. Darüber hinaus werden weitere 1,20 x 1,50 m große Fotografien, Vergrößerungen von Plänen und Präsentationszeichnungen zu sehen sein. Ferner beginnen wir in diesem Sommer damit, nach seinen originalen Arbeitszeichnungen eine kleine, repräsentative Auswahl seiner Möbel sowie einige weitere Details anzufertigen.« Anfänglichen Plänen zufolge sollte die Ausstellung später in Berkeley, Chicago, Yale, und, »wenn im Museum of Modern Art in New York alles gut läuft«, wo sich McCoy und Gebhard an Arthur Drexler gewandt hatten, auch dort gezeigt werden. Ungeachtet der persönlichen Begeisterung von Philip Johnson zerschlug sich die Absicht, die Ausstellung im MoMA zu zeigen, aufgrund von Drexlers Bedenken, eine groß angelegte Schau von Schindlers Werk sei nicht von Interesse für das Publikum in New York und an der Ostküste.[9]

Schließlich wurde Gebhards und McCoys Ausstellung zweigeteilt. Der erste Teil (Abb. 4) wurde Ende März 1967 in der University Art Gallery der UCSB eröffnet und enthielt Schindlers Figurenstudien und Architekturzeichnungen unrealisierter Projekte, sowie Modelle und Möbel.[10] Der umfassendere zweite Teil (Abb. 5) wurde im darauf folgenden September im Los Angeles County Museum of Art eröffnet und setzte sich aus Materialien zu Schindlers ausgeführten Bauten zusammen.[11] Unter der Schirmherrschaft der United States Information Agency wanderte die vereinte Ausstellung in der Folge in die Yale University Art Gallery, danach nach Darmstadt, Berlin, Wien, London, Amsterdam, Brüssel, Zürich und Bern. Der Erfolg, der der Ausstellung bei Kritikern und Publikum beschieden war, half mit, dem Interesse an Schindlers Werk auch bei europäischen Architekten Vorschub zu leisten.[12] Gebhard stieß mit einer 1972 veröffentlichten Monografie zu Schindlers Laufbahn nach. Schindlers frühere Frau Pauline hob im Dezember 1969 die Bemühungen von Gebhard und McCoy um das Wiederbeleben des Interesses an Schindlers Werk hervor: »[...] dass dies jetzt geschieht, ist ihnen und Esther zu verdanken; dieses Erinnern und Schätzen, Zur-Geltung-Bringen; diese Stellung in der Geschichte.«[13]

Das Archiv zu Rudolph Schindlers Werk in der UCSB stellt die bei weitem umfangreichste Forschungssammlung zu seinem Werk dar und besteht aus Zeichnungen und Manuskriptmaterial, darunter historische Fotografien, Geschäfts- und Privatkorrespondenz, Vorträge und Schriften, Bücher sowie eine Mappe mit ausgeschnittenen Artikeln aus Zeitungen und Zeitschriften, angefangen in seinen Studententagen in Wien bis zu seinem Tod im Jahre 1953.[14] Die erhaltenen Zeichnungen repräsentieren über 600 Projekte, die Schindler in der Zeit von 1910 bis 1953 entwarf, darunter eine Reihe früher Werke aus seiner Studentenzeit. Das Spektrum reicht von mehrfarbigen Präsentationszeichnungen (gewöhnlich von Schindler selbst angefertigt) über auf Pauspapier festgehaltene, rastermäßige Arbeitszeichnungen, bis hin zu einer Reihe freier Entwurfsstudien, deren flüchtiger, provisorischer Charakter sich schon im Arbeitsmittel niederschlägt; um Papier zu sparen, zeichnete sie der stets sparsame Schindler häufig auf die Rückseite von Blaupausenduplikaten anderer Projekte. Schindler war darüber hinaus ein begeisterter Fotograf, und sein Fotoalbum mit Abzügen, angefangen bei seiner frühen Zeit in Chicago bis zu den späten zwanziger Jahren, enthält über 1000

2 Umschlag von A Guide to *Architecture in Southern Kalifornien* von David Gebhard und Robert Winter, 1965

3 David Gebhard, um 1967

Bilder von Landschaften, Figuren, amerikanischen Straßenszenen, Frank Lloyd Wrights Studio in Taliesin West und seinen eigenen Projekten in Chicago und Los Angeles.[15]

Schindlers Architektur spiegelt den Einfluss seiner europäischen Herkunft wider, insbesondere seine Ausbildung als Student Otto Wagners an der Akademie der Bildenden Künste in Wien sowie die theoretischen Schriften und die Persönlichkeit seines Mentors Adolf Loos.[16] Glücklicherweise waren Schindlers Fähigkeiten als Zeichner von Jugend an verknüpft mit Schreiben und dem Wunsch, durch Vorträge zu überzeugen. Wagner selbst veröffentliche eine Reihe von Schlüsselwerken, darunter *Moderne Architektur* (1896), in dem er die Prinzipien, die er seinen Studenten bei ihrer Suche nach einem angemessenen modernen Stil vermitteln wollte, klar zum Ausdruck brachte. Nach Überzeugung Wagners sollte jedes Bauwerk den Bedürfnissen der Zeit und den Bedingungen seines Standortes entsprechen. Das bedeutete, jedes Architekturprojekt musste als ein Problem angesehen werden, das eine vollständig neue Lösung erforderte. Folglich musste der Architekt regionale Spielarten von Landschaft und Szenerie berücksichtigen ebenso wie eine auf modernen Verfahren basierende solide Konstruktion, die eine gründliche Beherrschung von Technik, neuen Materialien und der weitergehenden »Anforderungen der Gegenwart« voraussetzte, unter denen Wagner soziale Belange wie Hygiene und kostengünstigen Wohnungsbau verstand.[17] Wie er in der 1898 erschienen Neuauflage von *Moderne Architektur* schrieb, »muss alles modern Geschaffene dem neuen Material, den Anforderungen der Gegenwart entsprechen, wenn es zur modernen Menschheit passen soll, es muss unser eigenes besseres, demokratischeres, selbstbewusstes, ideales Wesen veranschaulichen und den kolossalen technischen und wissenschaftlichen Errungenschaften sowie dem durchgehenden praktischen Zuge der Menschheit Rechnung tragen«.[18]

Während die äußerlich sichtbare Architektursprache von Wagners Wiener Bauten häufig höchst dekorative Elemente einbezog, war die Grundlage ihrer Entwurfslösungen stets sehr ernsthaft – es ging um eine strenges Experiment zur Reformierung des Lebens der Menschen. Für seine eigene Lösung, die sich um die kreative Bezwingung des Mediums seiner Kunst, den Raum drehte, vereinte Schindler Wagners Anliegen mit den theoretischen Schriften von Loos. In sei-

4 »The Architectural Projects of R. M. Schindler (1887–1953)«, Ausstellung in der University Art Gallery, UCSB, 30. März – 30. April 1967, Ausstellungsansicht

5 »The Architecture of R. M. Schindler (1887–1953)«, Ausstellung im Los Angeles County Museum of Art, 29. September – 19. November 1967, Ausstellungsansicht

nem eigenen Manifest, das er zum ersten Mal während seiner Studentenzeit im Jahre 1912 niederschrieb, heißt es: »Heute fordert eine andere Macht ihr Monument. [...] Die Maschine wurde zum vollendeten Symbol der Kontrolle des Menschen über die Kräfte der Natur. Unser mathematischer Sieg über konstruktive Zwänge lässt sie als Ursache von Kunstformen ausscheiden. Die neue Monumentalität des Raumes wird die grenzenlose Macht des menschlichen Geistes symbolisieren. Der Mensch erzittert angesichts des Universums.«[19] Schindlers Architektur drehte sich um die Gestaltung eines Bauwerks als äußere Haut oder Umhüllung, die dem Innenraum Form gibt und ihrerseits von ihm geformt wird. In seinen schöpferischsten Momenten gestattete es ihm seine Beherrschung dieser Auffassung von Raumarchitektur, die Konstruktion eines Gebäudes gleichzeitig als Innen- und Außenraum zu konzipieren und damit die traditionelle Trennung von Drinnen und Draußen zu überwinden.

Schindlers Erfolg oder Misserfolg beim Schaffen von Raumarchitektur in Südkalifornien fasziniert und verblüfft nach wie vor die Betrachter seiner Bauten. David Gebhard betonte in den späten sechziger Jahren die Bedeutung der »Mehrdeutigkeit« bei Schindlers Entwürfen, in einer Zeit also, in der die Lehren des Modernismus unter Beschuss geraten waren. Gebhard verstand Schindlers Mehrdeutigkeit als eine entscheidende Eigenschaft, die von der Fähigkeit herrührte, komplexe und scheinbar widersprüchliche Entwurfsideale – darunter Prinzipien der Wiener Sezession, das Werk Frank Lloyd Wrights und Tendenzen von De Stijl – zu einer einheitlichen, persönlichen Vorstellung zu verbinden. Gebhards Aufgeschlossenheit dieser Qualität Schindlers gegenüber hat ihren Ursprung in Robert Venturis *Complexity and Contradiction in Architecture* (1966) [dt. *Komplexität und Widerspruch in der Architektur*, Braunschweig 1978] ebenso wie in der Philosophie und den Schriften Charles W. Moores, dessen Faculty Club in der UCSB 1968 fertig gestellt worden war.[20] Reyner Banham erläuterte den verbreiteten Anklang, den die Schindler-Ausstellung von 1967 fand, und bemerkt: »Der Rummel um Schindler ist noch nicht ohrenbetäubend, aber er ist gut und laut. [...] Schindlers Architektur ist eine beunruhigende Offenbarung, die altgewohnte Meinungen über Natur und Geschichte der modernen Bewegung untergräbt.«[21] In seiner Besprechung von Gebhards 1973 erschienenen Monografie zu Schindler, sieht Moore Schindlers Karriere in Los Angeles als Teil der exotischen Sonderrolle von Südkalifornien – damals ungewöhnlich, aber später Vorbild für die übrige Welt. Moores Ansicht nach war das Werk aufgrund der Empfänglichkeit seines Schöpfers einflussreich. Moore definierte diese Empfänglichkeit als »die Sorge um die spezifischen Zustände, die man vorfindet und über die man so vieles herausfindet, dass man seine Position ändern wird, um ihnen zu entsprechen: Unempfängliche Architekten sehen und lernen auch manches, aber sie haben einen Standpunkt oder ein früh übernommenes Sendungsbewusstsein, zu denen das Gelernte und das Gesehene beitragen, ohne sie ändern zu können.«[22] Schindlers Empfänglichkeit stand in krassem Gegensatz zu einem Zeitgenossen, dem ganz und gar unempfänglichen Walter Gropius und dem Internationalen Stil insgesamt, von Moore als »Tempel der Unempfänglichkeit« bezeichnet.[23] Moores Verständnis von Schindler war deutlich selbstreferenziell und half zu erklären, weshalb in den späten sechziger Jahren weltweit eine komplette Generation Schindlers Werk als das eines unverbesserlichen Außenseiters schätzen lernte. Moores Einschätzung – ebenso wie Gebhards Monografie – vermitteln uns ihrerseits ein Bild von Schindler als das eines weltfremden Künstlerarchitekten, dessen Laufbahn durch ein kleines, extrem heterogenes Œuvre ebenso zum Scheitern verurteilt war wie durch die selbstbetriebene, durch seinen frühen Tod vertiefte Vergessenheit, in die er nach 1945 in amerikanischen Architektenkreisen geriet. Die gewohnte Darstellung des Dahinschwindens von Schindlers beruflichem Ansehen ist zwar eine bewegende Geschichte, gleichwohl nicht gänzlich zutreffend.[24] Schindlers Beitrag zur wachsenden

149 Bedeutung Südkaliforniens auf dem Gebiet des modernen Wohnhausbaus wurde der Öffentlichkeit 1941 zur Kenntnis gebracht, als ein von der Works Progress Administration [Programm Roosevelts zu Bekämpfung der Arbeitslosigkeit, Anm. d. Übers.] geförderter Führer für das Gebiet von Los Angeles sein Werk heraushebt. In dem Buch heißt es, dass Schindlers Fassaden »sich durch die Horizontale betonende Terrassen auszeichnen, denen vertikale Flächen aus Beton und Glas gegenüberstehen, die dann besonders markant sind, wenn das Haus aus einem Hang oder einer Hügelkuppe vorkragt.«[25] Während Schindlers Werk aus der Zeit nach 1945 in nationalen Architekturzeitschriften wie *Architectural Record*, *Architectural Forum* oder *Progressive Architecture* kaum vertreten war, wurde es von John Entenza in *Arts and Architecture* aufgenommen – einer Zeitschrift, die damals unter den jüngeren Verfechtern der Moderne landesweit Beachtung fand. Ein Großteil von Schindlers späten Arbeiten war darüber hinaus in Frank Harris' und Weston Bonenbergers 1951 erschienenem, von Alvin Lustig elegant gestaltetem *Guide to Contemporary Architecture in Southern California* (Abb. 6) nachdrücklich vertreten. Wie im Führer vermerkt, war Schindler selbst bereit und willens, für Interessierte Besichtigungen vor Ort zu arrangieren. In seinem 1953 erschienen Nachruf in der *Los Angeles Times* wird Schindler als »bekannter Architekt« und Verteter des modernen Designs bezeichnet, der bei Wagner in Wien studiert und bei Frank Lloyd Wright gearbeitet hatte und der für über 500 Wohnhäuser in Südkalifornien verantwortlich zeichnete.[26] In seiner Einführung zu *Southern California Architecture, 1769–1956*, einer vom American Institute of Architects geförderten Publikation, schrieb Arthur B. Gallion, Dekan der Architekturfakultät der USC: »Obgleich sich sein Wirken auf den Wohnhausbau beschränkte, ist R. M. Schindlers poetischer Umgang mit Form und Raum in einer bemerkenswerten Anzahl von Bauten in Südkalifornien vertreten. Das Ende seiner Laufbahn im Jahre 1952 bedeutete einen tragischen Verlust für die Architektur.«[27]

Schindlers vorrangiges Entwurfsdogma beinhaltete die Notwendigkeit, den Bedingungen der damaligen Zeit ohne feststehende Formel zu entsprechen, mit dem Ziel, eine moderne kalifornische Architektur zu entwickeln, die um den Raum als kreativen Mittelpunkt kreiste. Während sich im Archiv eine Fülle von Belegen für Schindlers anhaltender Suche nach einem angemessenen, modernen kalifornischen Wohnhaus findet, ist des Architekten eigene Einschätzung seiner Laufbahn ebenso aufschlussreich. Drei charakteristische Projekte, die Schindlers gesamte Laufbahn abdecken, sind besonders lehrreich: Der Wohnkomplex Pueblo Ribera Courts für Dr. W. Llewellyn Lloyd (1923–1925); die als »Schindlers Shelters« bezeichneten, nicht realisierten Entwürfe prototypischer Heimstätten aus armiertem Beton (1933–1939); und schließlich das wie ein Raubvogelnest wirkende, am Hang schwebende Wohnhaus für Ellen Janson (1948/49). Erhaltene Manuskripte im Schindler-Archiv liefern neue Einsichten in die formalen Konzepte und Absichten hinter der Entstehung dieser Projekte. Die Archivalien beleuchten zuvor nicht untersuchte Faktoren hinter Entscheidungen über Form, Konstruktion und Lebensformen, angefangen bei der Interaktion zwischen Bauherrn und Architekt bis hin zum Einfluss neuer Bautechniken. Im Gegensatz zum gängigen Schindler-Bild als das des isolierten Künstlerarchitekten, der nicht gewillt war, sich in das bestehende Kulturestablishment von Südkalifornien aktiv einzubringen, dokumentiert das Schindler-Archiv seinen anhaltenden, häufig heftigen Dialog mit Auftraggebern, Bauunternehmern und dem erweiterten Kreis der Architekturinteressierten, wenn es um die Förderung seiner Vorstellung von Raumarchitektur ging. Schindlers Briefe, Schriften und Vorträge helfen, diese spezifischen Entwürfe im Kontext zu sehen, und dokumentieren, dass er zeitgenössischen kulturellen Entwicklungen in Südkalifornien keineswegs ablehnend gegenüberstand, sondern an ihnen beteiligt war.

6 Umschlag von *A Guide to Contemporary Architecture in Southern California*, herausgegeben von Frank Harris und Weston Bonenberger, 1951

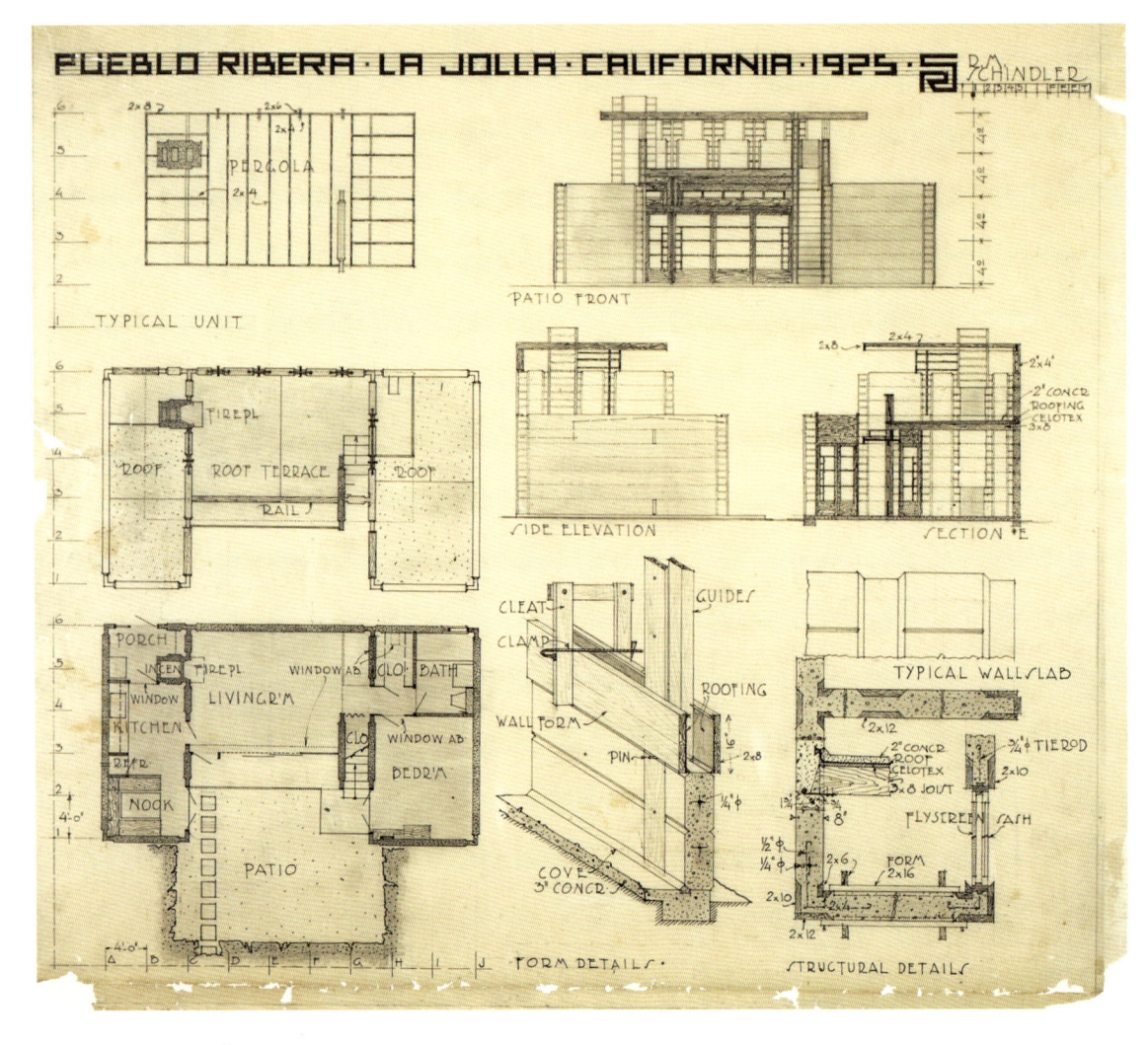

7 PUEBLO RIBERA COURTS FÜR W. LLEWELLYN LLOYD, La Jolla, Kalifornien,
1923–1925, Grundrisse, Aufrisse und Schnitt einer Einheit

8 PUEBLO RIBERA COURTS FÜR W. LLEWELLYN LLOYD, La Jolla, Kalifornien,
1923–1925, Grundriss des Komplexes

PUEBLO RIBERA COURTS FÜR W. LLEWELLYN LLOYD, 1923–1925

Schindlers 1923 entstandener Entwurf für den Pueblo Ribera Courts *(Abb. 7, 8)* ermöglichte ihm zum einen die Anwendung seiner Prinzipien für die gemeinsame Nutzung von Innen- und Außenraum, wie er sie anfänglich für sein eigenes Haus an der Kings Road in West Hollywood (1921/22) entwickelt hatte, zum anderen seine Versuche mit Ortbetonplatten fortzusetzen. Schindler entwarf den Wohnkomplex mit zwölf Einheiten für ein leicht abschüssiges Gelände in La Jolla, in unmittelbarer Nähe des Pazifiks, im Auftrag von Dr. W. Llewellyn Lloyd und seiner Frau Lucy Lafayette Lloyd. Lloyd, ein aus Westfield, New Jersey, an die Westküste übergesiedelter Zahnarzt, der damals in Redlands, Kalifornien, lebte, hatte Schindler Ende 1922 kennen gelernt.[28] Beeindruckt von seiner Arbeit, bat Lloyd Schindler, in dem nördlich von San Diego gelegenen, eleganten Ferienort zur Westküste passende, von ihm später als »vornehme Bungalow-Apartments« bezeichnete Wohnungen zu entwerfen.[29] Schindlers akribisch geführte Berichtskarte des Projekts vermerkt, dass er das Gelände Mitte April 1923 zum ersten Mal besuchte und bis Juli die endgültigen Pläne für den Komplex gezeichnet hatte.[30] Clyde R. Chace, Schindlers Geschäftspartner und Mitbesitzer des Kings Road House, fungierte als Bauunternehmer des Projekts, das im März 1924 im Wesentlichen fertig gestellt war.[31] Aufgrund der räumlichen Entfernung zwischen Schindlers Studio in West Hollywood, Lloyds Wohnsitz in Redlands und dem Bauplatz fand die Verständigung zwischen Architekt und Bauherr vorwiegend in brieflicher Form statt.[32] Im Einklang mit der Vermögenslage der erhofften Gäste bestand Lloyds erste Bedingung für den Entwurf des Komplexes in dem Wunsch nach einer eigenen Garage für jede Einheit.[33] Ferner hatte er Schindler gebeten, die Gesamtkosten des Projekts auf das absolute Minimum zu beschränken, um »der Konkurrenz der üblichen primitiven Strandhütte aus Holz zu begegnen«.[34]

Ehe Schindler Anfang April 1923 das Baugelände besuchte, schickte er Lloyd eine erste Skizze einer prototypischen Einheit des Komplexes. Er umriss seine Vorstellung des Projekts:

Ich schlage vor, das Ganze in echt kalifornischem Stil zu halten, wobei das Zentrum des Hauses der Garten ist, in den hinein sich die Räume erstrecken, die Fußböden aus Beton, nah an der Erde. Das Dach soll als Veranda genutzt werden, entweder zum Wohnen oder Schlafen [mit dem Erdgeschoss durch eine Außentreppe verbunden] und mit dem Meeresblick eine der Hauptattraktionen des Komplexes sein. Dadurch können auch größere Familien das Haus bewohnen. Die Einheit ist so geplant, dass sie mit anderen Einheiten eng verbunden und kombiniert werden kann, ohne den privaten Charakter von Zimmern, Gärten oder Dach zu gefährden.[35]

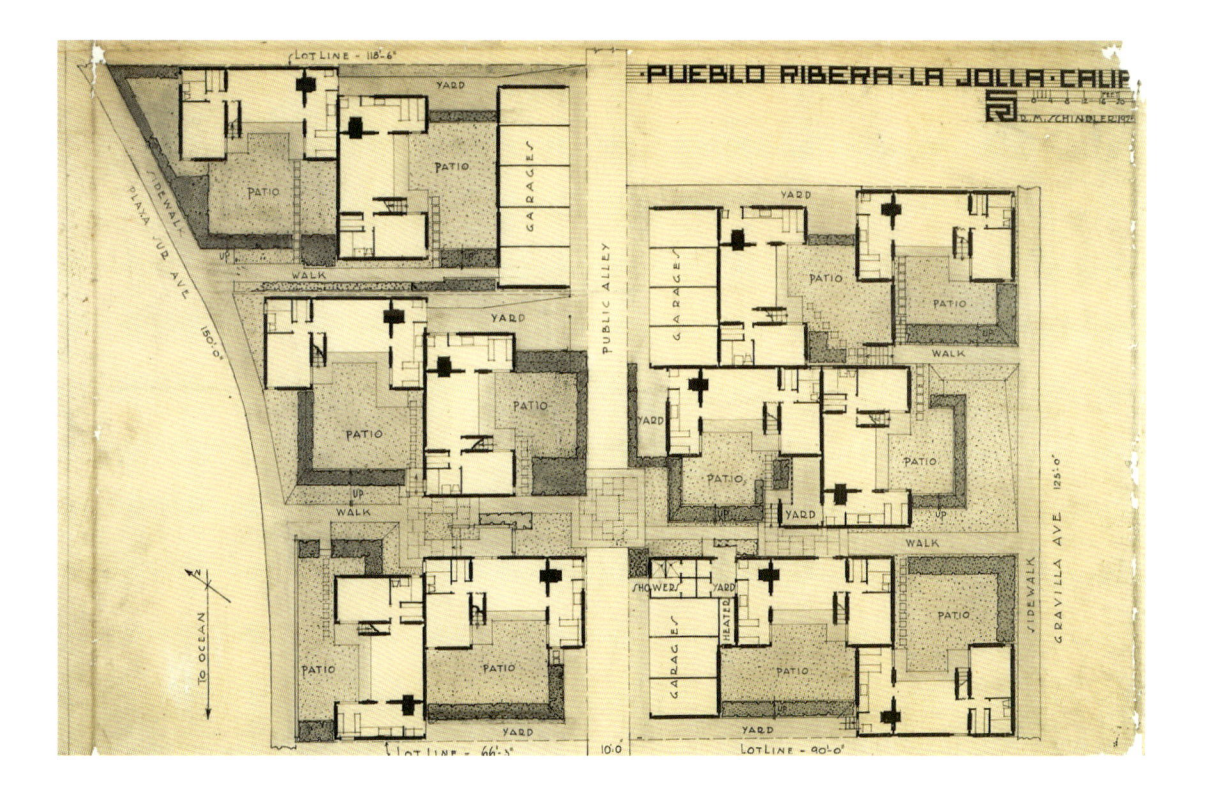

Dr. Lloyd billigte die Anlage der Einheiten, äußerte jedoch sofort Bedenken bezüglich Schindlers Verwendung von Sichtbeton für Wände und Böden. Er war skeptisch, was die Wasserdichtigkeit des Materials und seine Härte und mangelnde Elastizität als Fußboden anbetraf. Es gelang Schindler, Lloyd zur Verwendung von Beton zu überreden, indem er mit fast Wrightscher Verachtung schrieb: »Ihre Bankier-typische Besorgnis was die Wasserdichte von Beton angeht, ist vollständig unbegründet. Ein gutgemischter Beton mit der richtigen Zusammensetzung ist von Haus aus wasserdicht. [...] Die zahlreichen Schwimmbecken, Silos usw. aus Beton beweisen hinreichend, dass das Material wasserdicht ist, wenn man es richtig anwendet.«[36] Was die Fußböden anbetraf, konnte Schindler Lloyd davon überzeugen, dass seine Methode, sie mit Farbe und Wachs zu behandeln und anschließend teilweise mit Teppichen zu bedecken, die fehlende Elastizität mindern würde.

Lloyds Hauptproblem war die Baufinanzierung des Komplexes. Die Verhandlungen mit der örtlichen Bau- und Kreditgesellschaft, die Schindlers unorthodoxen Entwurf, Materialien, Kostenberechnung, technische Beschreibung und Arbeitsplan infrage stellten, zogen sich in die Länge.[37] Unterdessen waren Lloyd Bedenken gekommen wegen der fehlenden Fenster in Schlafzimmer, Küche und Bad und der Sicherheit seiner potenziellen Gäste angesichts der gleichfalls fehlenden Schranken zwischen Innen- und Außenraum. Schindler wies darauf hin, dass in diesen Bereichen Oberlichter über den Türen Licht und Luft einlassen würden, aber Lloyd bestand auf dem Einbau herkömmlicher Fenster in den Entwurf, zum einen, um den Bewohnern Ausblicke zu ermöglichen, zum andern, um die Räume auch bei geschlossenen Schiebetüren belüften zu können. Lloyd machte geltend:

Sie versichern uns, dass es reichlich Belüftung durch die Oberlichter geben wird, und das träfe auch zu, wenn der Wind aus der richtigen Richtung käme und alles offen stünde, aber kaum einer wird seine Schlafzimmertür offen lassen. Alleine wohnende Frauen wären besonders furchtsam. [...] Es muss in jedem Schlafzimmer ein Fenster geben und nach Möglichkeit auch in jeder Küche. Die Damen schauen bei der Arbeit gerne nach draußen.[38]

Anfang Juli 1923 wurde Lloyds Kredit bewilligt und die Bauarbeiten an den Puebla Ribera Courts begannen. Unter der Leitung von Clyde Chace begannen im August die Ausschachtungsarbeiten und das Gießen der Ortbetonplatten für Boden und Wände *(Abb. 9, 10)*. Mitte Oktober kamen die Dachdecker und deckten die erste Einheit. In der Folge entwarf Schindler auf Wunsch Lloyds einen unrealisiert gebliebenen Bürotrakt, der an das nördliche Ende von Einheit II angefügt werden sollte. Schindler entsprach diesem Wunsch und zeichnete die erste Skizze des Büroanbaus auf Lloyds Brief *(Abb. 11)*. Lloyd stieß jedoch auch weiterhin auf Schwierigkeiten bei der Finanzierung des Gebäudes. Ende Januar 1924 schrieb er an Schindler, dass die Bauarbeiten zwar fast beendet seien, »aber meine große Sorge ist, dass die Gelder selbst jetzt nicht ausreichen werden, den Bau und die Möblierung fertig zu stellen. [...] Die Fehler von euch beiden Knaben führten dazu, die geschätzten Kosten um fünfundzwanzig Prozent zu überziehen, und das Ende ist noch nicht in Sicht.«[39] Er hatte sein gesamtes Kapital in das Unternehmen gesteckt, und um kostendeckend zu arbeiten, mußte der Komplex auf Dauer komplett vermietet sein. Die ersten Gäste trafen Mitte Februar in der Anlage ein, nur um festzustellen, dass ihre Hudsons und Cadillacs nicht in die von Schindler geplanten Garagen passten. Mitte März setzte der Regen ein, und mehrere Einheiten standen aufgrund einer fehlerhaften Neigung des abschüssigen Geländes sowie Setzrissen und Sprüngen in den Betonböden und -wänden unter Wasser. Auch durch die vom Regen verzogenen Schiebetüren drang Wasser ein ebenso wie von den Schlafkrippen auf dem Dach, was Lloyd dazu veranlasste, die Einheiten als »praktisch unbewohnbar« zu bezeichnen.[40] Lloyd bemühte sich nach Kräften und ließ das Verbunddach von Dachdeckern ausbessern und auf Schindlers Rat die Löcher im Beton mit Steinbruch abdichten.

Ungeachtet der Probleme, erregte Schindlers ungewöhnliche Gestaltung der Pueblo Ribera Cottages die Aufmerksamkeit von Besuchern La Jollas. Lloyd wollte daraus unbedingt Kapital schlagen und ließ ein Schild anbringen: »El Pueblo Ribera – Besucher willkommen«, das Besucher auf die erste Einheit verwies, die er und seine Frau bewohnten. Wie Lloyd vermerkte, führte Schindlers asymmetrische Anordnung jedoch zu Schwierigkeiten beim Auffinden des zentralen Büros: »Die Leute laufen ziellos herum und versuchen, einen konkreten Hinweis zu finden oder jemanden, der sie führen könnte. Derzeit gibt es keine Führer für Gruppen, und ich muss Besucher irgend-

9 PUEBLO RIBERA COURTS FÜR W. LLEWELLYN LLOYD, La Jolla, Kalifornien, 1923–1925
Ansicht der Baustelle, um 1923
Fotografie: R. M. Schindler

10 PUEBLO RIBERA COURTS FÜR W. LLEWELLYN LLOYD, La Jolla, Kalifornien, 1923–1925
Fotografie: R. M. Schindler, um 1924

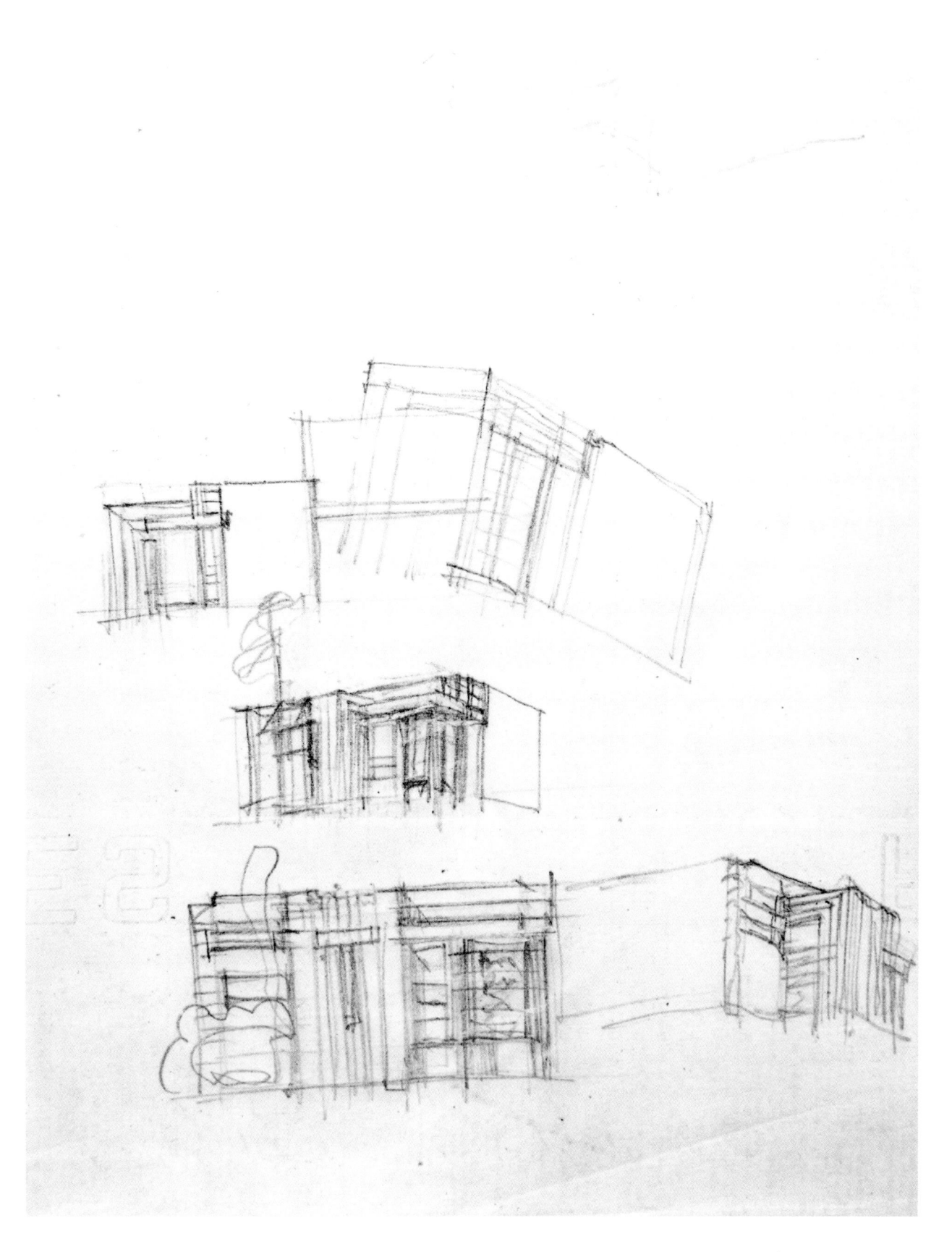

11 PUEBLO RIBERA COURTS FÜR W. LLEWELLYN LLOYD,
La Jolla, Kalifornien, 1923–1925, Skizze für den Büroanbau
von Einheit 11, 1924

12 PUEBLO RIBERA COURTS FÜR W. LLEWELLYN LLOYD, La Jolla, Kalifornien, 1923–1925

wie zu unserem Haus leiten, wo man sich um sie kümmern kann.«[41]
Im August 1924 waren sämtliche Einheiten vermietet und Lloyd schrieb, dass »die Häuser bei allen großartig ankommen. Jeder mag sie, die meisten Mieter sind so begeistert, dass sie nach ihrem Auszug Reklame für uns machen.«[42] Um für die Cottages zu werben und Besucher anzuziehen, ließ Lloyd zwei Broschüren für den »El Pueblo Ribera«-Komplex gestalten. Er bat Schindler, ihm eine Federskizze eines der Cottages zu schicken, die er auf dem ersten Faltblatt abdrucken wollte. Schindlers Zeichnung (Abb. 12) gibt nicht nur ein hervorragendes Beispiel seiner künstlerischen Gestaltung ab, sondern vermittelt optisch den flexiblen, zwischen Drinnen und Draußen pendelnden Wohnstil, dem er durch seine Entwürfe Vorschub leisten wollte. Obgleich er keine Gelegenheit hatte, Schindlers Zeichnung zu verwenden, ließ er doch eine Zeichnung der Fassade einer der Einheiten abdrucken, die Schindlers Skizze ähnelt.[43]

Die Broschüren sind wichtige Dokumente, die zeigen, wie Lloyd einerseits Schindlers Entwurfsabsichten für Pueblo Ribera zu nutzen wusste und wie er sie andererseits modifizierte, um die eher konservativen, wohlhabenden Besucher La Jollas anzulocken. In der ersten Broschüre (Abb. 13) spricht Lloyd davon, die zwölf »künstlerischen« Betonbungalows verfügten dank ihrer Gesamtplanung über ungewöhnlich viel Privatsphäre – jeder mit eigener Veranda, einer Dachpergola mit Außenkamin und rustikalem Sitzplatz. Gestützt auf eine Sprache, die an die in den ersten beiden Jahrzehnten des Jahrhunderts populären Arts-and-Crafts-Bungalows erinnert (von Lloyd bewusst verwendet, um den Geschmack der aufkommenden Mittelklasse-Besucher Kaliforniens zu treffen, die Sinclair Lewis in *Main Street* und *Babbitt* karikiert), beschreibt er die Innenräume als bequem, »gemütlich« und komplett möbliert mit eigens für die Einheiten entworfenen, handgefertigten Stücken. Moderne Einrichtungen wurden hervorgehoben: Jede Einheit verfügte über eine abgeschlossene Garage, und jede Küche war mit Einbaugeräten wie Kühlschrank, Müllverbrenner sowie einem »geschickt unter dem Tisch der Frühstücksecke versteckten Bügelbrett« ausgestattet.[44]

Die zweite Broschüre enthielt eine Reihe neuerer Fotografien (Abb. 14), auf denen die Anlage, ein Luftbild ihrer Lage in La Jolla sowie der Lebensstil zu sehen sind, den die Gestaltung des Komplexes und seine Lage am Meer gestatten. Man sieht Gäste, die es sich in einem

EL PUEBLO RIBERA
The Bungalow Apartments of Distinction

A GROUP of 12 new concrete bungalows situated on the finest beach in La Jolla.

¶ Best place for bathing, most even climate in the world.

¶ Showers for use of bathers.

¶ Each bungalow has a splendid view of the ocean.

¶ Each having unusual privacy.

¶ Each having a patio.

¶ Each having a pergola roof-garden, an out-door fireplace and rustic seat in each pergola.

¶ Garage for each bungalow.

¶ Interiors comfortable, cozy and completely furnished, with fireplace in each living room.

¶ Entire bungalow heated by gas if desired.

¶ Furniture hand-made and especially designed for these bungalows.

¶ Kitchen has many built-in features: ice box in the cooler, incinerator for burning trash and garbage, ironing board cunningly hidden under the breakfast-nook table.

¶ Each bungalow an all the year around home.

¶ Visitors always welcome, we consider it a privilege to show these artistic bungalows.—Or write for further information and rates.

¶ If possible, tourists wishing to stay only a short time will be accommodated at the following rates:

For 1 or 2 persons $6.00 per day.
3 persons $1.00 per day extra
For 1 or 2 persons per week $25.00
(Except during July, August and September.)
3 persons per week $7.00 extra.

These rates include hot and cold water, gas and electricity.
Garage $2.00 ℘ week, $5.00 ℘ month.

¶ The Windansea Hotel, across the street, has the distinction of serving the finest meals in La Jolla. Tenants wishing a vacation from the cares of cooking or desiring an occasional meal will find excellent accommodations there. It is worth a trip of many miles to have one of Mrs. Snell's meals in the artistic dining room of the Windansea Hotel.

13 Text der Pueblo-Ribera-Courts-Broschüre, um 1924

der Interieurs bequem machen, im Badeanzug auf dem Weg zum Strand, beim Sport, beim Sonnenbaden und beim Ruhen auf einer der Dachterrassen. Bei der Beschreibung der einzigartigen Cottages der Anlage mit ihren »massiven Steinwänden, die sich zur Sonne und abgeschlossenen Innenhöfen öffnen [...], jedes ein Ort, um wirklich ungestört und ruhig zu wohnen, unmöglich in Hotels, Bungalowanlagen etc.«,[45] werden körperliches und geistiges Wohlbefinden unterstrichen. Trotz der beiden Broschüren, die die Wirkung des unkonventionellen Entwurf Schindlers abschwächen sollten, indem sie neben deren »künstlerischen« auch ihre für Körper und Geist heilsamen Eigenschaften hervorhoben, gelang es Lloyd nicht, den notwendigen, kontinuierlichen Strom von Gästen anzuziehen. Im April 1925 schrieb er nicht ohne eine gewisse Ironie an Schindler, »Ich unternehme in diesem Sommer einen weiteren verzweifelten Versuch, die Sache ins Rollen zu bringen, und wenn ich scheitere, wird mein ganzes eigenes und geliehenes Geld verbraucht sein, und ich muss aufhören. Jeder lobt die Anlage über den grünen Klee, aber offenbar haben nur wenige den Mut, darin zu wohnen.«[46]

DER SCHINDLER SHELTER, 1933–1939
In den zwanziger und dreißiger Jahren baute Schindler im Raum Los Angeles eine Reihe eindrucksvoller Wohnhäuser, insbesondere die John Cooper Packard Residence (1924), die James Eads How Residence (1925/26), ein Beach House für Dr. Philip Lovell (1922–1926), die Manola (Manolita) Court Apartments für Hermann Sachs (1926–1940), ein Sommerhaus für Charles H. Wolfe (1928–1931) sowie Wohnhäuser für Robert F. Elliot (1930; 1939) und Hans N. von Koerber (1931/32). Zwischen 1926 und 1931 verschaffte die Zusammenarbeit mit dem ebenfalls in Wien ausgebildeten Architekten Richard J. Neutra und dem aus Rumänien gebürtigen Planer Carol Aronovici unter dem Namen AGIC (Architectural Group for Industry and Commerce) Schindler direkte Kenntnis von den damals in Europa aufkommenden, neuen Möglichkeiten moderner Gestaltung. David Gebhard beschreibt Schindlers Arbeiten der dreißiger Jahre als von »aufgeräumtem, maschinellem Charakter« mit zunehmender Verwendung »harter, nicht-taktiler Materialien«, während »»warme‹ Materialien, insbesondere Holz« verworfen wurden, was überwiegend Neutras Einfluss zuzuschreiben war.[47] Der Wettbewerb mit Neutra, dessen Arbeiten von Philip Johnson und Henry-Russel Hitchcock in ihre 1932 im Museum of Modern Art veranstaltete Ausstellung »International Exposition of Modern Architecture« aufgenommen wurden, während man die Schindlers bewusst ausschloss, gab Schindlers Kreativität zweifellos weiteren Antrieb.[48]
1933 begann Schindler mit der Arbeit an seinen »Schindler Shelters«, einer Reihe prototypischer Häuser mit Einheiten von drei, vier und vier-ein-halb Zimmern (Abb. 15), bei denen eine von dem in Glendale ansässigen Bauingenieur Neal Garrett patentierte spezielle Form von Hohlbetonschalen-Konstruktion zum Einsatz kam.[49] Schindlers Interesse an der Frage vorgefertigter, kostengünstiger Arbeiterwohnungen ging zurück auf seine frühen Jahre in Chicago.[50] In seiner Zeit bei Frank Lloyd Wright hatte er Entwürfe für Arbeiterkolonien, zum Beispiel der Monolith Homes für Thomas P. Hardy (1919) (Abb. 16), ausgearbeitet. Ihnen folgten 1924 zwei nicht realisierte Entwürfe für Arbeiterwohnungen für Gould & Bandini in Los Angeles (Abb. 17) und Job Harriman in San Gabriel, Kalifornien (Abb. 1).[51] Zwischen 1929 und 1938 entwarf Schindler außerdem zwei vorgefertigte Cottages für William Lingenbrink von der American Holding Corporation in deren »Park Moderne«-Siedlung in Calabasas (Abb. 18). Schindlers erstes Cottage im Park Moderne glich in der Form den Pueblo-Ribera-Einheiten, unterschied sich von ihnen allerdings durch die Verwendung des standardisierten Vier-Fuß-Moduls als Ordnungsprinzip des Entwurfs. Dieses Modul bestimmte sowohl den horizontalen Grundriss des Cottages als auch seinen vertikalen Raum; gleichwohl vermied Schindler das sklavische Festhalten an dem Modulsystem und machte später geltend: »Es ist nicht nötig, dass sich der Architekt vollständig dem Raster unterwirft. Ich habe festgestellt, dass es eine Form bisweilen verbessert, wenn man etwas von der Einheit abweicht.

14 Broschüre für die Pueblo Ribera Courts, um 1927

15 SCHINDLER SHELTERS (ENTWURF), Los Angeles, 1933–1939,
Zeichnung einer Vier-Zimmer-Einheit auf einer geprägten
Papierplatte, die für den Druck verwendet wurde

16 MONOLITH HOME (ENTWURF FÜR FRANK LLOYD WRIGHT),
Standort unbekannt, 1919

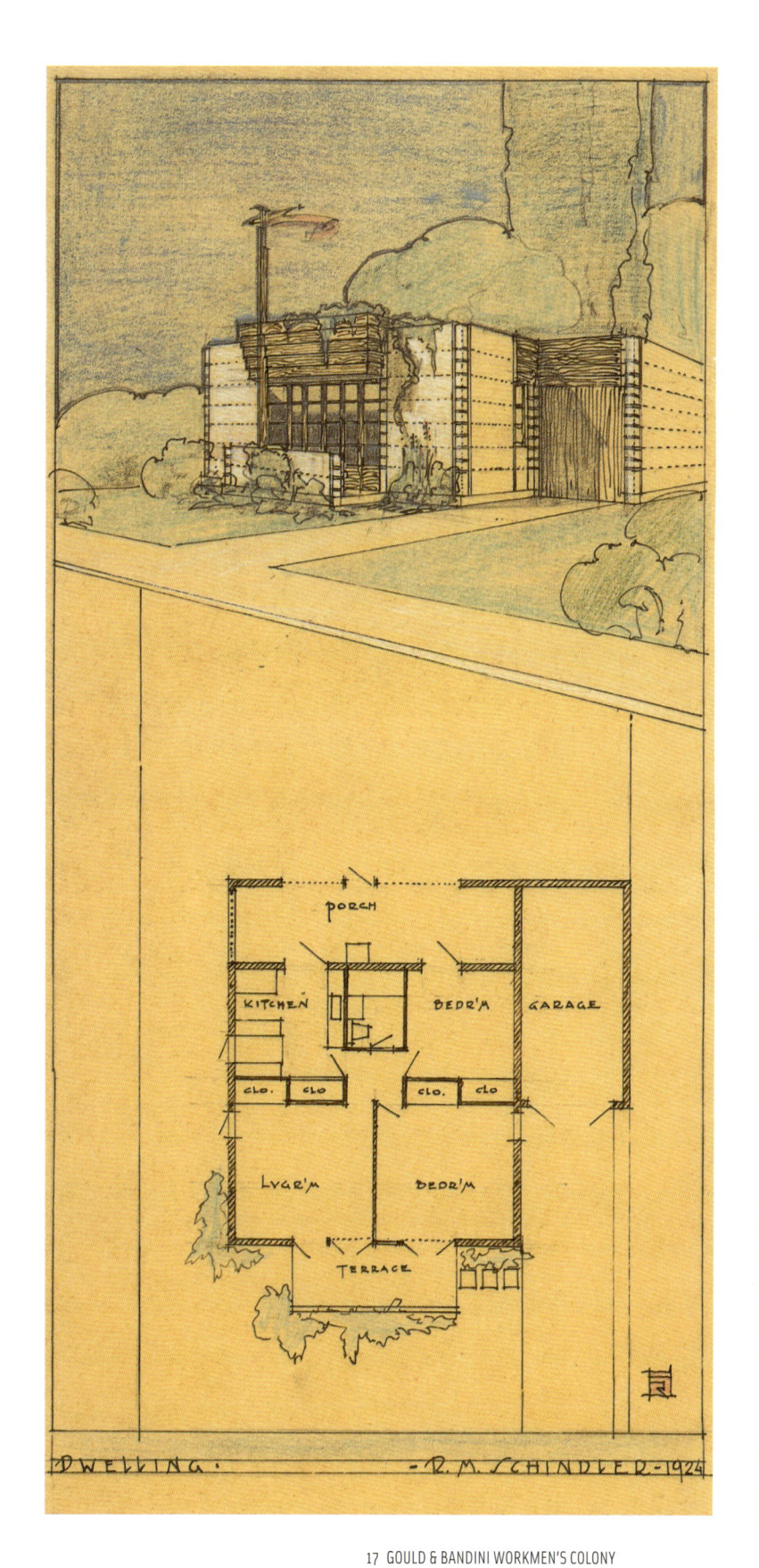

17 GOULD & BANDINI WORKMEN'S COLONY
(ENTWURF), Los Angeles, 1924

Eine solch' geringfügige Abweichung macht nicht das gesamte System zunichte, sondern zeigt die allen mechanischen Systemen inhärenten Beschränkungen auf.«[52]

Schindlers Arbeit an den Schindler Shelters stand in direktem Zusammenhang mit den Bemühungen der Regierung, die mithilfe von Franklin D. Roosevelts New Deal die krisenhafte Wohnsituation arbeitsloser oder gering verdienender Arbeiter verbessern wollte. Das neu geschaffene Subsistence Homestead Program [etwa: existenzsicherndes Wohnungsprogramm], Teil der National Recovery Administration, erregte Schindlers Interesse. Dieses Eleanor Roosevelt besonders am Herzen liegende Programm verfügte über Sondermittel in Höhe von 25 Millionen Dollar und wurde vom Innenministerium verwaltet. In einem undatierten Zeitungsausschnitt aus der *Los Angeles Times*, den Schindler aus der Anfangszeit von Roosevelts Präsidentschaft aufbewahrte, wird der zu fördernde Siedlungstyp beschrieben: »Allgemein gesagt, handelt es sich bei einer Subsistence Homestead um ein Stück Land, auf dem ein Mann zumindest einen Teil dessen, was er zu seiner Ernährung braucht, produzieren kann, während er noch anderweitig einer Arbeit nachgeht.«[53] Während eines Besuchs in Südkalifornien wählte der Direktor des Programms, W. A. Hartman, die im südlichen Kalifornien bestehende Bewegung zur Förderung der Nebenerwerbslandwirtschaft als Modell für künftige Subsistence Homesteads aus: »Die kleinen Wohnfarmen dieser Gegend, auf denen der Arbeiter lebt und viel von dem erzeugt, was seine Familie isst, während er anderswo in der Industrie, im Handel oder freiberuflich tätig ist, können allen am Programm Interessierten als wirkliche Richtschnur dienen.«[54] Schindler richtete seine Schindler Shelters an diesen Zielsetzungen aus.

Angeregt von der Aussicht auf Regierungsgelder, war Schindler bestrebt, seine Bauten durch Standardisierung der Einheiten anhand des Vier-Fuß-Moduls kostengünstig zu gestalten und zugleich die Anpassung an individuelle Bedürfnisse in punkto Größe, Grund- und Aufriss zuzulassen, um den von ihm so bezeichneten »Kaninchenstalleffekt« zu vermeiden.[55] Schindler ordnete seine Einheiten hakenkreuzförmig um eine zentrale Halle an, die durch oben liegende Fenster Luft und Licht erhielt. Die einzigen bei den Schindler Shelters festliegenden Elemente waren Küchen, Bäder und Waschräume, die sich nebeneinander befanden und eine als präfabrizierte Einheit herstellbare, zentrale Wand mit sämtlichen notwendigen Leitungen und Anschlüssen umgaben *(Abb. 19)*. Außerdem sah Schindler genormte Schränke vor, die als flexible Raumteiler zur Unterbrechung der Räume dienten. Der eigentliche Wohnraum ließ sich ohne Auswirkungen auf den Gesamtgrundriss auf jede Größe erweitern, da er nur mit zwei Seiten an den Bau angrenzte. In ähnlicher Weise konnte man die zentrale Diele in verschiedene Richtungen vergrößern, um zusätzliche Schlafzimmer zu gewinnen. Um ausreichend Luft und Licht in die Zimmer einzulassen, und für den größtmöglichen Zusammenhang mit dem Außenraum sollten die Häuser mit eigens entworfenen horizontalen Schiebefenstern aus gestanztem Blech – so genannte »track-sash«-Fenster – ausgestattet werden, gefertigt zum halben Preis der üblichen Stahlfenster. Als weitere gesundheitsfördernde Maßnahme plante Schindler über den Garagen umfriedete Sonnendecks. Sämtliche Zimmer sollten über mindestens zwei, der Wohnraum sogar über vier Öffnungen verfügen. Zu den Besonderheiten des Entwurfs zählte die zentrale Lage der Küche, um die Beaufsichtigung der Kindern zu erleichtern, wenn sie in ihren Zimmern oder im Wohnraum spielten. Die Küche selbst ließ sich zum Wohnzimmer hin öffnen und der Esstisch in den Hauptraum rollen, sodass die Familie nicht gezwungen war, »das Abendessen, dem soziale Bedeutung zukommt, inmitten fettigen Geschirrs und feuchter Wäsche einzunehmen«.[56] Jedes Haus verfügte über einen eigenen Garten mit Platz für ein Gemüsebeet und außerdem über eine angebaute Garage, etwas breiter als üblich, um Raum für eine Werkbank zu lassen. Zwar war der flexible Grundriss der Shelters ein großer Vorzug, aber Schindler war der Meinung, das bei ihnen verwendete Fabrikations-

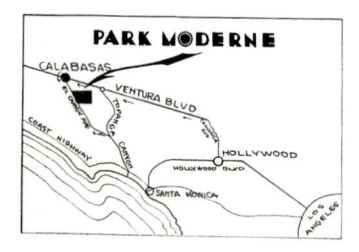

18 Broschüre der »Park Moderne«-Siedlung, Calabasas, Kalifornien, 1929–1938, die von Schindler entworfene Einheit oben links

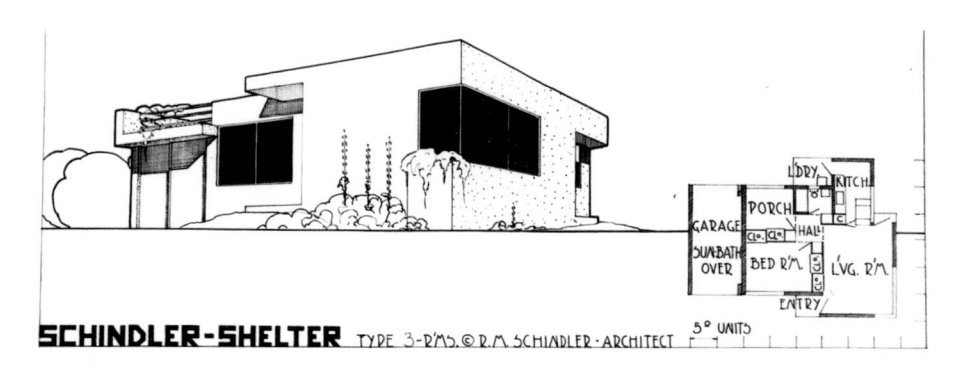

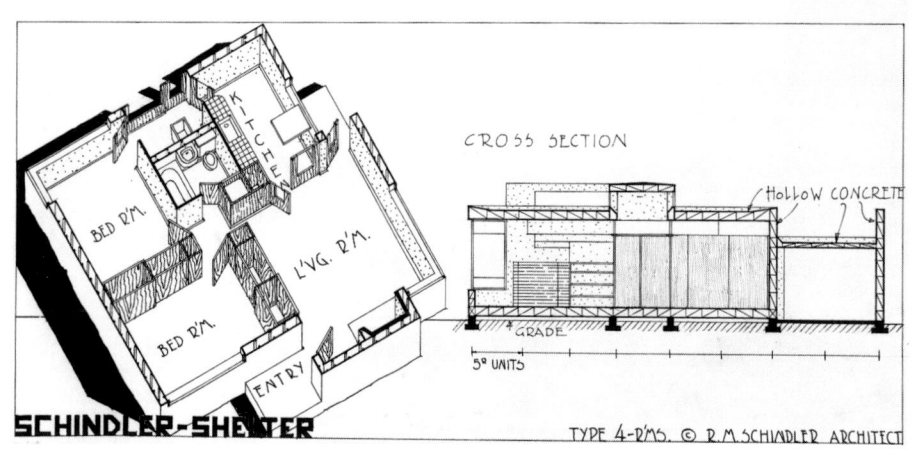

19 SCHINDLER SHELTERS (ENTWURF), Los Angeles, 1933–1939

verfahren stelle ihren größten Verkaufsanreiz als kostengünstige Wohneinheiten dar. In der Baubeschreibung der Häuser macht Schindler geltend, die aus einem Material bestehenden, monolithischen Bauten seien leicht von ungelernten Arbeitern nach der von Neal Garrett patentierten Hohlbetonschalen-Konstruktion zu errichten und verringerten sowohl die Baukosten als auch das Gewicht der tragenden Wände und Decken.[57] Bei der Garrett-Methode *(Abb. 20)* werden Wände, Böden und Dach aus fortlaufenden vorgefertigten, standardisierten Blöcken errichtet, die aus starren, gestanzten Blechplatten von 40,6 cm Breite und 1,83 m Höhe bestanden.[58] Die beiden Flächen werden dann durch ein netzartiges System von »Metallfingern« versteift, die einen 40,6 cm tiefen Träger bilden. Eine Lage feinen Drahtgeflechts, gestützt von dünnen Metallröhren, umgab die Flächen, die beliebig lang sein konnten. Sie wurden sodann mit Portlandzement bespritzt und getrocknet, wobei sie zu einer kompakten Substanz härteten. Zuerst entstanden die Böden, die unmittelbar auf die Erde gelegt und an beiden Enden mit Wänden besetzt wurden. Auf ähnliche Weise entstanden die Dächer, die dann an ihre jeweilige Position gehoben wurden. Sobald die Schale gehärtet war, fügte man innere Trennwände aus leichteren Materialien ein. Schindler pries die Gebäude als feuer-, wasser- und insektenfest an; im Winter wie im Sommer wirkten die nahtlosen, doppelten Wände, Decken und Böden isolierend.

Schindler glaubte, mit Garretts System lasse sich Beton als wirtschaftlich tragbares Material für kostengünstigen Wohnungsbau nutzen, da man dafür weder teure Schalungsarbeiten noch Facharbeiter benötigte. Dank Garretts Bauverfahren mit seinen dünnen Platten, galt Beton nicht länger als sperriges Massenmaterial. Schindler fand, es sei für Aufgaben der modernen Architektur bestens verwendbar und erklärte, das Garrett-System verschaffe dem Beton Geltung als:

[...] wahrem Material für den »Raum-Architekten«. Es beseitigt die herkömmliche plastische Behandlung eines Baumaterials und gestattet es dem Architekten, sich auf sein neues Medium, den Raum, zu konzentrieren. Ferner macht es den Beton menschlicher, indem es eine Bauweise anbietet, die ebenso unverwüstlich ist wie der Holzrahmenbau und die das derzeit verbreitete Vorurteil gegen Beton im Wohnungsbau beseitigt.[59]

Schindler war fest davon überzeugt, dass sein Entwurf der Schindler Shelters helfen könnte, die Wohnungskrise der frühen dreißiger Jahre zu bewältigen. Er meldete den Entwurf unter dem Namen »Schindler Shelter« zum Patent an, und im Dezember 1933 wurden seine Zeichnungen als Teil der Architects Exhibit, Inc., im Kaufhaus Barker Brothers in Los Angeles ausgestellt. In ihrem ersten illustrierten Bericht über Schindlers Schaffen stellt die *Los Angeles Times* im Dezember 1933 den Entwurf der Schindler Shelters in ihrer Beilage *Home Builder's* vor.[60]

Schindler schickte die Pläne an eine Reihe von Bundesbehörden, darunter die Subsistence Homesteads Division des Innenministeriums in Washington, D. C. In ihrer Antwort fand die Division etwas an Schindlers Entwurf auszusetzen, und zwar nicht hinsichtlich der Kosten, sondern hinsichtlich der kleinen Küchen. Sie vermerkten: »Wir halten es für sehr wichtig, dass in Subsistence Homesteads die Küche der größte Raum des Hauses sein sollte, da sie zum Arbeitsplatz der ganzen Familie wird.«[61] Das wirkliche Problem betraf die Baukosten und die von Schindler für seine Schindler Shelters geplante Formensprache. In seinem Brief an die Subsistence Homesteads Division führt Schindler aus, dass der wahre Wert seiner Entwürfe im Gebrauch von Beton und Metall läge, beides feuerfeste, langlebige Materialien. Er hält fest:

Geldknappheit wird umfangreiche [künftige] Reparaturen unmöglich machen. Bedingt durch seinen übermäßigen Wertverlust, ist das Holzhaus der Vergan-

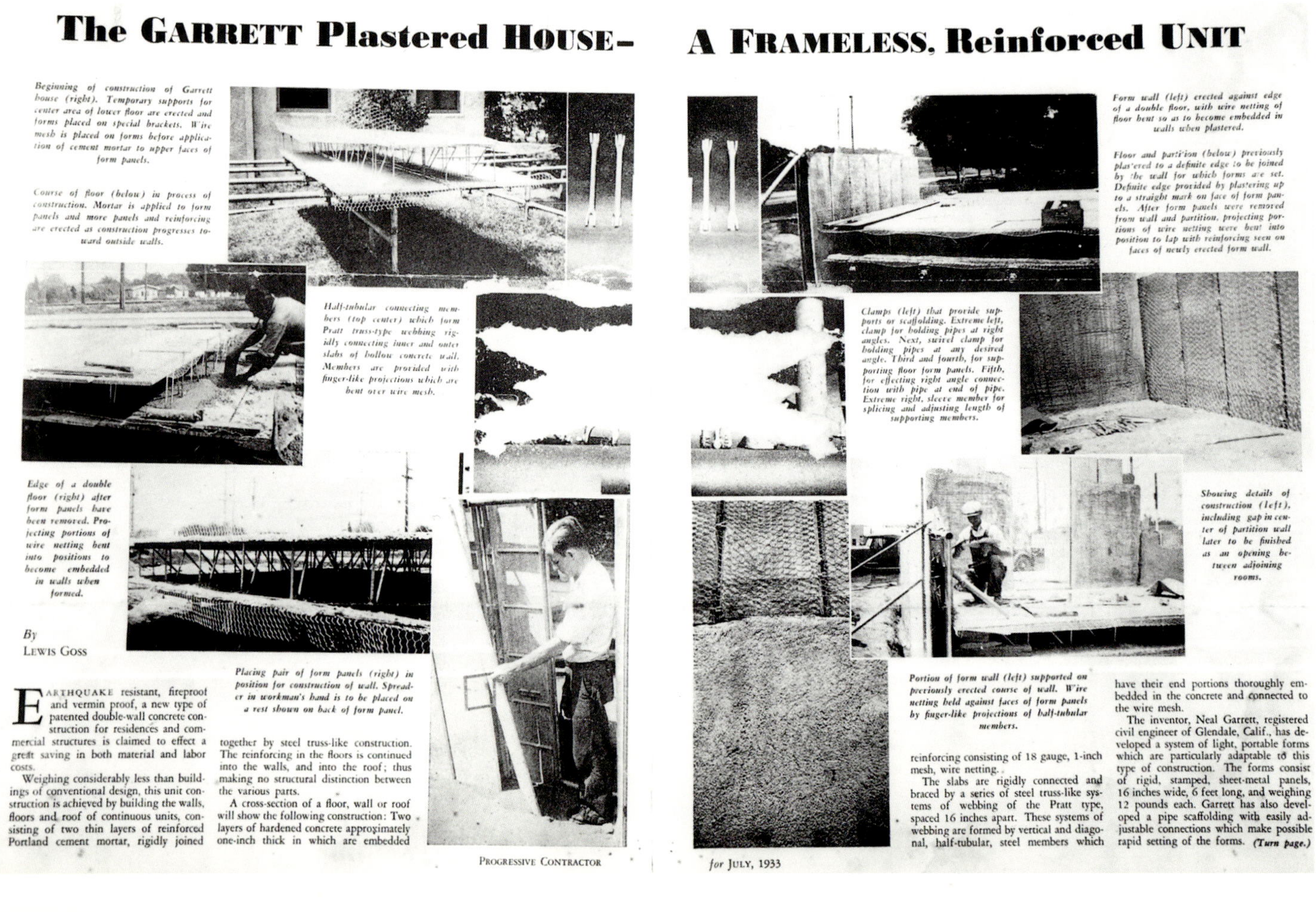

genheit untauglich – ein paar Jahre und das Viertel wird zum Slum. Der Schindler Shelter reduziert die Instandhaltungskosten auf ein Minimum. Für ihren Bau werden Metall und Beton verwendet. Diese Materialien gestatten eine Behandlung, die die Differenz zwischen Haushaltungskosten in der Stadt und auf dem Land verringern wird.[62]

Ziel der Subsistence Homestead Division war es, Arbeitern in ländlichen Gegenden kostengünstigen Wohnraum zur Verfügung zu stellen, während die Baukosten der Schindler Shelters in Wahrheit höher lagen als bei konventionellen Holzrahmenbauten. Damit verbunden war das Unbehagen der Regierung, bei den von ihr geförderten Wohnungsbauprojekten die architektonische Formensprache der Moderne zu dulden. Tatsächlich kamen bei den Häusern der berühmtesten der Subsistence-Homestead-Gemeinden, wie der in Reedsville, West Virginia (bekannt unter Arthursdale), herkömmliche Baumethoden und traditionelle, auf dem Stil des Colonial Revival basierende Formen zur Anwendung *(Abb. 21)*. Die Schindler Shelters waren für den Geschmack der Bürokraten zu modern; sie passten besser auf die Seiten von *Popular Mechanics* als zu einem tatsächlichen Bau.[63] Schindler selbst räumte dies bereits 1935 widerwillig ein, als er damit begann, das Schindler-Shelter-Projekt umzuarbeiten und sich dabei einer konventionelleren Holzrahmenkonstruktion zu bedienen, die er Ende der dreißiger Jahre als seine »Panel-Post«-Methode bezeichnen sollte.

ELLEN JANSON RESIDENCE, 1948/49

Schindlers Wohnhausentwürfe der Nachkriegszeit werden stets als seine problematischsten betrachtet, negativ behaftet von der Ablehnung der Zeitgenossen, die seine Arbeiten als zu weit entfernt von der Hauptströmung der Moderne der Zeit nach 1945 und daher als nicht »ernst zu nehmende« Entwürfe einstuften – beispielhaft dafür sein Ausschluss von John Entenzas Case Study House Program –; in unseren Augen ist es der Eindruck von Unvollständigkeit aufgrund von Schindlers unerwartetem Krebstod im August 1953.[64] Esther McCoy und David Gebhard weisen beide auf den improvisierten Charakter von Schindlers späten Entwürfen hin, die häufig noch während der Bauzeit abgeändert wurden. Gebhard beschreibt Schindlers späte Zeichnungen als »immer flüchtiger, sogar schludrig; sie genügten gerade eben noch den Anforderungen der Bauämter«, während McCoy feststellte: »Es war das Tageslicht [auf der Baustelle], nicht das Licht am Zeichentisch, das die Gestalt erhellte.«[65] Gebhard, der eigentlich Schindlers diffuse Haltung zur etablierten amerikanischen Moderne der Nachkriegszeit verteidigte, gestand in seinen Texten der späten sechziger Jahre, Schindlers späte Häuser verwirrten ihn, und äußerte die Ansicht, sie gingen zu weit, ihre »unstimmige Mehrdeutigkeit [sei] nicht länger eines von mehreren Mitteln zum Zweck, sondern für ihn jetzt zum eigentlichen Zweck geworden.«[66] Zwanzig Jahre später hatte er seine Ansicht dahingehend geändert, dass er Schindlers Fähigkeit zu würdigen wusste, mit den letzten Bauten »dieses gesamte komplexe, bisweilen widersprüchliche Vokabular in Ergebnisse zu fassen, die sich in der Tat durch ein gelassenes Selbstbewusstsein auszeichnen.«[67] Esther McCoy war der Meinung, Schindlers Spätwerk spiegele sein erneutes Bemühen um den Raum wider, »seine zunehmenden Einsichten in menschliche Differenziertheiten schlagen sich in Differenzierung der Form nieder [...]. [Schindlers späte] Häuser ähneln einer Art intimer Porträtmalerei in gebauter Form.«[68] Von all seinen späten Wohnhäusern spiegelt keines diese persönlichen Differenziertheiten stärker wider als das Haus, das er in den Jahren 1948 und 1949 für Ellen Janson errichtete *(Abb. 22)*.

Mit Ellen Margaret Janson *(Abb. 23)*, einer Dichterin und Autorin von Kinderbüchern, verband Schindler die letzte – und vielleicht ernst-

20 Anzeige im *Progressive Contractor*, Juli 1933

21 Aus einem Artikel in *The Architectural Forum*, 4. Mai 1934

haftseste – einer Reihe von Beziehungen, die auf die Trennung und anschließende Scheidung von seiner Frau Pauline folgten.⁶⁹ Janson und Schindler begegneten sich irgendwann in den späten dreißiger Jahren, wahrscheinlich durch Pauline Schindler bei einer ihrer zahlreichen gesellschaftlich-kulturellen Veranstaltungen, die sie im Kings Road House ausrichtete. 1939 stellte Janson die erste umfassende Biografie Schindlers zusammen, in der sie seine Architekturphilosophie umreißt und sein Werk beschreibt. 1948 bittet sie ihn, in einer Schlucht der Hollywood Hills auf einem abschüssigen Grundstück mit Blick auf das San Fernando Valley ein Haus für sie zu bauen. Ihr gemeinsamer Spitzname für das neue Haus war »Skyhooks« [wörtl. Himmelshaken], und sein Entwurf und Bau waren für Schindler von entscheidender, persönlicher Bedeutung. Ellen Janson erinnert sich an ihren spielerischen Dialog mit Schindler, der zum Entwurf des Hauses führte, und erklärt: »Ich wollte schon immer im Himmel wohnen. Dann traf ich einen Raumarchitekten. Der Architekt fragte mich, ›Wie würde dir ein Haus aus Spinnweben gefallen?‹ Ja, ich fände es großartig, denn sie würden den Himmel überhaupt nicht aussperren. Aber woran würdest du die Spinnweben aufhängen? ›An Himmelshaken‹,

sagte er.«⁷⁰ Schindlers erste Skizzen von 1948 *(Abb. 24)* sah einen eingeschossigen, flachen Bau vor, mit einem zentralen Kern mit Bad und Küche zwischen Wohnraum und Schlafzimmer, der mittels eines zentralen Sockels am Hügel verankert werden sollte. Im folgenden Jahr kam ein Untergeschoss mit eigenem Eingang hinzu, in dem sich außerdem ein Atelier mit Bad und Küche befanden. Höchstwahrscheinlich fügte Schindler dieses Geschoss auf die dringende Bitte Jansons hinzu, für seinen eigenen Gebrauch eine separate, abgeschlossene Wohneinheit zu konzipieren. Im letzten Jahr seiner Krankheit drängte Janson Schindler, ganz in »Skyhooks« zu wohnen, wo sie versprach, sich um ihn zu kümmern, ohne seine Kreativität einzuengen: »*Sei* Robinson Crusoe auf deiner wilden, einsamen Insel. Lass' mich nicht dein Freitag sein! – sondern eine Zauberin, die so leichtfüßig auf deiner Sandbank wandelt [...], dass du nicht um ihre Anwesenheit wüsstest, gäbe es da nicht das sanfte Flügelstreifen auf deiner Wange im Wind.«⁷¹

Der Entwurf des Hauses für Ellen Janson verkörpert Schindlers Prinzipien der Raumarchitektur, allerdings unter Verwendung von Holz als Baustoff, wie er sie in seinem 1944 erschienenen Artikel »Refe-

22 ELLEN JANSON RESIDENCE, Los Angeles, 1948/49

23 Ellen Janson auf der Baustelle, um 1949

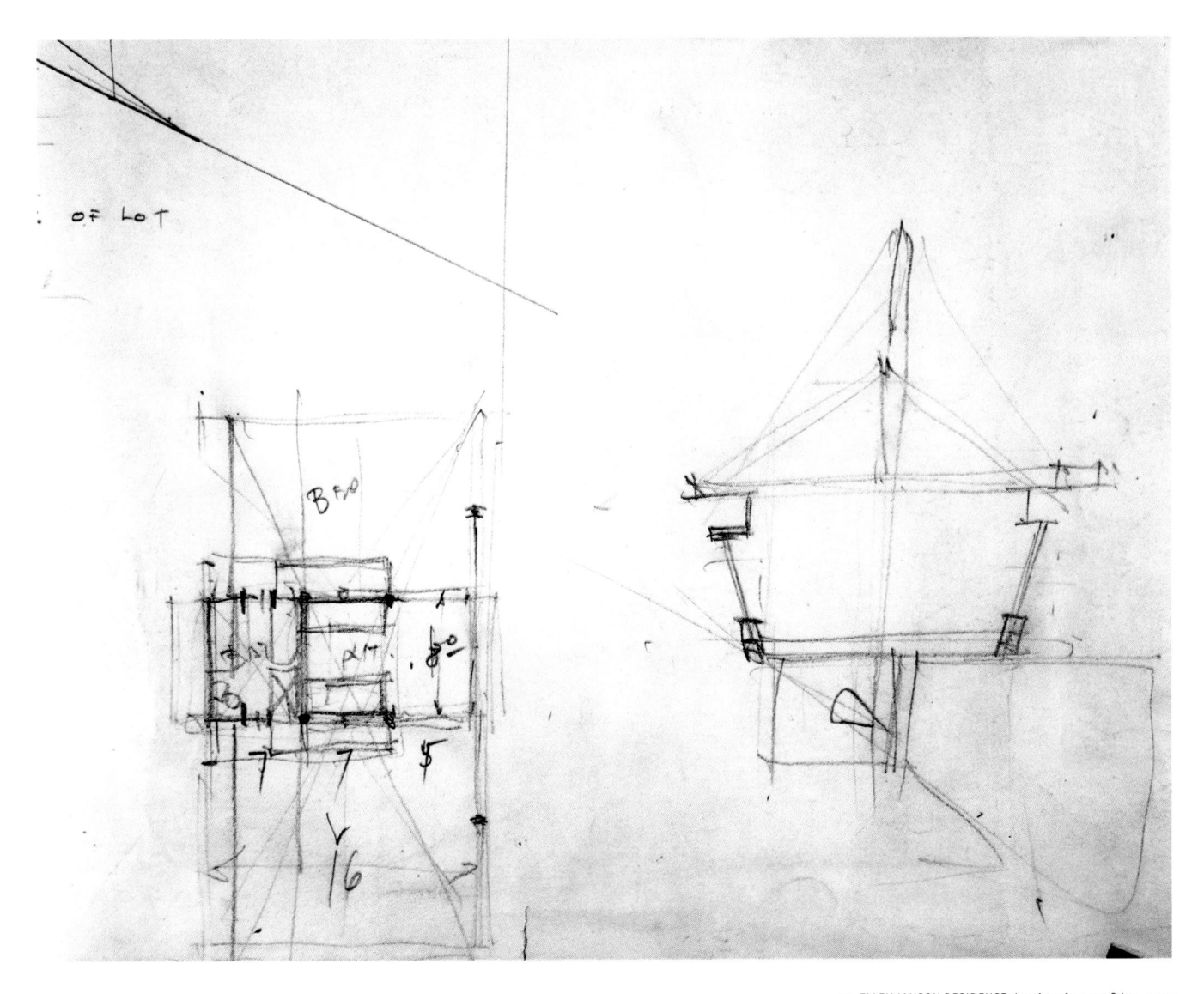

24 ELLEN JANSON RESIDENCE, Los Angeles, 1948/49, erste
Skizze des Grundrisses (links) und des Schnitts (rechts)

rence Frames in Space« dargelegt hatte. In dem Artikel bekräftigt Schindler erneut den Gebrauch des Vier-Fuß-Moduls als dem seinem Sinn für Maß und Rhythmus entsprechenden Ordnungsprinzip, machte jedoch geltend, dass echte Raumformen nur im Geist ihres Schöpfers entstehen könnten:

Um sich eine »Raumform« wirklich vorstellen zu können, muss man sich in ihrem Inneren befinden, und deshalb kann keine Perspektive, kein Modell, selbst wenn es zerlegbar oder transparent wäre, beim Gestalten von Raum viel helfen. Damit diese schwierige Aufgabe gelingt, muss der Architekt [...] ein System von Einheiten schaffen, das er leicht im Kopf behalten kann und das ihm die Abmessungen seiner Formen direkt erschließt, ohne dass er zu mathematischen Berechnungen greifen muss.[72]

Schindler führte aus, ein solches System habe unzählige Vorteile verglichen mit den herkömmlichen Methoden maßgerechten Entwerfens, allen voran den, dass »Zimmerwände, die man zur Schaffung von Raumformen verwendet, sich nicht gerade und kastenartig vom Boden zur Decke erheben, sondern dazwischen vorspringen oder zurücktreten können.«[73] Schindlers Entwurf für die Ellen Jansons Residence lässt seine Beherrschung dieses Rezepts erkennen: Er verwendet einen zentralen, rechtwinkligen Kern als in der Erde verankerte Basis für eine Plattform sich schneidender Flächen, die an ihrer Außenseite mehrere hölzerne Decks sowie vorkragende, mit Pergolen versehene Veranden aufweisen. Seine ersten Skizzen zeigen das dem Plan zugrunde liegende Gesaltungsprinzip – mehrere, sich überschneidende Rechtecke bilden ein Kreuz, dessen Zentrum die Basis des im Hang verankerten Bauwerks darstellt. Das hölzerne Tragesystem des Gebäudes wurde im August 1949 fertig gestellt. Die erhaltenen Fotografien, die dessen Errichtung festhalten *(Abb. 25–27)*, gehören zu den besten und zahlreichsten im Schindler-Archiv und zeigen das komplizierte Verstrebungssystem, das Schindler für dieses Haus auf mehreren Ebenen erdachte.

Zwar wurde das Grundstück der Janson Residence auf dem Kamm eines steilen Hangs wegen seines günstigen Preises gewählt, aber es gestattete Schindler, auf eines seiner frühesten Prinzipien bei der Gestaltung eines eindeutig südkalifornischen Hauses zurückzukommen – das kongenial platzierte Haus am Hang. Zum ersten Mal hatte Schindler seine Hoffnungen für Bauten dieser Art in einem Essay vom Oktober 1922 mit dem Titel »Who Will Save Hollywood?« dargelegt. Als er die Methoden des konventionellen Bauunternehmers beim Umgang mit diesen Hanglagen beschreibt, führt Schindler aus:

Von dem zum Untergang verurteilten Hügel wird ein großes Stück abgetragen, [...] ein steiler, halsbrecherischer Vorsprung wird vom Bagger aufgeworfen und auf diese plumpe Plattform wird das Haus gestellt, [...] auf einer künstlichen Platte zwischen Erde und Himmel thronend [...] mit großen Augen über den Rand ins Nichts starrend [...] in unschuldiger Ahnungslosigkeit, was den Abgrund vor und das bedrohliche Lehmdreieck hinter sich angeht.[74]

In Schindlers Augen würden diese Hanglagen, vorausgesetzt man wusste sie zu schätzen, den Rahmen für ein wahrhaft kalifornisches Haus abgeben. Mit den folgenden Worten beschrieb er ihre richtige Platzierung: »[...] das Gebäude darf nie rittlings auf dem Kamm errichtet werden, sondern sollte sich seiner Flanke anschmiegen, eins mit der Umgebung werden und die Hauptkonturen des Berges unberührt lassen.«[75] Schindlers zweistöckige Janson Residence hält sich eng an diese frühen Prinzipien. Der gestapelte Charakter der beiden Geschosse über einer in den Hang gebauten Erdgeschossbasis erinnert an seine Entwürfe für frühere Häuser in Hanglage, insbesondere die Guy C. Wilson Residence in Silver Lake (1935–1938); es ist das ganz oben liegende Außendeck *(Abb. 28)*, das der Janson Residence eine neue Richtung gibt. Indem es optisch die Stabilität des dahinterliegenden Baus auflöst, erzeugt das Deck für den Betrachter visuelle Spannung und verleiht der Janson Residence die Aura eines Baumhauses, ein Aspekt, der von Gebhard als Schindlers endgültiges Zeichen auf dem Weg zur gleichzeitigen Respektierung und Durchsetzung seiner eigenen dynamischen Vision des kalifornischen Hauses in Hanglage eingestuft wird.

Abgesehen von seiner Lage, spiegelt die Janson Residence auch Schindlers neu erwachte Faszination für das Konzept der konstruktiven Durchlässigkeit wider und die neuen, auf dem Gebrauch moder-

25 ELLEN JANSON RESIDENCE, Los Angeles, 1948/49
Fotografie: Charles R. Sullivan

26 ELLEN JANSON RESIDENCE, Los Angeles, 1948/49,
Detail des Decks während der Errichtung
Fotografie: Charles R. Sullivan

27 ELLEN JANSON RESIDENCE, Los Angeles, 1948/49
Fotografie: Charles R. Sullivan

28 ELLEN JANSON RESIDENCE, Los Angeles, 1948/49
Fotografie: Charles R. Sullivan

nen, farbigen Wellkunststoffs wie Alsynit basierenden Möglichkeiten, mit deren Hilfe sich das Aussehen von Innen- wie Außenraum verändern ließ. Mit diesem Gedanken hatte Schindler zum ersten Mal in den Jahren 1927/28 bei dem unrealisierten Projekt seines Translucent House für Aline Barnsdall experimentiert. Sein u-förmiger Bau umfasste auf dem oberen Dach eine aus durchscheinendem Glas gestaltete Zone, die am oberen Ende umgebogen war und auf die flachen Betondächer traf, wodurch sich von Innen gesehen der Effekt einer horizontalen Dachfläche ergab, die über einer Glaszone schwebt. Bei der Janson Residence wollte Schindler die Möglichkeiten von Lichtdurchlässigkeit ausloten, indem er für fortlaufende Bereiche, die als Hauptwände des Gebäudes dienen sollten, farbige Alsynit-Verkleidungen ohne Füllungsstäbe verwendete.[76] In einem seiner letzten Essays mit dem Titel »Visual Technique« definiert Schindler »Lichtdurchlässigkeit« als die Fähigkeit des modernen Architekten:

[...] eben den Raum, den er formt, mit Farbe zu erfüllen und sämtliche darin befindlichen Objekte zu zwingen, ein tätiger Teil seiner Palette zu werden, während sie einzeln die Abstrahlungen seines Farbmediums reflektieren. In einer Gruppe verändert ein »durchleuchteter« Raum kontrastierend nicht nur die Farben angrenzender Räume, sondern auch des Außenraums. Er wird, so weit das Auge reicht, zum Kraftzentrum einer Farbsymphonie.[77]

Die Janson Residence mit ihrer Kombination farbiger Alsynit-Platten, die Schindler ursprünglich in den Oberlichtern und als optische Verankerung der vier Ecken des Hauses nutzen wollte, sollte nach Schindlers Willen von innen wie von außen als Farbsymphonie wahrgenommen werden. Von innen gesehen illuminieren diese Bereiche die Innenräume mit einem diffusen, farbigen Licht, das trotzdem noch atemberaubende Aussichten auf den damals dünn besiedelten Canyon zulassen und die relativ kleinen Wohn- und Schlafräume dank der unbehinderten Aussicht größer wirken lässt. Von außen trug die Kombination aus Klarglas und blauem Alsynit dazu bei, Schindlers komplizierte Schichtung der Flächen zur Geltung zu bringen *(Abb. 29)*. Bei Nacht jedoch sollte der farbige Kunststoff nach Willen Schindlers seine dramatischste Wirkung entfalten; von außen beleuchtet, sollten die Platten »Farbe in die Luft freisetzen«.[78]

Hier also, am Ende seiner Laufbahn, spielte Schindler mit Farben, um »seine Raumformen zu veranschaulichen, ihre augenscheinlichen Proportionen zu verändern, ihre Dreidimensionalität zu steigern, ihre Umrisse zu entschärfen und dem freien Raum Farbe zu verleihen.«[79]

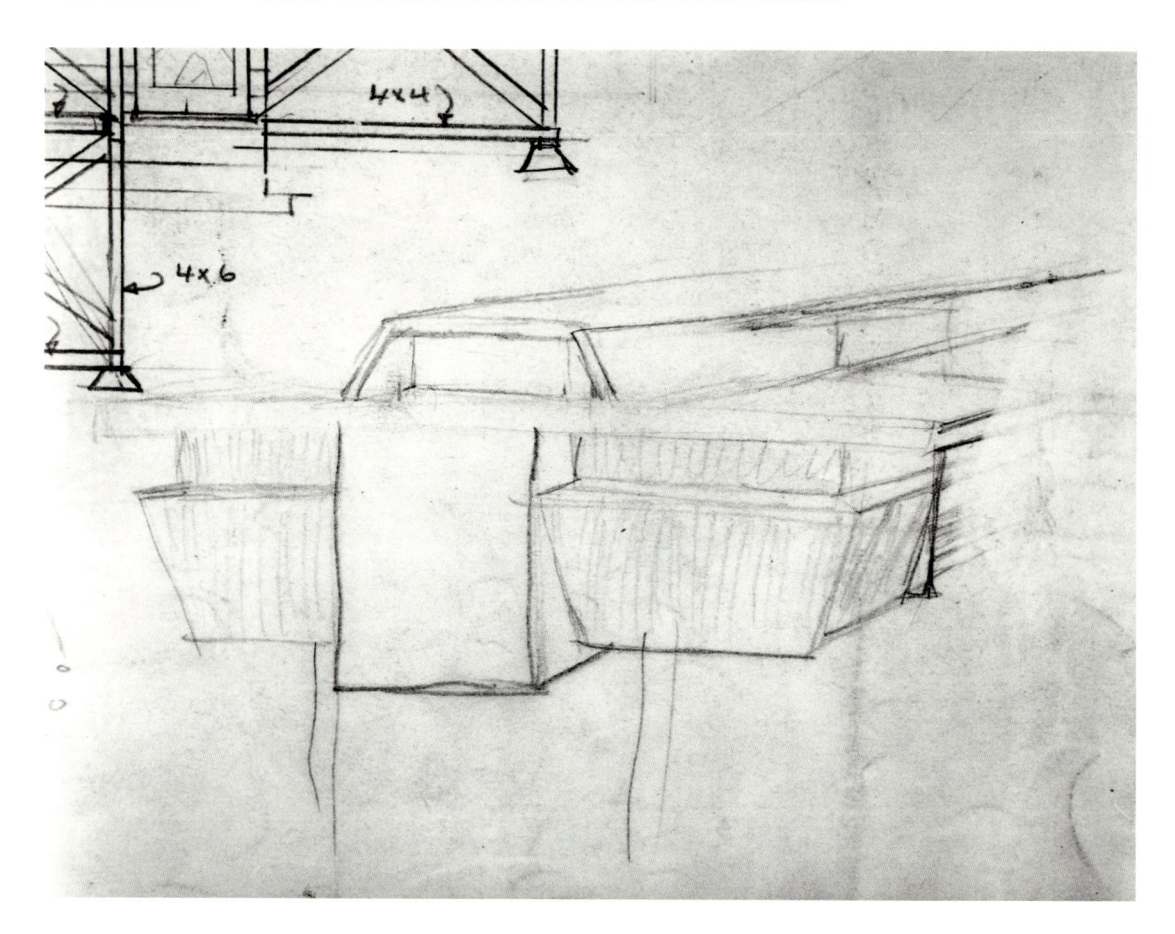

29 ELLEN JANSON RESIDENCE, Los Angeles, 1948/49, perspektivische Skizze mit vorgeschlagener Ecklösung

169 Zu Anfang des Jahres 1949 bekam Schindler von der Architekturfakultät der University of Southern California einen Fragebogen zugeschickt, der Informationen für ein geplantes Handbuch zur zeitgenössischen Architektur im südlichen Kalifornien liefern sollte. Die Publikation – gedacht, um Schlüsselwerke von Südkaliforniens Beitrag zur Entwicklung der Moderne zu identifizieren und lokalisieren – sollte dem Mangel an Architekturführern für die Region abhelfen; als Vorbild nahm man sich John McAndrews *Guide to Modern Architecture Northeast States*, den das Museum of Modern Art 1940 herausgebracht hatte. Schindler fand das Vorhaben der USC höchst reizvoll und plante, seinen Fragebogen als Gliederungshilfe für eine umfangreichere Publikation zu seiner eigenen Laufbahn und Architekturphilosophie zu verwenden. Das von Schindler zusammengestellte Druckwerk umfasste maschinenschriftliche Kopien seiner publizierten Schriften, Ellen Jansons biografisches Porträt sowie ein Programm für moderne Architektur. Die Seiten lagen in einem eigens gestalteten Faltumschlag mit Schindlers markanter Unterschrift/Logo *(Abb. 30)*. Schindler schickte Exemplare an Architekturfakultäten im ganzen Land sowie an ein weites Spektrum von Schlüsselfiguren der zeitgenössischen amerikanischen Architekturszene, darunter Douglas Haskell, Herausgeber von *Architectural Record*, Talbot Hamlin an der Columbia University, Peter Blake, damals Direktor der Abteilung für Architektur und Design am Museum of Modern Art, sowie Bruce Goff von der University of Oklahoma. Blake reagierte zustimmend auf Schindlers Druckwerk und vermerkte: »[...] angesichts der zahlreichen Kontroversen in der heutigen Architektur halte ich es in jedem Fall für nützlich und interessant, auf eine so klar und eindeutig formulierte Richtung wie die ihre zu stoßen.«[80]

Gleichwohl bleibt die Tatsache bestehen, dass Schindlers früher Tod im Jahre 1953 jeglicher Bewertung seines Œuvres Grenzen setzt. Bei dem Versuch, sich seine Laufbahn zu erklären, teilte Esther McCoy sie in Abschnitte auf: die konkrete Periode, die kubistische Periode und die Periode des Daches. Eine sich neu herausbildende Periode, ihrer Meinung nach vertreten von der Samuel Skolnik Residence (1950–1952), nannte sie die »Sichtschutzwandperiode«. Für McCoy verkörpern diese letzten Bauten, darunter die Häuser Kallis, Lechner und Tischler, Schindlers endgültigen Bruch mit seiner europäischen Vergangenheit und eine Periode, über deren Potenzial und schlussendliche Richtung wir nur spekulieren können, wie sie 1988 in ihrer letzten Würdigung Schindlers festhält: »Wenn es ihm erlaubt gewesen wäre, noch einige Jahre länger zu arbeiten, bin ich sicher, er hätte die Häuser der fünfziger Jahre gesichtet und die wenigen ausgewählt, die er für wegweisend hielt. Selbstkritik gehörte zu seinen Stärken.«[81] Als Talbot Hamlin 1954 den Versuch unternahm, Schindlers Bedeutung zusammenzufassen, charakterisierte er ihn als den Architekten, der von allen amerikanischen Pionieren der modernen Architektur am wenigsten verstanden und gewürdigten wurde. Hamlin war überzeugt, dass künftige Generationen Schindlers »schöpferischen Kubismus, seine kühne Gestaltung dynamischer Architekturformen sowie seine zahlreichen Schriften zunehmend als die wahrhaft bedeutenden Beiträge zur Architektur des 20. Jahrhunderts betrachten werden, die sie sind.«[82] Für Forscher des 21. Jahrhunderts ist es ein Segen, dass das Schindler-Archiv als Instrument bei unserer anhaltenden Suche bereitsteht, die volle Bedeutung dessen zu erschließen, was Rudolph M. Schindler die wahre Entfaltung von Raumarchitektur nannte – eine, die seiner festen Überzeugung nach Südkalifornien zur Wiege einer neuen Ausdrucksform der Architektur machen würde.

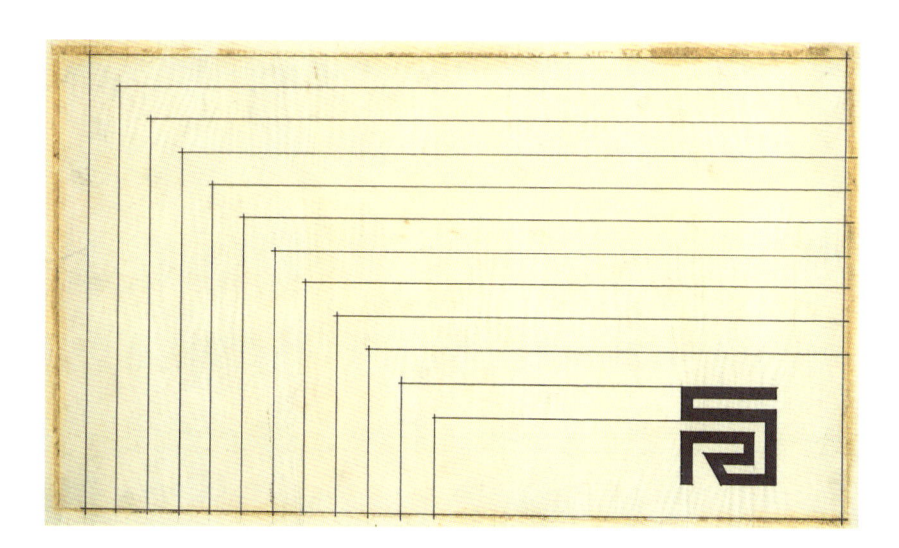

30 Broschürenumschlag mit dem Schindler-Logo, um 1949

Mein Dank gilt den Mitarbeitern des University Art Museum, University of California, Santa Barbara (im Folgenden UCSB) – darunter Marla Berns, Elizabeth Brown, Paul Prince, Sandra Rushing, Rollin Fortier und Peggy Dahl –, die dazu beitrugen, meinen Wechsel nach Santa Barbara 1997 und meine Arbeit als Kustos der Architektur- und Design-Sammlung überaus lohnend und erfreulich zu gestalten. Darüber hinaus möchte ich Cristina Carbone, Eileen Everett, Eric J. Lutz, Elizabeth Mitchell, Pamela Post, alles Studierende an der University of California, Santa Barbara, sowie Ann Renaud danken, die das Schindler-Archiv im Laufe der letzten drei Jahren bearbeiteten, neu unterbrachten und katalogisierten. Ihre Arbeit trägt dazu bei sicherzustellen, dass diese Archivsammlung auch im 21. Jahrhundert erhalten bleibt, bei besserer Zugänglichkeit für alle, die an Schindlers kreativem Vermächtnis interessiert sind. Des Weiteren möchte ich Michael Darling vom Museum of Contemporary Art, Los Angeles, und Judith Throm von den Archives of American Art, Smithsonian Institution, Washington, D. C., für ihre Hilfe bei meinen Forschungen danken.

1 Zu David Gebhards Katalog für die Schindler-Ausstellung in der UCSB im Jahre 1967 vgl. Sherban Cantacuzinos etwas giftige Rezension, »Schindler's Shortcomings«, in: *Architectural Review* 143, März 1968, S. 177. Schindlers Vorname schrieb sich ursprünglich »Rudolf«, wurde jedoch nach seiner Ankunft in Chicago (1914) in die englische Schreibweise »Rudolph« abgeändert. Schindlers Familie sowie enge Freunde in Österreich nannten ihn »Rudi«; seine neuen Freunde in Amerika bat er jedoch, ihn »Michael« zu nennen, da das weniger Deutsch klang. Für berufliche Zwecke verwendete Schindler »R. M. Schindler«; von einigen seiner Schüler, darunter Esther McCoy, wurde er, abgeleitet von »RMS«, liebevoll »RM« genannt.

2 Die Schenkung des Schindler-Archivs an die UCSB wurde im März 1968 öffentlich bekannt gegeben. Vgl. »R. M. Schindler Drawings, Photos Given UCSB Gallery«, in: *Santa Barbara News-Press*, 17. März 1968, C-3. In einem Memorandum vom Mai 1967 an Universitätskanzler Vernon Cheadle vermerkt Professor Alfred Moir, Dekan des Art Department der UCSB: »[...] die beabsichtigte Schenkung ist von [...] unschätzbarem historischen Wert. Zusammen mit den anderen Sammlungen architektonischen Materials, die sich bereits im Besitz unseres Campus befinden oder ihm versprochen sind, wird es den Kern eines bedeutenden Forschungsarchivs zur amerikanischen Architektur bilden, das auf internationales Interesse stoßen wird.« Alfred Moir an Vernon I. Cheadle, 31. Mai 1967, Donor File, Rudolph M. Schindler Collection, Architecture and Design Collection, University Art Museum, UCSB (im Folgenden RMS in ACS/UCSB).

3 In einem für das »Oral History Program« der ADC geführten Interview berichtete Mark Schindler vom anschließenden Schicksal des Schindler-Nachlasses. Er wurde in einer Reihe von Garagen und sogar in einem ehemaligen Hühnerstall verwahrt, und in dieser Zeit wurde ein Teil des Materials beschädigt. Interview mit Mark Schindler, UCSB, September 1998.

4 So zum Beispiel »Four Santa Barbara Houses, 1904–1917: Charles and Henry Greene, Bernard Maybeck, Francis Underhill und Frank Lloyd Wright«, gehalten 1963, und »George Washington Smith, 1876–1930: The Spanish Colonial Revival in Southern California«, gehalten 1964. Vgl. David Gebhard, »The UCSB Art Gallery«, in: *Artforum* 2, Nr. 12, Sommer 1964, S. 31.

5 David Gebhard an Esther McCoy, 28. Mai 1963, General Correspondence (1962/63), Esther McCoy Collection, Archives of American Art, Smithsonian Institution, Washington, D. C. (im Folgenden EMC in AAASI). Die Schindler-Gedächtnisausstellung wurde von McCoy ausgerichtet und vom 14. Mai bis 5. Juni 1954 in der Felix Landau Gallery in Los Angeles gezeigt. Bei der Ausstellungseröffnung hielt Gregory Ain, der in den dreißiger Jahren kurz bei Schindler gearbeitet hatte, einen Vortrag über Schindlers Bedeutung für die Entwicklung einer südkalifornischen Architektur. Vgl. »Tribute Paid Pioneer, R. M. Schindler Memorial Show Now on View«, in: *Los Angeles Times*, 23. Mai 1954, IV-7. Interessanterweise wandte sich Gebhard zum ersten Mal im Mai 1954 wegen Schindler an McCoy, als er ihr von der Fine Arts Gallery an der University of New Mexico in Albuquerque schrieb und darum bat, die Gedächtnisausstellung zu übernehmen. Vgl. Gebhard an McCoy, 28. Mai 1954, in »McCoy, Esther«, Correspondence File, David Gebhard Collection, Architecture and Design Collection, University Art Museum, UCSB (im Folgenden DGC in ADC/UCSB).

6 Gebhard verwendete Material zu Schindler, das für Esther McCoys Ausstellung des Jahres 1956 mit dem Titel »Roots fo California Contemporary Architecture« zusammengestellt worden war. Vgl. Ausstellungsliste für »Exhibit of R. M. Schindler, Architect, held in the Front Gallery, Fine Arts Building, 1–20 May [1964]«, in: Schindler Research Files, DGC in ADC/UCSB.

7 David Gebhard, »R. M. Schindler in New Mexico – 1915«, in: *New Mexico Architecture*, 7, Januar–Februar 1965, S. 15–21.

8 David Gebhard und Robert Winter, »Architecture in Southern California«, in: *A Guide to Architecture in Southern California*, Los Angeles 1965, S. 14.

9 David Gebhard an Hans Hollein (Wien), 26. Mai 1965, Schindler Research Files, DGC in ADC/UCSB. Gebhard und McCoy wandten sich erstmals an Philip Johnson, als es darum ging, das Interesse des MoMA an einer Schindler-Retrospektive auszuloten. Ende Februar 1965 antwortete Johnson, »Ich habe dieser Tage mit dem Museum of Modern Art nicht viel zu tun, aber ich werde ihren Brief an Arthur Drexler, den Leiter der dortigen Architekturabteilung, weiterleiten, und ich bin sicher, dass er interessiert sein wird.« Johnson an Gebhard, 26. Februar 1965, General Correpondence (1965), EMC in AAASI. Drexlers Antwort an Gebhard Ende Mai 1965 fiel eher zögerlich aus: »Wir sind immer noch an einer Ausstellung vom Werk R. M. Schindlers interessiert, aber uns sind Zweifel gekommen. [...] Im Augenblick bin ich nicht sicher, ob wir Schindlers Werk eine groß angelegte Präsentation in unserem Ausstellungsprogramm zugestehen können – ich bin gewiss der Meinung, dass es eine umfassende Dokumentation geben sollte, aber ich glaube, eine Ausstellung hier sollte sich am besten auf eine Hand voll Gebäude, wahrscheinlich die frühesten, konzentrieren.« Drexler an Gebhard, 27. Mai 1965, Schindler Research Files, DGC in ADC/UCSB.

10 »The Architectural Projects of R. M. Schindler (1887–1953)«, vorgestellt in der University Art Gallery, UCSB, 30. März – 30. April 1967. Vgl. die von David Gebhard gestaltete Ausstellungsankündigung, Exhibition Files, ADC/UCSB.

11 »The Architecture of R. M. Schindler (1887–1953)« wurde vom 29. September bis 19. November 1967 in der Special Exhibitions Gallery des Los Angeles County Museum of Art gezeigt. Schindler Research File, DGC in ADC/UCSB. Zu einer Besprechung der Ausstellung vgl. Esther McCoy, »Renewed Interest in Popularity of Schindler's Architecture«, in: *Los Angeles Times*, 22. Oktober 1967, Calendar – 46.

12 Vgl. Harriette von Brenton, »First Exhibition of Noted Architect«, in: *Santa Barbara News-Press*, 9. April 1967, C-10. Für eine Liste der von USIA gesponserten Stationen der Ausstellung vgl. den Brief von Eugene D. Corkery an Sonja Olsen, 9. Oktober 1969, Schindler Exhibition Files, ADC/USCB.

13 Pauline Gibling Schindler an David Gebhard, Dezember 1969, Schindler Research Files, DGC in ADC/UCSB.

14 Das Getty Research Institute for the History of Art and Humanities in Los Angeles besitzt die Korrespondenz von Schindler und Wright aus der Zeit, in der Schindler bei Wright beschäftigt war (1918–1923). Ferner gibt es einen kleinen Bestand von originalem Archivmaterial zu Schindler, zumeist Fotografien, in der EMC in AAASI.

15 Eric J. Lutz, ein Doktorand am Department of Art and Architecture, UCSB, hat vor kurzem Schindlers Fotoalbum katalogisiert und arbeitet zurzeit an einer Dissertation, die sich kritisch mit Schindlers fotografischem Werk der Zeit von 1910 bis 1930 auseinander setzen wird.

16 In einem 1929 gehaltenen Vortrag zum Thema »Famous Architects I Knew« fasste Schindler Wagners Philosophie als eine »der klassischen Form, gesehen mit dem Auge des Ingenieurs« zusammen. Loos' Philosophie entstand Schindler zufolge als Reaktion auf die Wagners und unterstrich die Bedeutung Amerikas als einer die Zukunft verkörpernden Nation. Im selben Vortrag beschrieb er Frank Lloyd Wright als jemanden, der die Tyrannei des Zeichenbretts eingetauscht habe, »nicht gegen die Realität wie Loos, sondern gegen den Raum – die 3. Dimension«. Für Schindler bestand Wrights elementarer Bedeutung im Beginn einer neuen architektonischen Entwicklung, der »Spatial Architecture [Raumarchitektur]«. Vgl. »Famous Architects I Knew«, 18. Januar 1929, Manuscript Files, Lectures and Essays, RMS in ADC/UCSB.

17 Vgl. Otto Wagner, *Moderne Architektur. Seinen Schülern ein Führer auf diesem Kunstgebiete*, 2. Aufl., Wien 1898, S. 43.

18 Ebd., S. 43–44.

19 Vgl. R. M. Schindler, »A Manifesto – 1912«, in: David Gebhard, *Schindler*, 3. Aufl., London 1971, Reprint: San Francisco 1997, S. 147–148. Im Hinblick auf die tatsächliche Datierung des Manifests bestehen einige Unstimmigkeiten, da Schindlers eigenes, handschriftliches Manuskript das Datum Juni 1913 trägt. Die verwendete englische Übersetzung mit der Datierung ins Jahr 1912, ist Teil einer im Selbstverlag herausgegebenen Sammlung seiner Arbeit und Schriften, die Schindler Ende der vierziger Jahre zusammenstellte.

20 David Gebhard, »Ambiguity in the Work of R. M. Schindler«, in: *Lotus*, 5, 1968, S. 106–121. Margaret Crawford bewertet Gebhards Verständnis von Mehrdeutigkeit in ihrem Essay »Forgetting and Remembering Schindler: The Social History of an Architectural Reputation« in der Sonderausgabe, »R. M. Schindler: 10 Casas/10 Houses«, in: *2G*, Nr. 7, 1998, S. 136–137. Zu Gebhards kritischer Würdigung von Charles W. Moore, vgl. David Gebhard, »The Bay Tradition in Architecture«, in: *Art in America*, 52, Nr. 3, März 1964, S. 60–63; »Charles Moore: Architecture and the New Vernacular«, in: *Artforum*, 3, Nr. 8, Mai 1965, S. 52–53; und »Pop Scene for Profs«, in: *The Architectural Forum*, 130, Nr. 2, März 1969, S. 78–85. Zum Hintergrund von Moores Verständnis von Mehrdeutigkeit vgl. sein »Plug It In, Rameses, and See if It Lights Up«, in: *Perspecta*, 11, 1967, S. 33–43.

21 Reyner Banham, »Rudolph Schindler: Pioneering Without Tears«, in: *Architectural Design*, 37, 1968, S. 578.

22 Charles Moore, »Schindler: Vulnerable and Powerful«, in: *Progressive Architecture*, 54, Januar 1973, S. 136.

23 Ebd.

24 Esther McCoy verglich Schindlers letzte Jahre gerne mit denen Irving J. Gills und bemerkte, dass Schindlers Furcht, im architektonischen Nirwana zu versinken, Gills Ängsten der späten zwanziger Jahre entsprach. In ihrem Buch *Five California Architects* schreibt sie, »Schindler sprach in seinen letzten Jahren wiederholt von Gills durchkreuzter Laufbahn. Gills sinkende Bekanntheit glich einem kalten Wind, der Schindlers eigener Tür zu nahe gekommen war. Er sagte einmal, dass er am meisten fürchte, am Ende seines Lebens ›wie Gill in der Architektur herumzuwerkeln‹.« Esther McCoy, *Five California Architects*, New York 1960, Reprint: New York 1975, S. 192.

25 Writers' Program, Works Progress Administration, *Los Angeles: A Guide to the City and Its Environs*, New York 1941, S. 108.

26 Vgl. »Rudolph M. Schindler, Noted Architect, Dies«, in: *Los Angeles Times*, 15. August 1953, I-12.

27 Arthur B. Gallion, »Introduction«, in: Douglas Honnold, *Southern California Architecture, 1769–1956*, New York 1956, S. 21.

28 Llewellyn und Lucy Lloyd wurden vielleicht von Karl Howenstein und seiner Frau Edith Gutterson mit Schindler bekannt gemacht. Howenstein hatte Verbindungen zur Church School of Art in Chicago, wo Schindler 1916 eine Vortragsreihe über Architektur und Design hielt. Seine Frau Edith war mit Schindler seit seiner Zeit in Chicago befreundet. Sie entwarf als Erste die markanten, am Hals offenen Hemdblusen, die Schindler bis zu seinem Tod trug. Vgl. »Gutterson, Edith«, Correspondence File, RMS in ADC/UCSB.

29 Gebhard (s. Anm. 19), S. 48.

30 Vgl. die Berichtskarte für »Lloyd, W. Llewellyn, Route A, Box 223, Redlands, Cal. For Court-La Jolla«, RMS in ADC/UCSB.

31 Schindler schlug im Mai 1923 vor, Clyde Chace solle als Generalunternehmer des Projekts fungieren. Vgl. RMS an W. Llewellyn Lloyd, 23. Mai 1923, Project Files, »Pueblo Ribera Courts«, RMS in ADC/UCSB.

32 Die Briefe zwischen Lloyd und Schindler gehören zur umfangreichsten erhaltenen, auf ein Projekt bezogenen Korrespondenz im Schindler-Archiv. Ähnliche Briefwechsel zwischen Auftraggeber und Architekt existieren für die Carlton Park Residence in Fallbrook, Kalifornien (1925/26), das Philip Lovell Beach House in Newport Beach, Kalifornien (1922–1926), und das Hans N. von Koerber Wohnhaus in Torrance, Kalifornien. Von einigen Ausnahmen abgesehen, befanden sich nach den frühen dreißiger Jahren Schindlers sämtliche Projekte im Nahbereich um sein Studio in der Kings Road, sodass die Entwurf und Konstruktion betreffende Kommunikation meistenteils mündlich erfolgte.

33 Ursprünglich hatte Schindler für den Komplex auch ein größeres Haupthaus für Lloyds eigenen Gebrauch vorgeschlagen. Lloyd an RMS, 5. April 1923, Project Files, »Pueblo Ribera Courts«, RMS in ADC/UCSB.

34 Vgl. »Houses for Outdoor Life: A Vacation Settlement on the Pueblo Ribera, La Jolla, California, R. M. Schindler, Achitect«, in: *Architectural Record*, 68, Nr. 1, Juli 1930, S. 17–21.

35 RMS an Lloyd, 9. April 1923, Project Files, »Pueblo Ribera Courts«, RMS in ADC/UCSB.

36 RMS an Lloyd, 14. Mai 1923, Project Files, »Pueblo Ribera Courts«, RMS in ADC/UCSB.

37 Lloyd schilderte den entschlossenen Widerstand, auf den er stieß, und seine grundsätzliche Zustimmung zu Schindlers Ideen und schrieb: »Alle hier sagen mir, dass man Betonhäuser auf die von Ihnen geplante Art nicht wasserdicht machen kann. Ich hoffe, denen ihren Irrtum bald beweisen zu können.« Lloyd an RMS, 13. Juni 1923, Project Files, »Pueblo Ribera Courts«, RMS in ADC/UCSB.

38 Lloyd an RMS, 8. Juni 1923, Project Files, »Pueblo Ribera Courts«, RMS in ADC/UCSB.

39 Lloyd an RMS, 25. Januar 1924, Project Files, »Pueblo Ribera Courts«, RMS in ADC/UCSB.

40 Lloyd an RMS, 30. März 1924, Project Files, »Pueblo Ribera Courts«, RMS in ADC/UCSB.

41 Lloyd an RMS, 26. April 1924, Project Files, »Pueblo Ribera Courts«, RMS in ADC/UCSB.

42 Lloyd an RMS, 8. August 1924, Project Files, »Pueblo Ribera Courts«, RMS in ADC/UCSB.

43 Lloyd an RMS, 9. und 21. März 1924, Project Files, »Pueblo Ribera Courts«, RMS in ADC/UCSB.

44 »El Pueblo Ribera, La Jolla, California«, undatierte Broschüre, Project Files, »Pueblo Ribera Courts«, RMS in ADC/UCSB.

45 »La Jolla, California, El Pueblo Ribera, Village by the Sea«, undatierte Broschüre, Project Files, »Pueblo Ribera Courts«, RMS in ADC/UCSB.

46 Lloyd an RMS, 3. April 1925, Project Files, »Pueblo Ribera Courts«, RMS in ADC/UCSB. Lloyd war erst im April 1930 in der Lage, Schindler den für das Projekt noch ausstehenden Betrag von $ 150 zu zahlen. Dessen ungeachtet blieb das gute Verhältnis der beiden erhalten. Lloyd stellte Schindler 1928 Fotografien des Komplexes für die Veröffentlichung in einer Reihe von Architekturzeitschriften zur Verfügung. Nach Lloyds Tod bat seine Witwe, Lucy Lafayette Lloyd, 1941 Schindler, Pläne für die Renovierung einer der Einheiten zu erarbeiten, deren Dachveranda geschlossen und auf Dauer in ein Schlafzimmer umgewandelt und über deren Schlafzimmer ein zweites Geschoss hinzugefügt werden sollte. Schindler entsprach der Bitte, aber aufgrund finanzieller Probleme wurde nichts aus dem Vorhaben. Vgl. Lucy Lloyd an RMS, 2. Juli und 21. August 1941, und RMS an Lucy Lloyd, 6. Juli und 21. August 1941, Project Files, »Pueblo Ribera Courts«, RMS in ADC/UCSB.

47 Gebhard (s. Anm. 19), S. 62.

48 Mit der Verschiebung hin zur Berichterstattung über die moderne Bewegung in Zeitschriften wie *Architectural Record* und *Architectural Forum* nahmen Anfang der dreißiger Jahre Schindlers Bemühungen zu, seine eigenen Arbeiten in der amerikanischen Architekturpresse zu publizieren. Einem Brief vom Januar 1931 an Maxwell Levinson, den Herausgeber der in Philadelphia erscheinenden Zeitschrift *T-Square*, fügte Schindler Fotografien seines Studios in der Kings Road in West Hollywood bei und vermerkt »obgleich das Haus vor zehn Jahren erbaut wurde, ist es gerade jetzt von besonderem Interesse. Es stößt eine Entwicklung im Wohnhausbau an, die vor kurzem von Mies van der Rohe mit seinem Modellhaus auf der Deutschen Bauausstellung des Jahres 1927 in Stuttgart weitergeführt wurde. Obwohl mein Haus mit anderen Materialien, anderen Formen spricht, sagt es im Grunde das Gleiche.« Das Haus wurde, neben einem biografischen Abriss Richard Neutras, 1932 in der Februarausgabe von *T-Square* vorgestellt. Vgl. »A Cooperative Dwelling, R. M. Schindler«, in: *T-Square*, 2, Februar 1932, S. 20-21; und RMS an Maxwell Levinson, 20. Januar 1931, Business Letters, »T-Square Journal«, RMS in ADC/UCSB.

49 Schindler wurde aufmerksam auf Neal Garretts Arbeit durch einen Artikel im *Los Angeles Times Sunday Magazine* vom Mai 1933 zu Garretts Methode der Zementputzkonstruktion, den er aufhob. Vgl. Ransome Sutton, »What's New In Science: One-Piece Houses«, in: *Los Angeles Times Sunday Magazine*, 7. Mai 1933, 15, Project Files, »Schindler Shelters«, RMS in ADC/UCSB.

50 Vgl. Schindlers umfangreiche Notizen auf der dem Thema »Workingmen's Housing« gewidmeten Ausgabe von *Architectural Forum* vom April 1918 in »Notes on Workingmen's Housing«, Manuscript Files, RMS in ADC/UCSB.

51 Vgl. die technischen Angaben für eine typische Einheit einer Industriewohnanlage, »Detached Dwelling«, Teil einer geplanten Arbeiterkolonie von Gould & Bandini vom April 1924 für den Bandini Square, Los Angeles County. In Project Files, »Gould and Bandini«, RMS in ADC/UCSB. Schindlers Pläne für Job Harriman (der in New Llano außerhalb von Leesville, Louisiana, wohnte) umfassten Wohnungen und ein College. Vgl. Project Files, »Harriman, Job«, RMS in ADC/UCSB.

52 R. M. Schindler, »Reference Frames in Space« (1932), in: *Architect & Engineer*, 165, Nr. 1, April 1946, S. 10, 40, 44-45.

53 Vgl. »Farm Home Experiment Head Here. ›Subsistence Homestead‹ Director in City to Pick Site for Colony«, in: *Los Angeles Times*, o. D., Project Files, »Schindler Shelters«, RMS in ADC/UCSB.

54 Ebd.

55 Vgl. »The ›Schindler-Shelter‹ Plan«, Project Files, »Schindler Shelters«, RMS in ADC/UCSB.

56 Vgl. das Manuskript von E. Kanaril, »Schindler Shelters«, 1933, S. 4, Project Files, »Schindler Shelters«, RMS in ADC/UCSB.

57 Vgl. »Schindler-Shelter, Garrett Construction«, Project Files, »Schindler Shelters«, RMS in ADC/UCSB.

58 Vgl. die Broschüre, »The Garrett Plastered House Offering a New Field of Opportunity in the Business«, 1933, Project Files, »Schindler Shelters«, RMS in ADC/UCSB.

59 Kanaril (s. Anm. 56), S. 5-6.

60 Vgl. »New Dwelling Details Told. Reinforced Concrete Slabs Utilized for House. Changes Easily Made, Says Description of It. Partitions May Be Placed Anywhere Desired«, in: *Los Angeles Times*, 31. Dezember 1933, 1-17, Project Files, »Schindler Shelters«, RMS in ADC/UCSB. Aspekte von Schindlers Architekturphilosophie wurden vom *Los Angeles Times Sunday Magazine* in einer Serie von sechs Artikeln (März und April 1926) als Teil von Dr. Philip Lovells Kolumne »Care of the Body« vorgestellt.

61 L. Brandt (Washington, D. C.) an RMS, 10. Januar 1934, Project Files, »Schindler Shelters«, RMS in ADC/UCSB.

62 RMS an das Committee for Subsistence Farms, 11. Januar 1934, Project Files, »Schindler Shelters«, RMS in ADC/UCSB.

63 In der Maiausgabe des Jahres 1935 von *American Architect* wurden die Schindler Shelters gezeigt, neben dem Entwurf Schindlers für die William E. Oliver Residence. Vgl. »News of Planning and Construction: Schindler Shelters«, in: *American Architect*, 146, Mai 1935, S. 70-71. Schindler schickte im Mai 1935 Zeichnungen und Text über die Schindler Shelters an den Herausgeber von *Kokusai Kenichiku*, M. Koyama. RMS an M. Koyama (Tokio), 20. Mai 1935, Project Files, »Schindler Shelters«, RMS in ADC/UCSB. Koyama veröffentlichte das Material in der Ausgabe vom Juli 1935. Vgl. »Schindler-Shelters«, in: *Kokusai Kenchiku*, 11, Juli 1935, S. 252-258. Mein Dank gilt Professor Mari Nakahara, der mir ein Exemplar des Artikels zur Verfügung stellte.

64 Zu einer Diskussion der möglichen Gründe für Schindlers Ausschluss vom Case Study House Program vgl. Elizabeth A. T. Smith (Hrsg.), *Blueprints for Modern Living: History and Legacy of the Case Study Houses,* Los Angeles/Cambridge, Massachusetts, 1989, S. 19, 39, Anm. 2, S. 85–86.

65 Gebhard (s. Anm. 19), S. 145; und McCoy (s. Anm. 24), S. 150.

66 Gebhard (s. Anm. 19), S. 135.

67 Gebhard, »Late Designs, 1944–1953«, in: Lionel March und Judith Sheine (Hrsg.), *R. M. Schindler: Composition and Construction,* London 1993, S. 255.

68 McCoy (s. Anm. 24), S. 182.

69 Zu Ellen Margaret Janson vgl. ihren Eintrag in *Who's Who in California,* Los Angeles 1943, Bd. I, S. 451. Vgl. auch Ellen Margaret Janson, *Poems, 1920–1949,* Hollywood, Kalifornien, 1952, das R. M. Schindler gewidmet ist: »Für Michael, der alles möglich macht.«

70 Ellen Janson, aus einem Gespräch mit Barbara Giella, zitiert nach: Judith Sheine, »Construction and the Schindler Frame«, in: March und Sheine (s. Anm. 67), S. 245.

71 Ellen Janson an RMS, o. D. [1952/53], Personal Correspondence, »Janson, Ellen«, RMS in ADC/UCSB.

72 R. M. Schindler, »Reference Frames in Space«, 1944, S. 3, Essays and Lectures, Manuscript Files, RMS in ADC/UCSB.

73 Ebd., S. 5.

74 Schindlers Essay erschien unter der Schirmherrschaft der Hollywood Art Association mit dem Titel »Who Will Save Hollywood? A Plea for the Proper Respect and Treatment of Our Wonderful Endowment of Nature«, in: *Holly Leaves,* 11, 3. November 1922, S. 36.

75 Ebd.

76 Vgl. Schindlers Antwort auf den Fragebogen für das Directory of Contemporary Architecture, zusammengestellt von der School of Architecture, University of Southern California (1949), Essays and Lectures, Manuscript Files, RMS in ADC/UCSB.

77 R. M. Schindler, »Visual Technique«, 1952, S. 8, Essays and Lectures, Manuscript Files, RMS in ADC/UCSB.

78 McCoy (s. Anm 24), S. 191.

79 Schindler, »Visual Technique« (s. Anm. 77), S. 6.

80 Peter Blake an RMS, 24. März 1949, »Modern Architecture Book«, Manuscript Files, RMS in ADC/UCSB.

81 Esther McCoy, »Schindler at Work: An Appreciation«, in: Sheine und March (s. Anm. 67), S. 259.

82 Talbot Hamlin über R. M. Schindler, zusammengestellt für die Schindler-Gedächtnisausstellung in der Felix Landau Gallery, 1954. Original in EMC in AAASI.

1 KINGS ROAD HOUSE, West Hollywood, Kalifornien, 1921/22
Fotografie: Grant Mudford

MICHAEL DARLING

DIE »EMPFÄNGLICHE« ARCHITEKTUR DES R. M. SCHINDLER

1921, als der Eindruck von Kalifornien noch frisch in meinem Kopf war, baute ich mein eigenes Haus und versuchte dabei, dem Charakter des Ortes zu entsprechen [...]. Ich verwendete Merkmale, die für das Leben in Kalifornien notwendig erschienen; einen ebenerdigen, offenen Grundriss, Wohnterrassen, Glaswände, lichtdurchlässige Wände, breite Schiebetüren, hochliegende Fenster, Sheddächer mit breiten, Schatten spendenden Überständen. Diese Merkmale sind nun allgemein akzeptiert und bilden die Basis des zeitgenössischen kalifornischen Hauses.

R. M. Schindler, 1952[1]

Zum Ende seiner Laufbahn war sich R. M. Schindler der Größe seines Beitrags zur modernen Architektur wohl bewusst. Seiner Meinung nach wurde das reiche, vielfältige Œuvre, das er hinterlassen sollte, von einem schlüssigen, ja strikten Ethos zusammengehalten, das von oberflächlichen Beurteilungen häufig übersehen wurde. Wie das Zitat oben andeutet, basierten seine Entwurfsentscheidungen auf spezifischen, programmatischen Prinzipien, denen er ebenso deutlich Ausdruck verlieh, wie jeder andere führende Moderne seiner Zeit. Wie konnte es angesichts einer höchst konzeptuellen Auffassung von Architektur, die in Bauten und umfangreichen Schriften so deutlichen Niederschlag fand, also geschehen, dass man Schindler zwanzig Jahre nach seinem Tod immer noch für einen »für Einflüsse empfänglichen« und »epigonalen« Architekten hielt?

In einer 1973 erschienenen Rezension von David Gebhards Schindler-Monografie verwendete der Architekt und Hochschullehrer Charles Moore genau diese Begriffe, um Schindlers Werk zu charakterisieren und entsprach damit der damaligen Sichtweise im Zusammenhang der modernen Architektur.[2] Wenn man zwischen den Zeilen liest, ist Moores Verwendung des Begriffes »Empfänglichkeit« in diesem Zusammenhang jedoch nicht notwendigerweise abwertend, sondern bezeichnend für den Paradigmenwechsel, der sich unlängst auf dem Gebiet der Architektur vollzogen hatte. Vom Turm der kanonischen Moderne geschleudert, ließ das Epitheton »empfänglich« darauf schließen, dass dem so Bezeichneten (in jedem Falle ein Mann), der Glaube an seine eigenen Vorstellungen mangelte, er über schwach entwickelte architektonische Prinzipien verfügte und – vielleicht am schlimmsten – dass er anfällig war für stilistische Wandlungen. Die Tatsache, dass Schindler beim architektonischen Establishment der Ostküste als ein solcher empfänglicher Architekt galt, führte, neben anderen beruflichen Ungerechtigkeiten, zu seinem Ausschluss von der 1932 im Museum of Modern Art in New York veranstalteten epochalen Ausstellung »International Exposition of Modern Architecture«. Moore, ein ausgemachter Vertreter der Postmoderne und Architekturironiker, meinte jedoch eine andere Art von Empfänglichkeit, die er, wie schon Hans Hollein vor ihm und Historiker wie David Gebhard, Esther McCoy und Reyner Banham, so überzeugend und beispielhaft fanden.

Für Moore »schließt bona fide Empfänglichkeit die Sorge um die spezifischen Zustände ein, die man vorfindet und über die man so vieles herausfindet, dass man seine Position ändern wird, um ihnen zu entsprechen: Unempfängliche Architekten sehen und lernen auch manches, aber sie haben einen Standpunkt oder ein früh übernommenes Sendungsbewusstsein, zu denen das Gelernte und Gesehene beitragen, ohne sie ändern zu können.«[3] Schindler hatte zweifellos Standpunkte, aber sie waren per definitionem dynamisch, durchlässig und lebendig und ließen sich bei ihren Entwurfslösungen von vielfältigen äußeren Faktoren leiten. Seine Architektur veränderte sich mit jeder Information, die er über die jeweilige Örtlichkeit, über Klima, Kultur und Bedürfnisse des Bauherren erhielt; das Spektrum der so entstandenen Bauwerke reichte von Adobeanlagen, Blockhäusern, Haciendas im spanischen Stil bis hin zu fantastischen Katen in der Wüste. Als im Laufe der fünfziger und sechziger Jahre die Kritik an der klassischen Moderne zunahm – zu spät, als dass Schindler diese Wandlung hätte wahrnehmen können – bot sein variables Œuvre eine historische Alternative zum Internationalen Stil (»the temple of invulnerability«)[4], und Abtrünnige, von Moore über Hollein bis zu Frank O. Gehry, fanden in ihm eine undogmatische, höchst flexible Auffassung von Design, die ebenso viele Hinweise vom wirklichen Leben wie von abstrakten Idealen erhielt. Die so genannte »Empfänglichkeit« konnte etwas Erstrebenswertes sein.

In der Tat war Schindlers Empfänglichkeit nicht passiver, sondern aktiver Art und kann in vielerlei Hinsicht als Vorläufer des Kontextualismus gelten, bei dem alles, von ortsüblichen Materialien, Baumethoden, Architekturstilen, Landschaftsformen, Klimatypen, Gefühlsäußerungen bis hin zu Gewohnheiten des Bauherren, im Gesamtentwurf deutlichen Niederschlag fanden. Die Folge einer derart konsequent abgestimmten Vorgehensweise war ein außerordentlich eklektisches Œuvre; jeder Bau kann als einzigartige Lösung für das von der jeweiligen Kommission gestellte Problem angesehen werden. Gemessen an den von der herrschenden Architektenschaft seiner Zeit aufgestellten Normen, ist Schindlers Werk von schrulligen Widersprüchen durchsetzt. Wenn man jedoch jedes seiner Bauwerk einzeln betrachtet, stellt man fest, dass seine Bauten sich in ihre jeweiligen Standorte einfügen, ohne je die vitalen räumlichen und tektonischen Anliegen aufs Spiel zu setzen, die Teil seiner übergreifenden Zielsetzung waren, der Gestaltung einer wahrhaft modernen Architektur. Für Schindler ging es bei moderner Architektur um die beständige, fließende Anpassung an unsere kollektive Umgebung, nicht um die Schaffung überheblicher Abstraktionen.

In seinen Schriften und Vorträgen zog er häufig biologische Metaphern heran, wenn er davon sprach, wie Architekten an architektonischen Fragen in flexibler Manier herangehen konnten. Anstatt sich auf hochfliegende Beschwörungen der Maschine zu verlassen, wie es in der ersten Hälfte des Jahrhunderts üblich war, konzentrierte sich Schindler auf entschieden unprätentiöse Bilder, um seine humanistisch geprägte Auffassung vom Bauen zu vermitteln: »Wir bauen, um persönlichen Kontakt zu unseren Nachbarn zu haben. Wir sind auf den Boden der Wirklichkeit zurückgekehrt […]. Die moderne Architektur legt sich flach auf den Boden, wie ein Kätzchen, das sich sonnt.«[5] Wenngleich eine sich sonnende Katze scheinbar eher zum Umfeld konservativer viktorianischer Gefühligkeit als zu dem der Avantgardearchitektur passt, ist Schindlers Œuvre Beleg dafür, dass die vorurteilslose Betrachtung der benachbarten Natur und Kultur eher dazu befähigen könnte, einige der reizvollsten und fortschrittlichsten Bauten des Jahrhunderts hervorzubringen, als blindes Vertrauen in das Heil der Maschine. Und wenn eine zoologische Metapher Schindlers Neigungen womöglich besser beschreibt als eine technische, ließe sich sein Werk am besten mit dem Wesen des Chamäleons vergleichen – in ständigem Wandel begriffen, um den Bedingungen des Umfelds zu entsprechen und doch das innerste Wesen zu bewahren.

Da nahezu das gesamte gebaute Œuvre Schindlers in den Vereinigten Staaten entstand, ist es am aufschlussreichsten, Beispiele seiner kontextuellen Empfänglichkeit durch die Brille seiner amerikanischen Erfahrungen zu betrachten.[6] Vor seiner Ankunft in den Vereinigten Staaten im Jahre 1914 dokumentierte er indessen in Österreich heimische Bautypen und experimentierte mit ihnen; Schindlers Losenblattsammlung aus der Zeit um 1910 *(Abb. 2)* zeugt von seinen Interessen und Einflüssen, wie dem Entwurf eines Sommerwohnsitzes in Wien von 1914 *(Abb. 3)*. Dem Respekt nach zu urteilen, mit dem er seinen späteren Entdeckungen in Amerika begegnete, kann man annehmen, dass er bestimmte Merkmale ihres regional vorkommenden alpinen Charakters zu schätzen wusste. Auch hier waren in schneereichen Gegenden geneigte Dächer sinnvoll, und Fachwerkbau macht sich im Überfluss vorhandene Materialien

2 ZEICHNUNG AUS DER LOSENBLATTSAMMLUNG, um 1910
Zeichnung: R. M. Schindler

3 SOMMERWOHNSITZ (ENTWURF), Wien, 1914

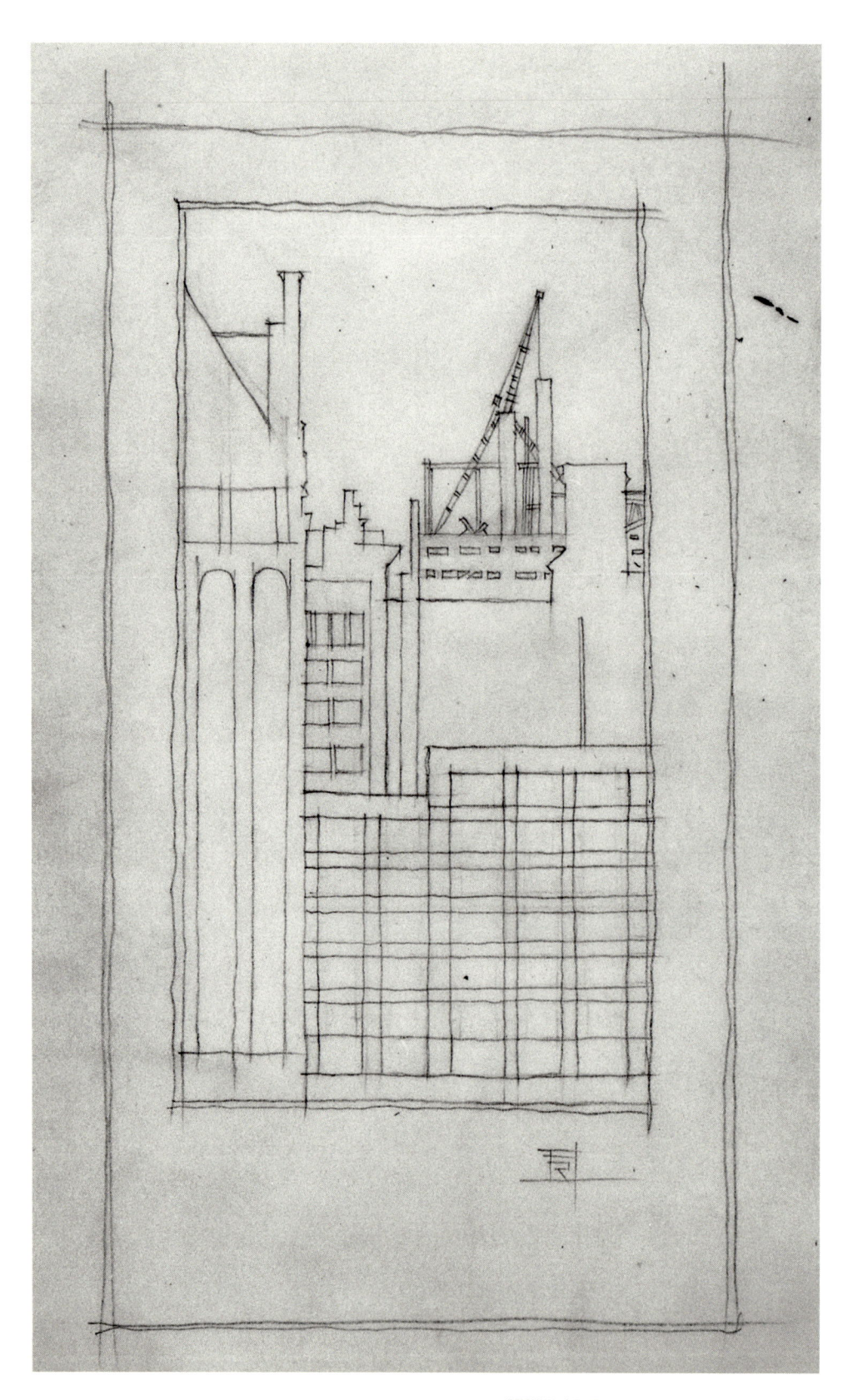

4 ZEICHNUNG EINER ENTSTEHENDEN CHICAGOER SKYLINE,
Datierung unbekannt

zunutze, wenngleich die entstehende Formensprache vom Geist der Tradition durchdrungen ist. Sobald er in Amerika war, wurden seine Kamera und sein Skizzenblock zu Werkzeugen, mit deren Hilfe er das Warum und Weshalb der amerikanischen Architektur festhielt und zu verstehen suchte; so entstand ein Katalog von Bautypen, die auf die Besonderheiten ihrer Zeit und Örtlichkeit abgestimmt schienen. In Chicago war die sich entwickelnde Skyline wiederholt Gegenstand von Zeichenstift und Objektiv (Abb. 4, 5), aber erst auf einer 1915 unternommenen Reise in den Westen und Südwesten lernte Schindler Bauten kennen, die seine eigene Tätigkeit nachhaltig beeinflussen sollten.

In Santa Fe und Taos, New Mexico, fertigte Schindler zahlreiche Fotografien und Skizzen von Adobegebäuden an; in späteren Projekten sollte er bestimmte, immer wiederkehrende Merkmale dieses lokalen Stils weiterentwickeln. In einigen Fällen entstanden von ähnlichen Gebäuden Fotografien und Zeichnungen, so als wolle er die Feinheiten und Logik ihres Entwurfs und der Konstruktion besser verstehen (Abb. 6, 7). Mit Gewissheit sagte Schindler der direkte Zusammenhang zwischen Gebäude und Erde bei diesen Bauten zu, wo die Wände unmittelbar auf das Erdreich treffen und gestampfte Erde als einfacher Fußboden dient. Eine derartige Kontinuität von Ebenen und Flächen im Innen- und Außenraum sollte er sechs Jahre später in seinem eigenen Haus an der Kings Road in West Hollywood gekonnt umsetzen. Ebenso interessant im Hinblick auf seinen Einfluss auf das 1921/22 entstandene Haus in der Kings Road ist die leichte Neigung der Adobewände, bei denen jede weitere Lehmschicht dünner ausfällt, um übermäßiges Gewicht am oberen Ende zu vermeiden (Abb. 8). In seinem späteren Werk wandte Schindler ein ähnliches Verfahren an, wobei er den Lehm durch Betonplatten ersetzte, bei der Verteilung der Last jedoch einen ähnlichen Effekt erzielte. Das Sichtbarmachen von Dachträgern, sowohl im Inneren von Adobehäusern im Pueblostil als auch durch das Hervortreten von »Vigas« [runden Deckenbalken] an Außenwänden, fand ebenfalls Eingang in zahlreiche Bauten Schindlers, wenn auch mit mechanisch bearbeitetem Holz anstelle der geschälten Stämme. Beim Log House (1916–1918) ist dieses System noch weitgehender ausgereizt; von ihm wird weiter unten, im Zusammenhang mit der expressiven, aber nicht grundlosen Verwendung dieses rustikalen Baumaterials, die Rede sein.

5 Chicagoer Skyline, um 1915
Fotografie: R. M. Schindler

6 Sitz des Gouverneurs, Santa Fe, New Mexico, 1915
Fotografie: R. M. Schindler

7 ADOBEGEBÄUDE, Taos, New Mexico, 1915
Zeichnung: R. M. Schindler

8 Rückseite einer Kirche, Taos, New Mexico, 1915
Fotografie: R. M. Schindler

9 Ehemalige Kapelle im Victor Higgins Studio, Taos,
New Mexico, 1915
Fotografie: R. M. Schindler

10 RICHARD LECHNER RESIDENCE, Studio City,
Kalifornien, 1946–1948, Ansicht des Wohnzimmers
Fotografie. Robert C. Cleveland

Ein weiteres Merkmal der traditionellen heimischen Architektur des Südwestens ist der Eckkamin, der üblicherweise das Herz des Raumes darstellt und fast immer ebenerdig angeordnet ist. Schindler schätzte Kamine sehr wegen ihres symbolischen, funktionalen und ordnenden Potenzials, und man kann sich ein Schindlersches Haus kaum ohne einen Kamin vorstellen. Zweifellos war seine Auffassung vom architektonischen Gebrauch der Feuerstelle vom gleichermaßen enthusiasmierten Frank Lloyd Wright beeinflusst, aber Schindlers noch frühere Bekanntschaft mit dem Adobekamin und dessen skulptierter, integrierter Haube *(Abb. 9)* hilft die Präsenz dieses Lieblingsausstattungstückes in zahllosen Häusern zu erklären *(Abb. 10)*. Die getreppte Anordnung der Baukörper in den von Schindler erfassten Adobebauten *(Abb. 11)* kehrt in den verputzten Häusern der dreißiger Jahre wider, wie den Wohnhäusern Robert F. Elliot (1930), Hans N. von Koerber (1931/32) und John J. Buck (1934) *(Abb. 12)*. Auch die bei den Bauherren des Südwestens beliebten überdachten Außenterrassen, die so genannten Patios, wurden zu einem häufig wiederkehrenden Element in Schindlers Architektur, wo sie gleichzeitig das Wohnen im Freien ermöglichen und Schutz vor der allgegenwärtigen Sonne gewähren. Selbst die von Bauherren des Südwestens geschätzten Außenleitern, die den Zugang zum Dach ermöglichen, tauchen in Schindlers Werk auf, zu sehen in einer Fotografie seiner Popenoe Cabin von 1922 *(Abb. 13)*, einem Bild, das auffallend jenen ähnelt, die der Architekt 1915 in Taos und Santa Fe aufnahm.

Während alle oben erwähnten Merkmale der Adobearchitektur früher oder später bei Schindlers Bauten in nicht unbedingt sofort erkennbarer Form Verwendung fanden, machte das Landhaus, das er 1915 für Dr. Thomas Paul Martin entwarf, spontanen Gebrauch dieser Formensprache. Vermutlich während seiner Reisen in New Mexico von Martin mit dem Entwurf dieses Refugiums beauftragt, schuf Schindler in Taos ein in seiner Annäherung an den Adobestil fast schon als Pasticcio zu bezeichnendes Haus *(Abb. 14)*. Bei näherer Betrachtung wird jedoch eine komplexe Orchestrierung architektonischer Gedanken erkennbar. Der Grundriss *(Abb. 15)* stellt eine präzise Übung in »Beau-Arts«-Symmetrie dar und erinnert daher an andere Arbeiten, mit denen er damals in Chicago befasst war, wie der Entwurf für ein Nachbarschaftszentrums von 1914 *(Abb. 16)* oder ein unbekanntes Wohnhausprojekt (um 1917) *(Abb. 17)*. Bei dem mit vor-

11 Adobegebäude, Taos, New Mexico, 1915
Fotografie: R. M. Schindler

12 JOHN J. BUCK RESIDENCE, Los Angeles, 1934
Fotografie: Grant Mudford

13 PAUL POPENOE CABIN, Coachella, Kalifornien, 1922

14 THOMAS PAUL MARTIN RESIDENCE (ENTWURF),
Taos, New Mexico, 1915, Präsentationszeichnung

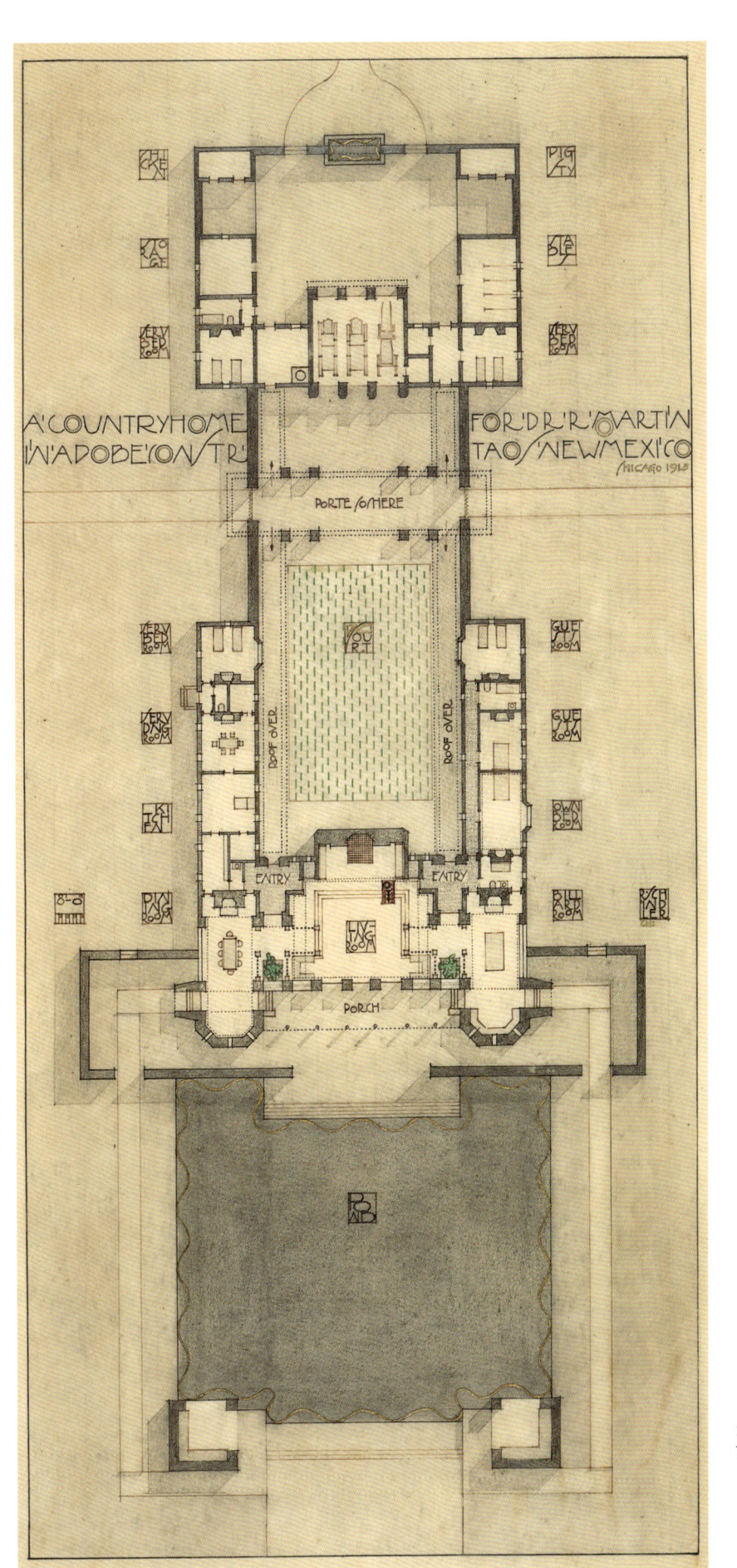

15 THOMAS PAUL MARTIN RESIDENCE (ENTWURF),
Taos, New Mexico, 1915, Grundriss

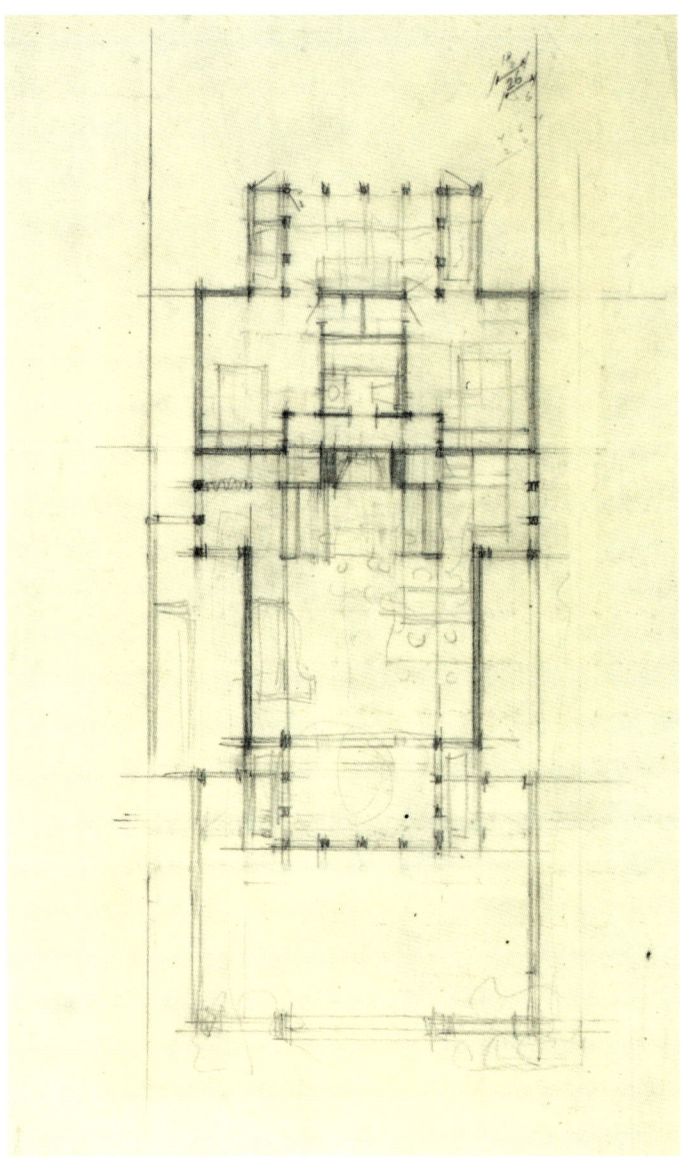

16 NACHBARSCHAFTSZENTRUM (ENTWURF),
Chicago, 1914, Präsentationszeichnung

17 NICHT ZU IDENTIFIZIERENDES WOHNHAUS,
Oak Park, Illinois, um 1917, Grundriss

18 THOMAS PAUL MARTIN RESIDENCE (ENTWURF),
Taos, New Mexico, 1915, Präsentationszeichnung

19 THOMAS PAUL MARTIN RESIDENCE (ENTWURF),
Taos, New Mexico, 1915, Ansicht der Treppen und des
Wohnzimmers

20 THOMAS PAUL MARTIN RESIDENCE (ENTWURF),
Taos, New Mexico, 1915, Präsentationszeichnung

kragenden Dachüberständen gesäumten Innenhof, sowie dem tiefen Beischlag an der Südseite, handelt es sich jedoch um in der Architektur des Südwestens häufig anzutreffende Elemente, die dem Wüstenklima durchaus angemessen sind *(Abb. 18, 20)*. Das gilt auch für die schmucklosen monolithischen Adobewände, die sich kaum über die weite, horizontale Wüstenfläche erheben, ein Versuch Schindlers, sich dem Maßstab der umgebenden Landschaft zu nähern.[7] Andererseits stellt die Tatsache, dass der Architekt die vorragenden Vigas zur Umschreibung des übergroßen Hofes verwendet, eine Abweichung von der üblichen Norm dar; Schindler lässt die freiliegenden Holzbalken weit über die tragenden Adobemauern vorkragen und ordnet sie in langen, präzisen Reihen von fast mechanischer Regelmäßigkeit an. So entsteht nicht nur ein gefälliger optischer Rhythmus, der von Verbundenheit mit heimischer Tradition zeugt, sondern es wird darüber hinaus die Verbindung von moderner Technik mit »ländlichen« Verfahren angedeutet. Auch die große, offene Wohnfläche mit ihren an Loos erinnernden, versetzten Ebenen, kann als Beispiel modernen Planens und Bauens im Verein mit traditioneller Form gelten *(Abb. 19)*. In einem Brief an Dr. Martin, der einem Konvolut von fünf Zeichnungen des Hauses beilag, verdeutlicht Schindler seine Pläne für ein Gebäude, das zwischen Alt und Neu vermitteln sollte:

Das ganze Gebäude soll mit den ausdrucksvollsten Materialien ausgeführt werden, die Taos bieten kann, um ihm die tiefste Verankerung in dem Boden zu geben, auf dem es stehen wird, aber ich werde mit allen Mitteln verhindern, ein paar Schmuckformen irgendeines importierten Stiles zu kopieren, selbst wenn sie an dem Ort zuvor verwandt wurden. Das Gebäude muss zeigen, dass es von einem Geist des 20. Jahrhunderts entworfen wurde und dass es einem Mann dienen soll, der nicht in einer alten spanischen Uniform herumläuft.[8]

In Schindlers Augen boten die regionalen Attribute dem Bewohner die Möglichkeit, seine Umgebung einzubeziehen und schufen darüber hinaus das passende Ambiente für Martins Sammlung indianischer Artefakte, ohne die Errungenschaften, die der damalige architektonische Kenntnisstand zuließ, opfern zu müssen. In einer Erklärung, die – obgleich auf diesen Auftrag bezogen – von nahezu universeller Bedeutung für sämtliche Werke Schindlers ist, schreibt der Architekt: »Dieses Haus ist nicht eine bloße Unterkunft, sondern der Rahmen für einen Mann, in dem er das Leben durch seine Kultur genießen kann.«[9]

Das Adobehaus stellt das perfekte Vehikel dar für ein in New Mexico angesiedeltes Experiment zum aktiven Kontextualismus. Dessen ungeachtet offenbart Schindlers Bearbeitung des Log House (1916–1918), jenes am stärksten von Mythen und Klischees besetzten Bautyps des Wilden Westens, sowohl eine furchtlose Missachtung etablierten Architekturgeschmacks als auch die Fortführung von Ideen, die er bereits aus Wien kennen gelernt hatte. Der Schindler-Forscher Lionel March wies darauf hin, dass Schindler vor seiner Ankunft in Amerika mit hoher Wahrscheinlichkeit Adolf Loos' 1913 entstandenen Blockhausentwurf für die Bauleitung der Semmeringschule gesehen hatte *(Abb. 21)*.[10] Da Loos landestypischen Bauformen mit Respekt begegnete und auch künftig weitere rustikale Berghäuser bauen sollte, ist dieser eher obskure architektonische Sonderfall nicht gänzlich ungewöhnlich. Und doch bedeutet Schindlers modernisierte Spielart eines solch' emotionsgeladenen, archaischen und begrifflichen Architekturtypus eine Offenbarung. Schindlers Entwurf für ein Log House (1916–1918) *(Abb. 22)* lotet fortschrittliche Gedanken des modularen Bauens aus, die seinen Mentor interessiert hätten, und bewahrt gleichzeitig eine unverkennbare Verbindung zu landestypischen Vorbildern, ob auf amerikanischem Boden oder andernorts. Die für den typischen Blockhausbau charakteristische Formensprache mit waagerecht geschichteten Rundhölzern, die an den Ecken durch genutete Verzahnungen miteinander verbunden sind, wird von Schindler unerschrocken wiederholt, wenn auch erweitert durch die Einführung sekundärer Bauelemente, gemauerter Pfeiler und untypischer Glaseinsätze. Die Flachdächer des Gebäudes künden von einem weiteren Bruch mit der Tradition, indem sie deren modernen Neigungen widersprechen und den Entwurf auf eine Ebene formaler Reinheit heben, die für Loos, vermutlich aus klimatischen Gründen, nicht erreichbar war. Beim Log House, ebenso wie beim Wohnhaus Martin, übertrieb Schindler das Überstehen der tragenden Balken über die Wände, um eine zeitgenössische Bearbeitung des Materials anzudeuten, das hier, wie March bereits früher vermerkte, dazu dient, die Flächigkeit einander durchschneidender Wände zu veranschaulichen *(Abb. 23)*.[11]

21 Adolf Loos, Bauleitungshütte für die Semmeringschule (Entwurf), Semmering, 1913

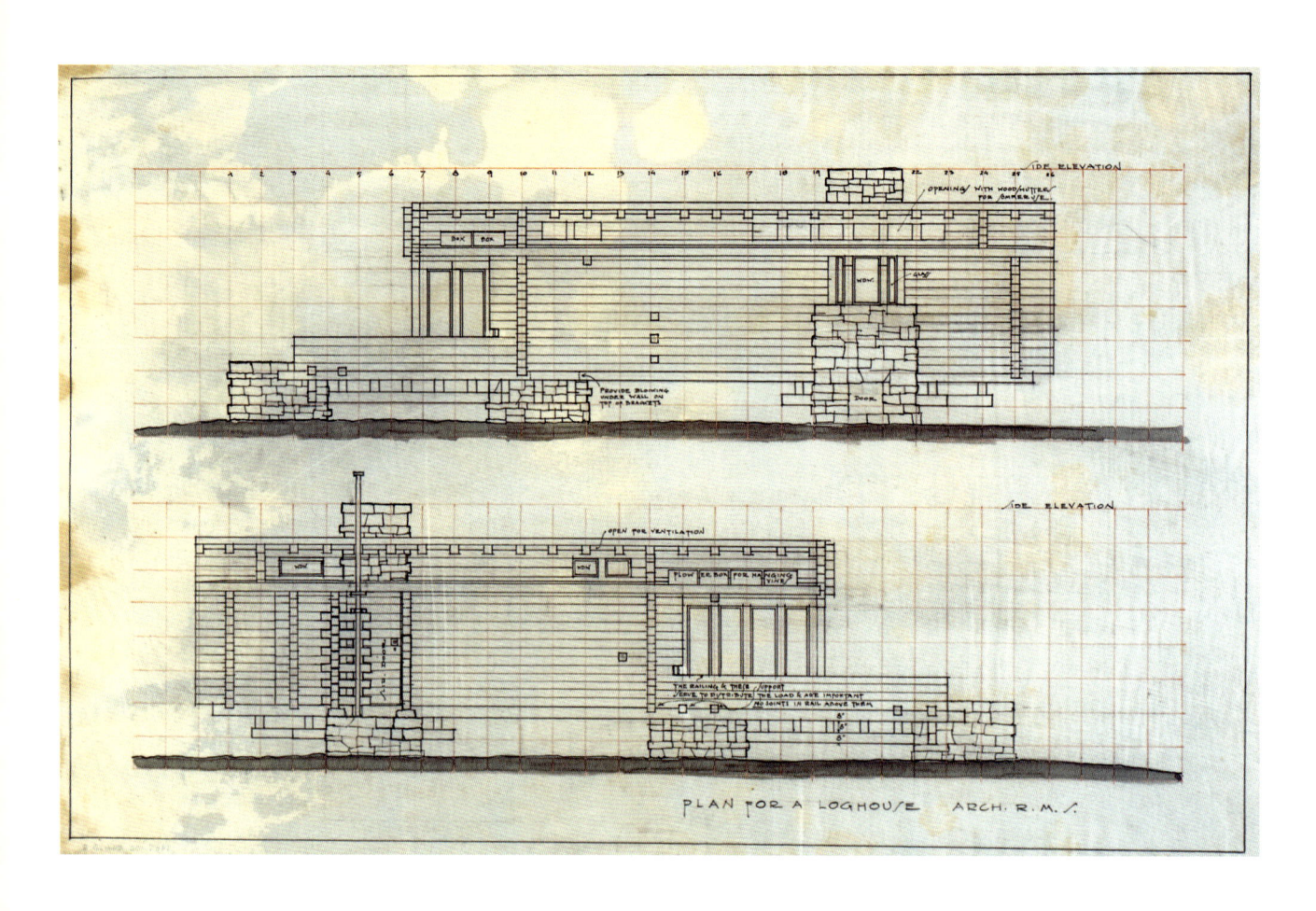

22 LOG HOUSE (ENTWURF), Standort unbekannt,
1916–1918, Seitenaufrisse

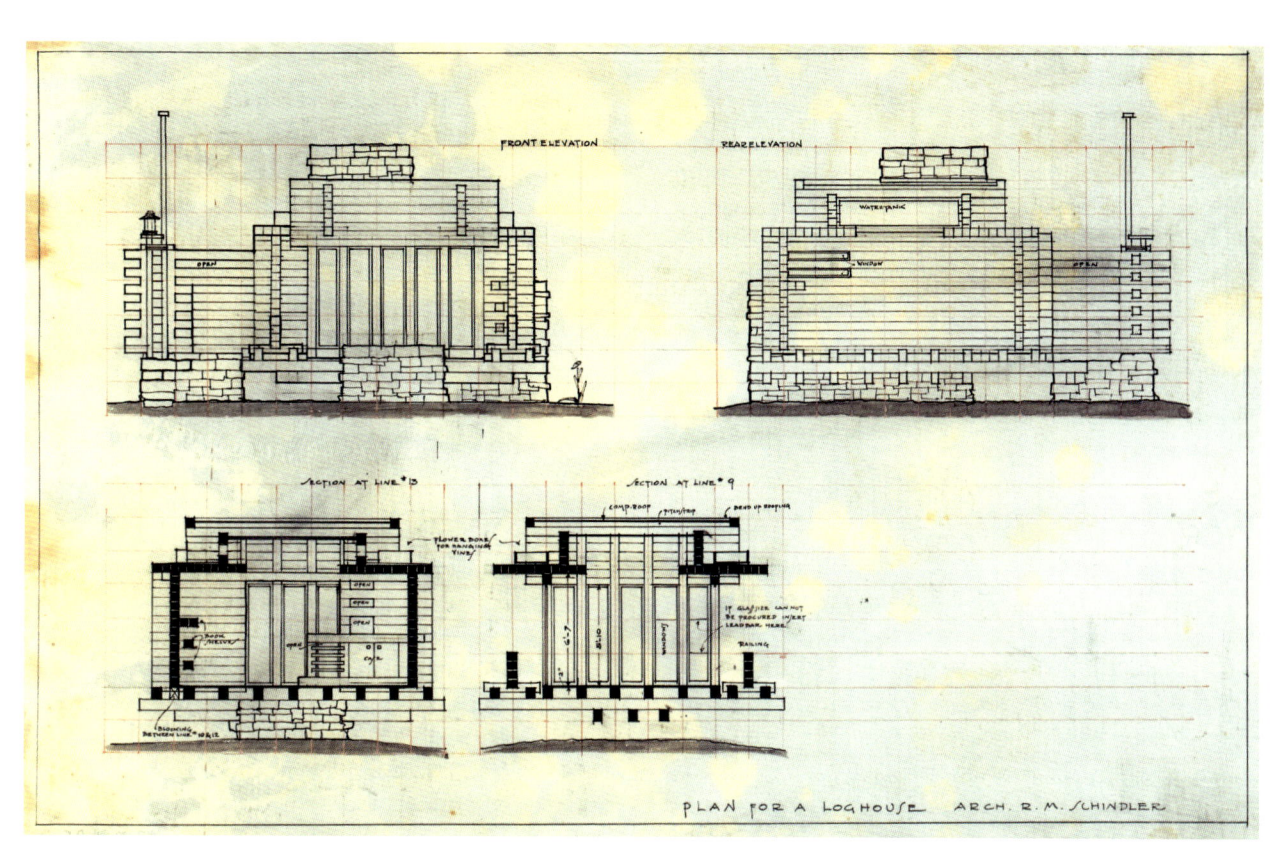

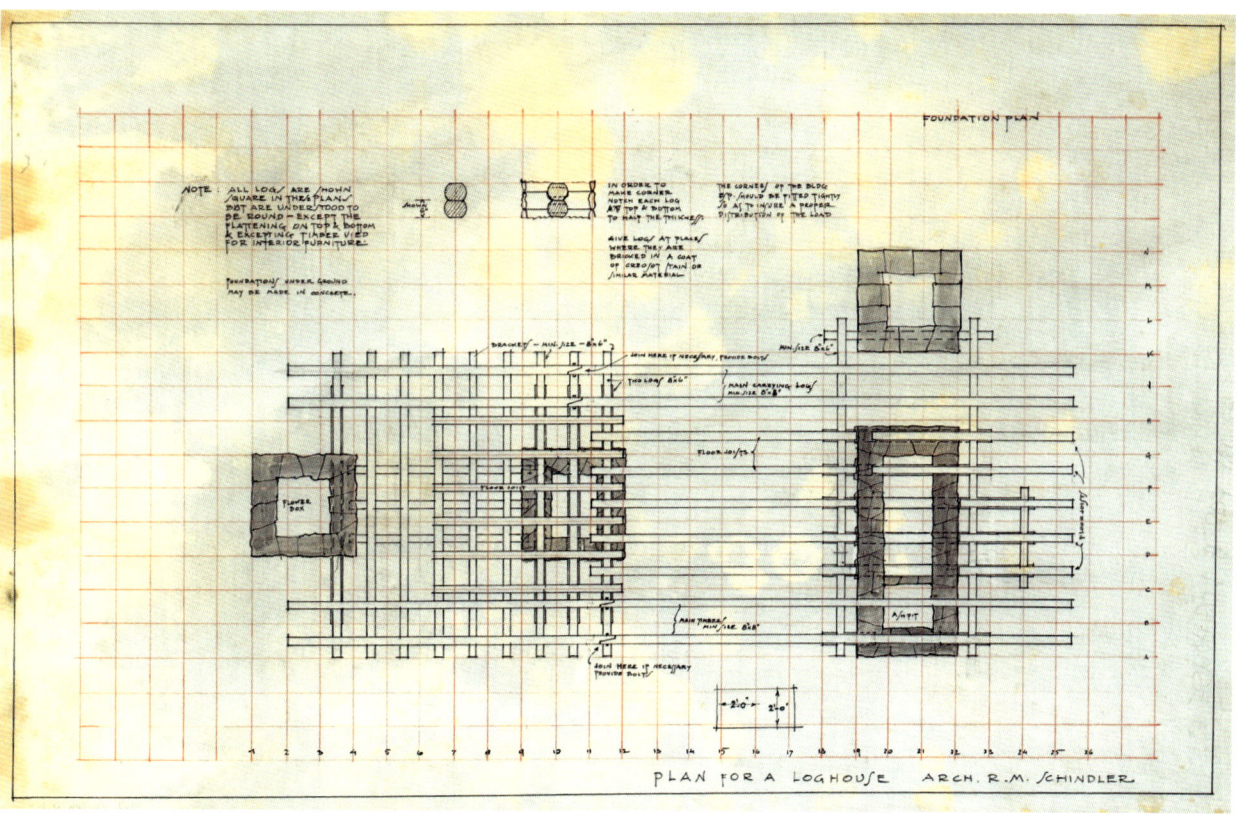

23 LOG HOUSE (ENTWURF), Standort unbekannt, 1916–1918,
Aufrisse und Schnitte der Vorder- und Rückseite

24 LOG HOUSE (ENTWURF), Standort unbekannt, 1916–1918,
Grundriss des Unterbaus

Das vielleicht wichtigste Entwurfselement des Log House ist die vorherrschende Modularität der Konzeption. Der Entwurf nimmt nicht nur Schindlers späteres Werk bezüglich der Entwicklung vorgefertigter, standardisierter Einheiten vorweg – ganz zu schweigen von den Legionen anderer Architekten, die sich in späteren Jahrzehnten von dem Gedanken geradezu besessen zeigten –, sondern er stellt darüber hinaus eine seiner frühesten Anwendungen eines proportionalen Systems dar, das Grundriss, Aufriss und Konstruktion integriert. Das Haus ist exakt auf einem Raster angeordnet, das auf Modulen von zwei Fuß (ca. 60,9 cm) basiert, die in den oberen Geschossen des Gebäudes pro Modul jeweils vier Rundhölzer von 15,2 cm Durchmesser, im Unterbau drei Rundhölzer von 20,3 cm Durchmesser aufnehmen *(Abb. 24)*. Abwandlungen innerhalb dieses proportionalen Systems, von einzelnen überstehenden Rundhölzern bis hin zu komplexen Übergängen zwischen Baukörpern, werden so optisch in Einklang gebracht und Abmessungen für Obergadenfenster und andere Fenster sind leicht und rational ableitbar. Später sollte sich Schindler bei einem Großteil seiner Bauten auf das Vier-Fuß-Modul (ca. 1,2 m) stützen, und Häuser wie die James Eads How Residence (1925/26) mit ihren eleganten Übergängen von Beton auf Holz auf Glas, alle von geometrischen Prinzipien und straff konzeptualisierten Konstruktionssystemen geordnet, sind direkte Nutznießer dieses frühen Projekts.[12]

Dass Schindler im amerikanischen Blockhaus eine Gelegenheit erkannte, sich sowohl der Kulturgeschichte des landestypischen Bauens zu widmen, als auch einen modularen Ansatz bei Komposition und Konstruktion mit weitreichenden praktischen Anwendungen auszuloten, sollte überraschen. Die Tatsache, dass eine solch' bejahende, unendlich flexible Einfühlsamkeit während seiner ganzen Laufbahn zu ähnlich ungewöhnlichen und brillanten architektonischen Lösungen führte, mindert die Überraschung ein wenig, aber nichtsdestoweniger bleibt der Tatbestand bemerkenswert. Schindlers Umsiedlung nach Kalifornien im Jahre 1920, wo er im Auftrag von Wright die Bauführung des Barnsdall-Projekts übernahm, bezeichnet den Anfang seiner ausgereiften Tätigkeit, denn in Kalifornien fand er seine Muse. Die Skala der Mikroklimata, die mannigfaltige geografische Beschaffenheit sowie das berühmte Licht veranlassten ihn zu zahllosen Experimenten, bei denen er Entwürfe auf genau passende Örtlichkeiten abstimmte; am berühmtesten wurde sein erster von ihm selbstständig geschaffener Bau in Los Angeles, sein eigenes Haus in der Kings Road von 1921/22 *(Abb. 1)*. Das Haus ist reich an sozialgeschichtlicher Bedeutung, bahnbrechenden Ideen zum kollektiven Wohnen und innovativen Konstruktionsverfahren, aber es sind seine Wurzeln in Schindlers positiven Erfahrungen in der kalifornischen Wildnis, die es gleichrangig mit seinen früheren Experimenten zu ortsspezifischer Architektur erscheinen lassen. Anstelle einer unmittelbaren Reaktion auf den Ort, stellt das Haus in der Kings Road jedoch das Ergebnis der Anwendung einer idealisierten Vorstellung vom kalifornischen Lebensraum dar.

Auf Fotografien, die vor und nach den Bauarbeiten aufgenommen wurden, ist zu sehen, dass die unmittelbare Umgebung aus unscheinbaren, flachen Bohnenfeldern bestand, die in der Ferne von unbesiedelten Hügeln begrenzt wurden *(Abb. 25)*. Zumindest eine ebenfalls an dieser Straße präsente Besonderheit stellte Irving Gills 1916 erbautes Dodge House mit seiner eleganten Urbanität dar. Die Formensprache, die Schindler für diese eher abgelegene Örtlichkeit wählte, entsprach zwar in mancher Hinsicht der Bescheidenheit des Standortes, stellte jedoch auch die Projektion einer fernen Bergwelt dar. Im Herbst 1921 fuhren der Architekt und seine Frau Pauline in einem Cabriolet hinauf zum Yosemite-Nationalpark; der Ausflug war

25 BAUGELÄNDE KINGS ROAD HOUSE VOR BEGINN DER BAUARBEITEN, West Hollywood, Kalifornien, 1921
Fotografie: R. M. Schindler

26 »Unser Zelt«, Yosemite-Nationalpark, Camp 9, Oktober–November 1921
Fotografie: R. M. Schindler

27 Schindler bei den Illiluette-Wasserfällen badend, Yosemite-Nationalpark, Oktober–November 1921
Fotografie: Pauline Schindler

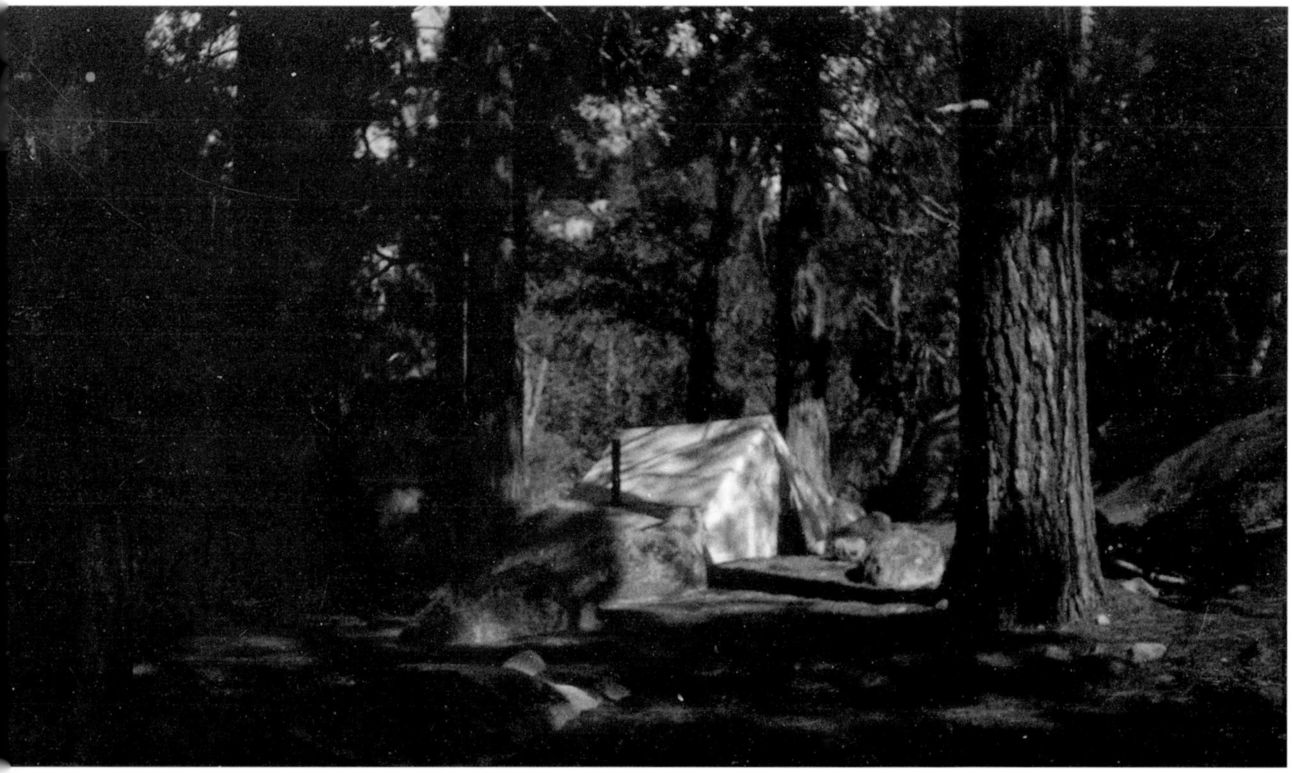

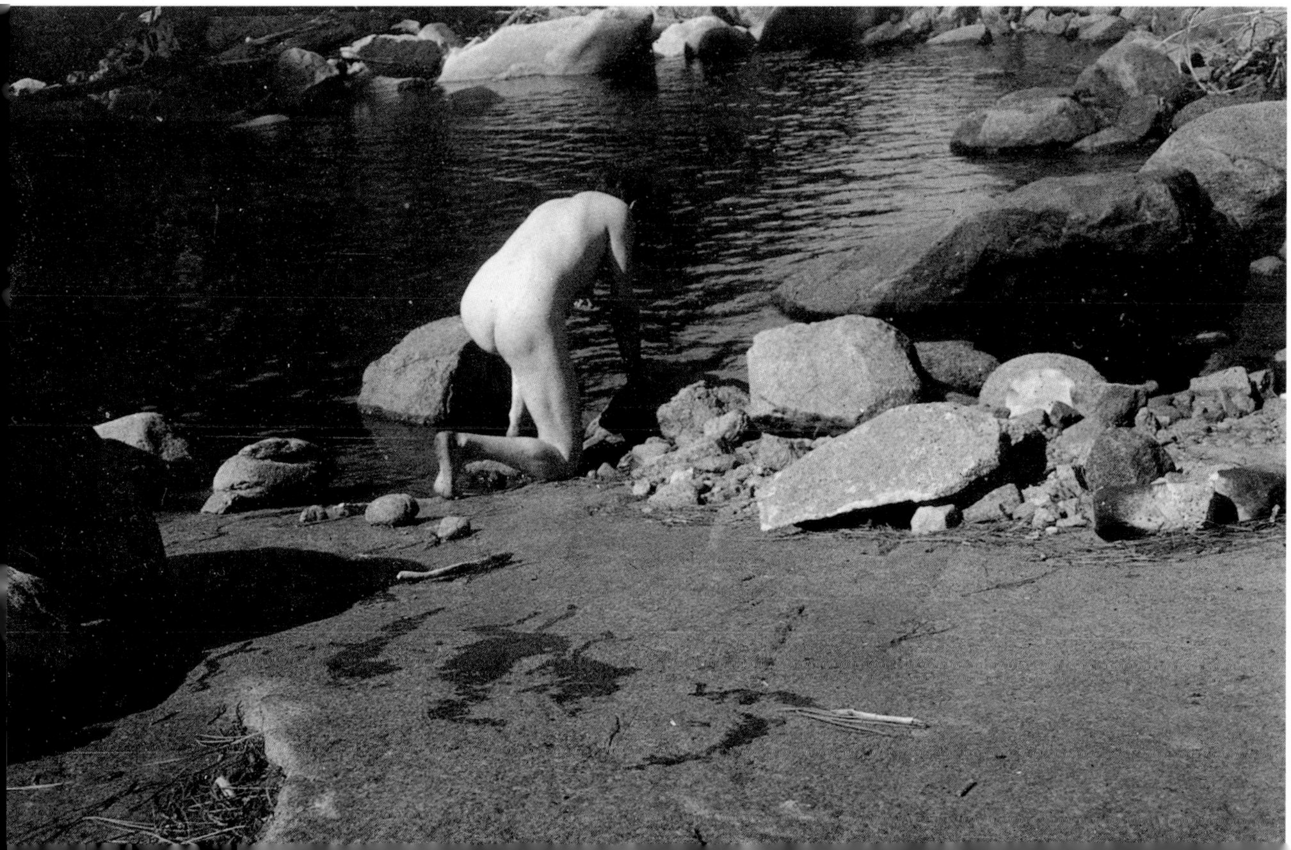

als kurze Erholung von seiner Arbeit mit Wright gedacht. Es kann kaum überraschen, dass Schindler von der Schönheit der Sierras hingerissen war, und er schrieb einen begeisterten Brief an seinen Freund Richard Neutra, in dem er die Szenerie beschreibt: »Dein Brief erreichte mich hoch oben in den Bergen, wo ich einen Urlaub verbringe, auf den ich seit langem gewartet habe. Dies ist einer der fantastischsten Orte in Amerika. Ich zelte am Ufer des Tenaya, schlafe unter freiem Himmel auf einem Bett aus Fichtennadeln und bade im eiskalten Wasserfall.«[13] Auf Fotografien ist das Zelt zu sehen, in dem sie kampierten, und auch Schindlers Badegewohnheiten werden dokumentiert *(Abb. 26, 27)*. Yosemite übte nachhaltigen Einfluss auf die Schindlers aus: Es regte Pauline zu einer unveröffentlichten Geschichte mit dem Titel »Joys of Tent Life in California [Die Freuden des Zeltens in Kalifornien]« an und führte auf direktem Wege zum Entwurf des Hauses, das Schindler für sich und ein weiteres Paar an der Kings Road bauen sollte. Er verstand die idyllischen Gegebenheiten in Yosemite als die in Kalifornien generell anzutreffenden Gegebenheiten und errichtete ein Haus, das, in seinen Worten, »die grundlegenden Erfordernisse der Unterkunft eines Campers [aufwies]: eine geschützte Rückseite, eine offene Vorderfront, einen Kamin und ein Dach.«[14] Die Räume wurde auf drei Seiten von Aufkippbetonmauern umschlossen, während sich die Verglasung und die leichten Schiebetüren der vierten Seite zu Außenräumen öffnen, die an die Bodenflächen der Innenräume unmittelbar anschließen *(Abb. 29)*. Jeder Raum war mit einem ebenerdigen Kamin ausgestattet und auch die Außenräume konnten von Kaminen beheizt werden. Um das günstige Klima auszunutzen, sollte in »Schlafkörben« auf dem Dach geschlafen werden. Wiewohl einen Großteil des Jahres ein solches Leben im Freien tatsächlich möglich ist, bleibt selbst Südkalifornien von Regen und kühleren Temperaturen nicht gänzlich verschont. Schindler war jedoch von den klimatischen Vorzügen der Gegend so angetan, dass er sich über derartige Widersprüchlichkeiten hinwegsetzte.

Die Tatsache, dass Schindler den eher banalen Standort seines Hauses romantisch überhöhte, lässt sich an einer perspektivischen Ansichtsskizze erkennen, auf der man den Bau wie vom Fuß eines (nicht vorhandenen) Hügels aus sieht *(Abb. 28)*; gleichwohl kann die zwanglose Anlage des Hauses mit ihrer Einbeziehung des Außenraumes als Vorläufer von Grundrissen gelten, wie sie später in der Wohnhausarchitektur Südkaliforniens gang und gäbe wurden. Bereits 1921 finden sich hier breite Schiebetüren, vor Gartenterrassen liegende Glaswände, hochliegende Fenster und Schatten spendende Dach-

28 KINGS ROAD HOUSE, West Hollywood, Kalifornien, 1921/22, perspektivische Ansicht

29 KINGS ROAD HOUSE, West Hollywood, Kalifornien, 1921/22,
Ansicht von Schindlers Studio mit den von ihm entworfenen Möbeln
Fotografie: Grant Mudford

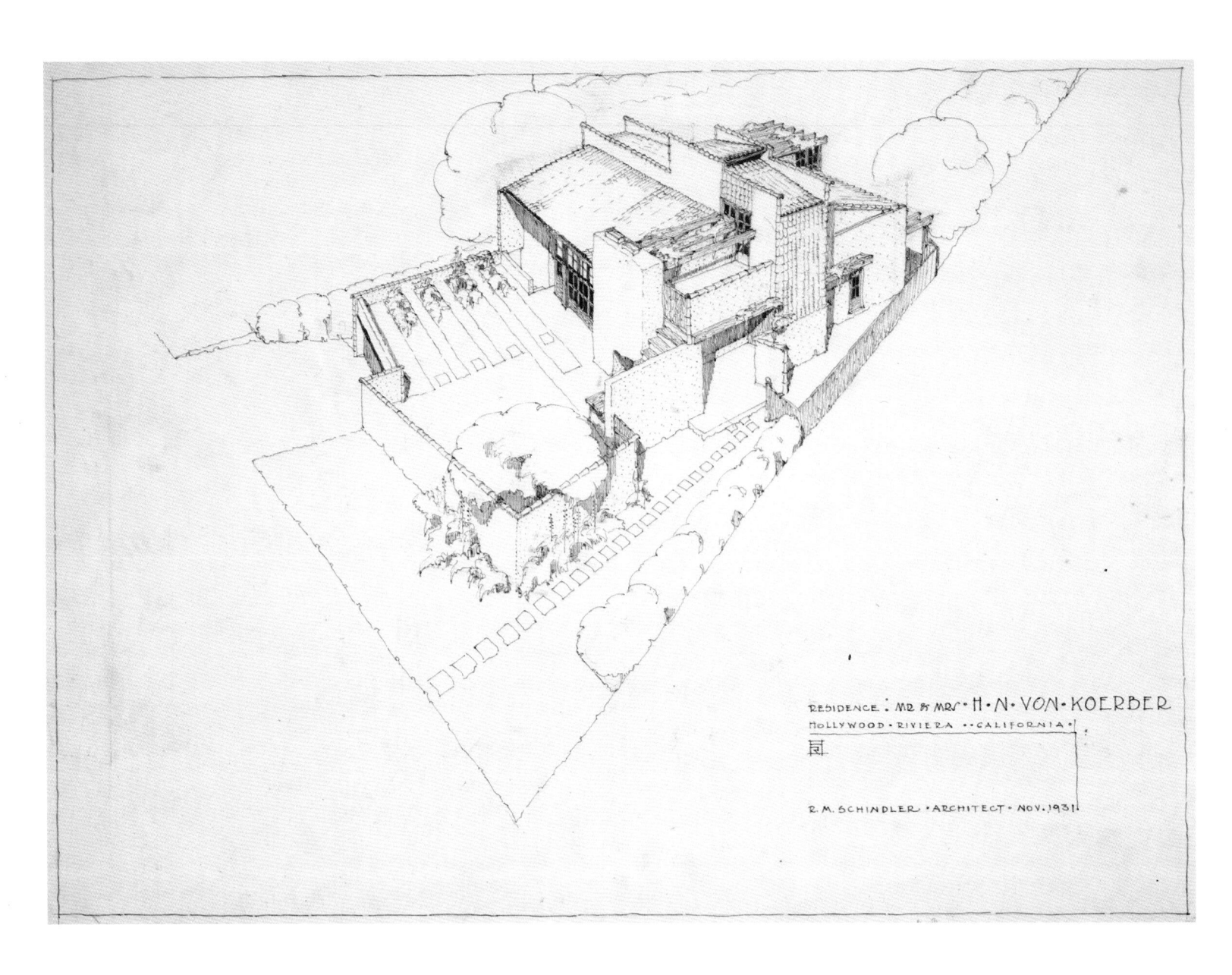

30 HANS N. VON KOERBER RESIDENCE, Torrance, Kalifornien, 1931/32

überhänge, sämtlich Merkmale, die jahrzehntelang in Kalifornien zur üblichen Ausstattung zählten. Das Haus in der Kings Road verkörpert in vielerlei Hinsicht Schindlers Manifest zur ortssensiblen, wenn nicht gänzlich ortsspezifischen kalifornischen Architektur, vergleichbar den früheren Versuchen bei der Thomas Paul Martin Residence und dem Log House, und bildet die konzeptuelle Basis, auf der seine nachfolgenden Bauten gründen.

Selbst wenn er dem von lokalen Planungsverbänden vorgegebenen, stilistischen Diktat folgen musste, war er intuitiv fähig, Entwürfe zu erdenken, die ihre Stichwörter vom Umfeld bekamen, und gleichzeitig seine eigene Formensprache zu erweitern. Im Fall der Hans N. von Koerber Residence aus den Jahren 1931/32 war er mit einer solchen Situation konfrontiert. Die Hollywood Riviera Erschließungsgesellschaft schrieb den Gebrauch des »Spanish Style« vor *(Abb. 30)*. Ungeachtet David Gebhards Vermutung, Schindlers Verwendung von Motiven des Spanish Colonial Style (nicht nur hier, sondern beispielsweise auch bei den Anne-Burrell-Projekten der frühen zwanziger Jahre) bedeute die ironische Einbeziehung eines »minderen Populärstils«, ist auch denkbar, dass Schindler darin einen kontextuellen Wert sah. Für jemanden, der daran interessiert war, einen ortsspezifischen Charakter zu schaffen, hatte der Spanish Style seine Vorzüge. Schließlich war Irving Gill, wie Schindler in einem undatierten Brief an Esther McCoy betonte, »der Erste, der das Spanische zu etwas Kalifornischem machte«; weiter unten im selben Brief schrieb er, dass »die spanische Architektur zwar noch fremdländisch war, der Landschaft aber dennoch weit näher stand [als der Craftsman Style].«[15] In Briefen, die Schindler und Mr. und Mrs. von Koerber austauschten, scheint es, als habe Schindler den Bauplatz selbst ausgewählt, vermutlich wohlwissend um die hier herrschenden stilistischen Beschränkungen.[16] In den von Koerbers fand Schindler Auftraggeber, die die regionalen Intentionen seines Hauses in der Kings Road aufrichtig zu schätzen wussten. (»Sie koennen sich kaum vorstellen, was es fuer mich bedeuted [sic], jemanden gefunden zu haben, der den Volkslied-Charakter meines Hauses vollkommen empfinded [sic], noch mehr, jemand, der, wie ich, in einer solchen Umgebung leben will.«)[17] und der so weit ging, ihm einen Auftrag zu erteilen, dessen Wortlaut der Architekt fast selbst geschrieben haben könnte:

Kurz zusammenfassend möchten wir noch einmal betonen, dass wir daran interessiert sind – auch ganz abgesehen vom Geldpunkt – zu zeigen, dass man bei äusserster Schlichtheit und unter Verwendung des denkbar billigsten Materials in fertig erhältlichen Maßen eine schöne Wirkung erzielen kann. Vergessen Sie bitte gänzlich, in welchem Berufskreise wir leben. Nehmen Sie uns nur als Menschen, welche einen starken Hang zur Urwüchsigkeit und zum Leben in und mit der Natur in sich fühlen und diese dem hiesigen Klima und der unkompliziertesten Lebensführung entsprechend zum Ausdrucke bringen möchten.[18]

Zu diesem Zeitpunkt hatte Schindler ernsthaft begonnen, die typisch kalifornische Bauweise der mit Mörtel verputzten Holzrahmenkonstruktion zu übernehmen; mit seinem »Schindler Frame«-Verfahren versuchte er, den Hausbau durch die Verwendung standardisierter Holzteile zu vereinfachen. Diese Methode passte perfekt zur gipsernen Außenhaut des Spanish Style, Schindler verwendete jedoch die methodischen Gepflogenheiten zu ungewohnten Ausformungen, indem er eine dynamische Anordnung asymmetrischer Baukörper und Flächen zuammensetzte, die der Tradition neues Leben einhauchte *(Abb. 31, 32)*. Mit Ziegeln gedeckte Sheddächer enden nicht an der Dachtraufe, sondern setzen sich auf der Wandfläche fort und verwischen damit die Grenzen zwischen horizontalen und vertikalen Elementen; dieses Merkmal findet sich in ähnlicher Weise bei der John Cooper Packard Residence von 1924, und auch später taucht es wieder auf, unter anderen bei der Gisela Bennati Cabin (1934–1937) und den Adolph Tischler Residence (1949/50). Außerdem führen die Ziegel spielerisch ins Innere, wo sie die Wände zu beiden Seiten des Kamins überziehen und auch den Boden der Feuerstelle auskleiden. Im Gegensatz zu den häufig dunklen, engen Räumen in Häusern im Stil des Spanish Colonial Revival, öffnet sich das Haus der von Koerbers mittels hochliegender Fenster, räumlicher Vielfalt und üppiger Durchfensterung, um die Ausblicke auf Meer und Garten zu genießen *(Abb. 33)*. Die Kühnheit, die Schindler bei diesem Projekt im Umgang mit dem Spanish Style an den Tag legt, könnte als beispielgebende Herausforderung für andere Architekten gesehen werden, auch mit diesem Stil zu experimentieren, in dem der verbindlichen ästhetischen Geste zur Nachbarbebauung das mutige Abweichen vom Gewohnten entspricht. Im Laufe der seither vergangenen siebzig Jahre haben es ihm jedoch, wenn überhaupt, nur sehr wenige gleichgetan.

Die Berghütte, die Schindler im Jahre 1934 für die Speiseöl-Händlerin A. Gisela Bennati entwarf, zeichnet sich trotz eingeschränkter Möglichkeiten durch ähnliche Dynamik aus. Das Gebiet in Lake Arrowhead schrieb die Verwendung des »Normandy Style« vor, und Schindler reagierte mit einem Ferienhaus, das nahezu gänzlich auf ein Dach reduziert ist *(Abb. 34)*. Der markante A-Rahmen trägt auf beiden Seiten das bis auf den Boden reichende Ziegeldach, während die beiden Giebelseiten zumindest teilweise verglast sind *(Abb. 35)*. Die Dreiecksform und die sich daraus ergebende Verschmelzung von Dach und Wand ist nicht nur als reaktionäres Zugeständnis an die lokale Planungskommission gemeint, sondern stellt sowohl eine Erweiterung des vorhandenen Formenrepertoires als auch eine entschieden kontextuelle Geste dar. Die oben erwähnten Häuser für Packard, von Koerber und Tischler experimentieren mit einer ähnlichen Auflösung des gradlinigen Schnitts, und die geplanten Häuser für Mrs. Laura Davies (1922–1924) und Mrs. M. Davis Baker (1923) zeigen zu einem noch früheren Zeitpunkt steile Giebeldächer

31 HANS N. VON KOERBER RESIDENCE, Torrance, Kalifornien, 1931/32

32, 33 HANS N. VON KOERBER RESIDENCE, Torrance, Kalifornien, 1931/32

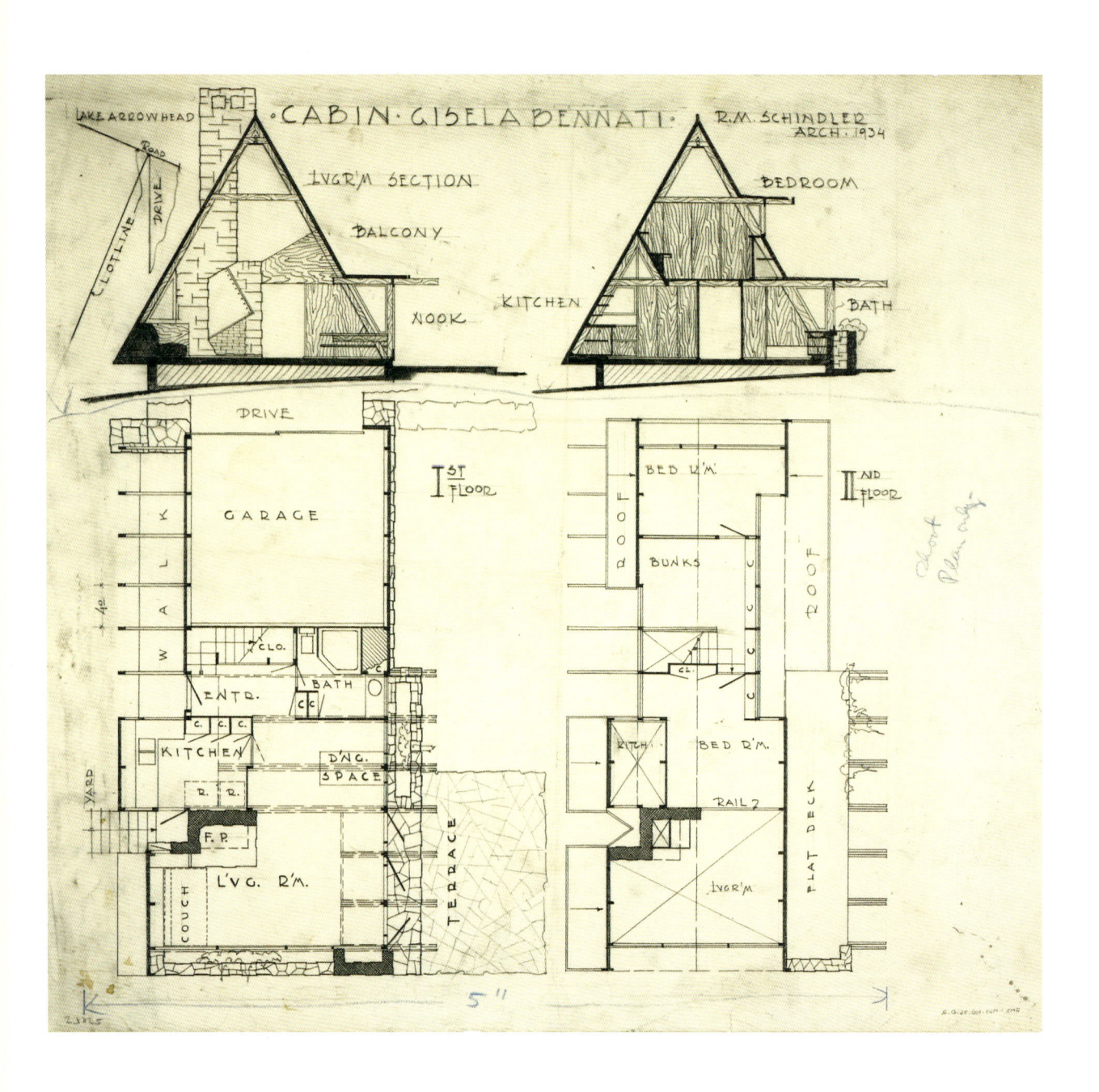

34 A. GISELA BENNATI CABIN, Lake Arrowhead, Kalifornien,
1934–1937, Grundrisse und Schnitte

35 A. GISELA BENNATI CABIN, Lake Arrowhead, Kalifornien, 1934–1937
Fotografie: W. P. Woodcock

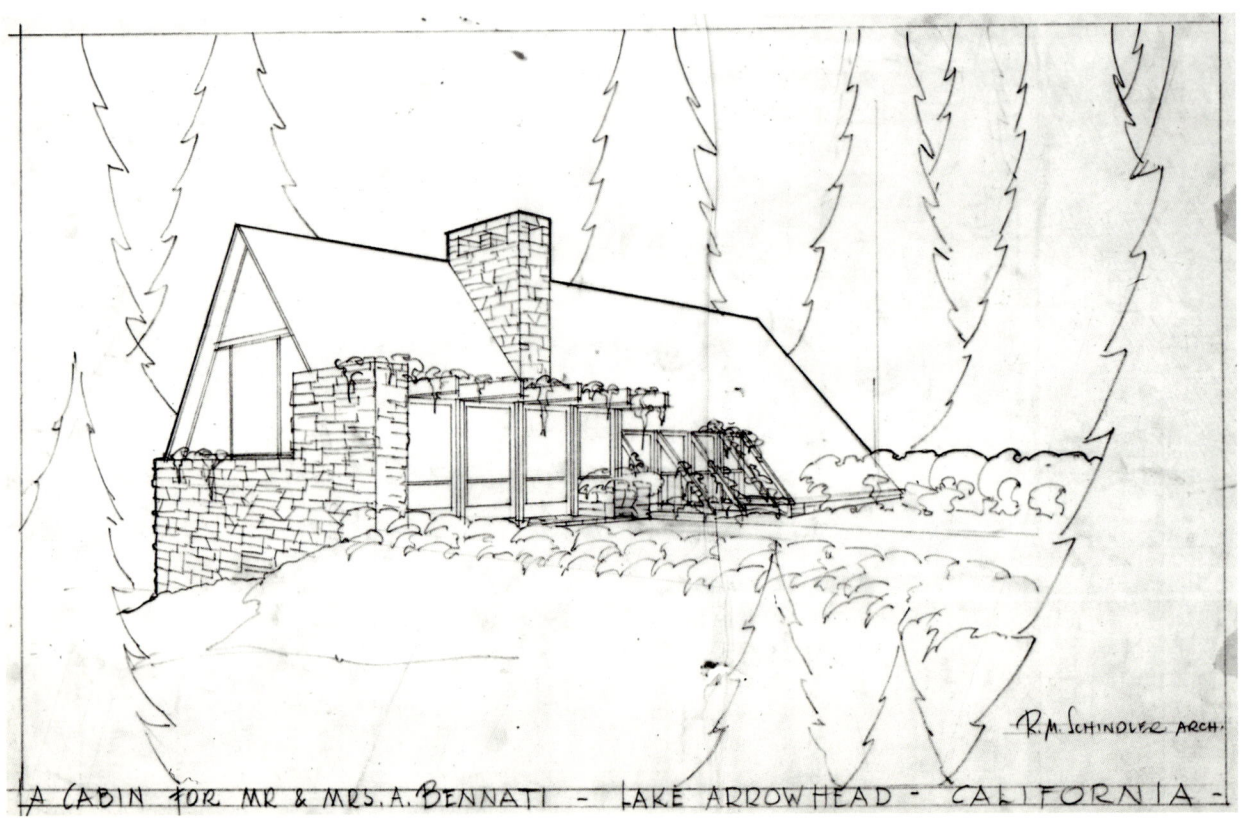

A CABIN FOR MR & MRS. A. BENNATI - LAKE ARROWHEAD - CALIFORNIA -

R.M. Schindler Arch.

(Abb. 36). Bei keinem der beiden letztgenannten Projekte scheint jedoch der dreieckige Raum unter der Dachschräge genutzt zu werden, wie Schindler das in der Gisela Bennati Cabin tat, wo er hier ein komplettes funktionales Obergeschoss mit zwei Schlafräumen und einer Koje unterbrachte. Die überall im Haus freiliegenden Balken wiederholen die rigorosen geometrischen Verhältnisse des Gebäudes, modulieren den Raum und bieten formale Anhaltspunkte für die zahlreichen Einbaumöbel *(Abb. 38)*.

Schindler wandte sich dem dreieckigen A-Rahmen auch in dem Bemühen zu, den Bau in Verbindung mit seinem Standort zu bringen. Die stilisierte Form einer Fichte mit ihren abstehenden Nadeln wird von der Form der Cabin nachgeahmt und kommt in der Präsentationszeichnung deutlich zum Ausdruck *(Abb. 37)*. Kamin, Schornstein und Sockel des Hauses sind aus heimischem Stein gemauert, auch das ein Versuch, »Lokalkolorit« zu erzeugen. Außerdem liefern außen angebrachte, nach oben in die Bäume gerichtete Flutlichtscheinwerfer einen Teil des im Inneren nötigen Kunstlichtes und erhalten selbst bei Nacht den Bezug zu den Kiefernwäldern der Umgebung aufrecht.[19]

Das Museum of Modern Art erkannte die topografischen Qualitäten der Bennatischen Cabin und fragte 1941 an, ob sie in eine Wanderausstellung zum Thema »Regionales Bauen« aufgenommen werden könne. Die damals in der Architekturabteilung des MoMA als Assistentin tätige Elizabeth Mock schrieb, »sie sei schon immer von der Idee eines Ganzdachhauses fasziniert gewesen« und interessierte sich dafür, wie sich Konstruktion und Materialien zu Gelände und Klima verhielten.[20] Das Haus war für Mocks Geschmack jedoch eventuell ein wenig zu landschaftsverbunden oder zu bildhaft, und in späteren Briefen bezeichnete sie es spöttisch als ein wohl als Witz oder Staffage gedachtes »Scherzo«.[21]

Obgleich zurzeit dieses Briefwechsels, neben einem wachsenden Bewusstsein für Ortsspezifität, das Interesse an landschaftlichen Bauweisen und Materialien in das Blickfeld der Moderne Einzug gehalten hatte, verließen sich zahlreiche ihrer Vertreter auf oberflächliche Effekte, um den »neuen Look« zu erzielen. So verwendete zum Beispiel der emmigrierte Bauhäusler Marcel Breuer bei seinen auf amerikanischem Boden entstandenen Häusern Stein und geneigte Dächer in der Absicht, modernistische Empfindungen mit Ostküsten-Traditionalismus zu vereinen, ohne dass sich die elegante Abstraktion verleugnen ließe. Le Corbusier, der vielleicht bekannteste Fremdgänger in landschaftlichen Formen, verwendete lokale Materialien, um seine »machines à habiter« zu tarnen, bisweilen jedoch mit mangelndem Verständnis der tatsächlichen örtlichen Gegebenheiten. Sein 1935 entstandenes Haus in Les Mathes verfügt als Zugeständnis an lokale Bautraditionen zwar über Bruchsteinmauern und ein Holzdach, aber es wurde gebaut, ohne dass der Architekt den entlegenen Ort je besucht hätte.[22] Sein bereits von 1929 bis 1931 entstandenes Ferienhaus für Hélène de Mandrot in Le Pradet weist zwar, wie der Historiker Colin St. John Wilson bemerkt, ebenfalls aus heimischem Stein gemauerte Wände auf, Le Corbusier interessierte sich jedoch hauptsächlich für die formalen Unterschiede zwischen tragenden Elementen und Glasplatten *(Abb. 39)*.[23] Das Haus konnte als subtile plastische Aussage überzeugen, entsprach jedoch in keiner Weise den Wünschen der Bauherrin nach einer wohnlichen Behausung – trotz ihrer Kritik an einem früheren Entwurf, der die hier herrschenden starken Winde und Sonneneinstrahlung nicht berücksichtigt hatte –, und de Mandrot verließ das Haus bereits nach einem halben Jahr.[24] Für St. John Wilson beleuchtet die Villa de Mandrot:

[...] einen Aspekt von Le Corbusiers Geist, der sowohl seine Stärke wie seine Schwäche war: der Versuch, jedes Projekt auf die Ebene einer allgemeinen Aussage zu heben, für die es dann als beispielhaft gelten konnte. Die intellektuelle Kraft hinter diesem Streben ist verantwortlich für die seinem gesamten Werk eigene gewisse Erhabenheit, die damals seine doppelte Rolle als Schrittmacher und Gesetzgeber untermauerte.

Die Unzulänglichkeit [der Villa de Mandrot] lag in der Tatsache begründet, dass es einzig im Bereich von Ideen funktionierte, die darüber hinaus ausschließlich mit der Vereinigung von Form und Technik befasste Ideen waren. Seine Rolle scheint sich mehr um die Rechtfertigung eines Systems gedreht zu haben, als um die Lebensqualität in Le Pradet.[25]

36 LAURA DAVIES RESIDENCE (ENTWURF), Los Angeles, 1922–1924

37 A. GISELA BENNATI CABIN, Lake Arrowhead, Kalifornien, 1934–1937, Präsentationszeichnung

38 A. GISELA BENNATI CABIN, Lake Arrowhead, Kalifornien, 1934–1937, Ansicht des Essbereichs

Auch Schindlers Werk verkörperte das Ideal, nach dem jedes Projekt als modellhaft verstanden werden konnte. Seine »Schindler Frame«-Baumethode beispielsweise kam probehalber in Gebäude nach Gebäude zum Einsatz; die so entstandenen, höchst unterschiedlich gearteten Bauten, unterstrichen die vielfältigen Anwendungsmöglichkeiten dieser Bauweise. So wie seine architektonische Formensprache beständig unbeständig blieb, waren Schindlers Demonstrationen von Form und Technik tief in seinem Anliegen verankert, zwischen Klient und Baugelände für ein harmonisches Gleichgewicht zu sorgen, wobei er sich, um dieses Ziel zu erreichen, für Empfänglichkeit und gegen vorgefasste Meinungen entschied.

Sein Haus für Maryon E. Toole, das 1946 in der Wüstenstadt Palm Springs entstand, eignet sich gut zur Veranschaulichung dieser Haltung und als aufschlussreicher Gegensatz zum oben erwähnten Bau Le Corbusiers. Ebenso wie bei der Villa de Mandrot wird auch hier heimischer Stein verwendet, um den Bau an die felsige, kahle Landschaft zu binden, aber hier erweist sich der Standort wahrhaft als Muse und inspiriert Schindler dazu, bei seinem Entwurf ebenso sehr Metapher und Fantasie zu folgen wie den Wechselfällen der Natur. Der rötlich-braune Granit der Mauern wird in direkten Kontakt zu hellem Zementmörtel gebracht und lässt so, den Worten des Architekten zufolge, an »die Musterung eines Panterfells« denken, während das Haus als Ganzes »von einem üppig dimensionierten, dennoch leicht wirkenden Dach beschattet wird, das an ein riesiges Blatt erinnert« *(Abb. 40)*.[26] Abgesehen vom zoomorphologischen Irrtum (die gefleckten Wände erinnern eher an einen Geparden oder Leoparden als an einen Panter) und abgesehen von der Tatsache, dass keines dieser Tiere in dieser Gegend heimisch ist, führte Schindlers Umweg über afrikanische Fantasien zu einem Entwurf mit entschieden exotischem, ja primordialem Look, der trotzdem nicht gänzlich aus dem Rahmen zu fallen scheint. Die gefleckten Steinmauern können wechselweise mit der Landschaft verschmelzen und die Aufmerksamkeit auf sich lenken. Die niedrigen – höchstens 2,10 m hohen – und fest mit der Erde verbundenen Mauern, bilden schützende Umfriedungen, die Wüstenhitze und Wind abwehren, und das breit gelagerte, vorkragende Dach sorgt für tiefen Schatten. Die Zone zwischen niedrigen Wänden und aufragendem Dach sind größtenteils verglast und gestatten Ausblicke auf die Umgebung und die San Jacinto Berge,

39 Le Corbusier, Villa de Mandrot, Le Pradet, France, 1929–1931

40 MARYON E. TOOLE RESIDENCE, Palm Springs, Kalifornien, 1946–1948

41 MARYON E. TOOLE RESIDENCE, Palm Springs, Kalifornien,
1946–1948, Ansicht des Wohnzimmers

42 MARYON E. TOOLE RESIDENCE, Palm Springs, Kalifornien, 1946–1948, Ansicht des Schlafzimmers (Detail)
Fotografie: Shirley C. Burden

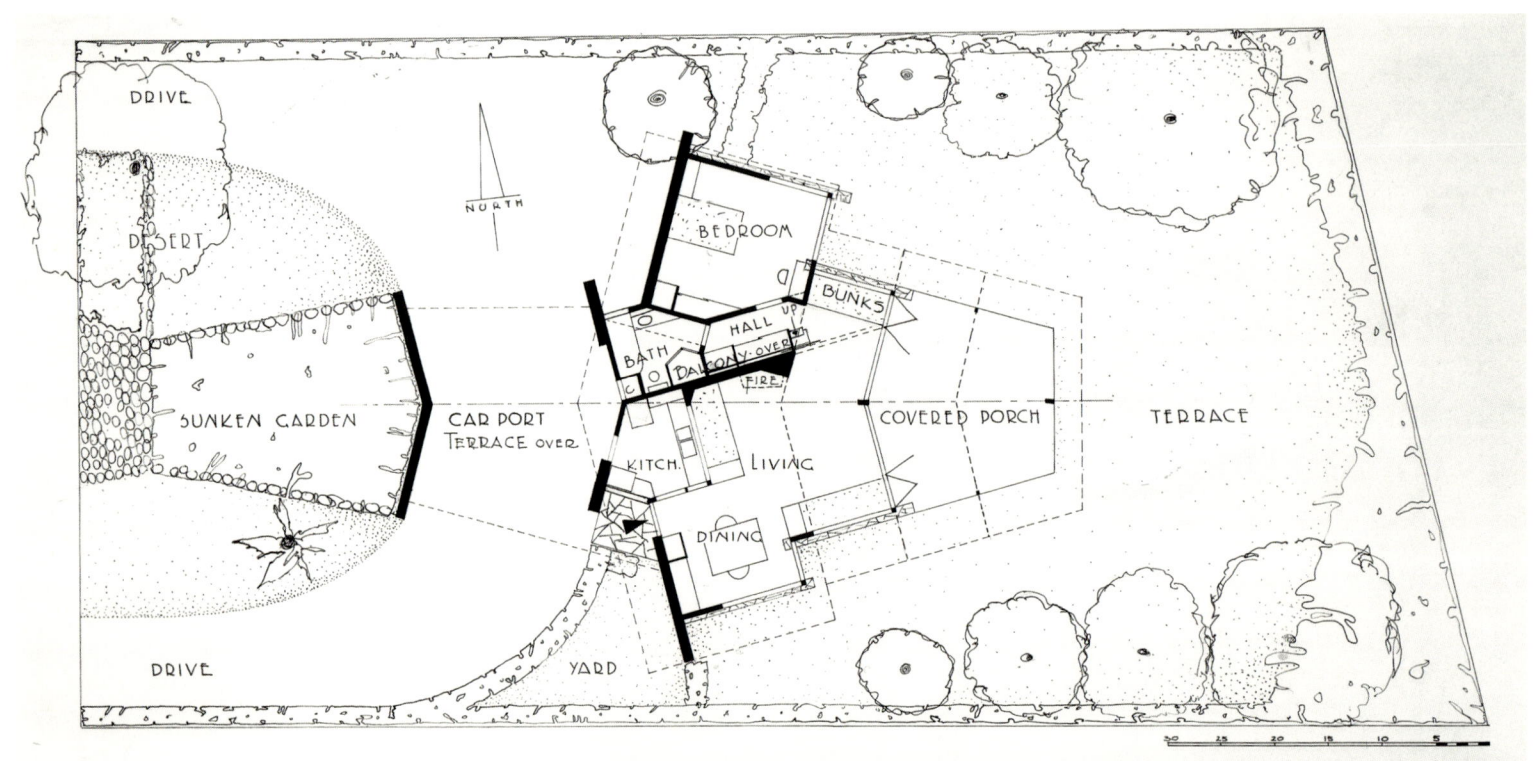

43 MARYON E. TOOLE RESIDENCE, Palm Springs, Kalifornien, 1946–1948

während die hohe Decke mit den offenen Balken das kleine Haus davor bewahrt, höhlenartig oder beengt zu wirken *(Abb. 41)*. Unterscheidungen zwischen Innen- und Außenraum werden beständig verwischt mittels Außenwänden, die spielerisch ins Innere vordringen, und Boden- und Dachflächen, die sich zu beiden Seiten der Umfriedung kontinuierlich fortsetzen *(Abb. 42)*.

Der Grundriss ist gleichermaßen bezwingend, da Schindler eine scheinbar symmetrische Grundfläche ersann, die sich als geometrisiertes Blatt verstehen ließ, dessen axiale Dachkonstruktion die Anordnung von Laub nachahmt *(Abb. 43)*. Mit der tatsächlichen räumlichen Anordnung des Grundrisses unterläuft der Architekt absichtlich diese Symmetrie, da sich die Räume unabhängig von der Achse ausbreiten. Genauere Betrachtung offenbart weitere Vielschichtigkeit: Die Stellung tragender Wände im Grundriss lässt auf ein Auseinanderbrechen eines T-förmigen Elements im Inneren schließen, das der Länge nach aufgespalten und dessen Teile um dreißig Grad auseinander geklappt sind. Der lineare Scheitelpunkt des Daches verschwindet jedoch nie gänzlich, sondern dient als ständige Erinnerung an die besondere Lage des Hauses, indem er das Auge auf die überdachte Eingangsveranda und hinaus auf die davor liegende Terrasse lenkt. Die Vielfältigkeit des Hauses Toole zeigt einen Architekten, der sein Metier vollkommen beherrscht und eine große Bandbreite architektonischer Belange zu einem vollständig integrierten Ganzen ordnet. Mit diesem Projekt spricht Schindler gleichzeitig die Bedingungen des Geländes, die evozierende Kraft von Metapher und Fantasie sowie das organisatorische Potenzial geometrischer Täuschungsmanöver an, ganz zu schweigen von expressiven Materialien und dem Geschmack der Bauherrin (Maryon Toole hatte eine Vorliebe für nicht-westliche Ästhetik) *(Abb. 44)*, und es gelingt ihm ein Bauwerk von überwältigender Vielfalt.

Als Schindler mit dem Toole-Haus befasst war, hatte er bereits eine große Bandbreite architektonischer Formensprachen ausgelotet und zwar kaum als Übung in grundloser Exotik oder schludriger Stilmischung, sondern im Bemühen, ein zwischen einem Gebäude und seiner Umgebung durchdachten Einklang herzustellen, ohne sich um den gerade vorherrschenden Architekturgeschmack zu kümmern. Bei frühen Werken wie der geplanten Thomas Paul Martin Residence und dem Log House zog er lokale, jedoch höchst verschiedenartige, im Südwesten beziehungsweise im Mittleren Westen heimische Hausbautraditionen heran. Sobald er in Kalifornien eingetroffen war, setzte er sich mit der enormen topografischen Vielfalt dort auseinander. Im Laufe dieser Erkundungen schuf er solch' unverwechselbare Bauten wie das Haus in der Kings Road sowie die Häuser von Koerber, Bennati und Toole, neben Strandhäusern, Häusern in Hanglage und zahlreichen städtischen Gebäuden an unterschiedlichsten Standorten, in Vorstädten, den Bergen und der Wüste. Schindler versuchte sich an kalifornischen Besonderheiten wie dem Bungalow Court (Entwurf des Jacob Korsen Bungalow Court, 1921/22) *(Abb. 45)*, Motor Hotel (Entwurf der Highway Bungalow Hotels, 1931) *(Abb. 46)*, Beach Club (Entwurf der A. E. Rose Beach Colony, 1937) und Wohnwagen (Schindler Trailer, 1941–1946) *(Abb. 47, 48)*; beim geplanten Aloha Hotel (1944–1946) wagte er sich sogar in tropische Regionen. Seine Empfänglichkeit für regionale Ansprüche ließ ihn bei der Suche nach angemessenen architektonischen Lösungen an entlegene Vorbilder denken, und aufgrund seiner bewusst verschlungenen Pfade mag sein Œuvre regellos erscheinen. Eine genauere Untersuchung einiger seiner stilistisch unterschiedlichsten Bauten belegt das genaue Gegenteil: Das entschlossene, konstante Bemühen, die Gegebenheiten zu begreifen und anzusprechen. Schindler war sich der Tatsache wohl bewusst, dass seine Leistungen den gefeiertsten Strömungen der zeitgenössischen Architektur zuwiderliefen, aber er wusste auch, dass er ein regionales Œuvre ohnegleichen geschaffen hatte, das als Musterfall klassischer kalifornischer Architektur gelten konnte. Während er im Krankenhaus lag, wo die Krebserkrankung behandelt wurde, an der er ein Jahr später sterben sollte, dachte er über seine eigentümliche Beziehung zu seiner Wahlheimat nach, gerade auch im Vergleich zu Weggenossen wie Neutra und Wright.

Ich kam nach Kalifornien, um hier zu leben und zu arbeiten. Ich kampierte unter freiem Himmel, in den Sequoiawäldern, am Strand, in den Hügeln und in der Wüste. Ich erprobte seinen Adobe, seinen Granit und seinen Himmel. Und aufgrund der wohl überlegten Vorstellung, wie der Mensch in dieser einzigartigen, herrlichen Erde Wurzeln schlagen könnte, baute ich mein Haus. Und falls ich nicht versagt habe, sollte es so kalifornisch sein wie der Parthenon griechisch und das Forum römisch. In der Tat der Beginn einer neuen »klassischen« Richtung, gespeist von kalifornischem Lebenssaft.[27]

44 »Zimmermann Toole«, Fotografie von Maryon E. Toole, Datum unbekannt

45 JACOB KORSEN BUNGALOW COURT (ENTWURF),
Los Angeles, 1921/22, Präsentationszeichnung

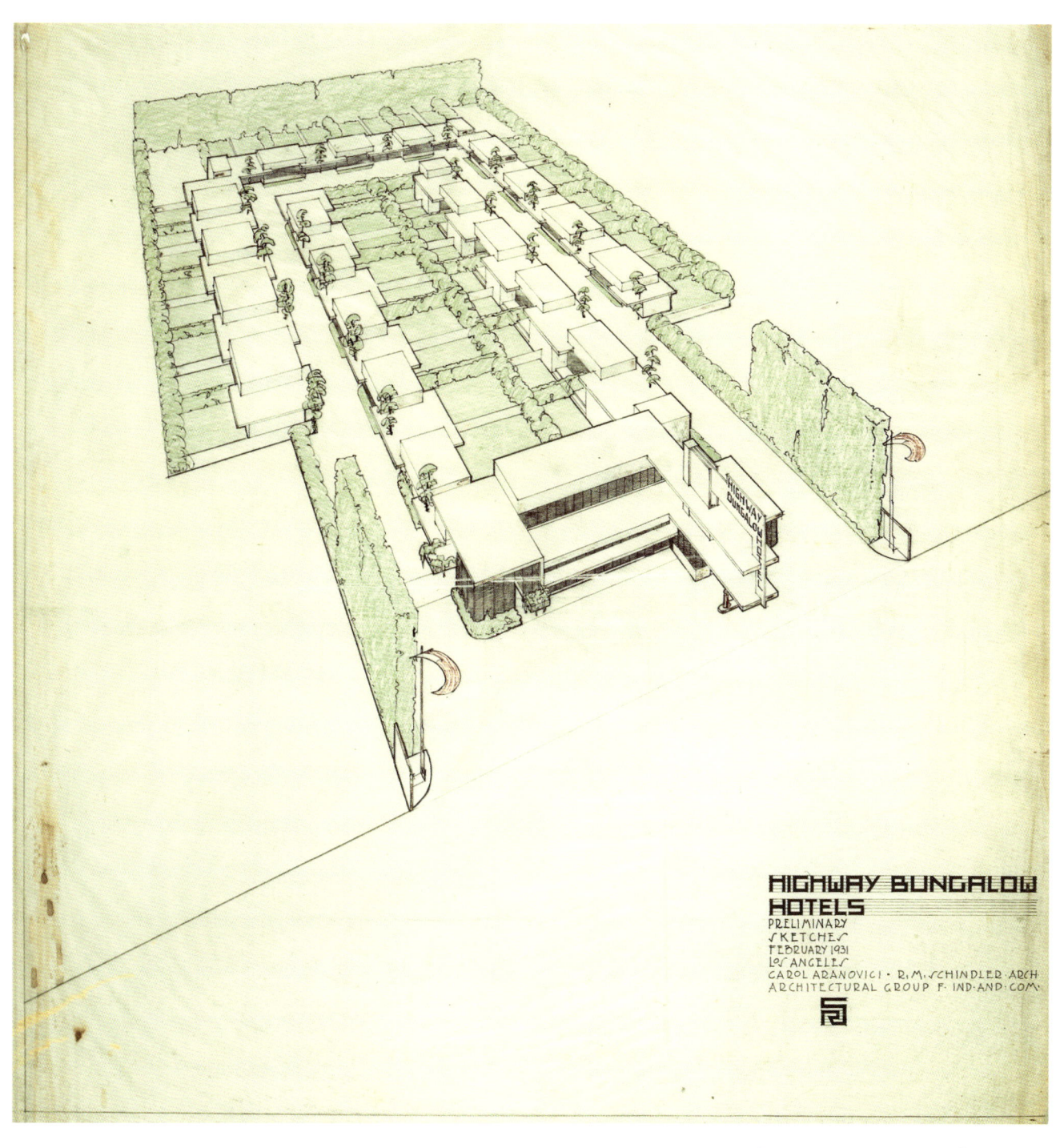

46 HIGHWAY BUNGALOW HOTELS (ENTWURF MIT AGIC/CAROL ARONOVICI),
Standort unbekannt, 1931, Präsentationszeichnung

1 R. M. Schindler an Arthur Drexler, Architekturdirektor des Museum of Modern Art, 15. April 1952, Rudolph M. Schindler Collection, Architecture and Design Collection, University Art Museum, University of California, Santa Barbara (im Folgenden RMS in ADC/UCSB).

2 Charles Moore, »Schindler: Vulnerable and Powerful«, in: *Progressive Architecture*, Januar 1973, S. 132, 136.

3 Ebd., S. 136.

4 Ebd.

5 Unveröffentlichtes Dokument, »Talk on Architecture by Michael Schindler for Creative Class«, 4. Juni 1938, RMS in ADC/UCSB.

6 Schindlers einziges Bauwerk in Europa ist das Clubhaus für Schauspieler, das 1912 in Wien errichtet wurde, als er bei dem Büro Mayr und Mayer als Zeichner angestellt war. David Gebhard, *Schindler*, 3. Aufl., London 1971, Reprint: San Francisco 1997, S. 12.

7 »Das Haus, das auf einer der weiten Ebenen des Westens entstehen soll, muss dem Maßstab der Landschaft entsprechen, also entweder sehr hoch oder sehr breit sein. Aus diesem Grund wird das Haus eine flach gelagerte Ansammlung von Adobewänden mit einem eher strengen gestalteten Äußeren sein.« Schindler an P. T. (sic) Martin, 14. Dezember 1915, RMS in ADC/UCSB.

8 Ebd., S. 3.

9 Ebd., S. 2.

10 Lionel March, »Log House, *Urhütte* and Temple«, in: Lionel March and Judith Sheine (Hrsg.), *R. M. Schindler: Composition and Construction,* London 1993, S. 103.

11 Ebd., S. 108.

12 Für weitere Informationen vgl. Lionel Marchs gründliche Geschichte dieses Hauses in »Residential Masterpieces: R. M. Schindler«, in: *GA Houses,* 56, April 1998, S. 32–53.

13 Schindler an Neutra, Oktober 1921, zitiert nach: Esther McCoy, *Vienna to Los Angeles: Two Journeys,* Santa Monica, Kalifornien, o. J. [1979], S. 137.

14 Aus einer Beschreibung des Hauses von 1922, Kings Road House Project Files, RMS in ADC/UCSB.

15 Schindler an McCoy, o. D., RMS in ADC/UCSB.

16 Die Briefe vom 4. und 23. September 1931 lassen auf Schindlers Beteiligung an der Auswahl des Baugeländes schließen, RMS in ADC/UCSB.

17 Schindler an Mrs. E. M. von Koerber Boettlicher (sic), 4. September 1931, RMS in ADC/UCSB. Hans von Koerber, ein Spezialist für asiatische Sprachen, hatte einen Lehrstuhl am Department of Oriental Studies an der University of Southern California inne und war darüber hinaus als Associate Curator of Oriental Art im Los Angeles County Museum of History, Science and Art tätig. Die von Koerbers besaßen eine umfangreiche Sammlung asiatischer Kunst.

18 E. M. von Koerber-Boetticher an Schindler, 23. September 1931, RMS in ADC/UCSB.

19 Aus Schindlers eigenem Architekturprogramm des Hauses, RMS in ADC/UCSB.

20 Mock an Schindler, 16. Mai 1941, RMS in ADC/UCSB.

21 Mock an Schindler, 22. Mai 1941, RMS in ADC/UCSB.

22 Kenneth Frampton, *Modern Architecture: A Critical History*, 3. Aufl., London 1992, S. 225.

23 Colin St. John Wilson, *The Other Tradition of Modern Architecture: The Uncompleted Project,* London 1995, S. 102–109.

24 Ebd., S. 109.

25 Ebd., S. 103.

26 Aus Schindlers eigenem Architekturprogramm des Hauses, Box 24/Architectural Writing/Article/Research Material/»House with Sloping Walls...«, Esther McCoy Papers Archives of American Art, Smithsonian Institution, Washington, D. C.

27 Schindler an Esther McCoy, 4–5, 18. Feburar 1952, Box 26/Architects Files/Correspondence with McCoy/R. M. Schindler, Esther McCoy Papers, Archives of American Art, Smithsonian Institution, Washington, D. C.

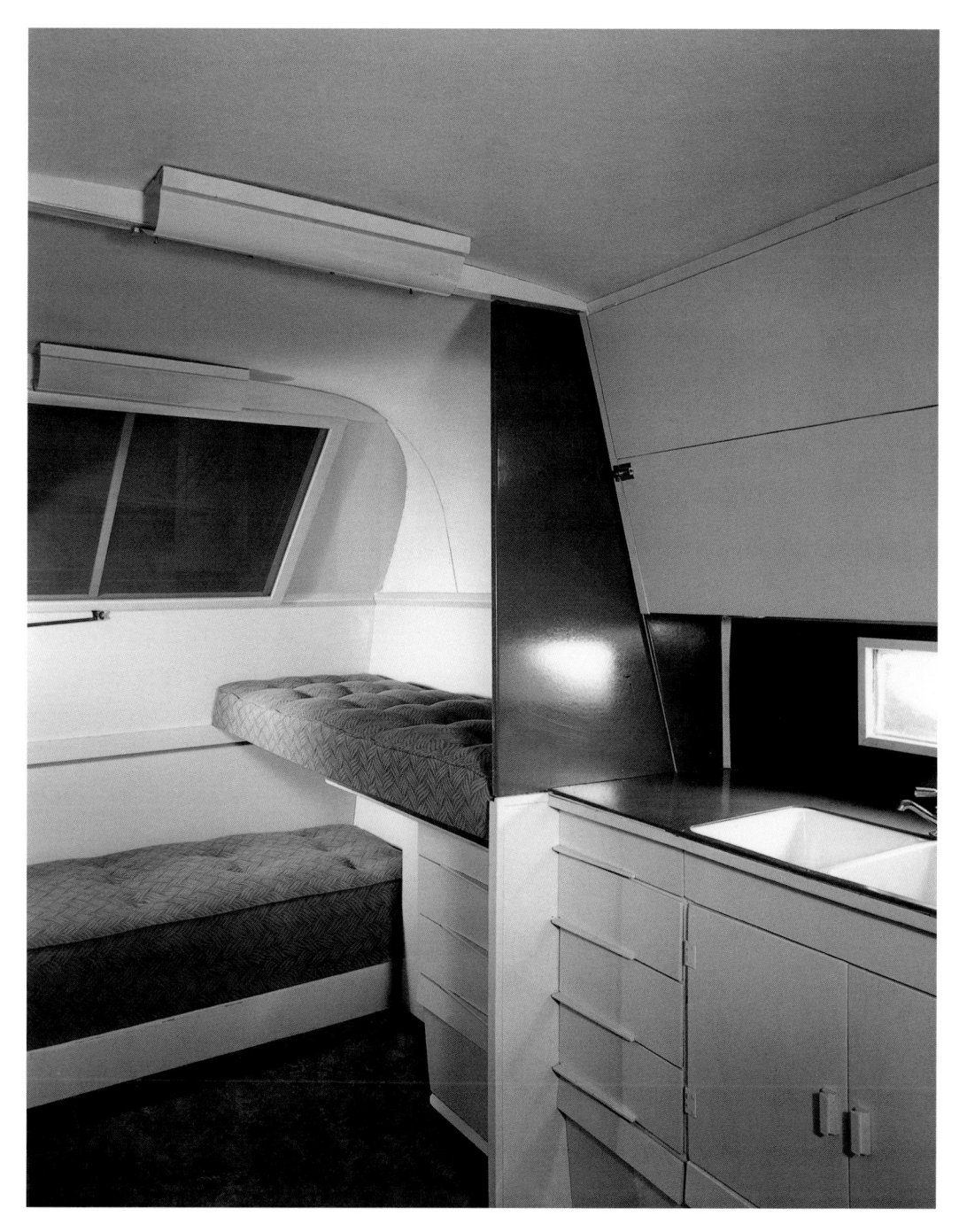

47, 48 WOHNWAGEN (für George S. Gordon Sturdy Built Trailer Company),
Prototyp, 1942
Fotografien: Julius Shulman

CHARLES H. WOLFE RESIDENCE, Avalon,
Catalina Island, Kalifornien, 1928–1931

KATALOG

Die Architektur- und Design-Sammlung des University Art Museum, University of California in Santa Barbara, wird im Folgenden mit »ADC in UCSB« abgekürzt.

KREMATORIUM UND KAPELLE FÜR EINE
FÜNF-MILLIONEN-STADT (Entwurf)
Wien, 1912/13
Fotografie
20,3 x 25,4 cm in der Reproduktion
ADC in UCSB, CP.1967.100.75.d.1

KREMATORIUM UND KAPELLE FÜR EINE
FÜNF-MILLIONEN-STADT (Entwurf)
Wien, 1912/13
Fotografie
20,3 x 25,4 cm in der Reproduktion
ADC in UCSB, CP.1967.100.75.d.2

HOTEL RONG (Entwurf)
Wien, 1912
Fotografie
25,4 x 20,3 cm in der Reproduktion
ADC in UCSB, CP.1967.100.176.d.1

JAGDHAUS (Entwurf)
Standort unbekannt
Fotografie
25,4 x 20,3 cm in der Reproduktion
ADC in UCSB, CP.1967.100.431.d.1

NACHBARSCHAFTSZENTRUM (Entwurf)
Chicago, 1914
Bleistift, Tusche, Gouache und Aquarell auf Papier
62,2 x 36,8 cm
ADC in UCSB, 1967.100.293.d.3

SOMMERWOHNSITZ (Entwurf)
Wien, 1914
Bleistift, Tusche und Gouache auf Papier
22,9 x 31,8 cm
ADC in UCSB, 1967.100.431.d.1

ZEICHNUNG EINES ADOBEGEBÄUDES
Taos, New Mexico, 1915
Bleistift auf Papier
35,6 x 19,4 cm
ADC in UCSB, 1999.57

ZEICHNUNG EINES ADOBEGEBÄUDES
Taos, New Mexico, 1915
Bleistift auf Papier
25 x 34,3 cm
ADC in UCSB, 1999.58

R. M. SCHINDLER FÜR OTTENHEIMER,
STERN UND REICHERT
HOTEL (Entwurf)
Chicago, 1915
Bleistift, Tusche und Gouache auf Papier auf Karton
49,5 x 26,7 cm
ADC in UCSB, 1967.100.506.d.1

FOTOGRAFIE EINES ADOBEGEBÄUDES
Taos, New Mexico, 1915
Fotografie: R. M. Schindler
20,3 x 25,4 cm
ADC in UCSB, 1967.100.614.1(B)9.p.49

FOTOGRAFIE DES GOUVERNEURSSITZES
Santa Fe, New Mexico, 1915
Fotografie: R. M. Schindler
20,3 x 25,4 cm
ADC in UCSB, 1967.100.614.1(B)9.p.5

THOMAS PAUL MARTIN RESIDENCE (Entwurf)
Taos, New Mexico, 1915
Bleistift, Tusche, Gouache und Gold auf Papier
38,1 x 33 cm
ADC in UCSB, 1967.100.265.d.1

THOMAS PAUL MARTIN RESIDENCE (Entwurf)
Taos, New Mexico, 1915
Bleistift, Tusche, Gouache und Gold auf Papier
38,1 x 33 cm
ADC in UCSB, 1967.100.265.d.2

THOMAS PAUL MARTIN RESIDENCE (Entwurf)
Taos, New Mexico, 1915
Bleistift, Tuschen, Gouache und Gold auf Papier
73 x 40 cm
ADC in UCSB, 1967.100.265.d.4

NICHT ZU IDENTIFIZIERENDE BAR (Entwurf)
Chicago, um 1915
Bleistift und Gouache auf Papier auf Karton
47 x 25,4 cm
ADC in UCSB, 1967.100.498.d.1

R. M. SCHINDLER FÜR OTTENHEIMER,
STERN UND REICHERT
BUENA SHORE CLUB
Chicago, 1916–1918
Farbige Tusche auf Papier
38,1 x 27,9 cm
ADC in UCSB, 1967.100.48.d.5

R. M. SCHINDLER FÜR OTTENHEIMER,
STERN UND REICHERT
BUENA SHORE CLUB
Chicago, 1916–1918
Bleistift, Tusche, Aquarell und Farbe auf Karton
33,7 x 25,4 cm
ADC in UCSB, 1967.100.48.d.11

R. M. SCHINDLER FÜR OTTENHEIMER,
STERN UND REICHERT
BUENA SHORE CLUB
Chicago, 1916–1918
Fotografie: R. M. Schindler
25,4 x 20,3 cm
ADC in UCSB, 1967.100.48.p.1

R. M. SCHINDLER FÜR OTTENHEIMER,
STERN UND REICHERT
BUENA SHORE CLUB
Chicago, 1916–1918
Fotografie: R. M. Schindler
25,4 x 20,3 cm
ADC in UCSB, 1967.100.48.p.4

LOG HOUSE (Entwurf)
Standort unbekannt, 1916–1918
Tusche und Aquarell auf Leinen
30,5 x 48,3 cm
ADC in UCSB, 1967.100.246.d.1

LOG HOUSE (Entwurf)
Standort unbekannt, 1916–1918
Tusche und Aquarell auf Leinen
30,5 x 48,3 cm
ADC in UCSB, 1967.100.246.d.5

LOG HOUSE (Entwurf)
Standort unbekannt, 1916–1918
Tusche und Aquarell auf Leinen
30,5 x 48,3 cm
ADC in UCSB, 1967.100.246.d.6

LOG HOUSE (Entwurf)
Standort unbekannt, 1916–1918
Maßstabsgerechtes Modell
14,6 x 44,5 x 25,4 cm
Sammlung Judith Sheine, Los Angeles

UNBEKANNTES WOHNHAUS (Entwurf)
Oak Park, Illinois, um 1917
Bleistift auf Papier
21,6 x 30,5 cm
ADC in UCSB, 1967.100.511.d.2

UNBEKANNTES WOHNHAUS (Entwurf)
Oak Park, Illinois, um 1917
Bleistift auf Papier
19,1 x 35,6 cm
ADC in UCSB, 1967.100.511.d.3

R. M. SCHINDLER FÜR
FRANK LLOYD WRIGHT
MONOLITH HOME (Entwurf)
Standort unbekannt, 1919
Bleistift und Tusche auf Papier
32,4 x 31,8 cm
ADC in UCSB, 1967.100.285.d.1

R. M. SCHINDLER FÜR
FRANK LLOYD WRIGHT
MONOLITH HOME (Entwurf)
Standort unbekannt, 1919
Bleistift und Farbstift auf Papier
27,9 x 24,1 cm
ADC in UCSB, 1967.100.285.d.4

R. M. SCHINDLER FÜR
FRANK LLOYD WRIGHT
J. P. SHAMPAY RESIDENCE (Entwurf)
Chicago, 1919
Bleistift und Farbstift auf Papier
63,5 x 35,6 cm
ADC in UCSB, 1967.100.396.d.1

R. M. SCHINDLER FÜR
FRANK LLOYD WRIGHT
J. P. SHAMPAY RESIDENCE (Entwurf)
Chicago, 1919
Bleistift und Farbstift auf Papier
63,5 x 35,6 cm
ADC in UCSB, 1967.100.396.d.1

R. M. SCHINDLER FÜR
FRANK LLOYD WRIGHT
J. P. SHAMPAY RESIDENCE (Entwurf)
Chicago, 1919
Bleistift und Tusche auf Papier
55,9 x 42,5 cm
ADC in UCSB, 1967.100.396.d.3

R. M. SCHINDLER FÜR
FRANK LLOYD WRIGHT
DIRECTOR'S RESIDENCE, OLIVE HILL,
FÜR ALINE BARNSDALL (Entwurf)
Los Angeles, 1920
Bleistift auf Papier
41,9 x 29,2 cm
ADC in UCSB, 1967.100.17.d.1

FREE PUBLIC LIBRARY,
WETTBEWERB FÜR DEN BAU DER
AUSSENSTELLE BERGEN (Entwurf)
Jersey City, New Jersey, 1920
Tusche auf Papier
48,3 x 38,1 cm
ADC in UCSB, 1967.100.127.d.1

FREE PUBLIC LIBRARY,
WETTBEWERB FÜR DEN BAU DER
AUSSENSTELLE BERGEN (Entwurf)
Jersey City, New Jersey, 1920
Tusche auf Papier
48,3 x 38,1 cm
ADC in UCSB, 1967.100.127.d.2

KINGS ROAD HOUSE
West Hollywood, Kalifornien, 1921/22
Bleistift und Kreide auf Papier
49,5 x 86,4 cm
ADC in UCSB, 1967.100.213.d.2

KINGS ROAD HOUSE
West Hollywood, Kalifornien, 1921/22
Bleistift auf Papier
45,7 x 49,5 cm
ADC in UCSB, 1967.100.213.d.3

KINGS ROAD HOUSE
West Hollywood, Kalifornien, 1921/22
Bleistift und Farbstift auf Papier
49,5 x 71,8 cm
ADC in UCSB, 1967.100.213.d.15

KINGS ROAD HOUSE
West Hollywood, Kalifornien, 1921/22
Bleistift, Tusche und Aquarell auf
Pergamentpapier
40,6 x 26,7 cm
ADC in UCSB, 1967.100.213.d.17

KINGS ROAD HOUSE
West Hollywood, Kalifornien, 1921/22
Fotografie: Ernest M. Pratt und Viroque Baker
25,4 x 20,3 cm
ADC in UCSB, 1967.100.213.p.5

KINGS ROAD HOUSE
West Hollywood, Kalifornien, 1921/22
Fotografie
20,3 x 25,4 cm
ADC in UCSB, 1967.100.213.p.14

KINGS ROAD HOUSE
West Hollywood, Kalifornien, 1921/22
Fotografie
20,3 x 25,4 cm
ADC in UCSB, 1967.100.213.p.16

KINGS ROAD HOUSE
West Hollywood, Kalifornien, 1921/22
Fotografie von R. M. Schindler und Richard und
Dione Neutra, um 1925
20,3 x 25,4 cm
Sammlung der Friends of the Schindler House

KINGS ROAD HOUSE
West Hollywood, Kalifornien, 1921/22
Fotografie: Grant Mudford
81,3 x 101,6 x 10,2 cm
Courtesy Grant Mudford

KINGS ROAD HOUSE
West Hollywood, Kalifornien, 1921/22
Fotografie: Grant Mudford
40,6 x 50,8 cm
Courtesy Grant Mudford

217 KINGS ROAD HOUSE
West Hollywood, Kalifornien, 1921/22
Fotografie: Grant Mudford
40,6 x 50,8 cm
Courtesy Grant Mudford

KINGS ROAD HOUSE
West Hollywood, Kalifornien, 1921/22
Fotografie: Julius Shulman
20,3 x 25,4 cm
Courtesy Julius Shulman

KINGS ROAD HOUSE
KASTENSESSEL
West Hollywood, Kalifornien, 1921/22
Redwood und Leinen
61 x 67,3 x 71,1 cm
Sammlung der Friends of the Schindler House

KINGS ROAD HOUSE
West Hollywood, Kalifornien, 1921/22
Maßstabsgerechtes Modell
30,5 x 81,3 x 61 cm
Sammlung der Friends of the Schindler House

PHILIP LOVELL BEACH HOUSE
Newport Beach, Kalifornien, 1922–1926
Bleistift und Tusche auf Pergamentpapier
53,3 x 77,5 cm
ADC in UCSB, 1967.100.249.d.2

PHILIP LOVELL BEACH HOUSE
Newport Beach, Kalifornien, 1922–1926
Bleistift und Tusche auf Pergamentpapier
53,3 x 76,2 cm
ADC in UCSB, 1967.100.249.d.21

PHILIP LOVELL BEACH HOUSE
Newport Beach, Kalifornien, 1922–1926
Bleistift auf Papier
19,1 x 59,7 cm
ADC in UCSB, 1967.100.239.d.26

PHILIP LOVELL BEACH HOUSE
Newport Beach, Kalifornien, 1922–1926
Fotografie
25,4 x 20,3 cm
ADC in UCSB, 1967.100.249.p.2

PHILIP LOVELL BEACH HOUSE
Newport Beach, Kalifornien, 1922–1926
Fotografie
20,3 x 25,4 cm
ADC in UCSB, 1967.100.249.p.4

PHILIP LOVELL BEACH HOUSE
Newport Beach, Kalifornien, 1922–1926
Fotografie: R. M. Schindler
20,3 x 25,4 cm
ADC in UCSB, 1967.100.249.p.10

PHILIP LOVELL BEACH HOUSE
BEISTELLTISCH / HOCKER
Newport Beach, Kalifornien, 1922–1926
Sperrholz, 1996 angefertigt
40,6 x 43,2 x 38,1 cm
Courtesy Modernica, Los Angeles

PHILIP LOVELL BEACH HOUSE
KLUBSESSEL
Newport Beach, Kalifornien, 1922–1926
Sperrholz und Polsterung, 1996 angefertigt
61,3 x 81,3 x 81,3 cm
Courtesy Modernica, Los Angeles

PHILIP LOVELL BEACH HOUSE
STEHLAMPE
Newport Beach, Kalifornien, 1922–1926
Sperrholz und Glas
146,7 x 30,5 x 10,2 cm
Sammlung von Dr. Bobby Lovell

CHARLES P. LOWES RESIDENCE
Los Angeles, 1923
Bleistift auf Papier
53,3 x 34,3 cm
ADC in UCSB, 1967.100.253.d.7

CHARLES P. LOWES RESIDENCE
Los Angeles, 1923
Tusche und Bleistift auf Leinen
71,1 x 87,6 cm
ADC in UCSB, 1967.100.253.d.11

CHARLES P. LOWES RESIDENCE
Los Angeles, 1923
Fotografie: Viroque Baker
20,3 x 25,4 cm
ADC in UCSB, 1967.100.253.p.1

CHARLES P. LOWES RESIDENCE
Los Angeles, 1923
Fotografie
20,3 x 25,4 cm
ADC in UCSB, 1967.100.253.p.4

CHARLES P. LOWES RESIDENCE
Los Angeles, 1923
Fotografie: Marvin Rand
20,3 x 25,4 cm
Courtesy Marvin Rand

PUEBLO RIBERA COURTS FÜR
W. LLEWELLYN LLOYD
La Jolla, Kalifornien, 1923–1925
Tusche und Farbstift auf Papier
47 x 30,5 cm
ADC in UCSB, 1967.100.340.d.3

PUEBLO RIBERA COURTS FÜR
W. LLEWELLYN LLOYD
La Jolla, Kalifornien, 1923–1925
Bleistift und Tusche auf Leinen
61 x 68,6 cm
ADC in UCSB, 1967.100.340.d.4

PUEBLO RIBERA COURTS FÜR
W. LLEWELLYN LLOYD
La Jolla, Kalifornien, 1923–1925
Bleistift und Tusche auf Papier auf Leinen
52,1 x 85,1 cm
ADC in UCSB, 1967.100.340.d.5

PUEBLO RIBERA COURTS FÜR
W. LLEWELLYN LLOYD
La Jolla, Kalifornien, 1923–1925
Fotografie: R. M. Schindler
25,4 x 20,3 cm
ADC in UCSB, 1967.100.340.p.5

PUEBLO RIBERA COURTS FÜR
W. LLEWELLYN LLOYD
La Jolla, Kalifornien, 1923–1925
Fotografie: David Gebhard
25,4 x 20,3 cm
ADC in UCSB, 1967.100.340.p.23

PUEBLO RIBERA COURTS FÜR
W. LLEWELLYN LLOYD
La Jolla, Kalifornien, 1923–1925
Fotografie: R. M. Schindler
20,3 x 25,4 cm
ADC in UCSB

PUEBLO RIBERA COURTS FÜR
W. LLEWELLYN LLOYD
La Jolla, Kalifornien, 1923-1925
Fotografie: Marvin Rand
25,4 x 20,3 cm
Courtesy of Marvin Rand

PUEBLO RIBERA COURTS FÜR
W. LLEWELLYN LLOYD
La Jolla, Kalifornien, 1923-1925
Maßstabsgerechtes Modell, 2000 angefertigt
146,1 x 111,8 x 122,6 cm
The Museum of Contemporary Art, Los Angeles

GOULD & BANDINI
WORKMEN'S COLONY (Entwurf)
Los Angeles, 1924
Tusche und Farbstift auf Pergamentpapier
43,2 x 17,8 cm
ADC in UCSB, 1967.100.146.d.2

HARRIMAN'S COLONY (Entwurf)
San Gabriel, Kalifornien, 1924/25
Bleistift, Tusche und Farbstift auf
Pergamentpapier
50,8 x 92,7 cm
ADC in UCSB, 1967.100.156.d.9

JOHN COOPER PACKARD RESIDENCE
South Pasadena, Kalifornien, 1924
Bleistift und Tusche auf Papier
53,3 x 78,7 cm
ADC in UCSB, 1967.100.316.d.4

JOHN COOPER PACKARD RESIDENCE
South Pasadena, Kalifornien, 1924
Tusche und Bleistift auf Papier auf Leinen
52,1 x 101,6 cm
ADC in UCSB, 1967.100.316.d.5

JOHN COOPER PACKARD RESIDENCE
South Pasadena, Kalifornien, 1924
Tusche auf Papier
73,7 x 10,8 cm
ADC in UCSB, 1967.100.316.d.6

JOHN COOPER PACKARD RESIDENCE
South Pasadena, Kalifornien, 1924
Fotografie: Viroque Baker
25,4 x 20,3 cm
ADC in UCSB, 1967.100.316.p.9

JOHN COOPER PACKARD RESIDENCE
South Pasadena, Kalifornien, 1924
Fotografie: Viroque Baker
25,4 x 20,3 cm
ADC in UCSB, 1967.100.316.p.13

JOHN COOPER PACKARD RESIDENCE
South Pasadena, Kalifornien, 1924
Maßstabsgerechtes Modell, 1999 angefertigt
51,1 x 98,4 x 50,8 cm
The Museum of Contemporary Art, Los Angeles

JAMES EADS HOW RESIDENCE
Los Angeles, 1925/26
Bleistift und Tusche auf Papier auf Leinen
158,1 x 52,1 cm
ADC in UCSB, 1967.100.177.d.1

JAMES EADS HOW RESIDENCE
Los Angeles, 1925/26
Bleistift und Tusche auf Papier auf Leinen
158,8 x 52,1 cm
ADC in UCSB, 1967.100.177.d.2

JAMES EADS HOW RESIDENCE
Los Angeles, 1925/26
Bleistift auf Papier
38,1 x 45,7 cm
ADC in UCSB, 1967.100.177.d.18

JAMES EADS HOW RESIDENCE
Los Angeles, 1925/26
Fotografie: Viroque Baker
20,3 x 25,4 cm
ADC in UCSB, 1967.100.177.p.3

JAMES EADS HOW RESIDENCE
Los Angeles, 1925/26
Fotografie: Viroque Baker
25,4 x 20,3 cm
ADC in UCSB, 1967.100.177.p.4

JAMES EADS HOW RESIDENCE
Los Angeles, 1925/26
Fotografie: Grant Mudford
15,2 x 50,8 cm
Courtesy Grant Mudford

JAMES EADS HOW RESIDENCE
Los Angeles, 1925/26
Fotografie: Grant Mudford
61 x 76,2 x 10,2 cm
Courtesy Grant Mudford

JAMES EADS HOW RESIDENCE
Los Angeles, 1925/26
Maßstabsgerechtes Modell, 1999 angefertigt
104,1 x 76,2 x 88,9 cm
The Museum of Contemporary Art, Los Angeles

R. M. SCHINDLER UND RICHARD NEUTRA
VÖLKERBUNDPALAST (Entwurf)
Genf, 1926
Bleistift auf Pauspapier
20,3 x 47,6 cm
University of California Los Angeles Library,
Special Collections Department

R. M. SCHINDLER UND RICHARD NEUTRA
VÖLKERBUNDPALAST (Entwurf)
Genf, 1926
Bleistift auf Pauspapier
53,3 x 76,8 cm
University of California Los Angeles Library,
Special Collections Department

R. M. SCHINDLER UND RICHARD NEUTRA
VÖLKERBUNDPALAST (Entwurf)
Genf, 1926
Bleistift auf Pauspapier
20,3 x 41,9 cm
University of California Los Angeles Library,
Special Collections Department

R. M. SCHINDLER UND RICHARD NEUTRA
VÖLKERBUNDPALAST (Entwurf)
Genf, 1926
Bleistift auf Pauspapier
11,4 x 26,7 cm
University of California Los Angeles Library,
Special Collections Department

R. M. SCHINDLER UND RICHARD NEUTRA
VÖLKERBUNDPALAST (Entwurf)
Genf, 1926
Bleistift und Tusche auf Papier
90,2 x 115,6 cm
University of California Los Angeles Library,
Special Collections Department

219 R. M. SCHINDLER UND RICHARD NEUTRA
VÖLKERBUNDPALAST
Genf, 1926
Maßstabsgerechtes Modell aus Lindenholz,
Karton und Plastik, 1994 angefertigt
49,5 x 122,6 x 110,5 cm
Sammlung des Architektur-Zentrums, Wien

R. M. SCHINDLER MIT AGIC
LEAH-RUTH GARMENT SHOP
Long Beach, Kalifornien, 1926
Bleistift auf Papier
38,1 x 30,5 cm
ADC in UCSB, 1967.100.229.d.1

R. M. SCHINDLER MIT AGIC
LEAH-RUTH GARMENT SHOP
Long Beach, Kalifornien, 1926
Fotografie
25,4 x 20,3 cm
ADC in UCSB, 1967.100.229.p.1

ALINE BARNSDALL
TRANSLUCENT HOUSE (Entwurf)
Palos Verdes, Kalifornien, 1927/28
Bleistift, Aquarell und Farbstift auf Blaupause
43,2 x 71,1 cm
ADC in UCSB, 1967.100.25.d.23

ALINE BARNSDALL
TRANSLUCENT HOUSE (Entwurf)
Palos Verdes, Kalifornien, 1927/28
Bleistift, Tusche, Aquarell, Kreide und Farbstift
auf Karton
66 x 80 cm
ADC in UCSB, 1967.100.25.d.28

R. M. SCHINDLER MIT AGIC
HENRY BRAXTON UND VIOLA BROTHERS
SHORE RESIDENCE (Entwurf)
Venice, Kalifornien, 1928
Bleistift, Aquarell und Farbe auf Leinen
63,5 x 73,7 cm
ADC in UCSB, 1967.100.40.d.12

R. M. SCHINDLER MIT AGIC
HENRY BRAXTON UND VIOLA
BROTHERS SHORE RESIDENCE
(Entwurf)
Venice, Kalifornien, 1928
Tusche und Bleistift auf Leinen
76,2 x 45,7 cm
ADC in UCSB, 1967.100.40.d.13

HENRY BRAXTON GALLERY
Los Angeles, 1928/29
Tusche auf Leinen
27,9 x 71,1 cm
ADC in UCSB, 1967.100.39.d.2

HENRY BRAXTON GALLERY
Los Angeles, 1928/29
Fotografie
25,4 x 20,3 cm
ADC in UCSB, 1967.100.39.p.2

HENRY BRAXTON GALLERY
Los Angeles, 1928/29
Fotografie: Viroque Baker
25,4 x 20,3 cm
ADC in UCSB, 1967.100.39.p.4

CHARLES H. WOLFE RESIDENCE
Avalon, Catalina Island, Kalifornien,
1928–1931
Tusche auf Leinen
99,1 x 66 cm
ADC in UCSB, 1967.100.477.d.1

CHARLES H. WOLFE RESIDENCE
Avalon, Catalina Island, Kalifornien,
1928–1931
Bleistift und Tusche auf Papier
52,1 x 76,2 cm
ADC in UCSB, 1967.100.477.d.14

CHARLES H. WOLFE RESIDENCE
Avalon, Catalina Island, Kalifornien,
1928–1931
Bleistift, Tusche, Farbstift und Aquarell
auf Papier
82,6 x 45,7 cm
ADC in UCSB, 1967.100.477.d.24

CHARLES H. WOLFE RESIDENCE
Avalon, Catalina Island, Kalifornien,
1928–1931
Fotografie
25,4 x 20,3 cm
ADC in UCSB, 1967.100.477.p.4

CHARLES H. WOLFE RESIDENCE
Avalon, Catalina Island, Kalifornien,
1928–1931
Fotografie
20,3 x 25,4 cm
ADC in UCSB, 1967.100.477.p.13

CHARLES H. WOLFE RESIDENCE
STEHLAMPE
Avalon, Catalina Island, Kalifornien,
1928–1931
Redwood und Glas, Nachbau von 1990
121,9 x 64,8 x 40,6 cm
Sammlung von Robert Nicolais

CHARLES H. WOLFE RESIDENCE
Avalon, Catalina Island, Kalifornien,
1928–1931
Sperrholzmodell von R. M. Schindler
91,4 x 61 x 61 cm
Sammlung der Friends of the Schindler House

R. M. SCHINDLER MIT AGIC
LAVANA STUDIO BUILDING (Entwurf)
Beverly Hills, Kalifornien, 1929/30
Bleistift, Tusche, Farbstift und Aquarell auf
Pergamentpapier
33 x 27,9 cm
ADC in UCSB, 1967.100.228.d.1

MODELLHAUS FÜR DEN »PARK
MODERNE« FÜR WILLIAM LINGENBRINK
Calabasas, Kalifornien, 1929–1938
Bleistift, Farbstift und Tusche auf Papier
48,9 x 43,2 cm
ADC in UCSB, 1967.100.323.d.1

MODELLHAUS FÜR DEN »PARK
MODERNE« FÜR WILLIAM LINGENBRINK
Calabasas, Kalifornien, 1929–1938
Bleistift auf Papier
53,3 x 47 cm
ADC in UCSB, 1967.100.323.d.4

MODELLHAUS FÜR DEN »PARK
MODERNE« FÜR WILLIAM LINGENBRINK
Calabasas, Kalifornien, 1929–1938
Fotografie
20,3 x 25,4 cm
ADC in UCSB, 1967.100.323.p.1

MODELLHAUS FÜR DEN »PARK
MODERNE« FÜR WILLIAM LINGENBRINK
Calabasas, Kalifornien, 1929–1938
Werbebroschüre
25,4 x 20,3 cm
ADC in UCSB, Project Files,
Park Moderne Model Cabins

R. M. SCHINDLER MIT
AGIC / CAROL ARONOVICI
HIGHWAY BUNGALOW HOTELS (Entwurf)
Standort unbekannt, 1931
Bleistift, Tusche, Bleiweiß und Farbstift auf
Leinen
85,1 x 76,2 cm
ADC in UCSB, 1967.100.165.d.1

HANS N. VON KOERBER RESIDENCE
Torrance, Kalifornien, 1931/32
Tusche auf Papier
76,8 x 53,3 cm
ADC in UCSB, 1967.100.457.d.2

HANS N. VON KOERBER RESIDENCE
Torrance, Kalifornien, 1931/32
Tusche auf Papier
53,3 x 78,7 cm
ADC in UCSB, 1967.100.457.d.3

HANS N. VON KOERBER RESIDENCE
Torrance, Kalifornien, 1931/32
Fotografie
20,3 x 25,4 cm
ADC in UCSB, 1967.100.374.p.12

HANS N. VON KOERBER RESIDENCE
Torrance, Kalifornien, 1931/32
Fotografie
20,3 x 25,4 cm
ADC in UCSB, 1967.100.457.p.14

HANS N. VON KOERBER RESIDENCE
Torrance, Kalifornien, 1931/32
Fotografie: Marvin Rand
25,4 x 20,3 cm
Courtesy Marvin Rand

SARDI'S RESTAURANT, UMBAU FÜR
A. EDDIE BRANDSTATTER
Los Angeles, 1932–1934
Bleistift, Tusche, Farbstift und Aquarell auf
Leinen
95,3 x 53,3 cm
ADC in UCSB, 1967.100.374.d.1

SARDI'S RESTAURANT, UMBAU FÜR
A. EDDIE BRANDSTATTER
Los Angeles, 1932–1934
Fotografie
20,3 x 25,4 cm
ADC in UCSB, 1967.100.374.p.2

SARDI'S RESTAURANT, UMBAU FÜR
A. EDDIE BRANDSTATTER
Los Angeles, 1932–1934
Fotografie: Mott Studios
20,3 x 25,4 cm
ADC in UCSB, 1967.100.374.p.9

SARDI'S RESTAURANT, UMBAU FÜR
A. EDDIE BRANDSTATTER
STUHL
Los Angeles, 1932–1934
Eloxiertes Aluminium, Gummi und Polsterung
87,6 x 62,2 x 62,2 cm
Collection of Michael and Gabrielle Boyd

LINDY'S RESTAURANT
Los Angeles, 1932–1934
Tusche auf Papier
29,2 x 85,1 cm
ADC in UCSB, 1967.100.240.d.12

LINDY'S RESTAURANT
Los Angeles, 1932–1934
Fotografie
20,3 x 25,4 cm
ADC in UCSB, 1967.100.240.p.1

TANKSTELLE FÜR DIE STANDARD OIL
COMPANY (Entwurf)
Standort unbekannt, 1932
Bleistift und Farbstift auf Papier
50,8 x 71,8 cm
ADC in UCSB, 1967.100.421.d.1

TANKSTELLE FÜR DIE UNION OIL
COMPANY (Entwurf)
Standort unbekannt, 1932–1934
Bleistift, Farbstift und silberfarbige Tempera
auf Papier
48,3 x 76,2 cm
ADC in UCSB, 1967.100.450.d.7

WILLIAM E. OLIVER RESIDENCE
Los Angeles, 1933/34
Bleistift, Tusche, Farbstift und Gouache
auf Leinen
54,6 x 64,8 cm
ADC in UCSB, 1967.100.304.d.2

WILLIAM E. OLIVER RESIDENCE
Los Angeles, 1933/34
Fotografie
25,4 x 20,3 cm
ADC in UCSB, 1967.100.304.p.6

WILLIAM E. OLIVER RESIDENCE
Los Angeles, 1933/34
Fotografie: Axel F. Fog
20,3 x 25,4 cm
ADC in UCSB, 1967.100.304.p.10

WILLIAM E. OLIVER RESIDENCE
Los Angeles, 1933/34
Fotografie
20,3 x 25,4 cm
ADC in UCSB, 1967.100.304.p.18

WILLIAM E. OLIVER RESIDENCE
Los Angeles, 1933/34
Maßstabgerechtes Modell
35,6 x 64,5 x 83,8 cm
Sammlung des Architekturmuseums,
Technische Universität, München

221 SCHINDLER SHELTERS (Entwurf)
Los Angeles, 1933–1939
Tusche auf Papier
53,3 x 59,7 cm
ADC in UCSB, 1967.100.384.d.6

SCHINDLER SHELTERS (Entwurf)
Los Angeles, 1933–1939
Blaupause
41,9 x 83,8 cm
ADC in UCSB, 1967.100.384.d.9

A. GISELA BENNATI CABIN
Lake Arrowhead, Kalifornien,
1934–1937
Bleistift auf Pergamentpapier
47 x 55,9 cm
ADC in UCSB, 1967.100.26.d.1

A. GISELA BENNATI CABIN
Lake Arrowhead, Kalifornien,
1934–1937
Tusche, Bleistift und Kreide auf Papier
53,3 x 59,7 cm
ADC in UCSB, 1967.100.26.d.2

A. GISELA BENNATI CABIN
Lake Arrowhead, Kalifornien,
1934–1937
Bleistift auf Papier
36,8 x 53,3 cm
ADC in UCSB, 1967.100.26.d.14

A. GISELA BENNATI CABIN
Lake Arrowhead, Kalifornien,
1934–1937
Fotografie: W. P. Woodcock
25,4 x 20,3 cm
ADC in UCSB, 1967.100.26.p.1

A. GISELA BENNATI CABIN
Lake Arrowhead, Kalifornien,
1934–1937
Fotografie: W. P. Woodcock
20,3 x 25,4 cm
ADC in UCSB, 1967.100.26.p.4

JOHN J. BUCK RESIDENCE
Los Angeles, 1934
Bleistift auf Papier
54,6 x 74,9 cm
ADC in UCSB, 1967.100.47.d.12

JOHN J. BUCK RESIDENCE
Los Angeles, 1934
Tusche auf Papier
48,3 x 43,2 cm
ADC in UCSB, 1967.100.47.d.19

JOHN J. BUCK RESIDENCE
Los Angeles, 1934
Fotografie: Grant Mudford
15,2 x 50,8 cm
Courtesy Grant Mudford

JOHN J. BUCK RESIDENCE
Los Angeles, 1934
Fotografie: Julius Shulman
20,3 x 25,4 cm
Courtesy Julius Shulman

ELIZABETH VAN PATTEN RESIDENCE
Los Angeles, 1934–1936
Bleistift auf Papier
53,3 x 78,7 cm
ADC in UCSB, 1967.100.454.d.16

ELIZABETH VAN PATTEN RESIDENCE
Los Angeles, 1934–1936
Tusche auf Papier
35,6 x 64,8 cm
ADC in UCSB, 1967.100.454.d.18

ELIZABETH VAN PATTEN RESIDENCE
Los Angeles, 1934–1936
Fotografie: W. P. Woodcock
20,3 x 25,4 cm
ADC in UCSB, 1967.100.454.p.12

ELIZABETH VAN PATTEN RESIDENCE
Los Angeles, 1934–1936
Fotografie: Julius Shulman
20,3 x 25,4 cm
Courtesy Julius Shulman

ELIZABETH VAN PATTEN RESIDENCE
Los Angeles, 1934–1936
Fotografie: Julius Shulman
25,4 x 20,3 cm
Courtesy Julius Shulman

ELIZABETH VAN PATTEN RESIDENCE
ESSZIMMERSTUHL
Los Angeles, 1934–1936
Holz, Metall und Teppichstoff, 1996 restauriert
86,4 x 62,2 x 62,2 cm
ADC in UCSB, gestiftet von John E. Beach Estate

ELIZABETH VAN PATTEN RESIDENCE
»UNIT«-SESSEL
Los Angeles, 1934–1936
Holz, Metall und Polsterung
71,1 x 91,4 x 85,1 cm
ADC in UCSB

JOHN DEKEYSER DOUBLE RESIDENCE
Los Angeles, 1935
Bleistift auf Papier
53,3 x 62,2 cm
ADC in UCSB, 1967.100.80.d.1

JOHN DEKEYSER DOUBLE RESIDENCE
Los Angeles, 1935
Tusche auf Papier
38,7 x 53,3 cm
ADC in UCSB, 1967.100.80.d.13

JOHN DEKEYSER DOUBLE RESIDENCE
Los Angeles, 1935
Fotografie: Grant Mudford
50,8 x 40,6 cm
Courtesy Grant Mudford

JOHN DEKEYSER DOUBLE RESIDENCE
Los Angeles, 1935
Fotografie: Grant Mudford
76,2 x 61 x 10,2 cm
Courtesy Grant Mudford

»PANEL-POST«-METHODE (Entwurf)
1935–1942
Tusche auf Papier
87 x 52,7 cm
ADC in UCSB, 1967.100.319.d.2

»PANEL-POST«-METHODE (Entwurf)
1935–1942
Tusche auf Papier
53,3 x 78,7 cm
ADC in UCSB, 1967.100.319.d.3

RALPH G. WALKER RESIDENCE
Los Angeles, 1935–1941
Bleistift, Tusche und Kreide auf Schwarzpause
69,2 x 43,8 cm
ADC in UCSB, 1967.100.459.d.24

RALPH G. WALKER RESIDENCE
Los Angeles, 1935–1941
Fotografie: Grant Mudford
76,2 x 61 x 10,2 cm
Courtesy Grant Mudford

RALPH G. WALKER RESIDENCE
Los Angeles, 1935–1941
Fotografie: Julius Shulman
20,3 x 25,4 cm
Courtesy Julius Shulman

RALPH G. WALKER RESIDENCE
Los Angeles, 1935–1941
Fotografie: Julius Shulman
20,3 x 25,4 cm
Courtesy Julius Shulman

RALPH G. WALKER RESIDENCE
Los Angeles, 1935–1941
Fotografie: Julius Shulman
25,4 x 20,3 cm
Courtesy Julius Shulman

GUY C. WILSON RESIDENCE
Los Angeles, 1935–1938
Bleistift und Gouache auf Papier
81,9 x 61 cm
ADC in UCSB, 1967.100.474.d.1

GUY C. WILSON RESIDENCE
Los Angeles, 1935–1938
Fotografie
20,3 x 25,4 cm
ADC in UCSB, 1967.100.474.p.7

GUY C. WILSON RESIDENCE
Los Angeles, 1935–1938
Fotografie: Grant Mudford
50,8 x 40,6 cm
Courtesy Grant Mudford

GUY C. WILSON RESIDENCE
COUCHTISCH
Los Angeles, 1935–1938
Holz und Glas
36,8 x 96,5 x 96,5 cm
Sammlung von Richard Guy Wilson

GUY C. WILSON RESIDENCE
ESSZIMMERSTUHL
Los Angeles, 1935–1938
Holz und Teppichstoff
76,2 x 45,7 x 53,3 cm
Sammlung von Richard Guy Wilson

GUY C. WILSON RESIDENCE
Los Angeles, 1935–1938
Maßstabsgerechtes Modell
43,5 x 62,5 x 88,9 cm
Sammlung des Architekturmuseums,
Technische Universität, München

WARSHAW RESIDENCE (Entwurf)
Los Angeles, 1936/37
Bleistift, Pastellstift und Gouache auf Papier
auf Karton
50,8 x 76,2 cm
ADC in UCSB, 1967.100.463.d.1

WARSHAW RESIDENCE (Entwurf)
Los Angeles, 1936/37
Bleistift auf Papier
81,3 x 54,6 cm
ADC in UCSB, 1967.100.463.d.3

WARSHAW RESIDENCE (Entwurf)
Los Angeles, 1936/37
Maßstabsgerechtes Modell
42,2 x 55,9 x 64,1 cm
Sammlung des Architekturmuseums,
Technische Universität, München

A. E. ROSE BEACH COLONY (Entwurf)
Santa Monica, Kalifornien, 1937
Bleistift und Farbstifte auf Papier
43,2 x 81,6 cm
ADC in UCSB, 1967.100.354.d.1

A. E. ROSE BEACH COLONY (Entwurf)
Santa Monica, Kalifornien, 1937
Bleistift auf Papier
53,3 x 81,6 cm
ADC in UCSB, 1967.100.354.d.5

A. E. ROSE BEACH COLONY (Entwurf)
MODELLEINHEIT (erbaut in West
Hollywood)
Santa Monica, Kalifornien, 1937
Fotografie: Julius Shulman
20,3 x 25,4 cm
Courtesy Julius Shulman

A. UND LUBY BUBESHKO APARTMENTS
Los Angeles, 1938–1941
Bleistift auf Papier
53,3 x 88,9 cm
ADC in UCSB, 1967.100.46.d.1

A. UND LUBY BUBESHKO APARTMENTS
Los Angeles, 1938–1941
Fotografie: Julius Shulman
20,3 x 25,4 cm
Courtesy Julius Shulman

A. UND LUBY BUBESHKO APARTMENTS
Los Angeles, 1938–1941
Fotografie: Julius Shulman
20,3 x 25,4 cm
Courtesy Julius Shulman

MILDRED SOUTHALL RESIDENCE UND
STUDIO
Los Angeles, 1938/39
Bleistift auf Schwarzpause
55,9 x 181 cm
ADC in UCSB, 1967.100.416.d.1

223 MILDRED SOUTHALL RESIDENCE
UND STUDIO
Los Angeles, 1938/39
Bleistift auf Papier
53,3 x 82,9 cm
ADC in UCSB, 1967.100.416.d.6

MILDRED SOUTHALL RESIDENCE
UND STUDIO
Los Angeles, 1938/39
Fotografie: Maynard Parker
20,3 x 25,4 cm
ADC in UCSB, 1967.100.416.p.1

MILDRED SOUTHALL RESIDENCE
UND STUDIO
Los Angeles, 1938/39
Fotografie
25,4 x 20,3 cm
ADC in UCSB, 1967.100.416.p.12

JOSÉ RODRIGUEZ RESIDENCE
Glendale, Kalifornien, 1940–1942
Bleistift auf Papier
43,2 x 61,6 cm
ADC in UCSB, 1967.100.353.d.2

JOSÉ RODRIGUEZ RESIDENCE
Glendale, Kalifornien, 1940–1942
Bleistift auf Papier
53,3 x 83,8 cm
ADC in UCSB, 1967.100.353.d.4

JOSÉ RODRIGUEZ RESIDENCE
Glendale, Kalifornien, 1940–1942
Bleistift auf Papier
53,3 x 47 cm
ADC in UCSB, 1967.100.353.d.8

JOSÉ RODRIGUEZ RESIDENCE
Glendale, Kalifornien, 1940–1942
Fotografie: Grant Mudford
61 x 76,2 x 10,2 cm
Courtesy Grant Mudford

JOSÉ RODRIGUEZ RESIDENCE
Glendale, Kalifornien, 1940–1942
Fotografie: Marvin Rand
20,3 x 25,4 cm
Courtesy Marvin Rand

WOHNWAGEN (Entwurf für George
S. Gordon Sturdy Built Trailer Company)
1942–1946
Fotografie: Julius Shulman
25,4 x 20,3 cm
Courtesy Julius Shulman

WOHNWAGEN (Entwurf für George
S. Gordon Sturdy Built Trailer Company)
1942–1946
Fotografie: Julius Shulman
20,3 x 25,4 cm
Courtesy Julius Shulman

T. FALK APARTMENTS (Entwurf)
Los Angeles, 1943
Bleistift auf Papier
53,3 x 78,1 cm
ADC in UCSB, 1967.100.108.d.2

T. FALK APARTMENTS (Entwurf)
Los Angeles, 1943
Tusche auf Papier
53,7 x 67,9 cm
ADC in UCSB, 1967.100.108.d.11

T. FALK APARTMENTS (Entwurf)
Los Angeles, 1943
Bleistift auf Papier
53,3 x 66 cm
ADC in UCSB, 1967.100.108.d.12

BETHLEHEM BAPTIST CHURCH
Los Angeles, 1944/45
Bleistift auf Papier
47 x 74,9 cm
ADC in UCSB, 1967.100.28.d.7

BETHLEHEM BAPTIST CHURCH
Los Angeles, 1944/45
Tusche auf Papier
76,8 x 53,3 cm
ADC in UCSB, 1967.100.28.d.23

BETHLEHEM BAPTIST CHURCH
Los Angeles, 1944/45
Fotografie: Julius Shulman
20,3 x 25,4 cm
Courtesy Julius Shulman

BETHLEHEM BAPTIST CHURCH
Los Angeles, 1944/45
Fotografie: Julius Shulman
20,3 x 25,4 cm
Courtesy Julius Shulman

BETHLEHEM BAPTIST CHURCH
Los Angeles, 1944/45
Maßstabsgerechtes Modell
38,1 x 73 x 108,3 cm
Sammlung des Architekturmuseums,
Technische Universität, München

LAURELWOOD APARTMENTS FÜR HENRY
G. SCHICK UND MAXIM H. BRADEN
Studio City, Kalifornien, 1945–1949
Farbstift auf Papier
48,3 x 91,8 cm
ADC in UCSB, 1967.100.226.d.36

LAURELWOOD APARTMENTS FÜR HENRY
G. SCHICK UND MAXIM H. BRADEN
Studio City, Kalifornien, 1945–1949
Fotografie: Lotte Nossaman
20,3 x 25,4 cm
ADC in UCSB, 1967.100.226.p.1

LAURELWOOD APARTMENTS FÜR HENRY
G. SCHICK AND MAXIM H. BRADEN
Studio City, Kalifornien, 1945–1949
Fotografie: Lotte Nossaman
20,3 x 25,4 cm
ADC in UCSB, 1967.100.226.p.9

MAURICE KALLIS RESIDENCE
UND STUDIO
Studio City, Kalifornien, 1946–1948
Bleistift auf Papier
53,3 x 109,2 cm
ADC in UCSB, 1967.100.197.d.9

MAURICE KALLIS RESIDENCE
UND STUDIO
Studio City, Kalifornien, 1946–1948
Fotografie: Robert C. Cleveland
20,3 x 25,4 cm
ADC in UCSB, 1967.100.197.p.2

MAURICE KALLIS RESIDENCE
UND STUDIO
Studio City, Kalifornien, 1946–1948
Fotografie: Robert C. Cleveland
20,3 x 25,4 cm
ADC in UCSB, 1967.100.197.p.3

MAURICE KALLIS RESIDENCE
UND STUDIO
Studio City, Kalifornien, 1946–1948
Fotografie: Robert C. Cleveland
20,3 x 25,4 cm
ADC in UCSB, 1967.100.197.p.7

MAURICE KALLIS RESIDENCE
UND STUDIO
Studio City, Kalifornien, 1946–1948
Maßstabsgerechtes Modell, 2000 angefertigt
74,9 x 177,8 x 66 cm
The Museum of Contemporary Art, Los Angeles

RICHARD LECHNER RESIDENCE
Studio City, Kalifornien, 1946–1948
Bleistift und Tusche auf Pergamentpapier
53,3 x 102,9 cm
ADC in UCSB, 1967.100.230.d.1

RICHARD LECHNER RESIDENCE
Studio City, Kalifornien, 1946–1948
Bleistift und Farbstift auf Schwarzpause
52,1 x 94 cm
ADC in UCSB, 1967.100.230.d.4

RICHARD LECHNER RESIDENCE
Studio City, Kalifornien, 1946–1948
Bleistift auf Papier
45,7 x 58,4 cm
ADC in UCSB, 1967.100.230.d.13

RICHARD LECHNER RESIDENCE
Studio City, Kalifornien, 1946–1948
Fotografie: Robert A. Lodder
20,3 x 25,4 cm
ADC in UCSB, 1967.100.230.p.8

RICHARD LECHNER RESIDENCE
Studio City, Kalifornien, 1946–1948
Fotografie: Robert C. Cleveland
25,4 x 20,3 cm
ADC in UCSB, 1967.100.230.p.16

RICHARD LECHNER RESIDENCE
ESSZIMMERSTUHL
Studio City, Kalifornien, 1946–1948
Sperrholz und Polsterung
78,7 x 38,1 x 60,3 cm
ADC in UCSB

MARYON E. TOOLE RESIDENCE
Palm Springs, Kalifornien, 1946–1948
Tusche auf Pergamentpapier
53,3 x 96,5 cm
ADC in UCSB, 1967.100.442.d.1

MARYON E. TOOLE RESIDENCE
Palm Springs, Kalifornien, 1946–1948
Bleistift auf Papier
53,3 x 100,3 cm
ADC in UCSB, 1967.100.442.d.6

MARYON E. TOOLE RESIDENCE
Palm Springs, Kalifornien, 1946–1948
Fotografie: Shirley C. Burden
25,4 x 20,3 cm
ADC in UCSB, 1967.100.442.p.4

MARYON E. TOOLE RESIDENCE
Palm Springs, Kalifornien, 1946–1948
Fotografie
20,3 x 25,4 cm
ADC in UCSB, 1967.100.442.p.6

MARYON E. TOOLE RESIDENCE
Palm Springs, Kalifornien, 1946–1948
Fotografie: Shirley C. Burden
25,4 x 20,3 cm
Archives of American Art, Smithsonian
Institution, Washington, D.C.

MARYON E. TOOLE RESIDENCE
Palm Springs, Kalifornien, 1946–1948
Maßstabsgerechtes Modell, 2000 angefertigt
53,3 x 156,2 x 64,8 cm
The Museum of Contemporary Art, Los Angeles

ELLEN JANSON RESIDENCE
Los Angeles, 1948/49
Bleistift auf Pergamentpapier
53,3 x 80 cm
ADC in UCSB, 1967.100.192.d.2

ELLEN JANSON RESIDENCE
Los Angeles, 1948/49
Fotografie: Lotte Nossaman
25,4 x 20,3 cm
ADC in UCSB, 1967.100.192.p.19

ELLEN JANSON RESIDENCE
Los Angeles, 1948/49
Fotografie
20,3 x 25,4 cm
ADC in UCSB, 1967.100.192.p.20

ELLEN JANSON RESIDENCE
Los Angeles, 1948/49
Maßstabsgerechtes Modell, 1998 angefertigt
121,9 x 81,3 x 81,3 cm
The Museum of Contemporary Art, Los Angeles

ADOLPH TISCHLER RESIDENCE
Los Angeles, 1949/50
Tusche auf Leinen
101,6 x 78,7 cm
ADC in UCSB, 1967.100.440.d.1

ADOLPH TISCHLER RESIDENCE
Los Angeles, 1949/50
Bleistift auf Papier
53,3 x 72,4 cm
ADC in UCSB, 1967.100.440.d.6

ADOLPH TISCHLER RESIDENCE
Los Angeles, 1949/50
Fotografie: Grant Mudford
15,2 x 50,8 cm
Courtesy Grant Mudford

ADOLPH TISCHLER RESIDENCE
Los Angeles, 1949/50
Fotografie: Grant Mudford
15,2 x 50,8 cm
Courtesy Grant Mudford

225 ADOLPH TISCHLER RESIDENCE
Los Angeles, 1949/50
Fotografie: Grant Mudford
61 x 76,2 x 10,2 cm
Courtesy Grant Mudford

ADOLPH TISCHLER RESIDENCE
Los Angeles, 1949/50
Maßstabsgerechtes Modell, 2000 angefertigt
66,7 x 43,2 x 121,9 cm
The Museum of Contemporary Art, Los Angeles

MAURICE RIES RESIDENCE
Los Angeles, 1950-1952
Bleistift auf Papier
53,3 x 57,2 cm
ADC in UCSB, 1967.100.349.d.1

MAURICE RIES RESIDENCE
Los Angeles, 1950-1952
Bleistift auf Papier
54.6 x 53,3 cm
ADC in UCSB, 1967.100.349.d.28

MAURICE RIES RESIDENCE
Los Angeles, 1950-1952
Fotografie: Lotte Nossaman
25.4 x 20,3 cm
ADC in UCSB, 1967.100.349.p.1

MAURICE RIES RESIDENCE
Los Angeles, 1950-1952
Fotografie: Lotte Nossaman
25,4 x 20,3 cm
ADC in UCSB, 1967.100.349.p.2

MAURICE RIES RESIDENCE
Los Angeles, 1950-1952
Fotografie: Lotte Nossaman
20,3 x 25,4 cm
ADC in UCSB, 1967.100.349.p.3

SAMUEL SKOLNIK RESIDENCE
Los Angeles, 1950-1952
Bleistift auf Pergamentpapier
53,3 x 101,6 cm
ADC in UCSB, 1967.100.404.d.13

SAMUEL SKOLNIK RESIDENCE
Los Angeles, 1950-1952
Fotografie: Lotte Nossaman
20,3 x 25,4 cm
ADC in UCSB, 1967.100.404.p.1

SAMUEL SKOLNIK RESIDENCE
Los Angeles, 1950-1952
Fotografie
20,3 x 25,4 cm
Archives of American Art, Smithsonian Institution, Washington, D.C.

SAMUEL SKOLNIK RESIDENCE
ESSZIMMERSTUHL
Los Angeles, 1950-1952
Sperrholz und Polsterung, um 1990 neu gepolstert
71,1 x 40,6 x 50,8 cm
ADC in UCSB

BETHLEHEM BAPTIST CHURCH, Los Angeles, 1944/45,
perspektivische Ansicht

BAUTEN UND PROJEKTE

Ein Sternchen am Ende eines Eintrags verweist auf einen vorhandenen Projektordner. Bei sämtlichen Adressen handelt es sich um die im Archiv bei dem jeweiligen Projekt angegebenen, ursprünglichen Straßen- und Ortsnamen, die nicht unbedingt dem heutigen Verlauf von Straßen und Ortsgrenzen entsprechen müssen.
AGIC steht für Architectural Group für Industry und Commerce.

A

ABERNATHY HOTEL (Entwurf mit AGIC)
Los Angeles, 1929*

ABWASSERBESEITIGUNGSANLAGE (Entwurf)
Los Angeles, 1952

AESOP'S CHEST UND NOSEGAY STORE, UMBAU
710 South Flower St., Los Angeles, 1927/28

MISS F. AIKEN, MOBILIAR
1600 North Edgemont Ave., Los Angeles, um 1934

ALBERS CHILD'S ROOM (Entwurf)
2781 Outpost Dr., Los Angeles, 1942

ALOHA HOTEL (Entwurf)
6731 Leland Way, Los Angeles, 1944–1946*

AMBASSADOR HOTEL, TYCKO PHOTOGRAPHIC STUDIO (Entwurf)
Los Angeles, 1925

LONNY ANSON HOTEL BUILDING (Entwurf)
Los Angeles, 1945

MR. & MRS. JOSEPH L. ARMON RESIDENCE
470 West Avenue 43, Los Angeles, 1947–1950*

ART-MUSIC BUILDING, UMBAU FÜR DIE LOS ANGELES CO-OPERATIVE EXCHANGE
233 South Broadway, Los Angeles, 1932*

ARTIST-CONGRESS EXHIBITION ROOM (Entwurf)
Standort unbekannt, 1938

AUSSTELLUNGSGEBÄUDE UND »MAN TRIUMPHANT«-DENKMAL (Entwurf mit Bildhauer David Edstrom)
Los Angeles, 1929/30*

AUSSTELLUNGSRAUM FÜR ZEITGENÖSSISCHE ARCHITEKTUR (Entwurf)
Los Angeles, 1932*

AVON PARK TERRACE APARTMENTS (Entwurf)
Los Angeles, 1945

B

BACHELOR UNIT (Entwurf)
5435 Sunset Blvd., Los Angeles, 1949

MRS. M. DAVIS BAKER RESIDENCE (Entwurf)
Los Angeles, 1923

MISS VIROQUE BAKER STUDIO UND AUSSENBESCHILDERUNG
5417 Hollywood Blvd., Los Angeles, 1925

MISS VIROQUE BAKER & ERNEST PRATT COMMERCIAL BUILDING INNENEINRICHTUNG (Entwurf)
Los Angeles, 1930

TIBOR BALKANY RESIDENCE (Entwurf)
3855 Broadlawn Dr., Los Angeles, 1939

MISS ALINE BARNSDALL ACTOR'S ABODE / RESIDENCE A
(für Frank Lloyd Wright)
Olive Hill, Los Angeles, 1920*

DIRECTOR'S RESIDENCE, OLIVE HILL, FÜR MISS ALINE BARNSDALL
(für Frank Lloyd Wright)
Olive Hill, Los Angeles, 1920*

MISS ALINE BARNSDALL HILL GROVE, BEPFLANZUNGSPLAN
(Entwurf für Frank Lloyd Wright)
Olive Hill, Los Angeles, 1920*

MISS ALINE BARNSDALL OLEANDERS RESIDENCE B (für Frank Lloyd Wright)
Olive Hill, Los Angeles, 1920*

MISS ALINE BARNSDALL TERRACE SHOPS (Entwurf für Frank Lloyd Wright)
Olive Hill, Los Angeles, 1920*

MISS ALINE BARNSDALL FOUNTAIN, WASSERBECKEN UND PERGOLA
Olive Hill, Los Angeles, 1924–1927*

MISS ALINE BARNSDALL HOLLYHOCK HOUSE, ZUGEHÖRIGES MOBILIAR UND INVENTAR
Olive Hill, Los Angeles, 1924–1926*

MISS ALINE BARNSDALL HOLLYHOCK HOUSE, UMGESTALTUNG DES SCHLAFZIMMERS UND DES BADES
Olive Hill, Los Angeles, 1925*

MISS ALINE BARNSDALL, PLAKATAUSSTELLUNG
Olive Hill, Los Angeles, 1927

MISS ALINE BARNSDALL RESIDENCE A, UMBAU
Olive Hill, Los Angeles, 1927

MISS ALINE BARNSDALL TRANSLUCENT HOUSE (Entwurf)
Palos Verdes, Kalifornien, 1927/28

MISS ALINE BARNSDALL OLEANDERS RESIDENCE, UMBAU
Olive Hill, 1600 North Edgemont Ave., Los Angeles, 1928/29*

MR. & MRS. A. GISELA BENNATI CABIN
Lake Arrowhead, Kalifornien, 1934–1937*

GISELA BENNATI, BESCHILDERUNG
3281 Oakshire Dr., Los Angeles, o. J.

MRS. BETTY BERKOFF RESIDENCE
(Entwurf)
930 North Western Ave., Los Angeles, 1936/37*

BETHLEHEM BAPTIST CHURCH
4901 Compton Blvd., Los Angeles, 1944/45*

DR. LEO & ZARA BIGELMAN
ZUGEHÖRIGES MOBILIAR
11567 Decente Dr., North Hollywood, Kalifornien,
1944–1947*

I. BINDER & H. GROSS APARTMENT
BUILDINGS
103–111 North Soto St., Los Angeles, 1922/23*

MR. & MRS. ALFIO BISSIRI RESIDENCE
(Entwurf)
3896 Franklin Ave., Los Angeles, 1939*

R. H. BLAKELEY RESIDENCE (Entwurf)
720 Calle De Arboles, Redondo Beach,
Kalifornien, 1952*

LOUIS BLEMBEL RESIDENCE (Entwurf)
2103 Sunset Plaza Dr., Los Angeles, 1949/50*

BLOCK APARTMENTS, UMBAU (?)
1724 El Cerrito, Los Angeles, 1943*

ALEXANDER BORISOFF RESIDENCE
(Entwurf)
La Presa Dr., Los Angeles, 1947

DR. MAXIM H. BRADEN RESIDENCE
(Entwurf)
11837 Laurelwood Dr., North Hollywood,
Kalifornien, 1945*

DR. MAXIM H. BRADEN CABIN, UMBAU
8854 Lookout Mountain Ave., Los Angeles,
1947–1951*

A. EDDIE BRANDSTATTER RESIDENCE,
UMBAU (Entwurf)
Los Angeles, 1934*

MRS. F. BRAUN APARTMENT BUILDING,
UMBAU
6092 Selma Ave., Los Angeles, 1924

HENRY BRAXTON GALLERY
1624 North Vine St., Los Angeles, 1928/29*

MR. HENRY BRAXTON UND MRS. VIOLA
BROTHERS SHORE RESIDENCE
(Entwurf mit AGIC)
5705 Ocean Front Walk, Venice, Kalifornien,
1928; 1930*

MR. & MRS. S. BREACHER APARTMENTS
5806 Carlton Way, Los Angeles, 1925*

MR. & MRS. BRIGGS RESIDENCE
(Entwurf)
Bay Island, Newport Beach, Kalifornien, 1926

MR. M. BROWN DUPLEX APARTMENTS
(Entwurf)
La Jolla Ave., West Hollywood, Kalifornien,
1926/27

BROWN MARKET (Entwurf)
Los Angeles, 1925

BROWN, SMITH & MOORE STORE,
UMBAU DER LADENFRONT (Entwurf)
Los Angeles, 1932

BRUNDIN RESIDENCE (Entwurf)
El Monte, Kalifornien, 1925

A. UND LUBY BUBESHKO APARTMENTS
2036 Griffith Park Blvd., Los Angeles,
1938–1941*

MR. & MRS. JOHN J. BUCK RESIDENCE
805 South Genesee St., Los Angeles, 1934

BUENA SHORE CLUB
(für Ottenheimer, Stern und Reichert)
Chicago, 1916–1918*

MR. & MRS. BURKE RESIDENCE UND
APARTMENTS (Entwurf)
Balboa, Kalifornien, 1938

ANNE M. BURRELL APARTMENT
BUILDING (Entwurf)
731 North Alexandria, Los Angeles, 1922

ANNE M. BURRELL APARTMENT
BUILDING (Entwurf)
1818–1820 Whitley St., Los Angeles, 1922/23

ANNE M. BURRELL DUPLEX (Entwurf?)
North New Hampshire Ave., Los Angeles, 1923

DR. WILLIAM BYERS RESIDENCE
(Entwurf)
15041 Sherman Way, Van Nuys, Kalifornien, 1941*

C

CAFE MONTMARTRE RESTAURANT,
UMBAU (Entwurf)
Los Angeles, 1931

MRS. M. S. CAHN, MOBILIAR
815 Malcolm, Los Angeles, 1934

MALCOMB P. CAMPBELL RESIDENCE
(Entwurf)
Los Angeles, 1922

B. CAPLAN, H. YAFFE, & S. TUCK
APARTMENT BUILDING, UMBAU
2236 West Fifteenth St., Los Angeles, 1922

MR. & MRS. BEN CARRÉ RESIDENCE
(Entwurf)
10356 Northvale Rd., Los Angeles, 1941/42*

CELOTEX COMMERCIAL BUILDING,
FASSADEN- UND ANLAGENGESTALTUNG
(Entwurf)
Standort unbekannt, um 1925

CENTRAL ADMINISTRATION BUILDING
(Entwurf für Ottenheimer, Stern und
Reichert)
Chicago, 1916

CHAPLAIN COMMERCIAL BUILDING,
UMBAU UND ZUGEHÖRIGES MOBILIAR
(Entwurf)
666 San Vincente, Los Angeles, 1947

MRS. CHAYES RESIDENCE, UMBAU UND
ZUGEHÖRIGES MOBILIAR
5816 Libby Way, Los Angeles, 1936

HENRY BRAXTON GALLERY, Los Angeles, 1928/29

A. GISELA BENNATI CABIN, Lake Arrowhead, Kalifornien, 1934–1937
Fotografie: W. P. Woodcock

MRS. CHERRY APARTMENT BUILDING
3910 South Walton St., Los Angeles, 1931

BARBARA CHEVALIER APARTMENT, UMBAU
105 Montgomery, Landsburgh, Kalifornien, 1943/44*

BARBARA CHEVALIER MEDICAL BUILDING, UMBAU (Entwurf)
755 Bush St., San Francisco, 1946

CHICAGO ART INSTITUTE CHILDREN'S CORNER
(Entwurf für Frank Lloyd Wright?)
Chicago, 1918

CHICAGO HEBREW INSTITUTE
(für Ottenheimer, Stern und Reichert)
Taylor und Sibley Street, Chicago, 1914/15*

CHILD GUIDANCE CLINIC, UMBAU DES INTERIEURS
1325 West Adams Blvd., Los Angeles, 1949/51*

CHRISTMAS FESTIVAL / FIESTA, FESTDEKORATION (Entwurf)
Los Angeles, 1930*

CIVIC CENTER / AUDITORIUM
(Entwurf mit AGIC)
Richmond, Kalifornien, 1930*

JOE CLAPPER HOSPITAL COMPLEX
(Entwurf)
712 South Pacific Rd., Glendale, Kalifornien, 1935*

IRVING CLARK RESIDENCE (Entwurf)
Standort unbekannt, 1945

CLUBHAUS FÜR SCHAUSPIELER
(für Mayr und Mayer)
Wien, 1912

HARRIET CODY OFFICER'S CLUB
(Entwurf)
Palm Springs, Kalifornien, 1942*

J. M. COHAN MARKET (Entwurf mit AGIC)
3069 West Pico St., Los Angeles, 1930

MR. & MRS. MANUEL COMPINSKY RESIDENCE (Entwurf)
1032 North Valley St., Burbank, Kalifornien, 1945*

JOHN H. COOPERSMITH RESIDENCE
(Entwurf)
8715 Skyline Dr., Los Angeles, 1952*

F. R. COURCIO COMMERCIAL STORE, UMBAU DER LADENFRONT (Entwurf)
1146 North Vermont, Los Angeles, 1946*

F. R. COURCIO COMMERCIAL BUILDING UND APARTMENT BUILDING (Entwurf)
1818 Hillhurst Ave., Los Angeles, 1947/48*

IRVING CUMMINGS ROOM UND PORCH
(Entwurf)
630 North Oakhurst,
Beverly Hills, Kalifornien, 1938*

D

MR. F. & MRS. MYRTLE T. DAUGHERTY RESIDENCE
4635 Louis Ave., Encino, Kalifornien, 1944–1946*

BEN DAVID COMMERCIAL BUILDING, UMBAU DES GESCHÄFTSHAUSES
(Entwurf)
8758 Holloway Dr., Los Angeles, 1946*

MRS. LAURA DAVIES RESIDENCE
(Entwurf)
(in Auftrag gegeben von O. S. Floren)
Los Angeles, 1922–1924

MR. & MRS. JOHN DEKEYSER DOUBLE RESIDENCE
1911 und 1913 North Highland Ave., Los Angeles, 1935*

MR. & MRS. ALBERT DEKKER RESIDENCE
245 Glenroy Ave., Los Angeles, 1947

W. T. DELAHOYDE RESIDENCE
(ENTWURF)
Redcliff St., Glendale, Kalifornien, 1935

J. B. DELEE DORADEL FARM BUILDING, UMBAU (Entwurf)
Plano, Illinois, 1942

MORRIS DELEE AUTOMATIC WASHING MACHINE (Entwurf)
Los Angeles, 1945

MORRIS DELEE COMMERCIAL BUILDING, UMBAU
8834 National Blvd., Culver City, Kalifornien, 1946–1950*

MORRIS DELEE FACTORY BUILDING FÜR DIE LONESTAR CO. (Entwurf)
8823-8827 Exposition Blvd., Culver City, Kalifornien, 1953

DEUTSCHES FESTIVAL, PLAKAT
Chicago, 1915

CARL DIAL PHOTOGRAPHIC STUDIO
(Entwurf)
Sunset Ave., Los Angeles, um 1940

MR. & MRS. H. D. DIFFEN RESIDENCE, UMBAU
Avalon, Catalina Island, Kalifornien, 1929

EL DJEY & MEEKA ALDRICH RESIDENCE
(Entwurf)
2432 Laurel Pass, Los Angeles, 1938

WILLIAM DOHS APARTMENT BUILDING MIT VIER WOHNUNGEN (Entwurf)
(in Auftrag gegeben von O. S. Floren)
5427 Harold Way, Los Angeles, 1923

MR. & MRS. DONDO RESIDENCE, UMBAU
583 Tamalpais St.,
Berkeley, Kalifornien, 1934

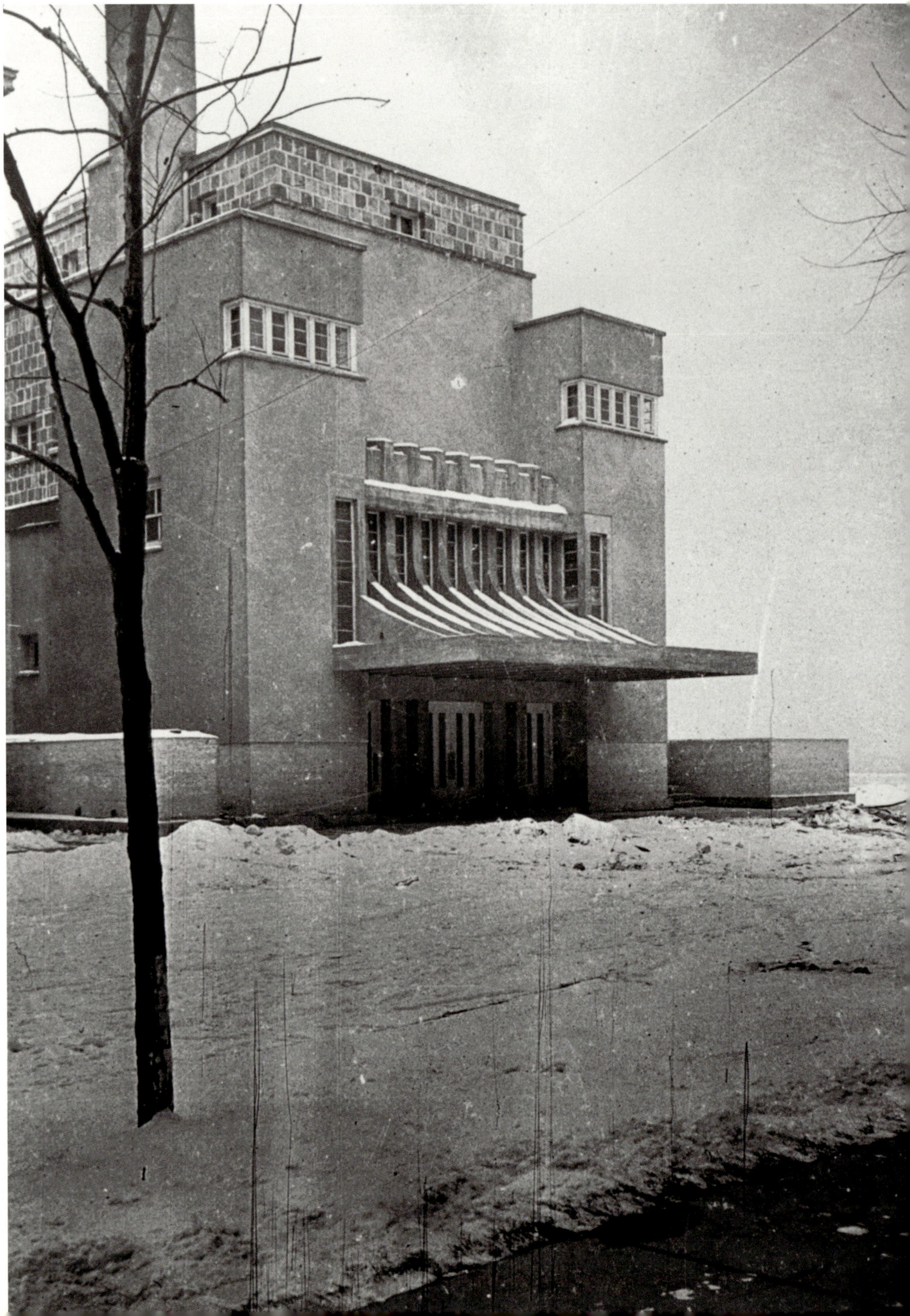

BUENA SHORE Club (FÜR OTTENHEIMER, STERN UND REICHERT),
Chicago, 1916–1918
Fotografien: R. M. Schindler

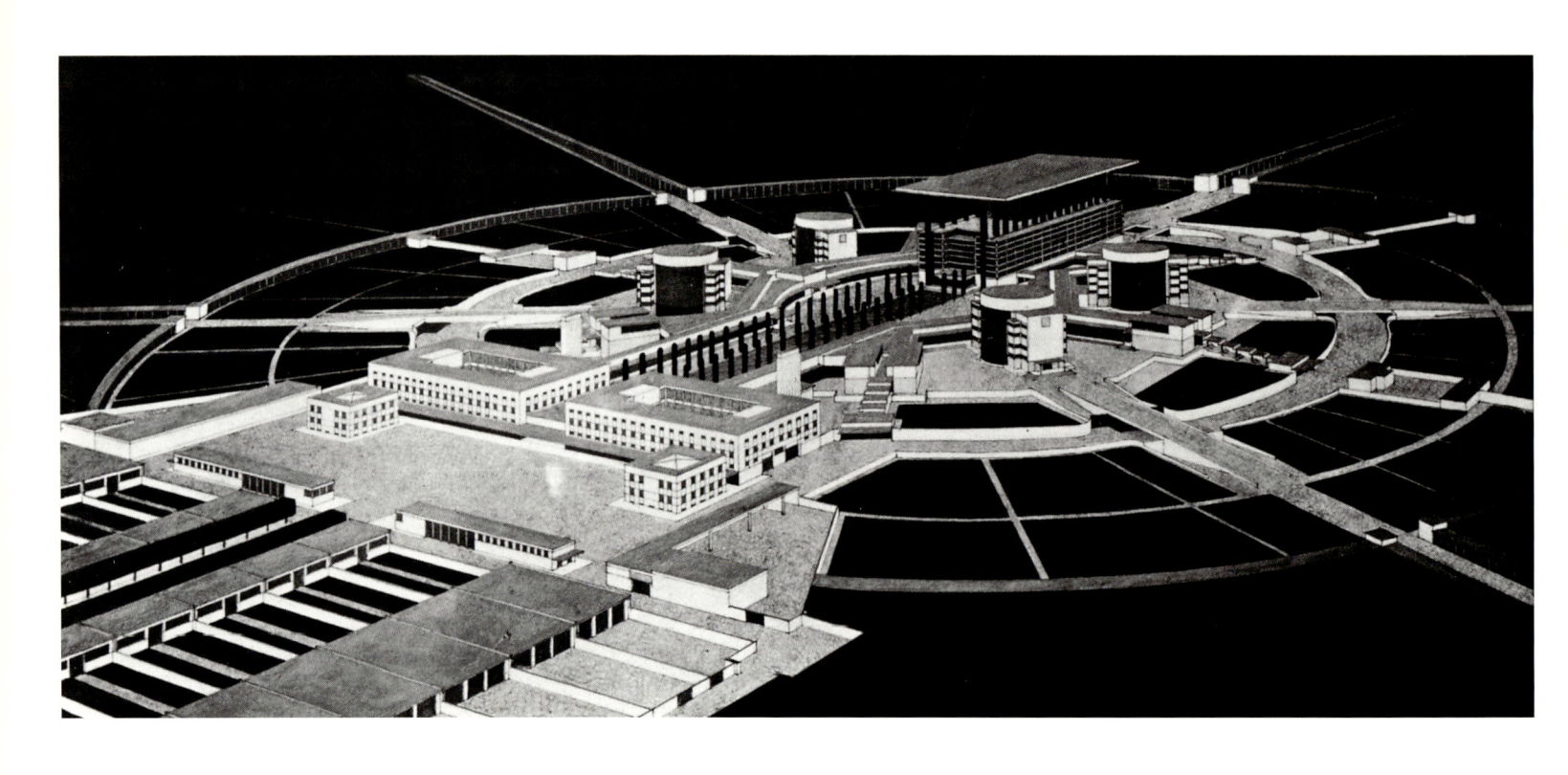

KREMATORIUM UND KAPELLE FÜR EINE FÜNF-MILLIONEN-STADT (ENTWURF),
Wien, 1912–13. perspektivische Ansicht

HASSELL DONNELL, DONNELL'S DESERT HOTEL (Entwurf)
Twentynine Palms, Kalifornien, 1932*

DORRIS INSTITUTE COMMERCIAL, UMBAU
6264 Sunset Blvd., Los Angeles, 1938/39*

GERALD J. DROSTE RESIDENCE
2025 Kenilworth Ave., Los Angeles, 1940*

DR. J. H. & MARGARET DRUCKMAN RESIDENCE UND ZUGEHÖRIGES MOBILIAR
2764 Outpost Dr., Los Angeles, 1940–1942; Umbauten 1947/48*

DR. J. H. DRUCKMAN OFFICE, UMBAU (Entwurf)
300 South Beverly Dr., Beverly Hills, Kalifornien, 1948–1950*

MRS. MARGARET DRUCKMAN RESIDENCE (Entwurf)
2772 Outpost Dr., Los Angeles, 1951*

W. G. DUNCAN RESIDENCE (Entwurf)
Laguna Ave., Los Angeles, 1922*

E

EASTER PUPPET SHOW STAGE (Entwurf mit AGIC?)
Los Angeles, 1929

G. EASTMAN, AUSSTELLUNGSSTAND (Entwurf?)
Standort unbekannt, 1923

EFFIE DEAN CAFE (Entwurf mit AGIC)
Los Angeles, 1929*

MR. & MRS. FRED EHRMAN RESIDENCE (Entwurf)
Tujunga Canyon, Los Angeles, 1950*

EIN-ZIMMER-WOHNUNG (Entwurf)
Chicago, 1919

ELKS CLUB BUILDING
(für Ottenheimer, Stern und Reichert)
Chicago, 1916/17

MR. & MRS. ROBERT F. ELLIOT RESIDENCE (mit AGIC)
4237 Newdale Dr., Los Angeles, 1930; Umbauten 1939*

MRS. V. ELLIS DUPLEX (Entwurf)
Los Angeles, 1922

MR. & MRS. O. ELMER RESIDENCE (Entwurf)
3564 Multiview Dr., Los Angeles, 1952

THE EMBASSY RESTAURANT UND COMMERCIAL BUILDING (Entwurf)
Los Angeles, 1931/32

ROBERT & MARIANA ERLIK RESIDENCE
1757 North Curson Ave., Los Angeles, 1950–1952*

ESSZIMMERMOBILIAR FÜR KINDER
Standort unbekannt, 1945

F

FALCON FLYERS COUNTRY CLUB (Entwurf mit AGIC)
Wasco, Kalifornien, 1927/28

S. TED FALK APARTMENT BUILDING
1810 Lucille Ave., Los Angeles, 1938–1940*

MRS. T. FALK APARTMENTS (Entwurf)
Los Angeles, 1943*

ORLOF K. FARR DANCE HALL, UMBAU (Entwurf)
Denver, Colorado, 1933*

FIRST BAPTIST CHURCH (Entwurf)
Los Angeles, 1935*

A. [LOUIS] FISHER & MIRIAM LERNER RESIDENCE (Entwurf)
1951 Walcott Way, Los Angeles, 1943–1945*

LOUIS & CLARA FISHER BUNGALOW COURT (Entwurf)
312 South Breed St., Los Angeles, 1922/23*

C. C. FITZPATRICK RESIDENCE
808 Woodrow Wilson Dr., Los Angeles, 1936/37*

MR. O. S. FLOREN BUNGALOW (Entwurf)
5057 Romain St., Los Angeles, 1922

MR. O. S. FLOREN DOUBLE RESIDENCE FÜR CHARLES J. ADOLPHSON (Entwurf)
Carlton Way, Los Angeles, 1922

MR. O. S. FLOREN DOUBLE RESIDENCE FÜR JORDON
1427–1429 North Alexandria St., Los Angeles, 1922

MR. O. S. FLOREN DOUBLE RESIDENCE
5357 Lexington St., Los Angeles, 1922/23

MR. O. S. FLOREN DUPLEX A & B
Olive St., Los Angeles, 1924

MR. O. S. FLOREN DUPLEX
La Jolla St., Los Angeles, 1924/25

MR. O. S. FLOREN DUPLEX (Entwurf?)
Los Angeles, 1925

MR. O. S. FLOREN DUPLEX C & D
Willoughby und La Jolla Avenue, Los Angeles, 1925

FOLEY RESIDENCE (Entwurf)
Los Angeles, um 1930

FOREMAN TRAILER PARKS
o. J.*

JOHN DEKEYSER DOUBLE RESIDENCE, Los Angeles, 1935,
perspektivische Ansichten

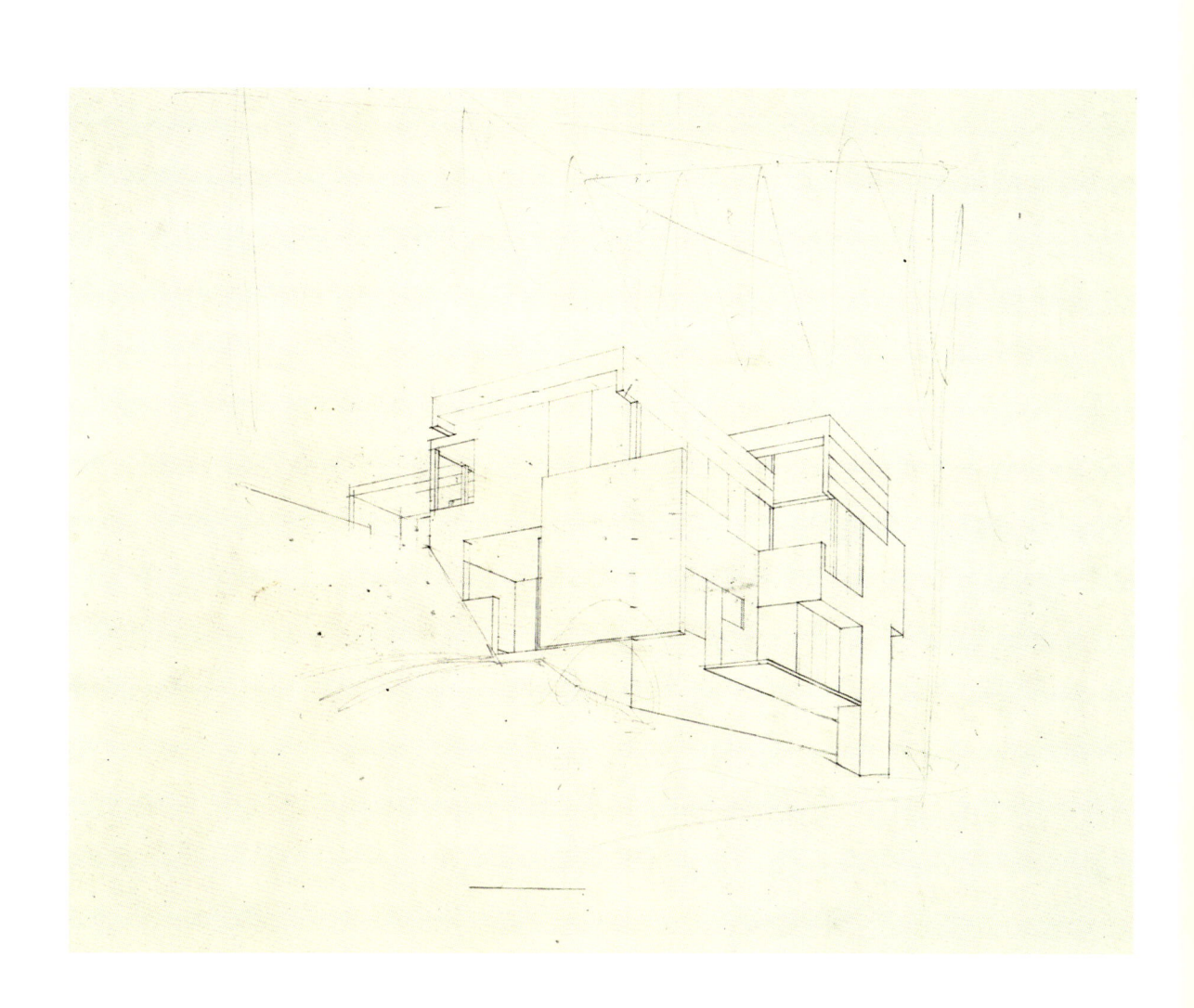

FOTOGRAFIEN, vorwiegend Architektur in und um Chicago und Projekte Schindlers, 1914-1926

KAY FRANCES RESIDENCE, UMBAU
9033 Briar Ln., Los Angeles, 1938

MR. FRANKEL APARTMENT BUILDING (Entwurf)
619 North Heliotrope Dr., Los Angeles, 1929

FRANKLIN GALLERIES, AUSSTELLUNGSKOMPLEX (Entwurf)
Los Angeles, um 1923

O. F. FREDERICKS BAKERY »BREAD PIT«
Booth E7, Grand Central Market, Los Angeles, 1932/33*

MR. & MRS. FREDMAN RESIDENCE (Entwurf)
Franklin Pl., Los Angeles, 1936/37

FREE PUBLIC LIBRARY, WETTBEWERB FÜR DEN BAU DER AUSSENSTELLE BERGEN (Entwurf)
Jersey City, New Jersey, 1920

MR. & MRS. SAMUEL FREEMAN RESIDENCE, UMBAU UND MOBILIAR
1962 Glencoe Way, Los Angeles, 1926-1929; 1938; 1952*

S. FRIEDMAN & A. KOPLOY APARTMENT BUILDING (Entwurf)
115 North Soto St., Los Angeles, 1923

G

LEO GALLAGHER APARTMENT BUILDING, UMBAU
1223-1227 Elysian Park Ave., Los Angeles, 1946*

LEO GALLAGHER RESIDENCE, UMBAU (Entwurf)
3135 Oakcrest Dr., Los Angeles, 1946*

GEORGE GALVAN APARTMENT BUILDING, UMBAU (Entwurf?)
1152-1158 Hacienda Place, Los Angeles, 1950*

DR. ARTHUR GARLAND, UMBAU DES SUNSET MEDICAL BUILDING
6642 Sunset Blvd., Los Angeles, 1936-1938*

MR. & MRS. MORRIS GEGGIE RESIDENCE (Entwurf)
Pasadena, Kalifornien, 1935/36

ELMER A. GEORGE & SAMUEL FREEMAN STORE BUILDING (Entwurf mit AGIC)
Los Angeles, 1930/31

MR. & MRS. T. A. GIANNOS RESIDENCE, UMBAU (Entwurf)
813 South Mariposa, Los Angeles, 1944

MR. & MRS. EDMUND J. GIBLING RESIDENCE
2152 Parnell Ave., Los Angeles, 1925-1928*; Umbau um 1935*

EDMUND J. GIBLING RESIDENCE (Entwurf)
Warner Ave., Los Angeles, 1940/41*

EDMUND J. GIBLING RESIDENCE (Entwurf)
Los Angeles, 1948

DR. BASIA GINGOLD RESIDENCE, UMBAU
514 North Alta Dr., Beverly Hills, Kalifornien, 1943-1945*

DR. BASIA GINGOLD MEDICAL OFFICE, UMBAU
8352 Wilshire Blvd., Los Angeles, 1946-1948

B. GLASER OFFICE, RENOVIERUNG (Entwurf)
1933*

JOSEPH GEORGE & JENNIE GOLD RESIDENCE
3758 Reklaw Dr., North Hollywood, Kalifornien, 1940/41; 1945/46*

GOLDEN PYRAMID INSTITUTIONAL BUILDING (Entwurf)
Los Angeles, 1928

MRS. C. GOODMAN RESIDENCE, UMBAU (Entwurf)
2149 Casitas Ave., Altadena, Kalifornien, 1934

DR. H. GOODMAN DENTAL OFFICE (Entwurf)
Pueblo, Colorado, 1942-1949*

SAM & YOLANDA GOODWIN RESIDENCE
3807 Reklaw Dr., Los Angeles, 1940/41*

DON & HEURIE GORDON RESIDENCE, UMBAU UND MOBILIAR
6853 Pacific View Dr., Los Angeles, 1944-1953*

GEORGE S. GORDON APARTMENT BUILDING (Entwurf)
Glendale Blvd., Los Angeles, 1953*

DR. L. VINCENT GORRILLA OFFICE, UMBAU
Rivkin Medical Building, 12307 Ventura Blvd., Studio City, Kalifornien, 1948*

GOULD & BANDINI WORKMEN'S COLONY (Entwurf)
Los Angeles, 1924*

SID GRAUMAN DANCE HALL UND RESTAURANT (Entwurf)
Hollywood Blvd., Los Angeles, 1933*

ARTHUR E. GRAY APARTMENT BUILDING (Entwurf)
Resedale Ave., Los Angeles, 1946*

MR. & MRS. GILBERT GREENE RESIDENCE (Entwurf)
Beverly Crest Dr., Santa Monica, Kalifornien, 1953

MR. & MRS. DAVID GROKOWSKY RESIDENCE
816 Bonita Dr., South Pasadena, Kalifornien, 1929*

DR. ALFRED GROSS OFFICE, UMBAU
Rivkin Medical Building, 12307 Ventura Blvd., Studio City, Kalifornien, 1947*

WETTBEWERBSBEITRAG FÜR EIN JAGDHAUS (ENTWURF), Standort unbekannt, 1912, perspektivische Ansicht

JAGDHAUS

R·SCHINDLER·1912

H

ERNST HAEKEL WORKSHOP, UMBAU (Entwurf)
Standort unbekannt, o. J.

HAIN RESIDENCE (Entwurf mit AGIC)
Los Angeles, 1926

HAIN'S HEALTH FOOD STORE
Ecke Third und Hill Street, Los Angeles, 1926

MR. & MRS. HAINES RESIDENCE
5112 Alishia Dr., Dana Point, Kalifornien, 1934/35*

MR. & MRS. G. HAMMER RESIDENCE, UMBAU (Entwurf)
2253 Kenilworth Ave., Los Angeles, 1943

MR. & MRS. FRANK HANNA RESIDENCE (Entwurf)
Los Angeles, 1938

THOMAS P. HARDY MONOLITH HOMES (Entwurf für Frank Lloyd Wright)
Racine, Wisconsin, 1919

MR. & MRS. JOB HARRIMAN, HARRIMAN'S COLONY, ENTWICKLUNG EINER WOHNSIEDLUNG (Entwurf)
Langdon Ave. (Longden Dr.), San Gabriel, Kalifornien, 1924/25

MR. GEORGE F. & MRS. ROSE L. HARRIS RESIDENCE
7940 Willow Glen Rd., Los Angeles, 1942–1944*

HARTIGAN RESIDENCE (Entwurf)
Longview Ave., Los Angeles, 1941

CH. E. HARVEY RESIDENCE, UMBAU
2280 Earl St., Los Angeles, 1946

MRS. F. HENDERSON DOUBLE RESIDENCE
(in Auftrag gegeben von O. S. Floren)
Los Angeles, 1922

HENNESSY BROTHERS APARTMENT BUILDING (Entwurf mit AGIC)
Mariposa St., Los Angeles, um 1926

HENRY'S RESTAURANT, UMBAU (Entwurf)
6321 Hollywood Blvd., Los Angeles, um 1932

PHIL HERATY RESIDENCE (Entwurf)
Los Angeles, 1935

G. HERBOLD RESIDENCE, UMBAU (Entwurf)
6406 Varene Ave., Los Angeles, o. J.

MONTI HICKS RETAIL COMMERCIAL BUILDING (Entwurf)
Los Angeles, 1931

HIGHWAY BUNGALOW HOTELS (Entwurf mit AGIC / Carol Aronovici)
Standort unbekannt, 1931*

HILAIRE HILER RESIDENCE UND STUDIO
1215 North Alta Loma Dr., Los Angeles, 1941/42*

WILLIAM HILLER STUDIO (Entwurf)
Los Angeles, 1931

WILLIAM HILLER PLAYROOM (Entwurf)
1134 Serra, North Hollywood, Kalifornien, um 1941

MR. & MRS. G. H. HODEL, MOBILIAR
1800 Huntington Dr.,
San Marino, Kalifornien, 1940

HOLLYWOOD CARPENTER SHOP »TRADE HUB« BUILDING (Entwurf)
Los Angeles, 1932*

HOLLYWOOD PUBLIC LIBRARY ART ROOM, UMBAU (Entwurf)
Los Angeles, 1923

HOLLYWOOD RIVIERA BUILDING ASSOCIATION APARTMENT BUILDING (Entwurf)
Los Angeles, 1931

HOLLYWOOD WOMEN'S CLUB, UMBAU (Entwurf)
7078 Hollywood Blvd., Los Angeles, 1944*

HOMER EMUNIM TEMPLE UND SCHULE
(Entwurf für Ottenheimer, Stern und Reichert)
Chicago, 1915/16

LESTER HORTON DANCE STUDIO, UMBAU (Entwurf)
7566 Melrose Ave., Los Angeles, 1947*

HORTON & CONVERSE DRUG STORE (Entwurf)
Los Angeles, 1932

HOTEL (Entwurf für Ottenheimer, Stern und Reichert)
Chicago, 1915

HOTEL ELSINORE
(Entwurf mit A. R. Brandner)
Lake Elsinore, Kalifornien, 1925–1927*

HOTEL RONG (Entwurf)
Wien, 1912

MR. & MRS. JAMES EADS HOW RESIDENCE UND ZUGEHÖRIGES MOBILIAR
2422 Silver Ridge Ave., Los Angeles, 1925/26*

FRANCES MCLALLEN HOWATT RESIDENCE (Entwurf)
Temple Hills Dr., Laguna Beach, Kalifornien, 1946*

KARL & DORIS HOWENSTEIN RESIDENCE, UMBAU
2083 Hanscom Dr., South Pasadena, Kalifornien, 1942–1946*

HUB OFFICE BUILDING, A. E. ENGLAND (Entwurf?)
Hollywood Blvd., Los Angeles, 1939/40*

HUDSON MARKET (Entwurf)
Los Angeles, 1937

MR. HUMPHREY RESIDENCE (Entwurf)
Los Angeles, 1952

MRS. B. HUNTER RESIDENCE (Entwurf)
Standort unbekannt, um 1934

JAMES EADS HOW RESIDENCE, Los Angeles, 1925/26
Fotografie: Viroque Baker

MAURICE KALLIS RESIDENCE UND STUDIO, Studio City, Kalifornien, 1946–1948,
Ansicht der Gartenseite
Fotografie: Robert C. Cleveland

HURLEY MOBILIAR
Standort unbekannt, o. J.

HUTSEN RESIDENCE (Entwurf)
Standort unbekannt, um 1927

H. HYMAN, UMBAU
253 South Palm Dr., Los Angeles, 1944/45*

I

BEATA INAYA MOBILIAR
Los Angeles, um 1946

BEATA INAYA RESIDENCE (Entwurf)
Sierra Mar Dr., Los Angeles, 1946*

BEATA INAYA APARTMENT BUILDING, UMBAU (Entwurf)
1932–1938 Chermoya St., Los Angeles, 1948*

BEATA INAYA DUPLEX, UMBAU (Entwurf)
1760 Cerrito Place, Los Angeles, 1949

BEATA INAYA RESIDENCE (Entwurf)
1462–1468 Altridge Dr., Beverly Hills, Kalifornien, 1950*

INDEPENDENT GERMAN-AMERICAN WOMAN'S CLUB, PROGRAMMHEFT
Deutsches Theater, Chicago, 1916*

MICHIO ITO STUDIO, ZUGEHÖRIGES MOBILIAR
5653-½ Hollywood Blvd., Los Angeles, 1930*

JAMES B. IRVING TEMPORARY RESIDENCE
(Entwurf für Frank Lloyd Wright)
Wilmette, Illinois, 1920

J

MR. & MRS. WILLIAM JACOBS RESIDENCE (Entwurf)
Stradella Rd., Los Angeles, 1936*

WETTBEWERBSBEITRAG FÜR EIN JAGDHAUS (Entwurf)
Standort unbekannt, 1912

ELLEN JANSON RESIDENCE
8704 Skyline Dr., Los Angeles, 1948/49*

JARDIN APARTMENTS CLASS »A«, ACHTSTÖCKIGES APARTMENTHAUS
(Entwurf mit J. H. Miller und AGIC)
Van Ness und Harold Way, Los Angeles, 1927

MISS JEFFRIES RESIDENCE (Entwurf)
Los Angeles, 1951*

L. C. JOHNSON DESERT CABIN COLONY (Entwurf)
Standort unbekannt, 1937*

K

GUS KAHN RESIDENCE, UMBAU (Entwurf)
917 Benedict Canyon Dr., Beverly Hills, Kalifornien, 1937*

MANYA KAHN RESIDENCE (Entwurf)
First St. und Harper Ave., Los Angeles, 1936*

MANYA KAHN RESIDENCE, UMBAU (Entwurf)
Lake Elsinore, Kalifornien, 1946*

MR. & MRS. MAURICE KALLIS RESIDENCE UND STUDIO
3580 Multiview Dr., Los Angeles, 1946–1948; Anbauten 1948–1951*

MR. KARZ APARTMENT BUILDING (Entwurf)
533 North Cummings, Los Angeles, 1941

DR. & MRS. ALEXANDER KAUN BEACH HOUSE
125 Western Dr., Richmond, Kalifornien, 1934/35*

DR. & MRS. ALEXANDER KAUN RESIDENCE, UMBAU
1431 Le Roy Ave., Berkeley, Kalifornien, 1940

KAYNAR MANUFACTURING COMPANY, UMBAU
813 East Seventeenth St., Los Angeles, 1950*

ELSIE KELLIS RESIDENCE, UMBAU
1212 Green Acre, Los Angeles, 1943/44*

J. KENT RESIDENCE, UMBAU
1821 Edgecliff Dr., Los Angeles, 1945*

W. E. KENT RESIDENCE (Entwurf)
4939 (4947) Malta St., Los Angeles, 1922*

EUGENE L. KERMIN RESIDENCE (Entwurf)
McConnell Dr., Los Angeles, 1946/47*

HENRY KERMIN MEDICAL BUILDING, UMBAU (Entwurf)
9215 Venice Blvd., Los Angeles, 1946

HENRY KERMIN RESIDENCE (Entwurf)
Glenroy Ave., Los Angeles, 1946

KERR RUG COMPANY, EMPFANGSZIMMER (Entwurf)
Los Angeles, um 1935

MR. KESSLER COMMERCIAL BUILDING (Entwurf)
512 South Victory Blvd., Burbank, Kalifornien, 1945*

MR. KESSLER APARTMENT BUILDING (Entwurf)
Los Angeles, 1946

MRS. B. KESTER, GARTENGESTALTUNG (Entwurf)
1250 Swetler Ave., Los Angeles, 1926

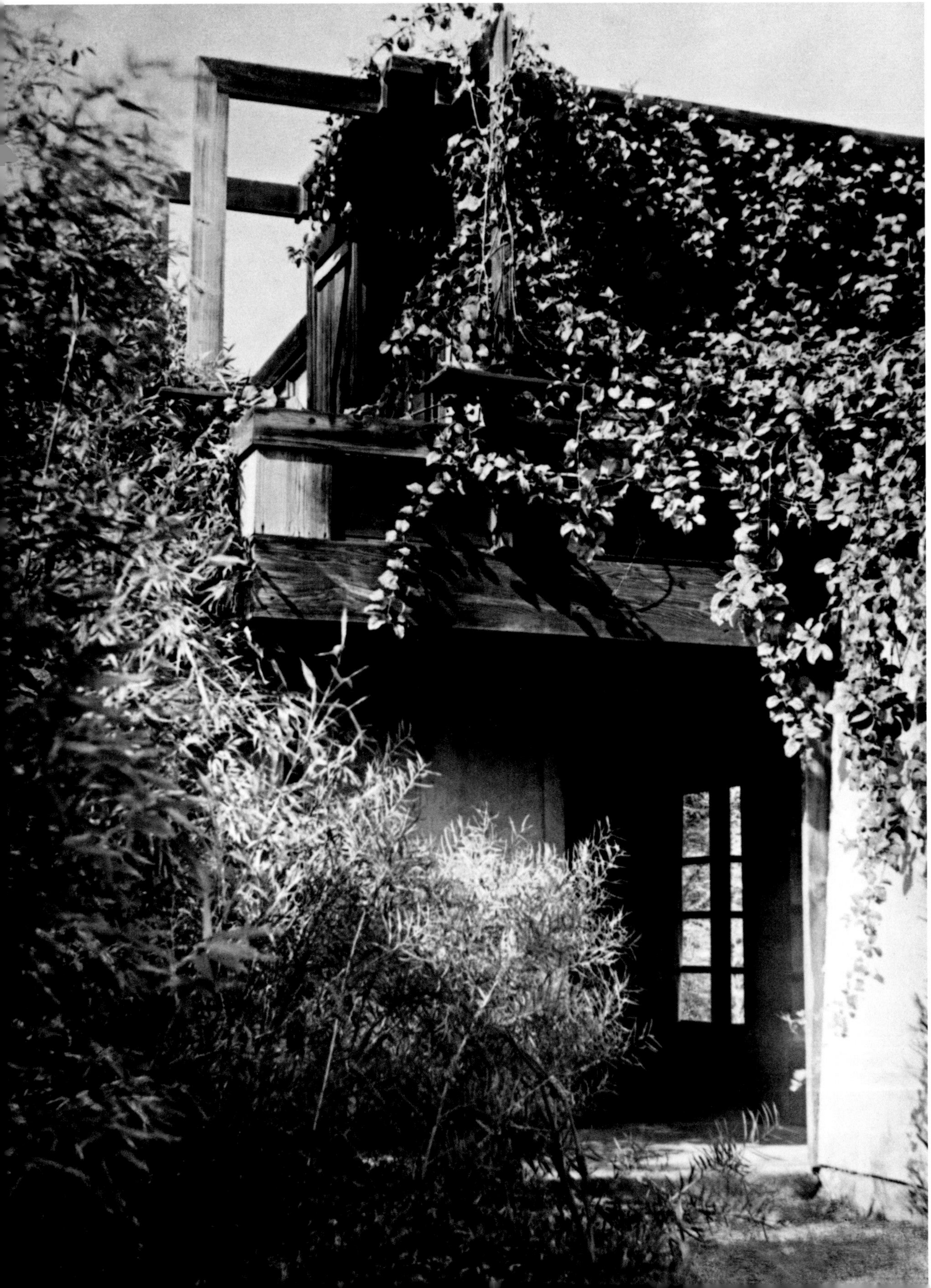

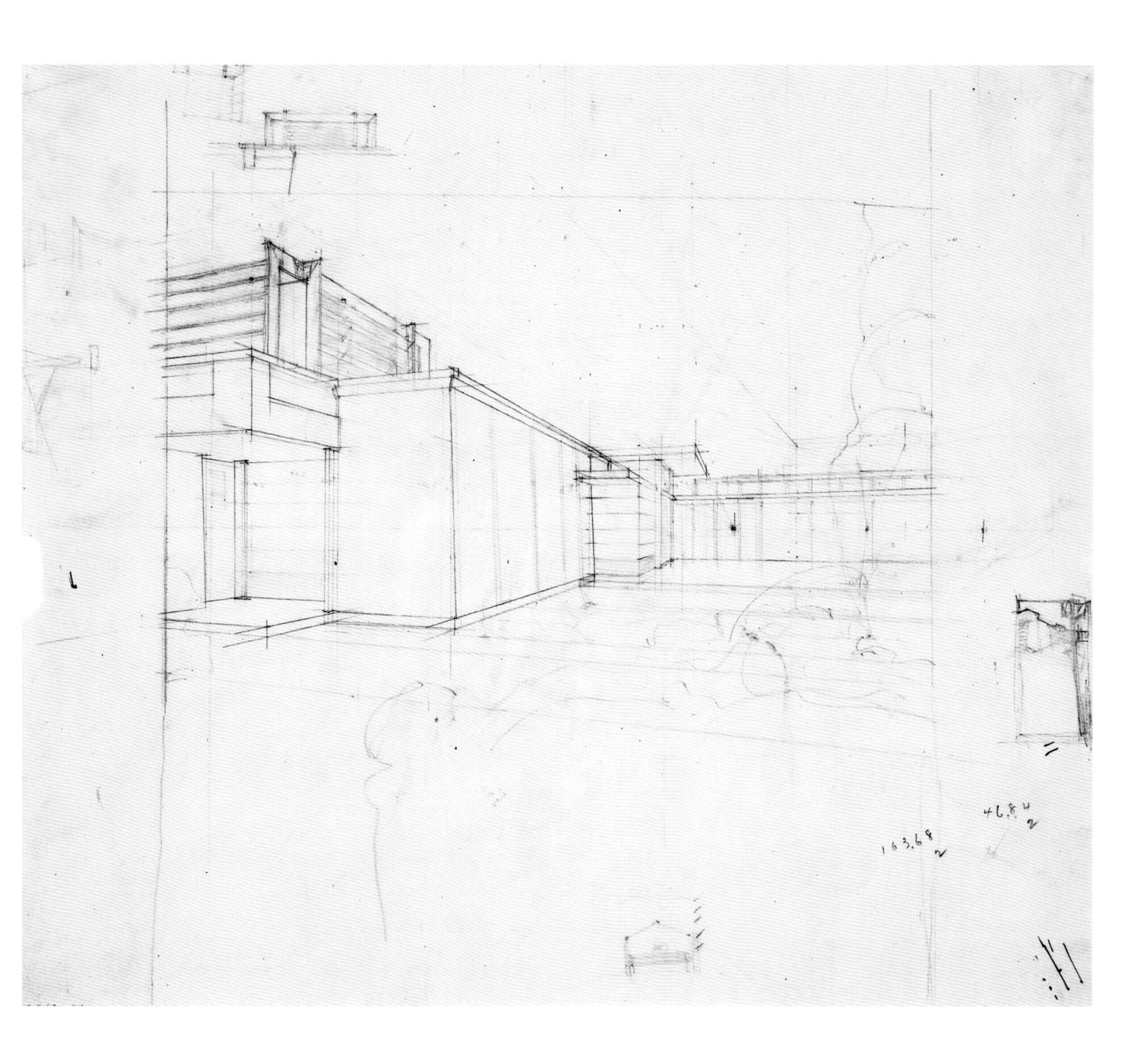

KINGS ROAD HOUSE, West Hollywood, Kalifornien, 1921/22,
Ansicht des Eingangs mit »Schlafkorb«

KINGS ROAD HOUSE, West Hollywood, Kalifornien, 1921/22,
perspektivische Ansicht

LEAH-RUTH GARMENT SHOP (MIT AGIC), Long Beach, Kalifornien, 1926

MR. KHMARA APARTMENT BUILDING
(Entwurf)
2575 Beechwood Dr., Los Angeles, 1940

HELEN KING RESIDENCE (Entwurf)
8410 Grandview Trail, Los Angeles, 1951

MR. & MRS. H. R. KING RESIDENCE, UMBAU UND ZUGEHÖRIGES MOBILIAR
10354 La Grange, Los Angeles, 1934*

RUDOLPH M. SCHINDLER & CLYDE B. CHACE KINGS ROAD HOUSE RESIDENCE UND MOBILIAR
835 North Kings Rd., West Hollywood, Kalifornien, 1921/22* (Mobiliar entstanden nach 1922)

MARIA KIPP RESIDENCE, UMBAU
1773 Griffith Park Blvd., Los Angeles, 1934–1940*

MR. & MRS. JOSEPH KLUTCH RESIDENCE, UMBAU UND MOBILIAR
1821 Edgecliff Dr., Los Angeles, 1944*

KOPELANOFF RESIDENCE (Entwurf)
Palm Springs, Kalifornien, 1930

KOPELANOFF SUBDIVISION SCHEME (Entwurf)
Palm Springs, Kalifornien, 1930

MR. & MRS. JACOB KORSEN BUNGALOW COURT (Entwurf)
1038 Ardmore St., Los Angeles, 1921/22*

KREMATORIUM UND KAPELLE FÜR EINE FÜNF-MILLIONEN-STADT (Projekt der Abschlussarbeit)
Wien, 1912/13

MRS. CELIA KREUTZER APARTMENT BUILDING
(in Auftrag gegeben von O. S. Floren)
1620–1626 North Gower St., Los Angeles, 1923

N. KRONE RESIDENCE, UMBAU
1110 South Alfred, Los Angeles, 1944*

KURT KUNZ RESIDENCE, GARAGE (Entwurf)
8888 Appian Way, Los Angeles, 1939*

L

MRS. E. E. LACEY DUPLEX
830–832 Laguna Ave., Los Angeles, 1922*

HILDEGARD LAMFROM RESIDENCE, UMBAU
1809-½ Edgecliff Dr., Los Angeles, 1949*

L. LANDSBURGH RESIDENCE, UMBAU (Entwurf)
Stinson Beach, Kalifornien, 1944

MARY LANGLEY RESIDENCE, UMBAU
841 Stone Canyon Dr., Bel Air, Kalifornien, 1943*

MR. & MRS. LAPOTKA APARTMENT BUILDING (Entwurf)
1821 Park Ave., Los Angeles, 1940*

LAURELWOOD APARTMENTS FÜR HENRY G. SCHICK & DR. MAXIM H. BRADEN
11833–11837 Laurelwood Dr., Studio City, Kalifornien, 1945–1949*

MR. & MRS. SEIBERT, LAVANA STUDIO BUILDING (Entwurf mit AGIC)
Robertson Blvd., Beverly Hills, Kalifornien, 1929/30*

LEAH-RUTH GARMENT SHOP (mit AGIC)
Long Beach, Kalifornien, 1926

MR. & MRS. RICHARD LECHNER RESIDENCE, UMBAU UND ZUGEHÖRIGES MOBILIAR
11600 Amanda Dr., Studio City, Kalifornien, 1946–1948; 1951*

J. B. LEE RESIDENCE, UMBAU
Maywood, Illinois, 1916/17

MRS. D. LEIBANITZ RESIDENCE, UMBAU (Entwurf?)
2541 Hillcrest Dr., Los Angeles, 1924; 1944*

LEIMERT PARK RESIDENCE
(Entwurf am Leimert Park)
Los Angeles, 1934

E. LESWIN & H. LEEPA BEACH STUDIO UND LADEN
Castel La Mar, Kalifornien, 1923

MR. LEVANT RESIDENCE, UMBAU
1958 Mayview, Los Angeles, 1945*

HYMAN LEVIN RESIDENCE UND ZUGEHÖRIGES MOBILIAR
2673 Dundee Place, Los Angeles, 1925–1934*

LEVY APARTMENT HOUSE
(Entwurf mit AGIC)
Los Angeles, 1926

MRS. H. LIERD & MISS ETHEL TODD RESIDENCE (Entwurf)
Los Angeles, 1932

LINCOLN GARAGE BUILDING / AUTOAUSSTELLUNGSRAUM FÜR DIE MADDUX INC. (mit Herman Sachs)
Wilshire Blvd. und Maple St., Beverly Hills, Kalifornien, 1929

LINCOLN-DENKMAL
(Entwurf mit Bildhauer David Edstrom)
Des Moines, Iowa, 1925

MRS. R. LINDQUIST RESIDENCE (Entwurf)
5075 Romain St., Los Angeles, 1922

LINDY'S RESTAURANT NO. 1 FÜR A. EDDIE BRANDSTATTER
656 South Hobart Blvd., Los Angeles, 1932–1934*

WILLIAM LINGENBRINK COMMERCIAL BUILDINGS
einschließlich Modern Creators
8750–8780 Holloway Dr., Los Angeles, 1936–1938*

RICHARD LECHNER RESIDENCE, Studio City, Kalifornien, 1946–1948,
perspektivische Ansicht

RICHARD LECHNER RESIDENCE, Studio City, Kalifornien, 1946–1948,
Skizze des Kamins

LECHNER FIREPLACE
Scale ½" = 1'-0"

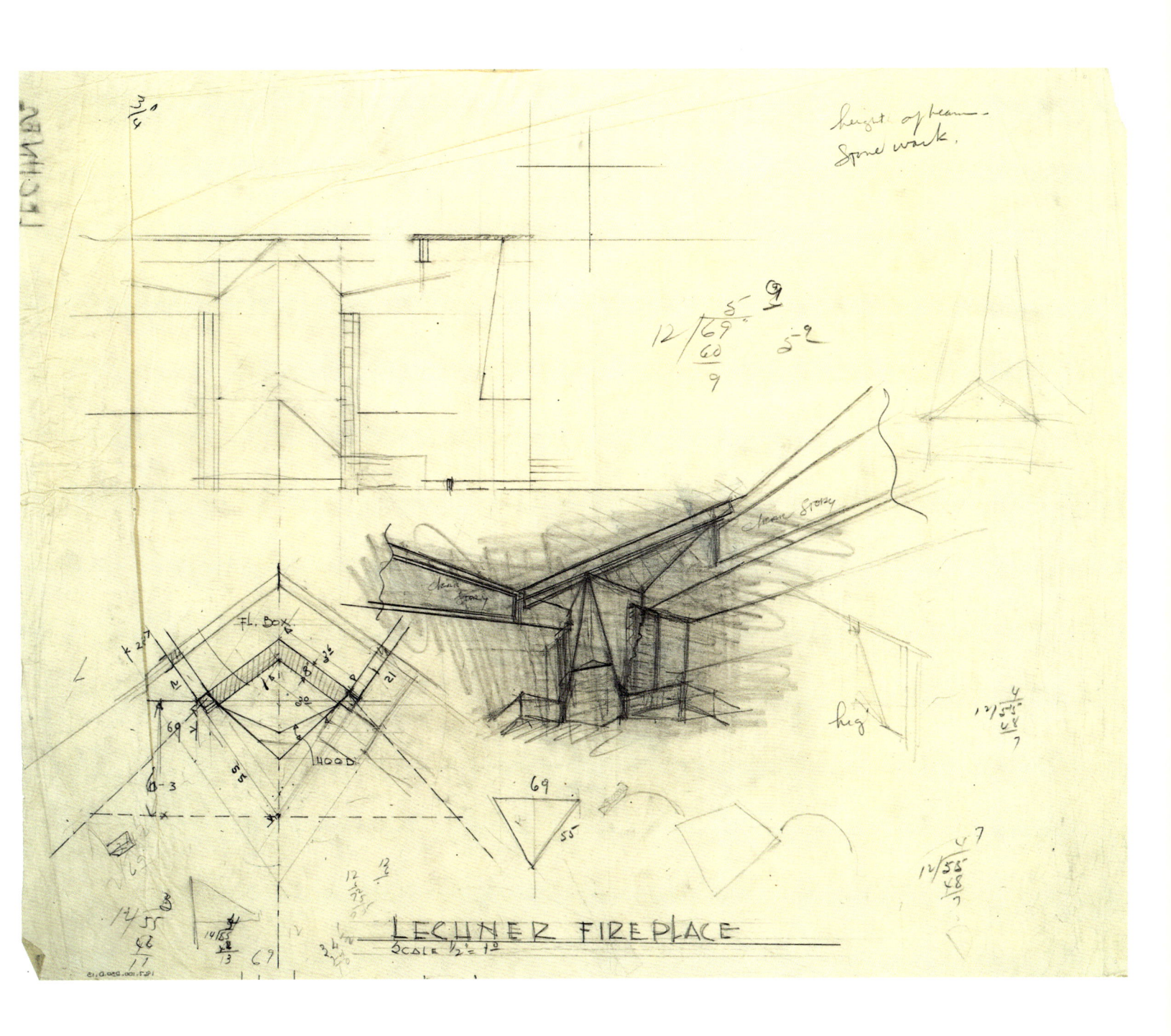

RICHARD LECHNER RESIDENCE, Studio City, Kalifornien, 1946–1948
Fotografie: Robert C. Cleveland

WILLIAM LINGENBRINK COMMERCIAL BUILDINGS UND UMBAU
12558–12672 Ventura Blvd., Los Angeles, 1939–1948*

THOMAS LIPPS RESORT, STADTENTWICKLUNGSPROJEKT (Entwurf)
Two Bunch, Kalifornien, 1938*

S. LITT RESIDENCE, UMBAU
3050 Menlo Dr., Glendale, Kalifornien, 1943/44*

ERIC LOCKE RESIDENCE (Entwurf)
Griffith Park Blvd., Los Angeles, 1933

LOCKHEED MODEL 27, ENTWURF DER FLUGZEUG-INNENEINRICHTUNG (Entwurf mit Herman Sachs), 1938*

LOG HOUSE (FÜR PRATT?) (Entwurf)
Standort unbekannt, 1916–1918

LORD LEIGH SHOWROOM & OFFICE, UMBAU FÜR MR. JAMES DIBIAS
347 South Santee St., Los Angeles, 1946*

DR. DAVID LOVELL RESIDENCE (Entwurf)
Newport Beach, Kalifornien, 1926–1928*

LEAH LOVELL, UMBAUTEN AN DER LOVELL-SCHULE
6342 Ivarene, Los Angeles, 1925–1926

DR. PHILIP LOVELL OFFICE, UMBAU
1151 South Broadway, Los Angeles, 1926*

DR. PHILIP M. & LEAH LOVELL BEACH HOUSE UND ZUGEHÖRIGES MOBILIAR
1242 Ocean Ave., Newport Beach, Kalifornien, ursprüngliche Planung 1922; 1925–1926; Änderungen 1947*

DR. PHILIP M. & LEAH LOVELL, SCHLAFZIMMERUMBAU
Los Angeles, 1925

DR. PHILIP M. & LEAH LOVELL CABIN
Wrightwood, 1926*

MR. & MRS. CHARLES P. LOWES RESIDENCE (Entwurf mit Frank Lloyd Wright)
35 Ellenwood Ave., Los Angeles, 1922

MR. & MRS. CHARLES P. LOWES RESIDENCE
5327 Ellenwood Dr., Los Angeles, 1923*

MR. & MRS. CHARLES P. LOWES RESIDENCE #2
5360 College View Ave., Los Angeles, 1937*

LUBY RESIDENCE (Entwurf)
Los Angeles, 1953*

LUCCA OLIVE OIL COMPANY, AUSSTELLUNGSSTAND (Entwurf)
Lindsay, Kalifornien, 1932; 1935

M

MS. A. MACK, BILDERRAHMEN
San Francisco, 1931

ERIC MACK RESIDENCE
1258 North Hilldale Ave., Los Angeles, 1935/36*

MRS. PEARL MACKEY APARTMENT BUILDING
1137–1141 South Cochran Ave., Los Angeles, 1938/39*

MAISON ROCHEZ FACTORY BUILDING, UMBAUTEN AM FABRIKGEBÄUDE
154 North San Fernando Blvd., Los Angeles, 1944

MALAMOUTH RESIDENCE (Entwurf)
Los Angeles, o. J.

MRS. D. MALLOY RESIDENCE, UMBAU (Entwurf)
1881 Laurel Canyon Dr., Los Angeles, 1936/37*

MADANMOHAN MANGALDAS RESIDENCE (Entwurf)
Los Angeles, 1947

CLIFFORD MARKER RESIDENCE, UMBAU (Entwurf)
2401 Beaumont Dr., Los Angeles, 1943

SAUL & LILLIAN MARKS RESIDENCE, UMBAU
1052 Manzanita St., Los Angeles, 1953*

MR. MARTEL RESIDENCE (Entwurf)
Standort unbekannt, 1926–1928

DR. THOMAS PAUL MARTIN RESIDENCE (Entwurf)
Taos, New Mexico, 1915

MR. & MRS. RUDOLPH MARX RESIDENCE, UMBAU
1557 North Courtney Ave., Los Angeles, 1931

MAY COMPANY, SCHAUFENSTERGESTALTUNG (Entwurf mit A. R. Brandner)
Los Angeles, 1932*

MAYERS COMPANY OFFICE BUILDING (Entwurf)
2301 West Third St., Los Angeles, 1948*

VICTORIA MCALMON RESIDENCE APARTMENT UND ZUGEHÖRIGES MOBILIAR
2717 Waverly Dr., Los Angeles, 1935/36*

ESTHER MCCOY (ALIAS TOBEY, BERKELEY UND ESTHER) DUPLEX, UMBAU
2434 Beverly Ave. und 2407 Sixth St., Santa Monica, Kalifornien, 1952/53*

MARY MCLAREN RESIDENCE, UMBAU (Entwurf)
107 North Manhattan Ave., Los Angeles, 1937

MCLAUGHLIN CORPORATION COMMERCIAL BUILDING, UMBAU (Entwurf mit Ladenfronten für Bennati, Ferenz und Booth)
49–57 Olivera St., Los Angeles, 1931

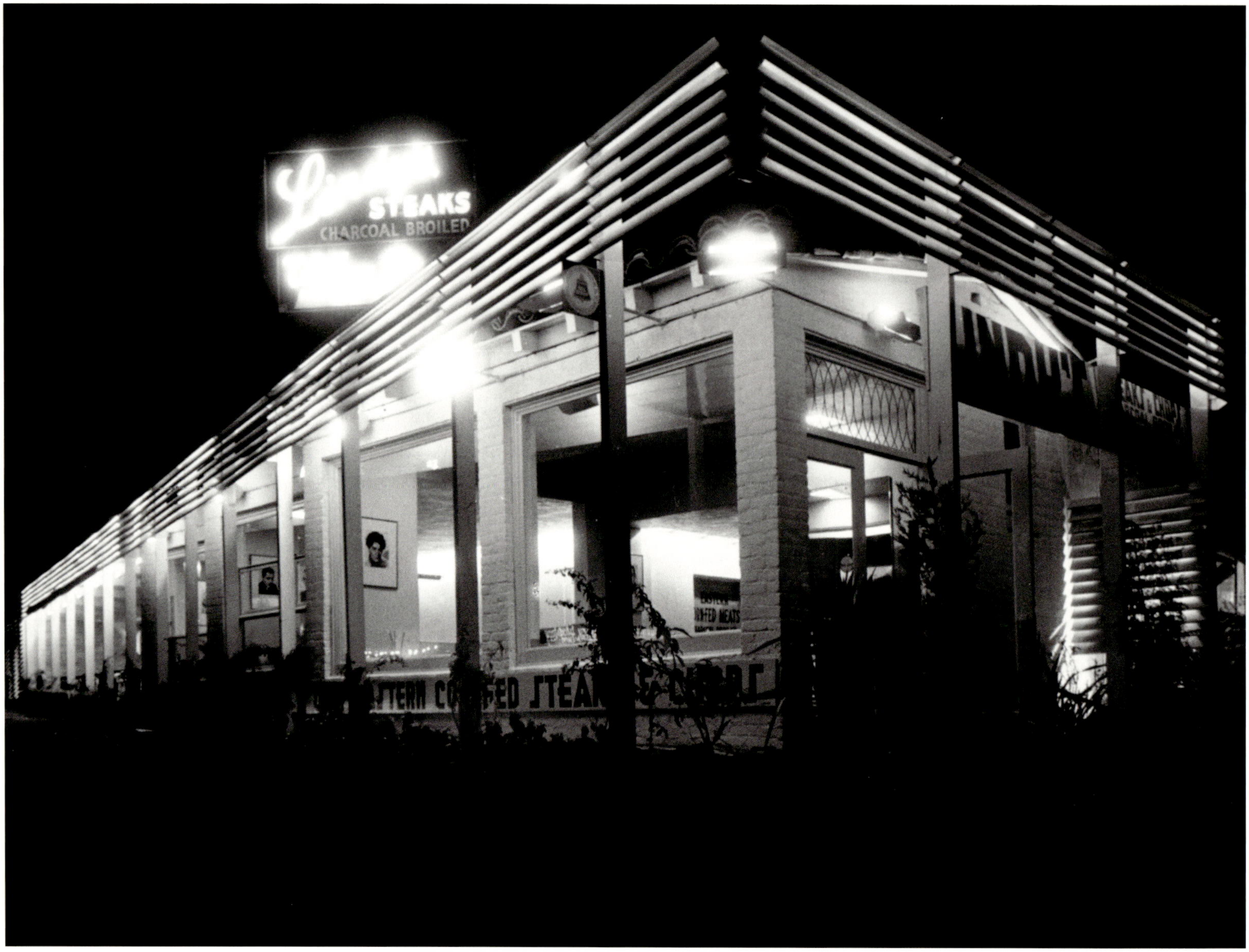
STEAKS
CHARCOAL BROILED

LINDY'S RESTAURANT, Los Angeles, 1932–1934
Fotografie: W. P. Woodcock

LINDY'S RESTAURANT, Los Angeles, 1932–1934

DR. ELMER RIVKIN MEDICAL ARTS BUILDING
12307 Ventura Blvd., Studio City, Kalifornien, 1944–1951*

DR. HARRY B. FRIEDGOOD & ROBERT SLOAN MEDICAL BUILDING (Entwurf?)
119 North San Vicente Blvd., Beverly Hills, Kalifornien, 1945; 1950*

FRANK MELINE COMPANY PLAYMART / PHOTOPLAY OFFICE SKYSCRAPER (Entwurf)
Los Angeles, 1922

MELROSE PUBLIC PARK, ÖFFENTLICHE PARKANLAGE (Entwurf)
Melrose Park, Illinois, 1917

MEMORIAL COMMUNITY CENTER (Entwurf für Frank Lloyd Wright)
Wenatchee, Washington, 1919

LEAH MIDDLETON STORE, LADENEINRICHTUNG (Entwurf)
Long Beach, Kalifornien, 1926

ALICE MILLARD RESIDENCE (für Frank Lloyd Wright)
Pasadena, Kalifornien, 1923

MRS. F. MILLER RESIDENCE FÜR MRS. RUTH SHEP (Entwurf)
Los Angeles, 1935/36

J. H. MILLER APARTMENT BUILDING (Entwurf mit AGIC)
Shenandoah Dr., Los Angeles, 1927

J. H. MILLER APARTMENT BUILDING CLASS »B«, FÜNFSTÖCKIGES APARTMENTHAUS (Entwurf mit AGIC)
1807 Wilton Pl., Los Angeles, 1927

J. H. MILLER APARTMENT BUILDING CLASS »B«, VIERSTÖCKIGES APARTMENTHAUS (Entwurf mit AGIC)
Marathon St. und Manhattan Pl., Los Angeles, 1927 [von Neutra als Jardinette Apartments errichtet]

SAMUEL MILLER VETERAN'S APARTMENTS (Entwurf)
Tulare, Kalifornien, 1946*

PORT L. MIX BUNGALOW (Entwurf)
3804 South Grand Ave., Los Angeles, 1922

MODELLHAUS (Entwurf)
Los Angeles, 1936*

MODERN SCHOOL LIBRARY BUILDING (Entwurf)
Los Angeles, 1921

MODERN SHOP (Entwurf)
12338 Ventura Blvd., North Hollywood, Kalifornien, 1946/47*

MONOLITH HOME, ARBEITERWOHNANLAGE (Entwurf für Frank Lloyd Wright)
Standort unbekannt, 1919*

NATHAN MOORE RESIDENCE, UMBAU (für Frank Lloyd Wright)
Oak Park, Illinois, 1923

MR. S. & MRS. ROSE MOREHEAD RESIDENCE (Entwurf)
1340 Marianna Rd., Pasadena, Kalifornien, 1949/50*

MORGAN PHOTOGRAPHIC SHOP (Entwurf)
6305 Sunset Blvd., Los Angeles, 1938*

JESSICA MORGENTHAU STUDIO (Entwurf)
Palm Springs, Kalifornien, 1926

MR. & MRS. KEN O. MUMFORD RESIDENCE (Entwurf)
Standort unbekannt, 1936

ALFRED T. MURRAY RESIDENCE (Entwurf)
Standort unbekannt, um 1940

MRS. BARBARA MYERS RESIDENCE, UMBAU
2038 Oakstone Way, Los Angeles, 1949/50*

HENRY I. & BARBARA MYERS RESIDENCE, UMBAU UND ZUGEHÖRIGES MOBILIAR
1286 Sunset Plaza Dr., Los Angeles, 1942/43*

N

NACHBARSCHAFTSZENTRUM, WETTBEWERB FÜR DEN CITY CLUB OF CHICAGO (Entwurf)
Chicago, 1914

J. NAPOLITANO OLIVE OIL MILL (Entwurf mit AGIC)
676 Clover St., Los Angeles, 1927

MRS. NERENBAUM, TANKSTELLE (Entwurf)
Los Angeles, 1934

JAMES E. NEVILLE STORE UND HOTEL (Entwurf)
6501 Sunset Blvd., Los Angeles, 1923/24*

J. J. NEWBERRY STORE, LADENFRONT (Entwurf mit Herman Sachs)
Los Angeles, 1929

DUDLEY NICHOLS RESIDENCE (Entwurf)
Standort unbekannt, 1931*

HAZEL NICKERSON RESIDENCE, UMBAU
681 South Norton St., Los Angeles, 1944*

NOBBY KNIT STORE, LADENFRONT (Entwurf)
Los Angeles, um 1930

NUREMBEGA HEIGHTS HOTEL (Entwurf)
Burbank, Kalifornien, 1924

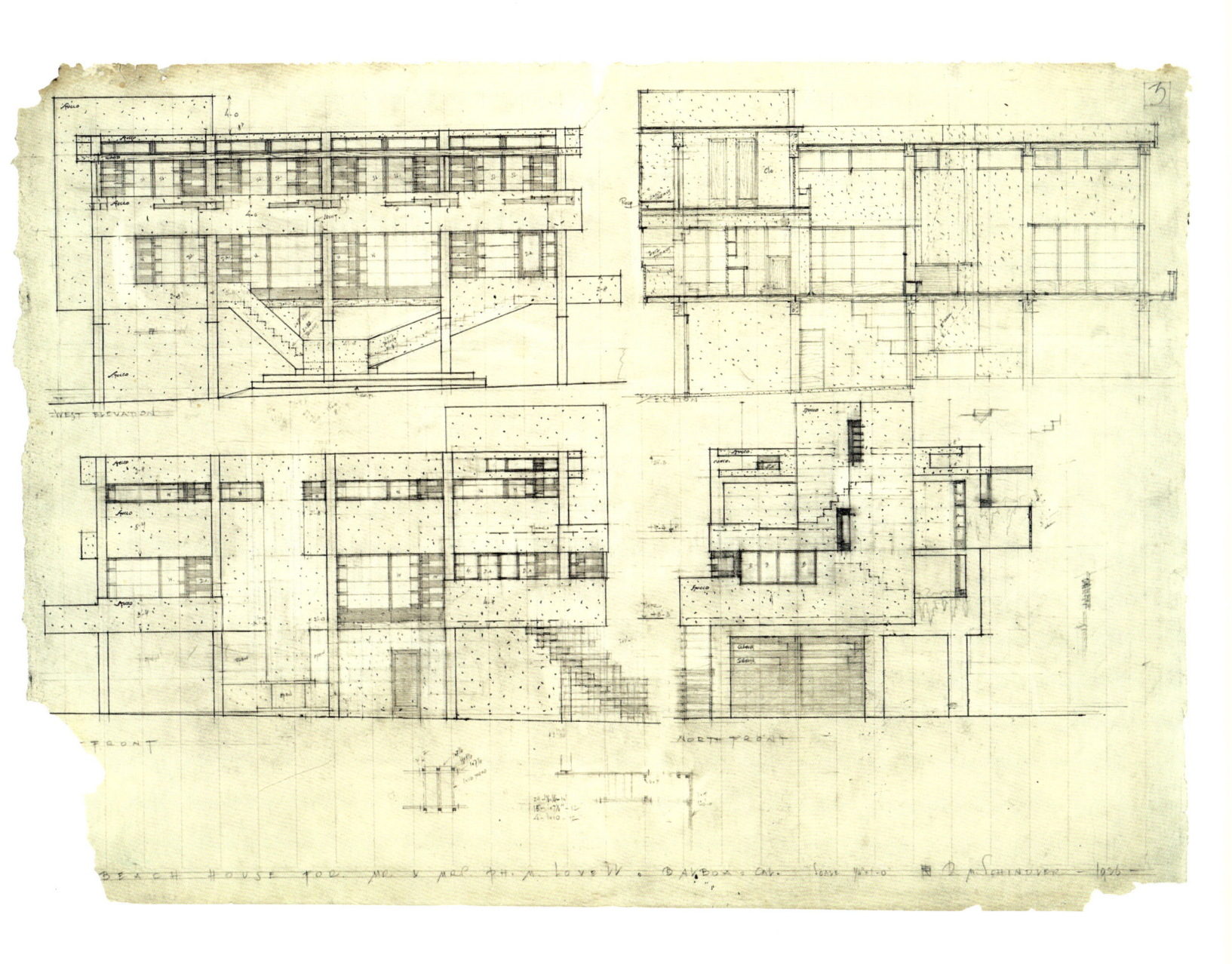

PHILIP LOVELL BEACH HOUSE, Newport Beach, Kalifornien, 1922–1926,
Aufrisse und Schnitte

O

MRS. E. MCGAULEY OAKLAND
CULTURAL CENTER / ART GALLERY
(Entwurf)
Lake Merritt, Oakland, Kalifornien, 1928

OFFIZIERSKLUB FÜR MRS. HARRIET
CODY (Entwurf)
Palm Springs, Kalifornien, 1942

MR. & MRS. WILLIAM E. OLIVER
RESIDENCE (Entwurf)
Crest Trail, Los Angeles, 1931*

MR. & MRS. WILLIAM E. OLIVER
RESIDENCE UND ZUGEHÖRIGES
MOBILIAR
2236 Micheltorena Ave., Los Angeles, 1933/34*

A. OPEGEZ RESIDENCE (Entwurf)
5518 Carlton Way, Los Angeles, o. J.

BÜHNENBILDER FÜR DIE OPERA AND
DRAMA GUILD
für »Hotel Imperial«, »The Idiot«, »Monna
Vanna« und »Soul of Raphael«
Trinity Auditorium, Los Angeles, 1928/29*

A. G. O'REAR RESIDENCE (Entwurf)
Milton Ave., Los Angeles, 1922*

DR. PATRICK S. O'REILLY RESIDENCE
(Entwurf)
Glendale, Kalifornien, 1934

DR. PATRICK S. O'REILLY HOSPITAL
BUILDING (Entwurf)
Standort unbekannt, 1935

DR. PATRICK S. O'REILLY MOUNTAIN
CABINS (Entwurf)
Wallika Hot Springs, Kalifornien, 1935*

MRS. O'SULLIVAN & MISS B. KENT
TEAROOM
1765 North Vine St., Los Angeles, 1925/26*

PETER PAUL OTT APARTMENT BUILDING
(Entwurf)
153 South Peck Dr., Beverly Hills, Kalifornien,
1948/49*

MR. & MRS. L. S. OVERPECK RESIDENCE
(Entwurf)
Los Angeles, o. J.*

P

MR. & MRS. JOHN COOPER PACKARD
RESIDENCE
East Drive, Pasadena, Kalifornien, 1924*

PAGE RESIDENCE (Entwurf)
Los Angeles, um 1939

MRS. ANNE L. PAINE DUPLEX
(in Auftrag gegeben von O. S. Floren)
1024 Havenhurst Ave., Los Angeles, 1923

K. PALMAN APARTMENT COMPLEX
(Entwurf)
5435 Sunset Blvd., Los Angeles, 1949*

»PANEL-POST«-METHODE (Entwurf)
Standort unbekannt, 1935–1942

JOSEPH L. FEIL & B. R. PARADISE
PARADISE RESORT/SANITARIUM
(Entwurf für Bonwit-Teller?)
Ontario, Kalifornien, 1929/30*

PARIS-ROME CAFE
(Entwurf mit Herman Sachs)
Standort unbekannt, 1931

CARLTON PARK RESIDENCE
(in Auftrag gegeben von Dr. Philip Lovell)
Fallbrook, Kalifornien, 1925/26*

»PARK MODERNE«, MUSTERHÄUSER
1 & 3 FÜR WILLIAM LINGENBRINK
(Entwurf für das erste Musterhaus mit
AGIC)
Calabasas, Kalifornien, 1929; 1932; 1938*

EDWARD PAVAROFF RESIDENCE, UMBAU
UND ZUGEHÖRIGES MOBILIAR
1641 North Crescent Heights Blvd., Los Angeles,
1934–1936*

PENNINGTON ESTATE (Entwurf)
Pasadena, Kalifornien, um 1945

JOHN UND DORIS PENNINGTON
RESIDENCE UND STUDIO, UMBAU
Camarillo, Kalifornien, 1942

JOHN UND DORIS PENNINGTON,
MOBILIAR
1811 Edgecliff Dr., Los Angeles, 1944

PEOPLE'S BANK (Entwurf)
Los Angeles, 1924

M. PERRIERE RESIDENCE (Entwurf)
Los Angeles, 1941

PERRY DANCE STUDIO (Entwurf)
Los Angeles, um 1939

MR. PERSTEIN RESIDENCE, UMBAU UND
ZUGEHÖRIGES MOBILIAR
111 Tamalpais Rd., Berkeley, Kalifornien, 1933

PHYSICAL EDUCATION CLUB LODGE
(Entwurf)
Topanga Ranch, Los Angeles, 1923*

MR. & MRS. A. PLOTKIN RESIDENCE
(Entwurf)
Los Angeles, 1924

MR. & MRS. PAUL POPENOE CABIN
Coachella, Kalifornien, 1922*

MR. & MRS. PAUL POPENOE DESERT
HOTEL (Entwurf)
Coachella, Kalifornien, 1922

WILLIAM E. OLIVER RESIDENCE, Los Angeles, 1933/34

2236

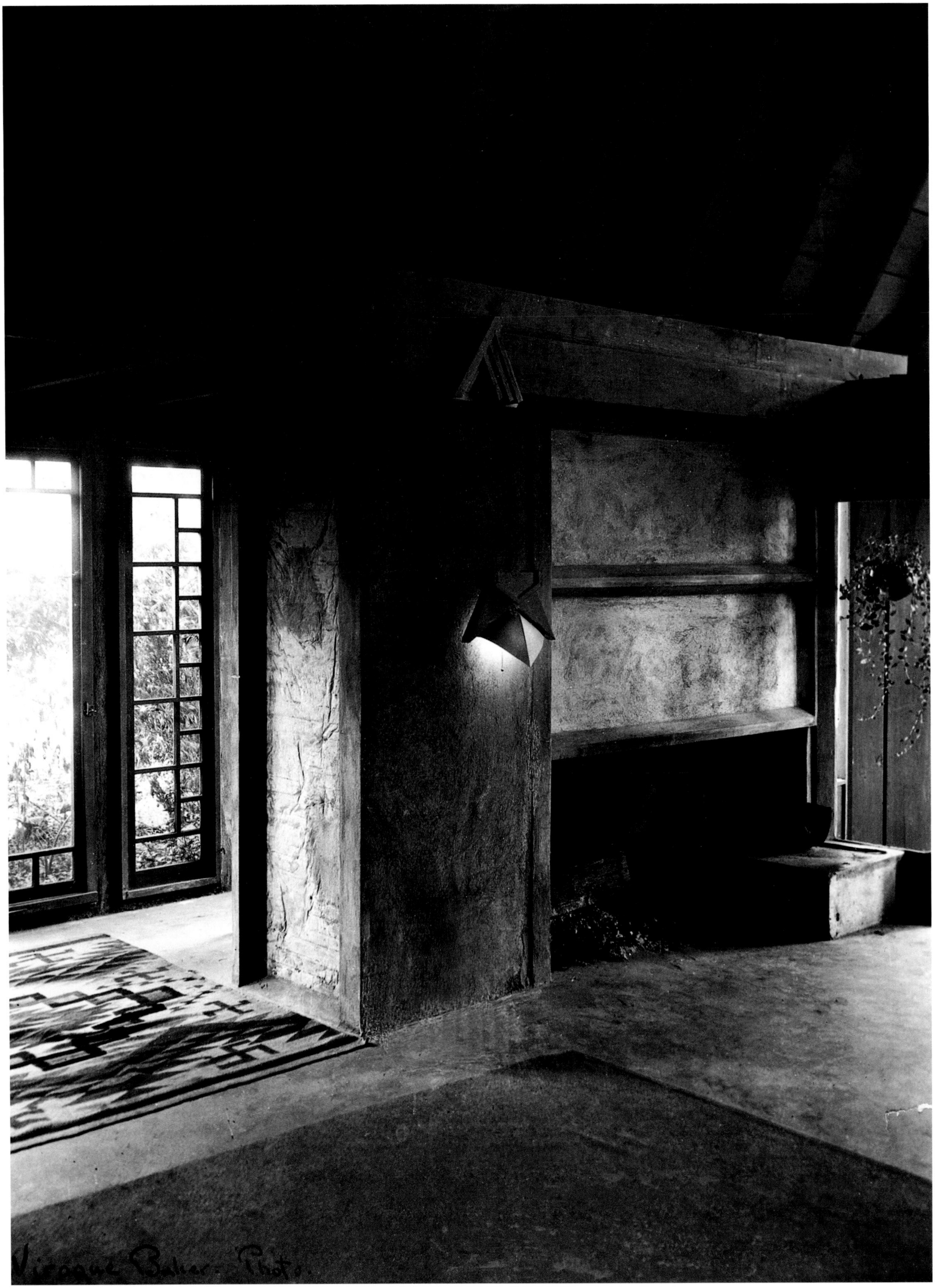
Viroque Baker - Photo

JOHN COOPER PACKARD RESIDENCE, South Pasadena, Kalifornien, 1924

PUEBLO RIBERA COURTS, La Jolla, Kalifornien, 1923–1925
Fotografie: R. M. Schindler

MAURICE RIES RESIDENCE, Los Angeles, 1950–1952
Fotografie: Lotte Nossaman

POSSON RESIDENCE, UMBAU (Entwurf)
Los Angeles, um 1924

FELIX & GERTRUDE PRESBURGER
RESIDENCE
4255 Agnes St., North Hollywood, Kalifornien,
1945–1947*

MR. & MRS. A. PRESS APARTMENT
BUILDING (Entwurf)
4325 Willowbrook St., Los Angeles, 1928/29*

C. B. PRICE RESIDENCE (Entwurf)
Los Angeles, 1926–1928

PUEBLO RIBERA COURTS FÜR
DR. & MRS. W. LLEWELLYN LLOYD
Gravilla Ave., La Jolla, Kalifornien, 1923–1925*

W. E. PURVIANCE RESIDENCE, UMBAU
(Entwurf)
Maltman Ave., Los Angeles, 1923

R

MICHAEL RAFFERTY RESIDENCE, UMBAU
1286 Sunset Plaza Dr., Los Angeles, 1945*

RANCHO DESCANSO INSTITUTIONAL
COMPLEX (Entwurf)
Atascadero, Kalifornien, 1940

RANSOM RESIDENCE (Entwurf)
Palm Springs, Kalifornien, 1934

ARTHUR E. GRAY REDESDALE
APARTMENTS (Entwurf)
1946–1996 Redesdale Ave., Los Angeles, 1946

MR. & MRS. KEN REINER RESIDENCE
(Anbau an Guy Wilson Residence)
2090 Redcliff Dr., Los Angeles, 1949–1953*

N. REMISOFF RESIDENCE (Entwurf)
Hadgrave Dr., Los Angeles, 1937*

PAUL REPS RESIDENCE (Entwurf)
Standort unbekannt, 1939/40

PAUL REPS APARTMENT BUILDING
(Entwurf)
Community St., Los Angeles, 1943–1949*

GAIL RHEINGOLD KING'S CLUB BAR
8730 Sunset Blvd., Los Angeles, 1934*

MR. & MRS. J. E. RICHARDSON
RESIDENCE, UMBAU UND ZUGEHÖRIGES
MOBILIAR
8272 Marmont Way, Los Angeles, 1927/28

MRS. RICHARDSON RESIDENCE, UMBAU
6030 Shirley, Canoga Park, Kalifornien, 1942*

MAURICE & MURIEL RIES RESIDENCE
1404 Miller Dr., Los Angeles, 1950–1952*

MR. & MRS. HENWAR RODAKIEWICZ
RESIDENCE
9121 Alta Cedro Dr., Los Angeles, 1937*

RODEO ATTRACTIONS INCORPORATED,
UMBAU DER HAUPTTRIBÜNE UND DER
UNÜBERDACHTEN ZUSCHAUERRÄNGE
Hoot-Gibson Ranch, Saugus, Kalifornien, 1935*

JOSÉ RODRIGUEZ RESIDENCE
1845 Niodrara Dr., Glendale, Kalifornien,
1940–1942*

A. E. ROSE BEACH COLONY (Entwurf)
Santa Monica, Kalifornien; Modellhaus erbaut
am 8575 Sunset Blvd., Los Angeles, 1937*
(Dieses Projekt ist identisch mit dem Cabania
City Project, Santa Monica, Kalifornien, 1937)

MR. & MRS. IRWIN ROSENTHAL
APARTMENT BUILDING (Entwurf)
Los Angeles, 1938*

MR. & MRS. IRWIN ROSENTHAL
RESIDENCE, UMBAU
3722 Effingham St., Los Angeles, 1938; 1944*

MR. CHARLES & MRS. SARAH ROSOFF
DUPLEX, UMBAU
6000–6004 La Prada Park
Los Angeles, 1944*

MRS. H. ROSSER-GEGGIE RESIDENCE
(Entwurf)
Twentynine Palms, Kalifornien, um 1937

ROSSON RESIDENCE, UMBAU (Entwurf)
541 Loring, Los Angeles, 1944

MR. & MRS. ROXY ROTH RESIDENCE
3634 Buena Park Dr., North Hollywood,
Kalifornien, 1945/46*

HELENA RUBENSTEIN,
EMPFANGSZIMMER
1780 North Highland Ave., Los Angeles, 1924*

MRS. RUSSEL DUPLEX (Entwurf)
Standort unbekannt, 1922

RUPERT R. RYAN BEACH HOUSE
(Entwurf)
Western Dr., Richmond, Kalifornien, 1937/38*

S

MR. & MRS. RUBIN SABSAY RESIDENCE,
ANBAU
2351 Silver Ridge Ave., Los Angeles, 1944; 1952*

HERMAN SACHS CARRIER APARTMENTS
(Entwurf?)
6948 Washington Blvd., Culver City, Kalifornien,
1925

HERMAN SACHS APARTMENTS UND
ZUGEHÖRIGES MOBILIAR (auch bekannt
als Manola/Manolita Court Apartments)
1826–1830-1/2 Lucille Ave. und 1807–1815
Edgecliff Dr., Los Angeles, 1926–1928;
1934–1940*

HERMAN SACHS SHED (Entwurf)
Los Angeles, um 1929

HERMAN SACHS CABIN (Entwurf)
Standort unbekannt, 1933*

HERMAN SACHS POTTERY WHEEL
(Entwurf?)
Los Angeles, 1934

»PANEL-POST«-METHODE (ENTWURF), 1935–1942

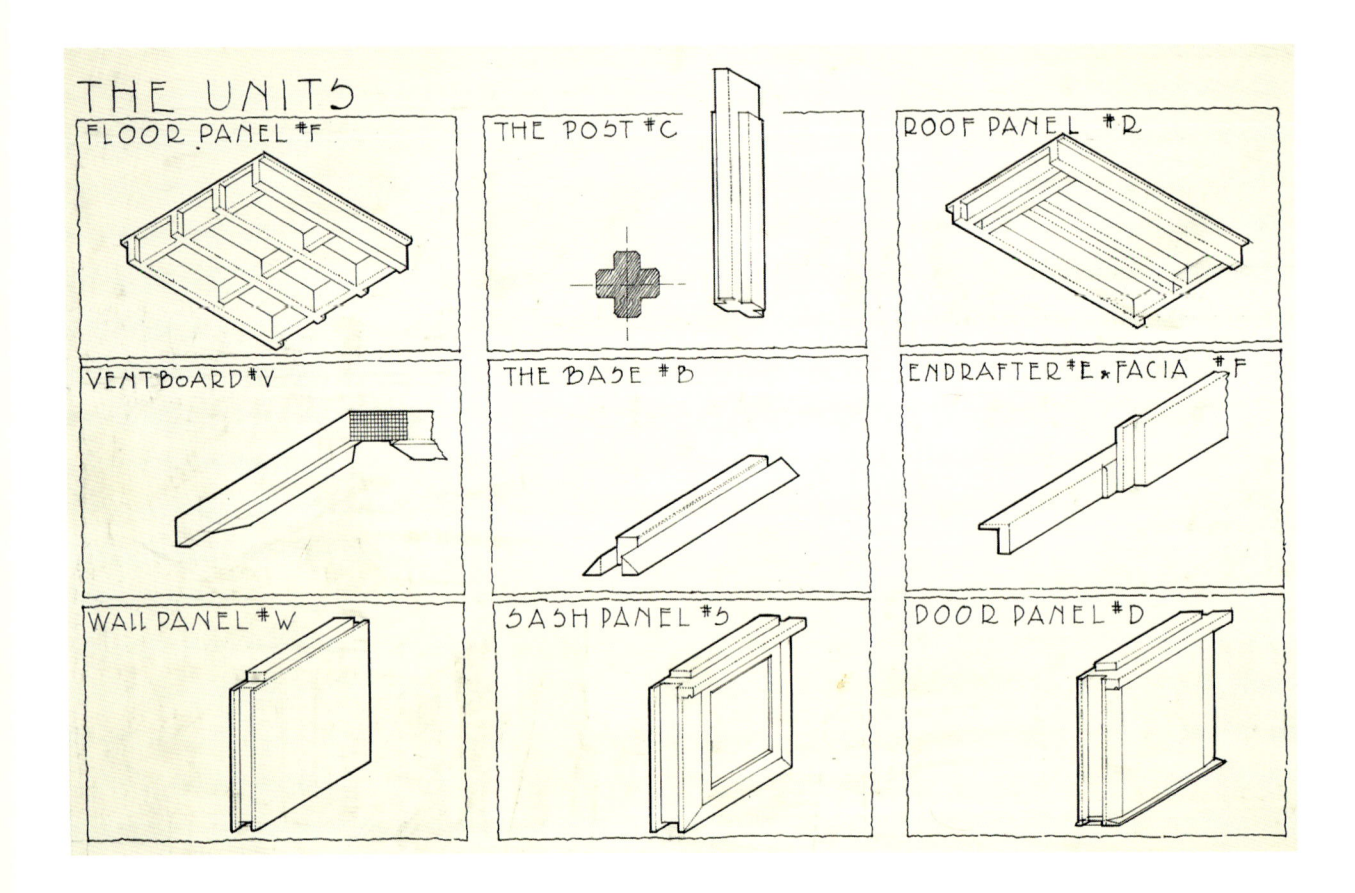

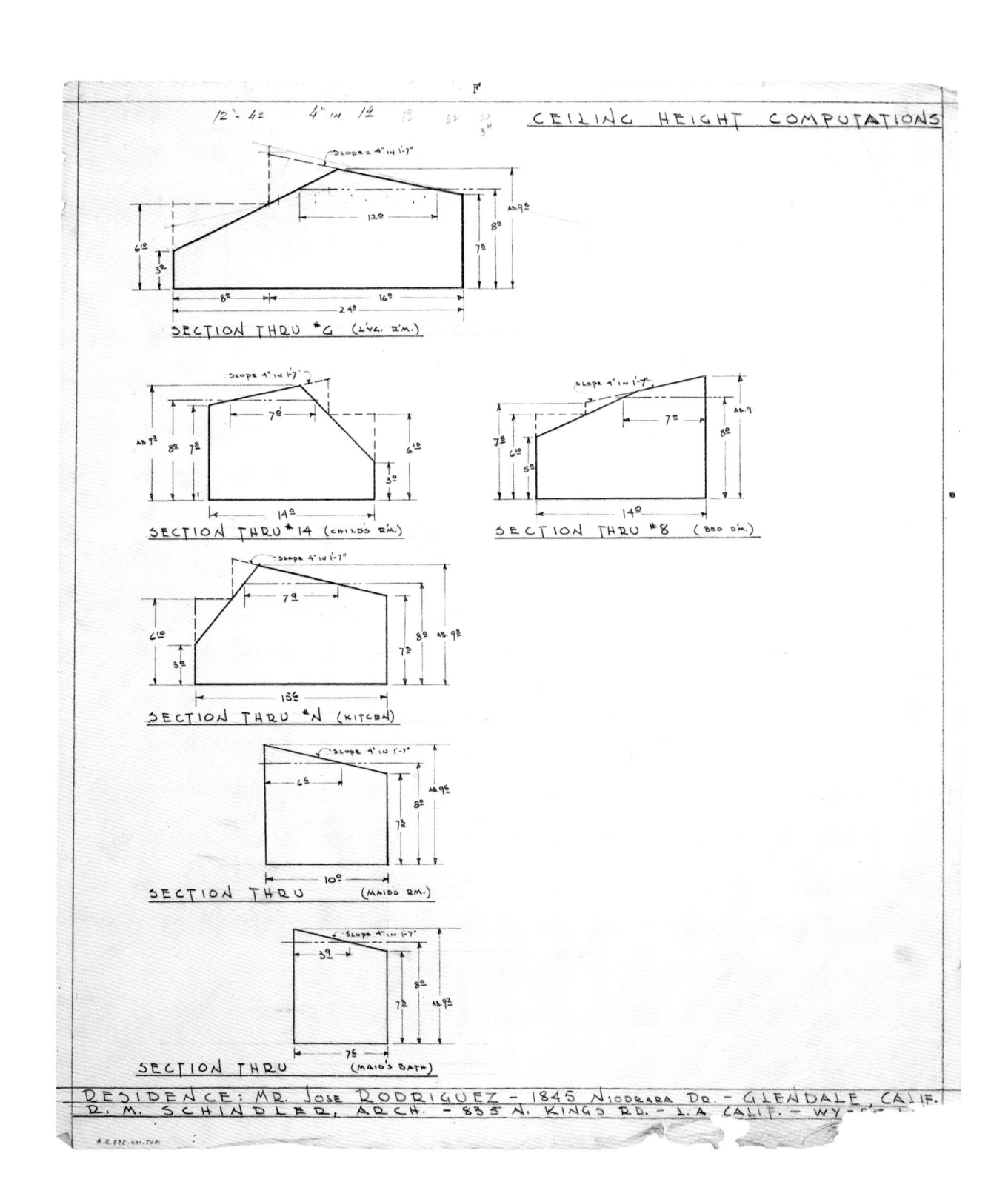

JOSÉ RODRIGUEZ RESIDENCE, Glendale, Kalifornien, 1940–1942,
verschiedene Wandsegmente

HERMAN SACHS STUDIO (Entwurf)
Culver City, Kalifornien, um 1934

HERMAN SACHS BACHELOR APARTMENT
BUILDING (Entwurf)
Los Angeles, 1935

HERMAN SACHS RESIDENCE (Entwurf)
Hacienda Place, Los Angeles, 1936*

MR. & MRS. SAKS RESIDENCE, UMBAU
(Entwurf)
14623 Sutton St., Sherman Oaks,
Kalifornien, 1950

DR. SANDERS MEDICAL OFFICE (Entwurf)
Standort unbekannt, 1937

J. SANFORD RESIDENCE (Entwurf)
Standort unbekannt, o. J.

SARDI'S RESTAURANT NO. 1,
UMBAU FÜR A. EDDIE BRANDSTATTER
6313 Hollywood Blvd., Los Angeles, 1932–1934*

SATYR BOOKSHOP, SCHAUFENSTER
1622 North Vine St., Los Angeles, 1929*

MR. & MRS. ABE M. SAX RESIDENCE UND
ZUGEHÖRIGES MOBILIAR (Entwurf)
1929 Hollyvista Ave., Los Angeles, 1940*

MRS. MILDRED SAX RESIDENCE (Entwurf)
1800 Crescent Heights Blvd., Los Angeles, 1948*

MRS. MILDRED SAX RESTAURANT
(Entwurf)
Los Angeles, 1949

BENNO SCHEINER RESIDENCE, UMBAU
UND GARTENANLAGE
225 South Maple Dr., Beverly Hills, Kalifornien,
1944/45*

MR. & MRS. HENRY G. SCHICK
RESIDENCE (Entwurf)
11833 Laurelwood Dr., North Hollywood,
Kalifornien, 1945*

HENRY SCHICK & ASSOCIATES,
ALTERSHEIM (Entwurf)
12120–12130 Washington Blvd., Los Angeles,
1947/48*

HENRY G. SCHICK RESIDENCE, UMBAU
1932 Cheremoya Ave., Los Angeles, 1948/49*

MR. & MRS. MARK SCHINDLER,
UMBAU DES INTERIEURS (Entwurf?)
Los Angeles, 1952

SCHINDLER SHELTERS RESIDENCE,
PROTOTYP (Entwurf in Verbindung mit
der »Panel-Post«-Methode)
Los Angeles, 1933–1939*

»R. M. SCHINDLER SLAB-CAST«-
SYSTEM (Entwurf)
Standort unbekannt, 1939

»SCHINDLER FRAME«-WANDAUFBAU
(Entwurf)
Standort unbekannt, 1945*

PHILIP J. & PHYLLIS F. SCHLESSINGER
RESIDENCE
1901 Myra Dr., Los Angeles, 1952*

F. SCHMIDT CHICKEN COOP
Evanston, Illinois, 1915

D. SCHNEIDER COMMERCIAL BUILDING,
UMBAU
231–235 East Seventh St., Los Angeles,
1945/46*

MR. & MRS. SCHUETTNER RESIDENCE
(Entwurf)
Los Tilos St., Los Angeles, 1936*

MR. & MRS. HENRY R. SCHUMACHER
RESIDENCE (Entwurf)
Los Angeles, 1953*

CARL SCHURZ COOPERATIVE SOCIETY,
ENTWURF EINES BRIEFKOPFES
Chicago, 1916

MR. & MRS. M. SEFF, UMBAU UND
ZUGEHÖRIGES MOBILIAR
605 North Arden Dr., Beverly Hills, Kalifornien,
1936/37; 1948/49*

SEIBERT CABIN (Entwurf mit AGIC)
Los Angeles, um 1926

SAM SELIGSON RESIDENCE, UMBAU
1761 Orange Grove Ave., Los Angeles, 1936*

MRS. ROSALUND K. SHAEFER
RESIDENCE, UMBAU (Entwurf?)
Glencoe Way, Los Angeles, um 1937

MR. & MRS. J. P. SHAMPAY RESIDENCE
(Entwurf für Frank Lloyd Wright)
10401 South Seeley Ave., Chicago, 1919*

ADA MAY SHARPLESS RESIDENCE UND
STUDIO (Entwurf)
View Site Terr., Los Angeles, 1938*

MR. & MRS. MILTON SHEP RESIDENCE
UND ZUGEHÖRIGES MOBILIAR (Entwurf)
1809 Silverwood Terr., Los Angeles, 1934/35*

MRS. RUTH SHEP, MOBILIAR
Los Angeles, 1932–1934*

MRS. RUTH SHEP RESIDENCE (Entwurf)
Fanning St., Los Angeles, 1936

MRS. RUTH SHEP RESIDENCE (Entwurf)
1809 Silverwood Terr., Los Angeles, 1938

E. H. SHIRLEY HOUSING DEVELOPMENT,
LANDWIRTSCHAFTLICHE GEBÄUDE
(Entwurf)
Standort unbekannt, 1932*

LUBY SHUTOREV APARTMENT BUILDING
(Entwurf)
Griffith Park Blvd., Los Angeles, 1953

SAMUEL SKOLNIK RESIDENCE, Los Angeles, 1950–1952
Fotografie: Lotte Nossaman

MILDRED SOUTHALL RESIDENCE UND STUDIO, Los Angeles, 1938/39, perspektivische Ansicht

MILDRED SOUTHALL RESIDENCE UND STUDIO, Los Angeles, 1938/39
Fotografie: Maynard Parker

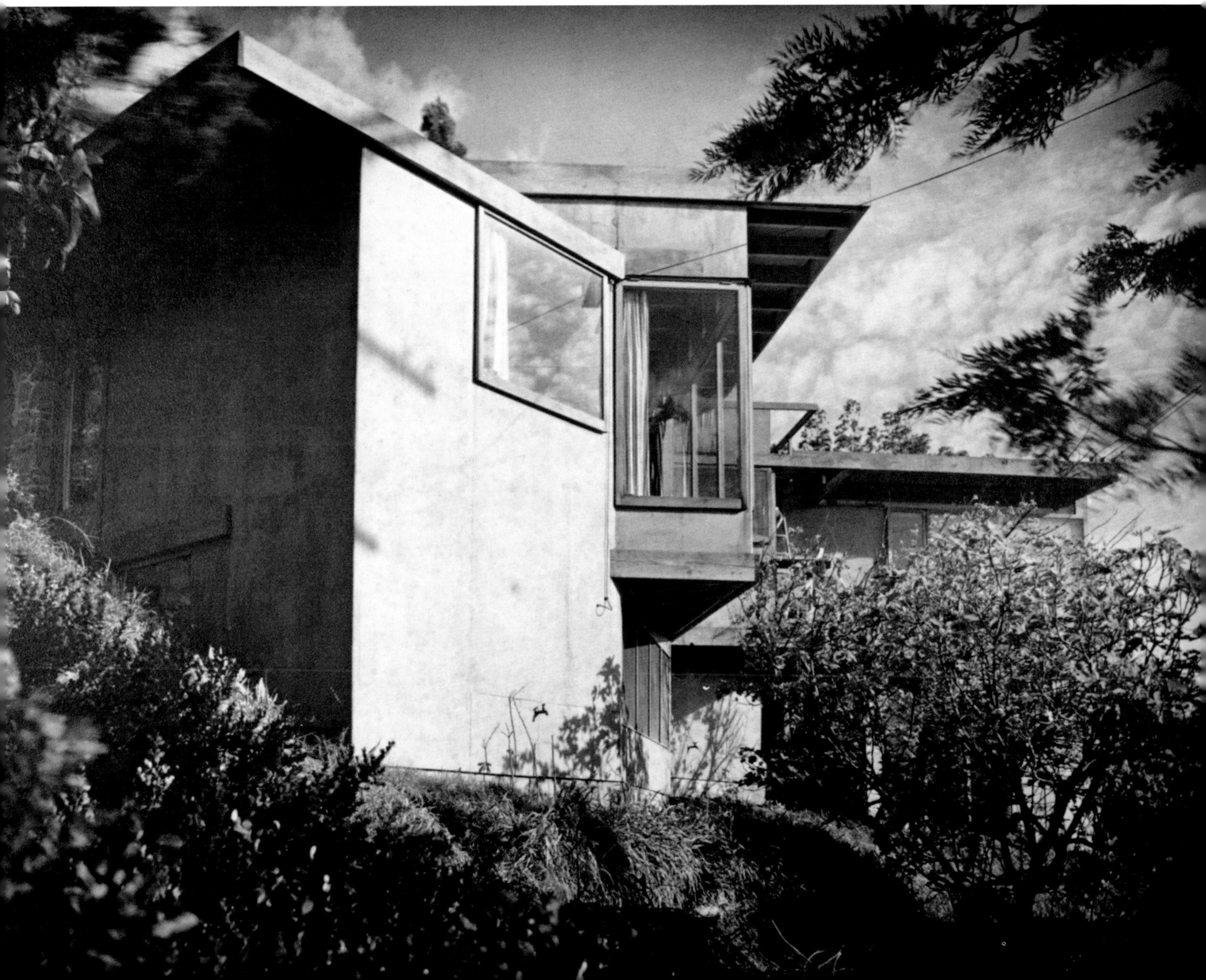

MR. & MRS. W. E. SIMS RESIDENCE UND
RANCH-GEBÄUDE (Entwurf)
Ventura, Kalifornien, 1945

SKIZZEN, Aktstudien, Reise- und
Landschaftszeichnungen
1914-1917

SAMUEL & HAIKIN SKOLNIK RESIDENCE
UND ZUGEHÖRIGES MOBILIAR
2567 Glendower Ave., Los Angeles, 1950-1952*

MR. & MRS. SLEMONS RESIDENCE
(Entwurf)
Arcadia, Kalifornien, 1928

MR. & MRS. PAUL SLOAN RESIDENCE,
UMBAU (Entwurf? mit AGIC)
8241 De Longpre, Los Angeles, 1930

ROBERT S. SLOAN STUDIO, UMBAU
514 North Alta Dr., Beverly Hills, Kalifornien,
1946-1948*

LOU SMITH RESIDENCE (Entwurf)
Angelo Dr., Los Angeles, 1947*

SNEGOFF THEATER (Entwurf)
Franklin Ave., Los Angeles, 1936

DR. L. E. SNELL HOTEL WIND AND SEA
(Entwurf)
La Jolla, Kalifornien, 1923/24

MR. & MRS. KENNETH SNOKE
RESIDENCE (Entwurf)
Hilldale Ave., Los Angeles, um 1926

MR. & MRS. ALEXANDER SOKOLOW
BEACH COTTAGE (Entwurf)
Balboa Island, Newport Beach, Kalifornien,
um 1932

J. SOLLIN RESIDENCE (»Panel-Post«-
Methode) (Entwurf)
Standort unbekannt, 1936

SOMMERWOHNSITZ (Entwurf)
Wien, 1914

MR. & MRS. ROBERT SONTAG RESIDENCE
(Entwurf)
Los Angeles, 1949

DR. MARIE E. SORG RESIDENCE
(mit Richard Neutra)
600 South Putney St., San Gabriel, Kalifornien,
1926/27*

SORRENTO RANCH DEVELOPMENT
APARTMENT BUILDING, UMBAU
(Entwurf)
San Diego County, Kalifornien, 1945*

MILDRED SOUTHALL RESIDENCE,
STUDIO UND ZUGEHÖRIGES MOBILIAR
1855 Park Dr., Los Angeles, 1938/39*

MILDRED SOUTHALL SCHOOL OF
TOMORROW, GEBÄUDE MIT AUDITORIUM
UND UNTERRICHTSRÄUMEN (Entwurf)
Los Angeles, 1944

SPACE DEVELOPMENT RESIDENCE
(Entwurf)
Standort unbekannt, um 1945

RALF M. SPANGLER RESIDENCE
(Entwurf)
2709 Jalmia Dr., Los Angeles, 1941-1946*

SPECULATIVE HOUSING RESIDENCE
(mit Edward Lind)
423, 429 und 433 Ellis Ave., Inglewood,
Kalifornien, um 1940

DR. BUELL SPRAGUE MEDICAL
BUILDING, UMBAU (Entwurf)
6634 Sunset Blvd., Los Angeles, 1936

MR. & MRS. C. E. STALEY RESIDENCE
(Entwurf für Frank Lloyd Wright)
Waukegan, Illinois, 1919

STANDARD OIL COMPANY, TANKSTELLE
(Entwurf)
Standort unbekannt, 1932

LIONEL STANDER, ENTWURF FÜR EIN
APARTMENT (Entwurf)
Vine St., Los Angeles, 1935

LIONEL STANDER RESIDENCE, UMBAU
2006 North La Brea Terr., Los Angeles, 1935/36*

MR. & MRS. WILLIAM A. STARKEY
RESIDENCE, UMBAU
2330 Merrywood Dr., Los Angeles, 1944/45*

RALPH STEINER RESIDENCE, UMBAU
1264 Hilldale Ave. (8930 Saint Ives Dr.),
Los Angeles, 1946*

JURA STOJANA RESIDENCE, UMBAU UND
GARAGE
3501 Dahlia St., Los Angeles, 1926; 1931*

JOHN STORER RESIDENCE, UMBAU
(Entwurf)
8160 Hollywood Blvd., Los Angeles, um 1925

JANE STORM RESIDENCE (Entwurf)
Los Angeles, 1938

JEWEL D. STRADER RESIDENCE
(Entwurf)
3411 Tareco Dr., North Hollywood, Kalifornien,
1940*

SUNSET CANYON COUNTRY CLUB
BUILDING (Entwurf)
Burbank, Kalifornien, 1931*

T

HARRY TAYLOR COMMERCIAL BUILDING,
UMBAU (Lingenbrink Stores)
12646, 12652 und 12654 Ventura Blvd.,
Studio City, Kalifornien, 1947-1951*

MRS. NETTIE M. TAYLOR RESIDENCE UND
STUDIOS (Entwurf)
501 Garfield Ave., South Pasadena,
Kalifornien, 1940

MR. EDGAR TEMPLE APARTMENT
BUILDINGS (Entwurf)
947 Hyperion St., Los Angeles, 1922

TEMPLE EMANU-EL CEREMONIAL CHEST
(Entwurf)
San Francisco, 1928

MRS. M. KAPPES THOMASSET
APARTMENT BUILDING, UMBAU
718-722 South Crenshaw Blvd., Los Angeles,
1944-1947*

269 DR. ESTHER BOGEN TIETZ MEDICAL BUILDING, INNENEINRICHTUNG UND UMBAU
1911-1/2 Wilshire Blvd. und 544 South Mariposa, Los Angeles, 1944-1949*

DR. ARTHUR R. TIMME RESIDENCES (Entwurf)
1745-1747 North Vista St., Los Angeles, 1938*

MR. & MRS. ADOLPH TISCHLER RESIDENCE
175 Greenfield Ave., Los Angeles, 1949/50; 1952, Anbau*

MR. & MRS. E. W. TITUS UND BRUCE PARK »TALL TREES« RESIDENCE, UMBAU
(Mrs. Titus ist Helena Rubenstein)
Greenwich, Connecticut, 1924*

MARYON E. TOOLE DESERT RESIDENCE
Cabrillo St., Palm Village (Palm Springs), Kalifornien, 1946-1948*

TAYLOR & GEORGIA TRUMBO RESIDENCE (Entwurf)
3901 Ventura Canyon Ave., Los Angeles, 1947/48*

WILLIAM E. & MILDRED TUCKER RESIDENCE
8010 Fareholm Dr., Los Angeles, 1949/50*

TUCSON HOLDING AND INVESTMENT COMPANY, CAFÉ FÜR DAS HOTEL (Entwurf)
North Stone Ave., Tucson, Arizona, 1929

TWENTIETH CENTURY BOOK SHOP (Entwurf)
Los Angeles, um 1931

TWIN HARBOR COMMUNITY CIVIC CENTER (Entwurf mit AGIC?)
Avalon, Catalina Island, Kalifornien, 1928

U

MRS. S. ULICK RESIDENCE, UMBAU (Entwurf)
2030 Laurel Canyon Blvd., Los Angeles, 1943*

E. UMAN DRIVE-IN THEATER (Entwurf)
Palm Springs, Kalifornien, 1948

UNION OIL COMPANY, TANKSTELLENPROTOTYP (Entwurf)
Standort unbekannt, 1932-1934

»UNIT«-MÖBEL / SCHINDLER UNITS
Entwürfe für Stühle, Sofas, Tische und Schränke
1933-1934

V

VALLEY HOSPITAL, SANTA RITA CLINIC PHARMACY (Entwurf)
Los Angeles, 1949*

ALBERT & ESTHER VAN DEKKER RESIDENCE
5230 Penfield, Canoga Park, Kalifornien, 1939-1941*

ELIZABETH VAN PATTEN RESIDENCE UND ZUGEHÖRIGES MOBILIAR
2320 Moreno Dr., Los Angeles, 1934-1936*

MR. & MRS. J. VEISSI RESIDENCE (Entwurf)
Hilldale Ave., Los Angeles, 1936*

FRANK F. & HELEN D. VIRGINIA DUPLEX (Entwurf)
1621 Sargent Pl., Los Angeles, 1947/48*

WETTBEWERBSBEITRAG FÜR DEN VÖLKERBUNDPALAST
(Entwurf mit Richard Neutra)
Genf, 1926

DR. HANS N. VON KOERBER RESIDENCE
408 Monte D'Oro, Hollywood Riviera (Torrance), Kalifornien, 1931/32

HANS VON MORHART RESIDENCE (Entwurf)
8524 Magnolia Dr., Los Angeles, 1938*

S. VORKAPIC RESIDENCE, UMBAU (Entwurf)
2100 Benedict Canyon, Beverly Hills, Kalifornien, 1929

W

RALPH G. WALKER RESIDENCE UND ZUGEHÖRIGES MOBILIAR
2100 Kenilworth Ave., Los Angeles, 1935-1937; 1939-1941, Umbau*

WALT-WHITMAN-SCHULE (Entwurf)
Los Angeles, 1921*

JAMES WARD RESIDENCE, UMBAU
8084 Woodrow Wilson Dr., Los Angeles, 1949*

MR. & MRS. CLORE WARNE RESIDENCE (Entwurf)
2039 North Alvarado St., Los Angeles, 1923-1926; 1935-1936*

MR. H. & MRS. JOSEPHINE WARREN RESIDENCE, UMBAU UND ZUGEHÖRIGES MOBILIAR
1115 North Beverly Dr., Los Angeles, 1937*

MR. & MRS. M. WARSHAW RESIDENCE (Entwurf)
Lucile Ave., Los Angeles, 1936/37*

ORLANDO WEBER RESIDENCE, UMBAU
211 Muirfield Road, Los Angeles, 1945/46*

ELIZABETH VAN PATTEN RESIDENCE, Los Angeles, 1934–1936,
Details des Dachaufbaus

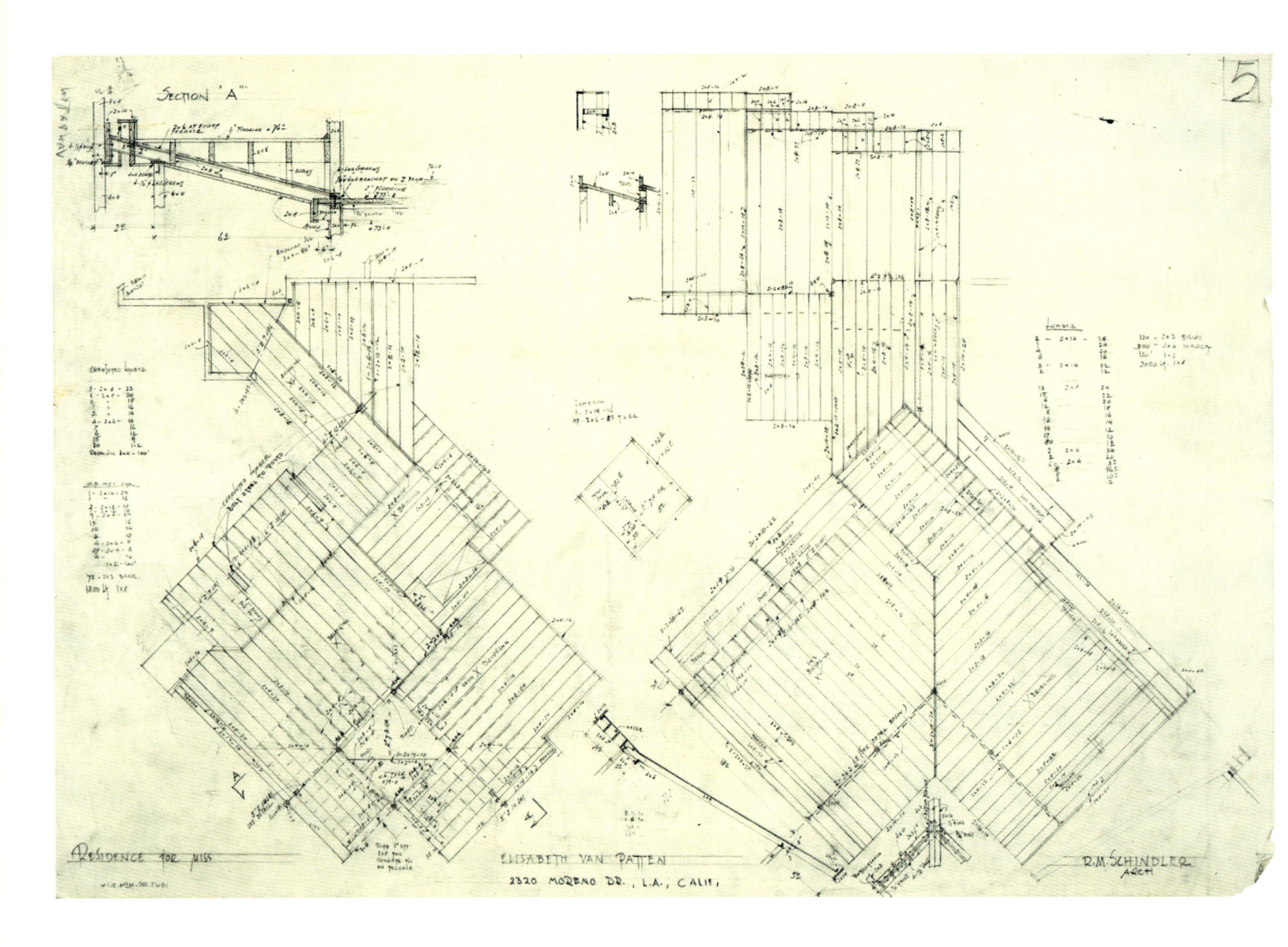

S. J. WEGMAN COMMERCIAL BUILDING, UMBAU
6513 Hollywood Blvd., Los Angeles, 1941*

MR. & MRS. F. M. WEINER RESIDENCE, UMBAU (Entwurf)
1120 Court St., Los Angeles, 1926*

RUDOLPH WEISENBORN, STUDIO FÜR EINEN KÜNSTLER (Entwurf)
Chicago, 1919

PAULA WEST POTTERY WORKS, UMBAU (Westby, Eigentümer)
4012 West Olympic Blvd. und 1003 Riverside Dr., Los Angeles, 1944–1948*

MR. & MRS. SELMER N. WESTBY RESIDENCE, ZUGEHÖRIGES MOBILIAR UND UMBAU DES WOHNHAUSES
1805 Maltman Ave., Los Angeles, 1938; 1944; 1949*

WESTERN ALCOHOL COMPANY, INNENEINRICHTUNG DER BÜROS
8766 Holloway Dr., Los Angeles, 1943–1945*

WESTERN GROWERS & CANNING COMPANY, UMGESTALTUNG DES BÜROS VON ARTHUR KAPLAN (Entwurf)
8760 und 8780 Holloway Dr., Los Angeles, 1951/52*

WHEELER & SON RESIDENCE (Entwurf)
Los Angeles, 1935

MR. & MRS. ARTHUR WHIZZIN RESIDENCE (Entwurf)
Standort unbekannt, 1935

WHYMAN & BRUECKNER INDUSTRIAL CITY HOUSING DEVELOPMENT (Entwurf)
Standort unbekannt, 1923/24

MR. & MRS. GUY C. WILSON RESIDENCE
2090 Redcliff St., Los Angeles, 1935–1938; 1942, Umbauten*

MR. & MRS. GUY C. WILSON BEACH COTTAGE (Entwurf)
Balboa, Kalifornien, 1941/42*

GEORGE L. WING HOTEL, HAUPT- UND NEBENGEBÄUDE (Entwurf)
Banning, Kalifornien, 1930/31*

WOHNWAGEN, GEORGE S. GORDON STURDY BUILT TRAILER COMPANY
1941–1946*; ein Prototyp 1942 angefertigt

CHARLES H. & ETHEL WOLFE RESIDENCE UND ZUGEHÖRIGES MOBILIAR
125 Old Stage Rd., Avalon, Catalina Island, Kalifornien, 1928/29; 1931*

CHARLES H. & ETHEL WOLFE STUDIO AND GRAPHIC DESIGNS, SCHOOL OF COSTUME DESIGN
724 South Flower St., Los Angeles, 1929/30*

MR. & MRS. HARRY J. D. WOLFF JR. RESIDENCE
4008 Sunny Slope Ave., Studio City, Kalifornien, 1938/39*

WOMEN'S CLUB BUILDING (Entwurf)
Chicago, 1916

ANNA MAY WONG RESIDENCE, Umbau
326 San Vicente Blvd., Santa Monica, Kalifornien, 1940; 1946/47*

ANNA MAY WONG APARTMENT BUILDING (Entwurf)
San Vicente Blvd., Santa Monica, Kalifornien, 1953

WORNOW RESIDENCE (Entwurf)
Los Angeles, um 1930

Y

PETER B. YATES & FRANCES MULLEN RESIDENCE, UMBAU
1735 Micheltorena St., Los Angeles, 1938/39; 1944*

Z

ANNA [UND OLGA] ZACSEK BEACH HOUSE
114 Ellen St., Playa Del Rey, Kalifornien, 1936–1938; 1950/51, Anbauten*

ANNA ZACSEK RESIDENCE, UMBAU
211 South Muirfield Rd., Playa Del Rey, Kalifornien, 1950–1952*

MRS. T. [OLGA] ZACSEK RESIDENCE (Entwurf mit AGIC)
Sayre Lane, Los Angeles, 1927*

I. M. ZAMUDIO RESIDENCE UND ZUGEHÖRIGES MOBILIAR (Entwurf)
6113 South Mansfield, Los Angeles, 1941–1943

MRS. ZIEGLER RESIDENCE, UMBAU (Entwurf)
8307 De Longpre Ave., Los Angeles, 1936

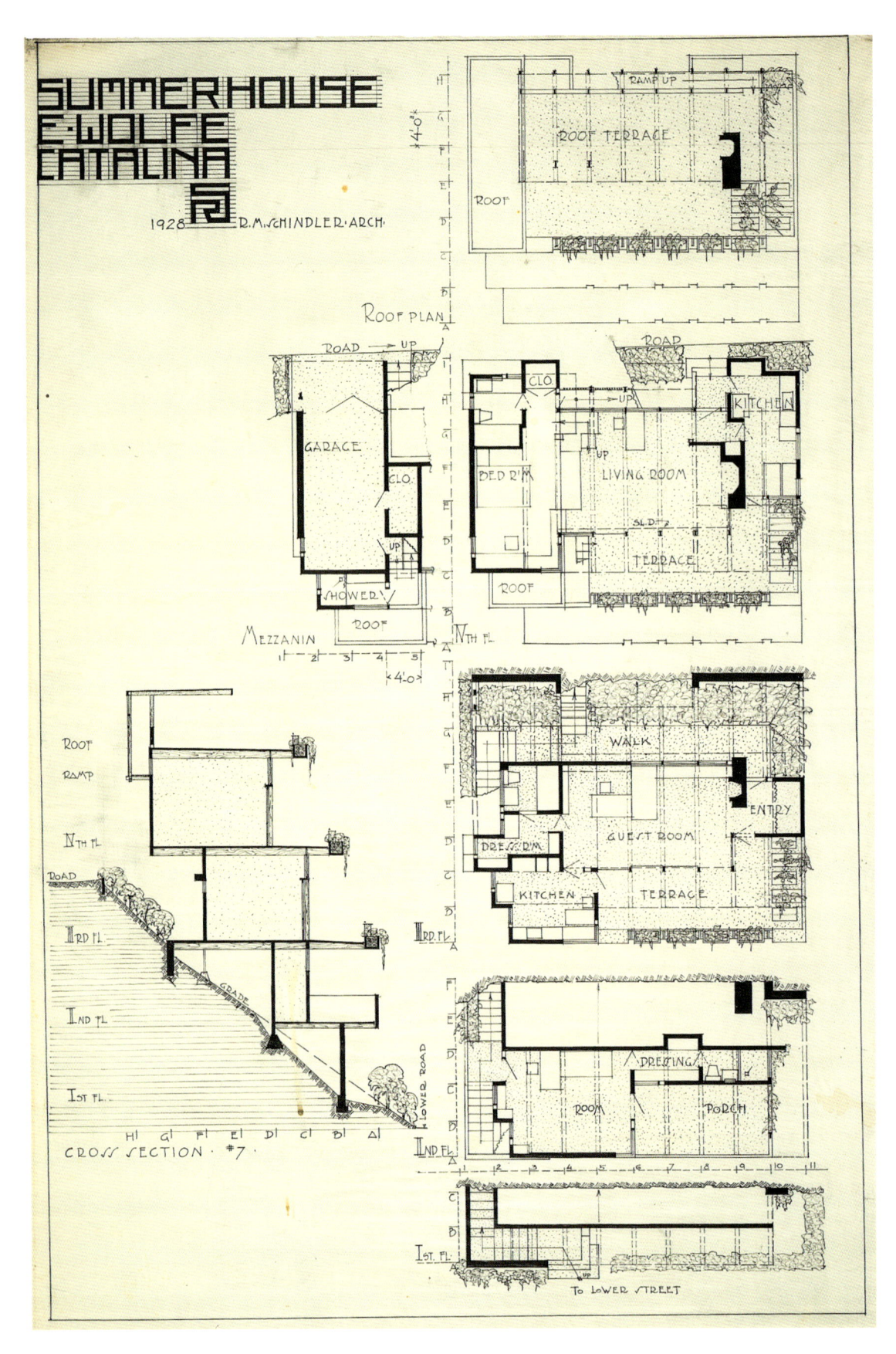

CHARLES H. WOLFE RESIDENCE, Avalon, Catalina Island,
Kalifornien, 1928–1931, Grundrisse und Schnitt

CHARLES H. WOLFE RESIDENCE, Avalon, Catalina Island,
Kalifornien, 1928–1931

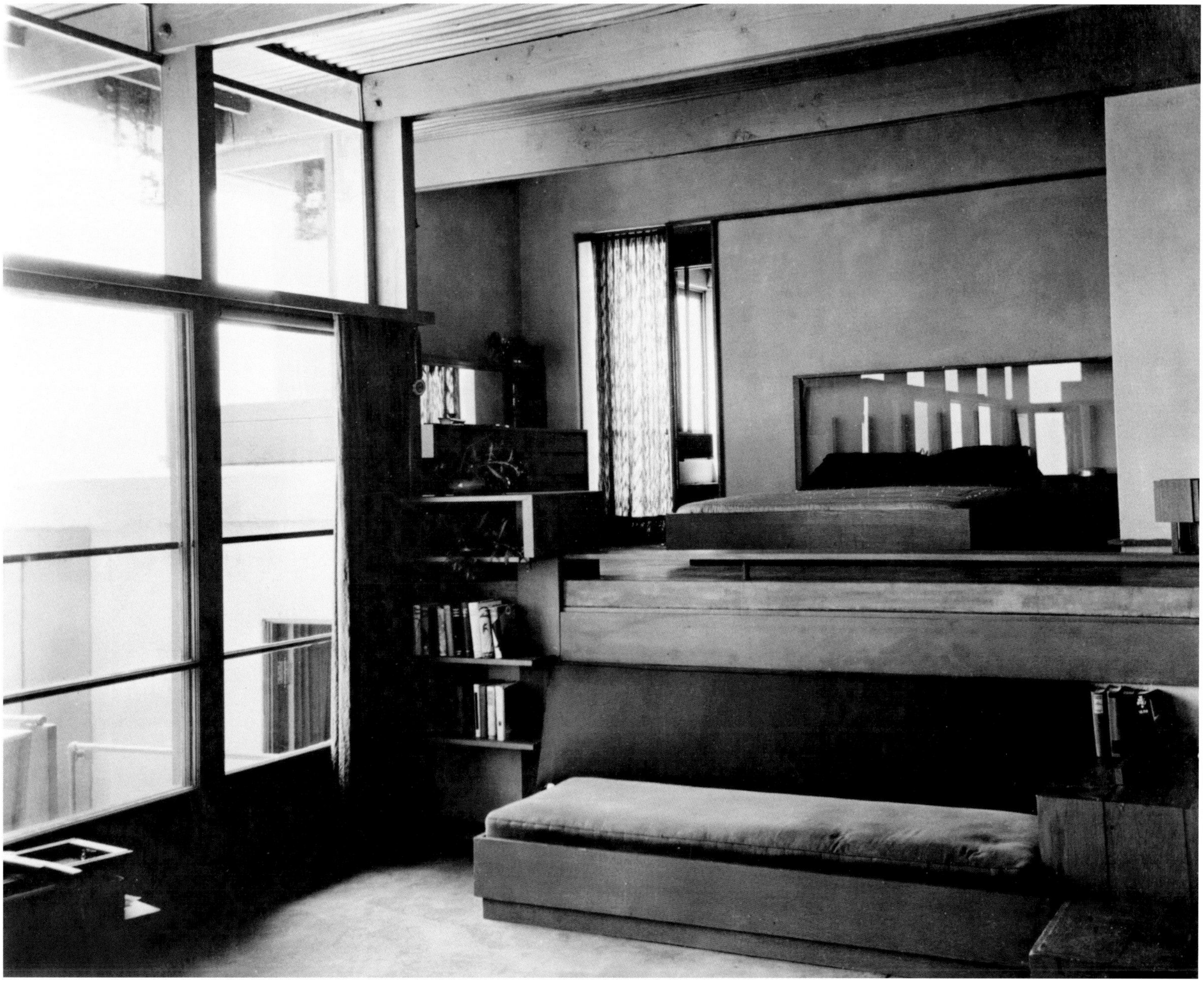

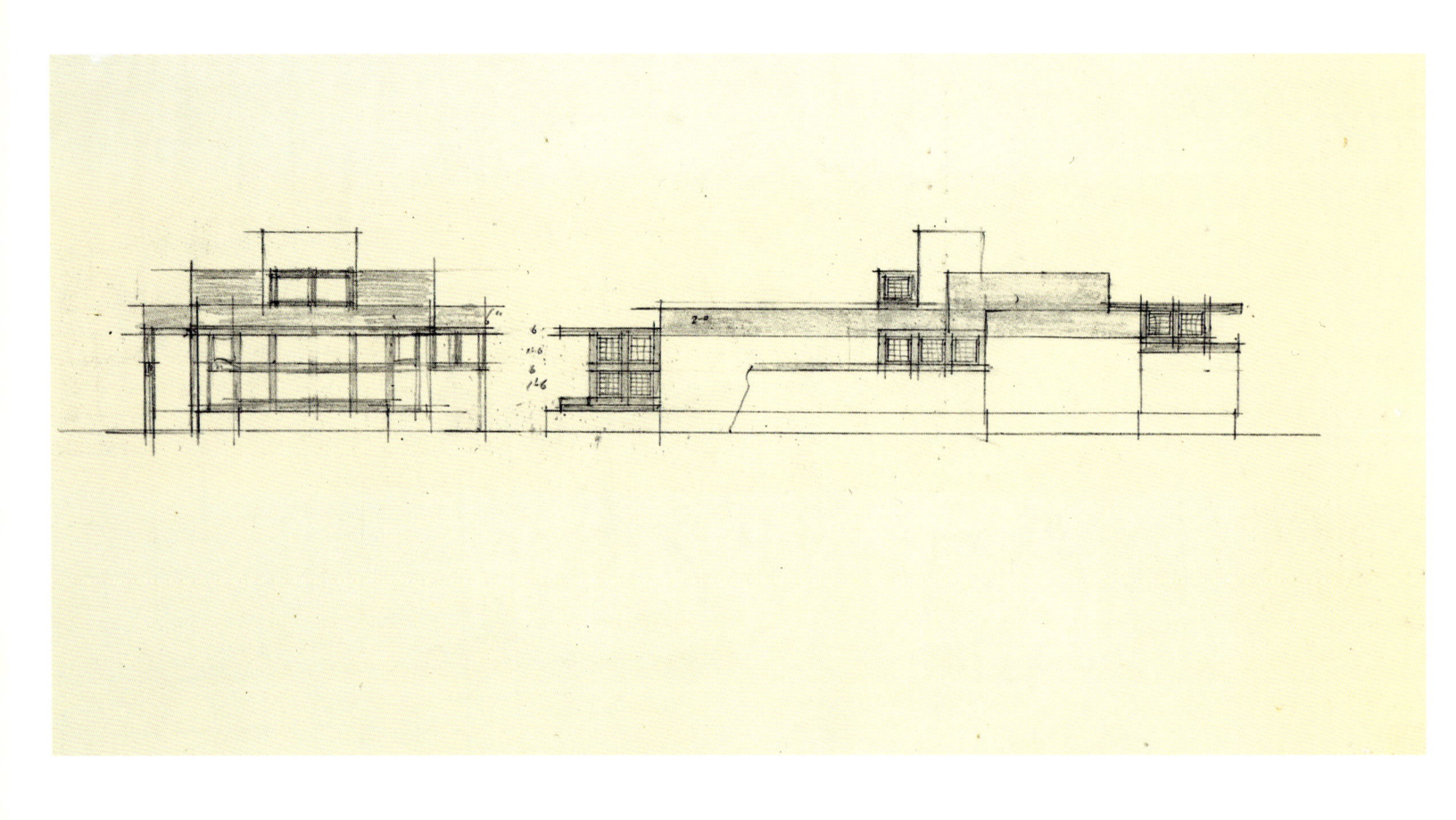

NICHT ZU IDENTIFIZIERENDES WOHNHAUSPROJEKT (ENTWURF), Oak Park, Illinois, um 1917
Aufrisse

NICHT ZU IDENTI-FIZIEREN

NICHT ZU IDENTIFIZIERENDES APARTMENTHAUS (Entwurf)
Los Angeles, 1921

NICHT ZU IDENTIFIZIERENDES ACHT-STÖCKIGES APARTMENTHAUS (Entwurf, möglicherweise Vorstudien für Jardin Apartments)
Los Angeles, um 1927

NICHT ZU IDENTIFIZIERENDES APARTMENTHAUS (Entwurf)
127 North Manhattan Ave., Los Angeles, 1952

NICHT ZU IDENTIFIZIERENDES APARTMENTHAUS (Entwurf)
1758–1760 El Cerrito Place, Los Angeles, 1952*

NICHT ZU IDENTIFIZIERENDE BAR (Entwurf)
Chicago, um 1915

NICHT ZU IDENTIFIZIERENDER AUSSTELLUNGSRAUM (Entwurf)
Berkeley, Kalifornien, um 1926

NICHT ZU IDENTIFIZIERENDES MOBILIAR
1919–1947

NICHT ZU IDENTIFIZIERENDER GARAGENTOR-MECHANISMUS
o. J.*

NICHT ZU IDENTIFIZIERENDES HOTELGEBÄUDE
(Entwurf, Four-Story Class »C,« mit AGIC)
Pasadena, Kalifornien, um 1927

NICHT ZU IDENTIFIZIERENDE VITRINE FÜR EINE HOTELLOBBY (Entwurf)
Chicago, um 1919

NICHT ZU IDENTIFIZIERENDE LADENEINRICHTUNG (Entwurf)
832 South Broadway, Los Angeles, o. J.

NICHT ZU IDENTIFIZIERENDES ARZTPRAXEN-GEBÄUDE, UMBAU (Entwurf)
Standort unbekannt, o. J.

NICHT ZU IDENTIFIZIERENDES WOHNHAUS (Entwurf)
Oak Park, Illinois, um 1917

NICHT ZU IDENTIFIZIERENDES WOHNHAUS (Entwurf)
Fareholm Dr., Los Angeles, um 1946

NICHT ZU IDENTIFIZIERENDE WOHNHÄUSER (Entwurf)
Standorte unbekannt, o. J.

NICHT ZU IDENTIFIZIERENDE FENSTERRAHMENDETAILS (Entwurf?)
Standorte unbekannt, 1934–1947

NICHT ZU IDENTIFIZIERENDE STRASSENKREUZUNG (Entwurf)
Standort unbekannt, 1950

NICHT ZU IDENTIFIZIERENDE LADENFRONT
(Entwurf für Ottenheimer, Stern und Reichert?)
Van Buren St., Chicago, 1916

NICHT ZU IDENTIFIZIERENDES THEATERINTERIEUR, UMBAU (Entwurf)
Standort unbekannt, um 1930

Der Nachlass von Rudolph M. Schindler in der Architektur- und Design-Sammlung des University Art Museum, University of California in Santa Barbara – der seine Arbeitszeichnungen, Projektordner, Geschäfts- und Privatkorrespondenz, Tageskalender, Aufzeichnungen über Auftraggeber sowie Fotografien umfasst –, war die Hauptquelle für die Erstellung dieser Liste. Als weitere wichtige Quellen dienten: David Gebhard (Hrsg.), The Architectural Drawings of R. M. Schindler, *New York 1993; August J. Sarnitz (Hrsg.),* R. M. Schindler, Architect 1887–1953, *New York 1988, und David Gebhard,* Schindler, *3. Aufl., London 1971, Reprint: San Francisco 1997.*

HOTEL (ENTWURF FÜR OTTENHEIMER, STERN UND REICHERT),
Chicago, 1915, Präsentationszeichnung

AUSWAHLBIBLIOGRAFIE

»Angles and Rectangles Characterize Plan of Small Studio-Home«, in: *The Architectural Forum,* 86, Februar 1947, S. 102

»The Architecture of R. M. Schindler (1887–1953)«, in: *RIBA Journal,* 76, Nr. 2, Februar 1969, S. 52

Reyner Banham, »Rudolf Schindler – A Pioneer Without Tears«, in: *Architectural Design,* 37, Dezember 1967, S. 578–579

Ders., *The Architecture of the Well-Tempered Environment*, 204–207, Chicago/London 1969

Ders., *Los Angeles: The Architecture of Four Ecologies*, New York 1971, S. 39, 175, 178–189

Ders., »The Master Builders: 5. The Gamble House and Schindler House«, in: *The Sunday Times Magazine,* 8. August 1971, S. 26–27

Ders., »Schindler/Chase House, Los Angeles: Rudolph Schindler«, in: *Age of the Masters: A Personal View of Modern Architecture*, London 1975, 3. Aufl., S. 158–159

»A Beach House for Dr. and Mrs. Alexander Kaun, Richmond, California«, in: *California Arts and Architecture,* 51, Nr. 5, Mai 1937, S. 26

»A Beach House for Dr. P. Lovell at Newport Beach, California«, in: *Architectural Record,* 66, Nr. 3, September 1929, S. 257–261

Marla C. Berns (Hrsg.), *The Furniture of R. M. Schindler,* Santa Barbara, Kalif., 1997

Marcus Binney, »A Viennese in California: Rudolf Schindler at the RIBA«, in: *Country Life,* 145, 20. Februar 1969, S. 397

Charlotte Blauensteiner, »Österreich auf 835 N. King's Road«, in: *Architektur & Bauforum,* 29, Nr. 181, April 1996, S. 66–69

Matthias Boeckl (Hrsg.), »Exhibition Review«, in: *Archis,* Nr. 4, April 1995, S. 10–11

Ders., *Visionäre & Vertriebene: Österreichische Spuren in der modernen amerikanischen Architektur,* Berlin 1995

T. M. Brown, Buchrezension über David Gebhard, *Schindler,* in: *Art Bulletin,* 55, Juni 1973, S. 309–312, Replik von David Gebhard, in: ebd., 56, März 1974, S. 150–151

»A Cabin for Gisela Bennati«, in: *California Arts and Architecture,* 61, Februar 1944, S. 21–23

Sherban Cantacuzino, »Schindler Shortcomings«, Buchrezension über David Gebard, *R. M. Schindler – Architect,* in: *The Architectural Review,* 143, Nr. 853, März 1968, S. 177

Renee Y. Chow, »Sharing in a Setting«, in: *Places,* 10, Nr. 4, Winter 1997, S. 64–65

Jeffrey M. Chusid, »The American Discovery of Reinforced Concrete«, in: *Rassegna,* Nr. 49, März 1992, S. 66–73

Margaret Crawford, »Forgetting and Remembering Schindler: The Social History of an Architectural Reputation«, in: *2G,* Nr. 7, 1998, S. 129–143

»Design for Sunlight: House for Mr. Henmar Rodakiewicz, Los Angeles«, in: *California Arts and Architecture,* 57, November 1940, S. 26

»Dos Casas en Los Angeles, arq. R. M. Schindler«, in: *Nuestra Arquitectura,* Dezember 1938, S. 440–444

Martin Filler, »Schindler's Best«, in: *House Beautiful,* 138, Nr. 1, Mai 1996, S. 48

Edward R. Ford, »Residential Construction in America: Rudolf Schindler, Walter Gropius, and Marcel Breuer«, in: *The Details of Modern Architecture*, Cambridge, Mass., 1990, S. 289–319

Kurt W. Forster, »California Architecture: Now You See It, Now You Don't«, in: *UCLA Architecture Journal,* 1986, S. 5–22

»Four Houses in the Modern Manner«, in: *The Architectural Forum,* 61, Nr. 4, Oktober 1934, S. 231–236

David Gebhard, *R. M. Schindler – Architect,* Santa Barbara, Kalif., 1967

Ders., »Ambiguity in the Work of R. M. Schindler«, in: *Lotus,* Nr. 5, 1968, S. 107–121

Ders., *Schindler,* 3. Auflage, London/New York 1971, Reprint: San Francisco 1997

Ders., »R. M. Schindler: Wolfe House, Santa Catalina Island«, in: *Domus,* Nr. 689, Dezember 1987, S. 56–65, XXII

David Gebhard und Harriette von Breton, *L. A. in the Thirties, 1931–1941*, Layton, Utah, 1975, S. 6, 43, 46, 49, 50, 109–116

Barbara Giella, *R. M. Schindler's Thirties Style: Its Character (1931–1937) and International Sources (1906–1937)*, Diss., New York University, New York 1987

Joseph Giovannini, »A Modernist Architect's Home is Restored in Los Angeles«, in: *The New York Times*, 3. Dezember 1987, C-12

Paul Goldberger, »A House of the Future, Now Part of Our Past«, in: *The New York Times*, 13. Dezember 1987, S. 48–52

Otto Antonia Graf, *Die vergessene Wagnerschule, Schriften des Museums des 20. Jahrhunderts,* 34, Wien 1969, S. 25–27

Herman Hertzberger, »Dedicato a Schindler: Some notes on two works by Schindler«, in: *Domus,* Nr. 454, September 1967, S. [2]–7

Ludwig Hilberseimer, *Internationale neue Baukunst*, Stuttgart 1928, S. 9, 55

Ders., *Contemporary Architecture: Its Roots and Trends,* Chicago 1964

Ludwig Hilberseimer und Julius Vischer, *Beton als Gestalter,* Stuttgart 1928, S. 78

»Hillside house is a dramatic complex of varied levels and roofs«, in: *The Architectural Forum,* 86, Februar 1947, S. 100–101

Thomas S. Hines, »Conserving the Visible Past: The Schindler House and the Los Angeles Preservation Movement«, in: *L. A. Architect,* 4, Nr. 4, September 1978

Ders., *Richard Neutra and the Search for Modern Architecture: A Biography and History*, New York/Oxford 1982

[Henry-]Russell Hitchcock, »An Eastern Critic Looks at Western Architecture«, in: *California Arts and Architecture,* 57, Dezember 1940, S. 21–23, 40–41

Hans Hollein, »Rudolf M. Schindler: Ein Wiener Architekt in Kalifornien«, in: *Der Aufbau,* 16, Nr. 3, März 1961, S. 102–104

Ders., »Rudolf M. Schindler: Ein weiterer Beitrag zur Berichtigung der Architekturgeschichte«, in: *Bau,* 21, Nr. 4, 1966, S. 67–82

»House for J. DeKeyser, Hollywood, Calif.«, in: *The Architectural Forum,* 64, Nr. 3, März 1936, S. 190

»House for J. J. Buck, Los Angeles, California; R. M. Schindler, Architect«, in: *The Architectural Forum,* 65, Nr. 4, Oktober 1936, S. 264–265

»House for Ralph G. Walker, Los Angeles, Calif.«, in: *The Architectural Forum,* 69, Nr. 5, November 1938, S. 362–363

»House for V. McAlmon, Los Angeles, Calif.; R. M. Schindler, Architect«, in: *The Architectural Forum,* 66, Nr. 4, April 1937, S. 340–341

»House for W. E. Oliver, Los Angeles, Calif.«, in: *American Architect,* 146, Mai 1935, S. 23–26

»Houses for Outdoor Life. A Vacation Settlement on the Pueblo Ribera, La Jolla, California«, in: *Architectural Record,* 68, Nr. 1, Juli 1930, S. 17–21

Giovanni Klaus Koenig, »Dal Danubio blu al viale del Tramonto: Rudolf Michael Schindler e Richard Josef Neutra«, in: *Casabella,* 34, November 1970, S. 29–36, und 35, Januar 1971, S. 36–42

Manfred Kovatsch, »Rudolf M. Schindler: Notizen zu acht Bauten«, in: *Bauwelt,* 75, Nr. 39, 19. Oktober 1984, S. 1685–1689

Ders. (Hrsg.), *R. M. Schindler, Architekt, 1887–1953,* München 1985

Friedrich Kurrent (Hrsg.), *Raummodelle: Wohnhäuser des 20. Jahrhunderts,* Salzburg/München 1995

David Leclerc, »Schindler, la maison Wolfe: Les morsures du temps«, in: »Un pionnier sans les larmes« und »A Catalina«, in: *L'architecture d'aujourd'hui,* Nr. 307, Oktober 1996, S. 57–71

Richard Longstreth, Buchrezension über Lionel March und Judith Sheine (Hrsg.), *R. M. Schindler: Composition and Construction*, in: *Journal of Architectural Education,* Mai 1996, S. 264–266

Lionel March, »Residential Masterpieces: R. M. Schindler, How House«, in: *GA Houses,* Nr. 56, April 1998, S. 32–53

Lionel March und Judith Sheine (Hrsg.), *R. M. Schindler: Composition and Construction,* London 1993

Esther McCoy, »Schindler, Space Architect«, in: *Direction,* 8, Nr. 1, Fall 1945, S. 14–15

Dies., »Four Schindler Houses of the 1920s«, in: *Arts and Architecture,* 70, Nr. 9, September 1953, S. 12–14

Dies., »A Work by R. M. Schindler: Visual Expansion of a Small House«, in: *Los Angeles Times Sunday Magazine,* 2. Mai 1954, S. 14–15

Dies., (Hrsg.), »R. M. Schindler«, in: *Arts and Architecture,* 71, Nr. 5, Mai 1954, S. 12–15, 35–36

Dies., »Roots of California Contemporary Architecture«, in: *Arts and Architecture,* 73, Nr. 10, Oktober 1956, S. 14–17, 36–39

Dies., »Five California Architects«, in: *Progressive Architecture,* 41, Nr. 7, Juli 1960, S. 129–136

Dies., »R. M. Schindler«, in: *Five California Architects*, New York 1960, S. 121–136

Dies. (Hrsg.), »Letters of Louis H. Sullivan to R. M. Schindler«, in: *Journal of the Society of Architectural Historians*, 20, Nr. 4, Dezember 1961, S. 179–184

Dies., »Renewed Interest in Popularity of Schindler's Architecture«, in: *Los Angeles Times,* 22. Oktober 1967, Calendar-46

Dies., »R. M. Schindler«, in: *Lotus,* Nr. 5, 1968, S. 92–105

Dies., (Hrsg.), »Letters between R. M. Schindler and Richard Neutra, 1914–1924«, in: *Journal of the Society of Architectural Historians,* 33, Nr. 3, Oktober 1974, S. 219–224

Dies., »Five Houses of R. M. Schindler«, in: *Architecture and Urbanism,* 82, Nr. 9, September 1977, S. 134–135, siehe auch Nr. 59, November 1975

Dies., »Pauline Schindler, 1893–1977«, in: *Progressive Architecture,* 58, Nr. 9, September 1977, S. 28, 33

Dies., *Vienna to Los Angeles: Two Journeys,* Santa Monica, Kalif., 1979

Dies., »Schindler: A Personal Reminiscence«, in: *L. A. Architect,* November 1987, S. 5–9

Dies., »Second Guessing Schindler«, in: *Progressive Architecture,* 70, Nr. 4, April 1989, S. 86–89

Enric Miralles, »Schindler-Chase Residence«, in: *Quaderns d'Arquitectura i Urbanisme,* 185, April–Juni 1990, S. 4–11

Ders., »›No, I'd Rather Not‹. Three Houses by R. M. Schindler«, in: *2G,* Nr. 7, 1998, S. 26–28

Charles W. Moore, »Schindler: Vulnerable and Powerful«, in: *Progressive Architecture,* 54, Nr. 1, Januar 1973, S. 132, 136

Charles W. Moore und Gerald Allen. *Dimensions: Space, Shape and Scale in Architecture*, New York 1976, S. 167–174

Charles W. Moore, Peter Becker und Regula Campbell, *The City Observed: Los Angeles. A Guide to its Architecture and Landscapes*, New York 1984, S. 128, 136, 157, 233, 256–257, 258–260, 299–301, 359–360

Richard J. Neutra, *Wie baut Amerika?,* Stuttgart 1927

Ders., *Amerika: Die Stillbildung des neuen Bauens in den Vereinigten Staaten*, Wien 1930

Peter Noever (Hrsg.), *Rudolf M. Schindler,* Wien/ München/New York 1995

Peter Noever und William Mohline (Hrsg.), *Zugmann: Schindler,* Santa Monica, Kalif., 1996

Deborah Norden, Buchrezension über Lionel March und Judith Sheine (Hrsg.), *R. M. Schindler: Composition and Construction*, in: *Sites,* Nr. 26, 1995, S. 141–143

Paul B. Ohanesian, »The Schindler House: 1921 Landmark in Los Angeles«, in: *AIBC Forum,* Juli 1978, S. 20–24

Dan O'Neill, »Schindler Survey«, Buchrezension über David Gebhard, *Schindler,* in: *The Architectural Review,* 152, Nr. 907, September 1972, S. 152–191

Ders., »The High and Low Art of Rudolph Schindler«, in: *The Architectural Review,* 153, Nr. 914, April 1973, S. 242–246

Jin-Ho Park, »Schindler, Symmetry and the Free Public Library, 1920«, in: *Arq: Architectural Research Quarterly,* 2, Nr. 2, Winter 1996, S. 72–83

John Pastier, »Hollywood Classic«, in: *The Architects' Journal,* 13. November 1991, S. 32–39

Edwin Pendexer, »America's Own Architecture«, in: *Building Age and National Builder,* 48, Dezember 1926, S. 97

Stefanos Polyzoides, »Schindler, Lovell, and the Newport Beach House, Los Angeles, 1921–1926«, in: *Oppositions,* Nr. 18, Herbst 1979, S. 60–73

Stefanos Polyzoides und Panos Koulermos, »R. M. Schindler – Notes on His Work: Five Houses by R. M. Schindler«, in: *Architecture and Urbanism,* November 1975, S. 61–126

Ders., »Response to Esther McCoy's Critical Comments on ›Five Houses of R. M. Schindler‹«, in: *Architecture and Urbanism,* Februar 1978, S. 75–76

Anne-Marie Puga, »Schindler, la maison Wolfe: Album photographique«, in: *L'Architecture d'aujour-d'hui,* Nr. 307, Oktober 1996, S. 48–56

»Residence in Los Angeles, California«, in: *Architectural Record,* 65, Nr. 1, Januar 1929, S. 5–9

»Residence of Mr. and Mrs. W. Oliver, Los Angeles, California«, in: *California Arts and Architecture,* 47, Nr. 1, Januar 1935, S. 8

»Residences in California; architect, R. M. Schindler«, in: *The Architect and Engineer,* 123, Nr. 3, Dezember 1935, S. 16–21, 26–27

R. M. Schindler, Arquitecto, Madrid 1984

»R. M. Schindler Exhibit, Balboa Park, San Diego«, in: *Architect and Engineer,* 198, Nr. 1, Juli 1954, S. 8

»R. M. Schindler 1887–1953«, in: *Bouwkundig Weekblad,* 87, Nr. 8, 29 April 1969, Schindler-Sonderausgabe anläßlich einer Ausstellung im Stedelijk Museum, Amsterdam, Mai–Juni 1969

»RIBA Drawings«, in: *Architectural Design,* 42, Nr. 7, Juli 1972, S. 404

Michael Rotondi, »How I Discovered R. M. Schindler«, in: *2G,* Nr. 7, 1998, S. 29–31

Dominique Rouillard, »Logiques de la pente à Los Angeles: Quelques figures de F. L. Wright et R. M. Schindler«, in: *Cahiers de la recherche architecturale,* Nr. 14, 1984, S. 8–25

Dies., »Schindler: Two Site Systems«, in: *Building the Slope: Hillside Houses, 1920–1960,* 45–86, Santa Monica, Kalifornien 1987

»Rudolf M. Schindler – Ein Wiener Architekt in Kalifornien«, in: *Der Aufbau,* 16, Nr. 3, März 1961, S. 102–104

August Sarnitz, *Rudolf Michael Schindler – Theory and Design,* Magisterarbeit, Massachusetts Institute of Technology, Cambridge, Mass., 1982

Ders., *Raumarchitektur – Theorie und Praxis eines Prinzips. Über das Entwurfs- und Konstruktionsprinzip bei Rudolf M. Schindler,* Diss., Technische Universität Wien, Wien 1983

Ders., »Mythos und Moderne. Rudolf M. Schindler – 60 Jahre Strandhaus Lovell«, in: *Bauforum,* 18, Nr. 108, 1985, S. 19–34

Ders., »Proportion and Beauty – The Lovell Beach House by Rudolph Michael Schindler, Newport Beach, 1922–26«, in: *Journal of the Society of Architectural Historians,* 45, Nr. 4, Dezember 1986, S. 374–388

Ders., »Rudolf M. Schindler zum 100. Geburtstag«, in: *Bauwelt,* 78, 23. Oktober 1987, S. 1486

Ders., *R. M. Schindler, Architect 1887–1953,* New York 1988

Pauline Gibling Schindler, »Modern California Architects«, in: *Creative Art,* 10, Nr. 2, Februar 1932, S. 111–115

Dies., »Modern Architecture Acknowledges the Light which Kindled It: Frank Lloyd Wright«, in: *California Arts and Architecture,* 47, Nr. 1, Januar 1935, S. 17

R. M. Schindler, »Moderne Architekture: ein Programm«, unveröffentlichtes Manuskript, Wien 1912

Ders., »Ventilation«, in: *Los Angeles Times Sunday Magazine,* 14. März 1926, S. 25-26

Ders., »Plumbing and Health«, in: *Los Angeles Times Sunday Magazine*, 21. März 1926, S. 25-26

Ders., »About Heating«, in: *Los Angeles Times Sunday Magazine*, 4. April 1926, S. 24-25

Ders., »About Lighting«, in: *Los Angeles Times Sunday Magazine*, 11. April 1926, S. 30-31

Ders., »About Furniture«, in: *Los Angeles Times Sunday Magazine*, 18. April 1926, S. 26-27

Ders., »Shelter or Playground«, in: *Los Angeles Times Sunday Magazine*, 2. Mai 1926, S. 26-27

Ders., »A Cooperation Dwelling«, in: *T-Square,* 2, Nr. 2, Februar 1932, S. 20-21

Ders., »Space Architecture«, in: *Dune Forum,* Februar 1934, S. 44-46

Ders., »Space Architecture«, in: *California Arts and Architecture,* 47, Nr. 1, Januar 1935, S. 18-19

Ders., »Furniture and the Modern House: A Theory of Interior Design«, in: *The Architect and Engineer,* 123, Nr. 3, Dezember 1935, S. 22-25, und 124, März 1936, S. 24-28

Ders., »A Prefabrication Vocabulary: The Panel-post Construction«, in: *California Arts and Architecture,* 60, Nr. 5, Juni 1943, S. 25-27

Ders., »Reference Frames in Space«, in: *Architect and Engineer,* 165, Nr. 1, April 1946, S. 10, 40, 44-45

Ders., »Postwar Automobiles«, in: *Architect and Engineer,* 168, Nr. 2, Februar 1947, S. 12-14

Ders., »The Schindler Frame«, in: *Architectural Record,* 101, Nr. 5, Mai 1947, S. 143-146

»Schindler-Shelters«, in: *American Architect,* 146, Mai 1935, S. 70-72

Patrick Scott und David Dalsass et al., *Mirrors & Hammers: Eight Germanic Emigres in Los Angeles*, Los Angeles 1988

Walter Segal, »The Least Appreciated. Rudolf Schindler: 1887-1953«, in: *The Architects' Journal,* 149, Nr. 8, 19. Februar 1969, S. 476-479

P. Morton Shand, »A Cantilevered Summer-House«, in: *The Architectural Review,* 73, Nr. 436, März 1933, S. 117

Judith Sheine, »Schindlerfest: Revising Architectural History«, in: *Architecture and Planning,* 1988, S. 9-11

Dies., »Schindler Reassessed«, in: *Architectural Record,* 176, Nr. 10, September 1988, S. 69, 71

Dies., »Residential Masterpieces: R. M. Schindler. Manola Court Apartments«, in: *GA Houses,* Nr. 53, Juni 1997, S. 32-41

Dies., »R. M. Schindler 1887-1953«, in: *2G,* Nr. 7, 1998, S. 4-25

Dies., *R. M. Schindler: Works and Projects,* Barcelona 1998

Roger Sherwood, »El Pueblo Ribera Court«, in: *Modern Housing Prototypes*, Cambridge, Mass., 1978, S. 31-37

»Sixteen Southern California Architects Exhibit Contemporary Trends in a Group Showing at Scripps College«, in: *Arts and Architecture,* 67, Nr. 4, April 1950, S. 22-33

»Small Desert House«, in: *Arts and Architecture,* 68, Nr. 10, November 1951, S. 38

Kay Small, »Hollywood Architects in International Contest«, in: *Hollywood Magazine,* Dezember 1928, S. 9

Kathryn Smith, »Chicago-Los Angeles: The Concrete Connection«, in: Marc M. Angelil (Hrsg.), *On Architecture, the City, and Technology*, Washington, D. C./Stoneham, Mass., 1990, S. 103-105

Dies., *The R. M. Schindler House, 1921-22,* West Hollywood, Kalif./Los Angeles 1987

James Steele, *How House: R. M. Schindler,* London 1996

Dietmar Steiner, »Das Bild von Leben ist das Leben«, in: *Die Presse,* 21. März 1986, S. 5

Robert A. M. Stern, »International Style: Immediate Effects«, in: *Progressive Architecture,* 63, Nr. 2, Februar 1982, S. 106-109

Bradley R. Storrer, »Schindler-Wright Exchange: The Schindler Licensing Letters«, in: *Journal of the Taliesin Fellows,* Nr. 9, Winter 1992/93, S. 14-19

Shingo Suekane, »Spatial Composition of R. Schindler ...«, in: *Nihon Kenchiku Gakkai keikaku-kei robun hokokushu,* Nr. 7, Juli 1997, S. 221-227

»A Summer House at Catalina for Mr. and Mrs. E. Wolfe«, in: *California Arts and Architecture,* 47, Nr. 1, Januar 1935, S. 18-19

»Summer House of C. H. Wolfe, Catalina Island«, in: *The Architectural Record,* 70, Nr. 3, September 1931, S. 157-161

Bo Sundberg, »Fran Wien till Los Angeles (Rudolf Schindler and Richard Neutra)«, in: *Arkitektur,* 87, Nr. 8, S. 60-62

Robert L. Sweeney, »Interview: Robert Sweeney, Executive Director of the Schindler House«, in: *Sites,* Nr. 6, 1982, S. 10-16

Ders., »A Real California Scheme«, in: *GA Houses*, Nr. 26, Juli 1989, S. 6–28

Philip Tabor, »A Man Before His Time«, Buchrezension über August Sarnitz, *R. M. Schindler – Architect 1887–1953*, in: *The Architects' Journal*, 190, Nr. 7, 16 August 1989, S. 74–75

Bruno Taut, *Modern Architecture*, London 1929, S. 9, 150–151

Ders., *Die neue Baukunst in Europa und Amerika*, Stuttgart 1929, S. 178–179

Daniel Treiber, »R. M. Schindler, 1887–1953«, in: *AMC*, Nr. 54/55, Juni/September 1981, S. 117–130

Ottokar Uhl, *Moderne Architektur in Wien von Otto Wagner bis Heute*, Wien/München 1966, S. 49, 89

»Unusual Home Is Built of Concrete and Glass«, in: *Popular Mechanics*, 47, Nr. 6, Juni 1927, S. 969

Marco Visconti und Werner Lang, »R. M. Schindler: Kings Road House, West Hollywood, 1921–22«, in: *Domus*, Nr. 746, Februar 1993, S. 78–84, XXII

»Visionäre & Vertriebene«, Ausstellungsrezension, in: *Bauwelt*, 1995, S. 562–563

Derek Walker et al., »The Morphology of Los Angeles« und »The Architecture of Los Angeles«, in: *Architectural Design*, 51, August–September 1981, S. 1–97

Michael Webb, »Expulsion into Paradise«, in: *Metropolis*, 16, Nr. 1, Juli–August 1996, S. 72–73, 84–85

»A Week-end House in California«, in: *The Architects' Journal*, 104, 25 Juli 1946, S. 65–66

»White Collar Apartments for a Steep Lakeside Lot«, in: *Interiors*, 103, Januar 1944, S. 41

Richard Guy Wilson, »International Style: The MOMA Exhibition«, in: *Progressive Architecture*, 63, Nr. 2, Februar 1982, S. 92–104

»The Year's Work: R. M. Schindler«, in: *Interiors*, 106, Nr. 1, August 1946, S. 83

»The Year's Work: R. M. Schindler«, in: *Interiors*, 107, Nr. 1, August 1947, S. 84

Bruno Zevi, »R. M. Schindler: Austria e California in una composizione diversa da Richard Neutra«, in: *L'Architettura*, 6, Oktober 1960, S. 422–423

REGISTER

Addams, Jane 88, 105
Ain, Gregory 81, 113
Aloha Hotel (Entwurf) 209
Altenberg, Peter 124
Aranovici, Carol 47, 112, 156
Architectural Group for Industry and Commerce (AGIC) 44–47, 102, 156
Arthur, Chester A. »Gavin« 111
Ashbee, Charles Robert 128
M. Davis Baker Residence (Entwurf) 197
Banham, Reyner 13, 81, 118, 129, 148, 175
Barnsdall, Aline 25
    Translucent House (Entwurf) 25, *27*, 80, 102, 168
    Director's Residence, Olive Hill (für Frank Lloyd Wright) 25, *26*, 192
Barr, Alfred 119
A. Gisela Bennati Cabin 197, *200, 201, 202*, 203, *203*, 209, *230*
Bethlehem Baptist Church 15, 71, *73*, 226
Blake, Peter 169
Bonenberger, Weston 149
Bovingdon, John 100, *105*, 107, 109
Brandstatter, A. Eddie 69
Braxton, Henry 43
Henry Braxton und Viola Brothers Shore Residence (Entwurf mit AGIC) *46*, 47
Henry Braxton Gallery 43, *45*, 229
Breuer, Marcel 203
Browne, Maurice 96, 104
Bubeshko, Luby 71
A. und Luby Bubeshko Apartments 71, *71*
John J. Buck Residence *14*, 15, 53, *53*, 118, 123, *123*, 182, *183*
Buena Shore Club (für Ottenheimer, Stern und Reichert) 18, *19*, 20, *232, 233*
Burnham, Daniel 20
Anne-Burrell-Projekte 197
Cage, John 88, 110
Case Study House Program 14, 80, 163
Chace, Clyde R. 29, 88, 92, 97, 99, 109, 151, 152
Chace, Marian, geb. Da Camara 29, 88, 92, 94, 97, 99, 109
Chace, Ann Harriet 92
Cheney, Sheldon 52
Chicago Hebrew Institute (für Ottenheimer, Stern und Reichert) 16
Chu + Gooding Architects: Gabbert House *83*
Clubhaus für Schauspieler (für Mayr und Mayer) 16, *17*, 212

Cowell, Henry 105
Crawford, Margaret 13, 81, 118
Davidson, Julius Ralph 47, 69
Laura Davies Residence (Entwurf) 197, *202*
DeKeyser, John 58, 59, *59*, 132
John DeKeyser Double Residence 55, *58, 59*, 132, *236, 237*
Drexler, Arthur 146
Elks Club Building (für Ottenheimer, Stern und Reichert) 16
Robert F. Elliot Residence (mit AGIC) 156, 182
Entenza, John 80, 149, 163
T. Falk Apartments (Entwurf) 71, *72*
Feininger, Lyonel 102, 109
Ford, John 109
Ford, Henry 130
Forster, Kurt 82
Free Public Library, Wettbewerb für den Bau der Außenstelle Bergen (Entwurf) 25, *25*
Fuller, Richard Buckminster 129
Gallion, Arthur B. 149
Garret, Neal 162, *162*
Gebhard, David 13, 64, 81, 118, 145, 146, *146*, 148, 163, 168, 175, 197
Gehry, Frank O. 14, 82, 84, 118, 176
    Gehry House *83*, 118, 176
Gibling, Dorothy 87, 92, *93*, 94, 97, 99, 103
Gibling, Edmund 88, *93*, 99, 112
Edmund J. Gibling Residence 99
Gibling, Sophie *93*, 103, 105
Giella, Barbara 13, 53, 82, 84, 118, 124
Gill, Irving 29, 82, 124, 192, 197
    Dodge House 28, 192
    La Jolla Woman's Club *28*
Goff, Bruce 169
Gould & Bandini Workmen's Colony (Entwurf) 36, 156, *159*
Gropius, Walter 133, 148
Hamlin, Talbot 169
Hardy, Thomas P. 156
Harriman, Job 36, 156, 171
Harriman's Colony (Entwurf) 36, *144*, 156
Harris, Harwell Hamilton 69, 81, 82
Harris, Frank 149
Hartman, W. A. 160
Hartmann, Sadakichi *106, 107*, 109
Haskell, Douglas 169
Hertzberger, Herman 82, 84
Highway Bungalow Hotels (Entwurf mit AGIC/Carol Aronovici) 69, 209, *211*
Hilberseimer, Ludwig 52
Hitchcock, Henry-Russel 13, 52, 80, 82, 117, 118, 119, 120, 122, 129, 156
Hollein, Hans 84, 175, 176

Hollywood Art Association 91
Hotel (Entwurf für Ottenheimer, Stern und Reichert) 16, *18*, 276
Hotel Rong (Entwurf) 16, *16*
How, James Eads 36
James Eads How Residence 36, *38*, 39, *39*, 40, 156, 192, *241*
How, Ingebord 36
Howenstein, Edith 96, 97
Howenstein, Karl 96, 171
Internationaler Stil 15, 39, 52, 53, 55, 83, 118, 119–120, 129, 133, 148
Israel, Frank 84
Jacobs, Warshaw 59
Jacobs, William 59
William Jacobs Residence (Entwurf) 59
Jagdhaus, Wettbewerbsbeitrag (Entwurf) 16, *239*
Janson [Browne], Ellen Margaret 104, 105, 111, 149, *164*, 166, 169
Ellen Janson Residence *76*, 80, 149, 163–169, *164, 165, 166, 167, 168*
Jawlensky, Alexej 102
Jeffers, Robinson 104, 105
Johnson, Philip 13, 52, 83, 118, 120, 124, 129, 146, 156
Kallis, Maurice 74
Maurice Kallis Residence und Studio 15, *15*, 74, *75*, 169, *242*
Kandinsky, Wassily 102
Katz, Leo 103
Kaun, Alexander 110
Kings Road House 2, 13, 14, 28, *28*, 29, *29*, 30, 39, 52, *86*, 89, 90, 92–100, *94, 95, 98, 101*, 102, 124, *125, 126*, 130, 151, *174*, 179, 192, *192*, *194*, *194, 195*, 209, *244, 245*
    Leben im 87, 88, 92–103, *93, 96, 97, 100*, 106, 107, 108, 109, 110, 112, 113, 164
Klee, Paul 102
Koerber, Hans N. von 197
Hans N. von Koerber Residence *54*, 55, 156, 182, *196*, 197, *198, 199*, 209
Kopelanoff, Betty 110
Jacob Korsen Bungalow Court (Entwurf) 209, *210*
Kraus, Karl 124
Krematorium und Kapelle für eine Fünf-Millionen-Stadt (Entwurf) 16, *17*, 234
Laurelwood Apartments für Henry G. Schick und Maxim H. Braden 71, *72*
Lautner, John 82
    Carling House *82*
Lavana Studio Building (Entwurf mit AGIC) *66*, 69

282

Le Corbusier (Charles-Édouard Jeanneret) 13, 39, 52, 118, 124, 129, 130, 133, 203, *204*
    Villa Savoye 39
    Villa de Mandrot 203, 204, *204*
Leah-Ruth Garment Shop (mit AGIC) 43, *44, 246*
Lechner, Richard 74
Richard Lechner Residence 74, *74,* 169, *181, 248, 249, 250*
Lewis, Sinclair 155
Lind, Ed 82
Lindy's Restaurant 69, *252, 253*
Lingenbrink, William 53, 54, 156
Lloyd, W. Llewellyn 36, 37, 149, 151, 152, 156, 171
Lloyd, Lucy Lafayette 151, 171
Locke, Eric 109
Log House (Entwurf) 22, *23,* 179, 189, *190, 191,* 192, 197, 209
Loos, Adolf 15, 16, 22, 39, 82, 124, 127, 129, 147, 148, 189
    Villa Müller 127, *127*
    Bauleitungshütte für die Semmeringschule 189, *189*
Lovell, Philip 39, 84, 102, 120, 130, 133, 156
Philip Lovell Beach House *12,* 13, 15, 39, *41,* 102, 119–123, *119, 120, 121, 122,* 130, 133, 140, 145, 156, *255*
Lovell, Leah 39, 84, 102, 120
Charles P. Lowes Residence *31,* 32, *32*
Lustig, Alvin 149
MacLaren, Mary 109, *110*
Mandrot, Hélène de 203
March, Lionel 39, 118, 189
Marling, Jeanya 100
Martin, Thomas Paul 22, 182, 189
Thomas Paul Martin Residence (Entwurf) 145, 182, *184, 185, 187, 188,* 189, 209
Mayne, Thom 118
Mayr und Mayer, Wien 16
Victoria McAlmon Residence 64
McAndrews, John 169
McCoy, Esther 13, 59, 64, 81, 87, 118, 145, 146, 163, 164, 169, 175, 197
Mendelsohn, Erich 120
Mies van der Rohe, Ludwig 103, 118, 133, 171
Miralles, Enric 84
Mock, Elizabeth 203
Monolith Home (Entwurf für Frank Lloyd Wright) 25, 156, *158,* 160
Moore, Charles W. 148, 175, 176
Moser, Sylvia 96, *96*
Moser, Werner 96, *96*
The Museum of Modern Art, New York 14, 52, 118, 119, 156, 169, 175, 203
Nachbarschaftszentrum (Entwurf) 20, *21,* 182, *186*
Neutra, Dione *47,* 88, 99, *100,* 102, 156, 194
Neutra, Richard J. 14, 28, 43, *47,* 52, 69, 81, 83, 84, 99, *100,* 102, 103, 118, 120, 123, 124, 127, 130, 145, 171, 209

Lovell Health House 102
    Jardinette Apartments 102
    VDL Research House 123, *123*
Nichols, Dudley 109, *109*
Nichols, Esta 109
Nicht zu identifizierende Bar (Entwurf) 16, *18*
Nicht zu identifizierendes Wohnhaus (Entwurf) 182, *186, 274*
O'Hara, George 99, *99*
William E. Oliver Residence *6, 50, 51,* 52, *52,* 53, 118, *257*
Ottenheimer, Stern und Reichert 18, 19, 20, 22
Oud, J. J. P. 83
Packard, John Cooper 32, 36
John Cooper Packard Residence 32, *33, 34, 35,* 130, 156, 197, *258*
Packard, Rose Marie 32, 36
»Panel-Post«-Methode (Entwurf) 163, *262*
»Park Moderne«, Musterhaus für William Lingenbrink 53, *54,* 160, *160*
Peters, Jock Detloff 47
Polyzoides, Stefanos 13, 84, 118
Pons, Max 96
Paul Popenoe Cabin 97, 182, *183*
Pueblo Ribera Courts 36, 37, 97, 130, 149, 150, 151–156, *151, 152, 153, 154, 156, 259*
Rankin, Arthur 99, *99*
Rankin, Ruth 99
Maurice Ries Residence 74, *260*
Rietveld, Gerrit 83
Rodriguez, José 71
José Rodriguez Residence 71, *116,* 140, *141, 143, 263*
Roosevelt, Eleanor 160
Roosevelt, Theodore 160
Rose, A. E. 69
A. E. Rose Beach Colony (Entwurf) 69, *70,* 209
Rotondi, Michael 84
Rubenstein, Helena 97
Sachs, Hermann 43, 156
Herman Sachs Apartments (auch bekannt als Manola/Manolita Court Apartments) 43, 156
Sample, Don 110
Sardi's Restaurant, Umbau für A. Eddie Brandstatter *68,* 69, *69,* 118
Sarnitz, August J. 13, 118
Scheyer, Galka 47, 88, 102, *108,* 109
»Schindler Frame«-Wandaufbau 130, 203
»Schindler Shelters« 53, 149, *157,* 160, *161*
»Schindler Units« *57,* 59, 130, *130,* 133
Schindler, Mark *8,* 88, 92, *93,* 110, 112, 145
Schindler, Pauline, geb. Gibling 20, 28, 29, 47, 87, 88, 91, 92, *93,* 94, 96, 99, 100, 103, *113,* 146, 164, 192
    nach der Scheidung von Schindler 104, 109, 110–112
Schindler, Rudolph Michael
    Ausbildung in Wien 15–16, 124, 127
    Jahre in Chicago 16, 18, 20

    Tätigkeit für Frank Lloyd Wright 22, 25, 88, 92, 128, 156, 192
    Fotografien von *4, 8,* 20, *47, 93, 96, 103*
Schooler, E. Clare 96
Semper, Gottfried 129
J. P. Shampay Residence (Entwurf für Frank Lloyd Wright) *24,* 25
Sheine, Judith 13, 81, 118
Sinclair, Upton 88, 91
Samuel Skolnik Residence 71, 169, *265*
Sommerwohnsitz (Entwurf) 176, *177*
Southall, Mildred 64
Mildred Southall Residence und Studio 64, *64, 65, 266, 267*
Standard Oil Company, Tankstelle (Entwurf) *67,* 69
Steffens, Lincoln 104, 105
Subsistence Homestead Program, National Recovery Administration 160–163
Sullivan, Louis 25
Taut, Bruno 52
Adolph Tischler Residence 15, 74, *77, 78, 79, 135,* 136, 169, 197
Tooker, Virginia 105
Toole, Maryon E. 74, 204, *209*
Maryon E. Toole Residence 74, 204, *205, 206, 207, 208,* 209
Union Oil Company Tankstelle (Entwurf) 64
Elizabeth Van Patten Residence 55, *55, 56, 57,* 130, *270*
Venturi, Robert 118
Völkerbundpalast (Entwurf mit Richard Neutra) 15, 43, 47, *48, 49*
Wagner, Otto 15, 22, 124, 127, 129, 147
Walker, Ralph G. 59
Ralph G. Walker Residence 59, *61, 62, 63,* 64
Walker, Ola 59
Warshaw Residence (Entwurf) 59, *60*
Welles, Orson 80, 117
Weston, Edward 92, 109
Wilshire, Gaylord 88
Wilson, Colin St. John 203
Guy C. Wilson Residence 15, 64, *131, 134,* 136, *136, 137, 138, 139,* 140, 168
Wohnwagen (Enwurf) 209, *212, 213*
Wolfe, Charles H. 43
Charles H. Wolfe Residence *42,* 43, *43,* 102, 156, *214, 272, 273*
Wolfe, Ethel 43
Wölfflin, Heinrich 119
Women's Club Building (Entwurf) 16
Wright, Frank Lloyd 14, 16, 18, 20, 22, 25, 47, 52, 69, 81, 82, 88, 91, 92, 96, 97, 103, 118, 124, 128, 147, 148, 149, 156, 170, 182, 192, 209
    Midway Gardens 20, *22*
    Imperial Hotel 25
    Unity Temple 25
    Hollyhock House 25
    Frederick C. Robie House *128*
Wurster, William 69

Diese Publikation erscheint anlässlich der Ausstellung »The Architecture of R. M. Schindler«, kuratiert von Elizabeth A. T. Smith und Michael Darling in The Museum of Contemporary Art, Los Angeles, 25. Februar bis 3. Juni 2001.

Ausstellungsdaten

The Museum of Contemporary Art, Los Angeles
25. Februar bis 3. Juni 2001

National Building Museum, Washington, D. C.
29. Juni bis 7. Oktober 2001

MAK – Österreichisches Museum für angewandte Kunst, Wien
14. November 2001 bis 10. Februar 2002

Cheflektorin: Stephanie Emerson
Lektorin: Jane Hyun
Lektoratsassistentin: Elizabeth Hamilton
Verlagslektorat des deutschen Texts: Regina Dorneich
Übersetzungen: Christiane Court, Annette Wiethüchter (S. 116–143)
Grafische Gestaltung: Lorraine Wild, Amanda Washburn
Reproduktionen: C+S Repro, Filderstadt
Satz: Weyhing digital, Ostfildern-Ruit
Gesamtherstellung: Dr. Cantz'sche Druckerei, Ostfildern-Ruit

© 2001 für die englische Originalausgabe: The Museum of Contemporary Art, Los Angeles
250 South Grand Avenue, Los Angeles, California 90012
© 2001 für die deutsche Ausgabe: Hatje Cantz Verlag, Ostfildern-Ruit

Erschienen im
Hatje Cantz Verlag
Senefelderstraße 12
73760 Ostfildern-Ruit
Deutschland
Tel.: 07 11 / 4 40 50
Fax: 07 11 / 4 40 52 20
Internet: www.hatjecantz.de

All rights reserved.

ISBN 3-7757-1006-X

Printed in Germany

Die Deutsche Bibliothek – CIP-Einheitsaufnahme
R. M. Schindler : Bauten und Projekte ; [anläßlich der Ausstellung »The Architecture of R. M. Schindler« ; The Museum of Contemporary Art, Los Angeles, 25. Februar – 3. Juni 2001 ; National Building Museum Washington, D.C., 29. Juni – 7. Oktober 2001 ; MAK – Österreichisches Museum für angewandte Kunst, Wien, 14. November 2001 – 10. Februar 2002] / hrsg. von Elizabeth A. T. Smith und Michael Darling. Essays von Michael Darling ... [Übers.: Christiane Court ; Annette Wiethüchter]. – Ostfildern-Ruit : Hatje Cantz, 2001
ISBN 3-7757-1006-X

Fotonachweis
Grant Mudford, S. 2, 30, 40, 53, 58, 62, 78–79, 89–90, 98, 101, 116, 125–126, 132, 134–135, 138, 174, 183 oben, 195; Julius Shulman, S. 14, 55–56, 63, 70 unten, 73 unten, 212–213; The Frank Lloyd Wright Archives, Scottsdale, Arizona, S. 22; San Diego Historical Society, San Diego Historical Society Collection, S. 28 unten; Courtesy Friends of the Schindler House, gift of Mrs. Richard Neutra, S. 47; The John Lautner Foundation, S. 82; Photograph © Tim Street-Porter/Esto. All rights reserved, S. 83 links; Courtesy Fotoworks – Benny Chan, S. 83 right; Schindler Family Collection, courtesy Friends of the Schindler House, S. 93 alle, 95 alle, 97 alle, 102, 111, 113; Archiv Werner M. Moser, Eidgenossische Technische Hochschule Zürich, S. 94, 96 alle; Courtesy of the Academy of Motion Picture Arts and Sciences, S. 99 oben, 110; Collection of Robert Sweeney, gift of Dione Neutra, S. 100 alle; Courtesy of Harrison Memorial Library, Carmel, S. 105; Zeichnung von Sadakichi Hartmann, aus der Sadakichi Hartmann Collection, wurde mit freundlicher Genehmigung der Special Collections Library, University of California, Riverside, verwendet, S. 106; Courtesy Friends of the Schindler House, gift of Peg Weiss, S. 108; Department of Special Collections, Charles E. Young Research Library, University of California, Los Angeles, S. 120 alle; Courtesy Pavel Štecha, S. 127; Jon Miller © Hedrich Blessing, S. 128; Courtesy of Richard Guy Wilson, S. 131, 136 alle, 139; Stan Reifel, S. 147 oben; Courtesy of the Los Angeles County Museum of Art, S. 147 unten; Graphische Sammlung Albertina, Wien, S. 189; © 2000 Artists Rights Society (ARS), New York/ADAGP, Paris/FLC, S. 204; and Esther McCoy Papers, Archives of American Art, Smithsonian Institution, S. 206.

Alle anderen Fotografien: Courtesy of the Architecture and Design Collection, University Art Museum, University of California, Santa Barbara.